Wissenschaftliche Beiträge aus dem Tectum Verlag

Reihe Rechtswissenschaften

WISSENSCHAFTLICHE BEITRÄGE
AUS DEM TECTUM VERLAG

Reihe Rechtswissenschaften

Band 69

Marcel Lötscher

# Die vermögende Privatperson als qualifizierter Anleger im Kollektivanlagenrecht

Tectum Verlag

Marcel Lötscher

Die vermögende Privatperson als qualifizierter Anleger im Kollektivanlagenrecht.
Wissenschaftliche Beiträge aus dem Tectum Verlag:
Reihe: Rechtswissenschaften; Bd. 69



Zugl. Diss. Private Universität im Fürstentum Liechtenstein (UFL) 2012

Abdruck der an der Rechtswissenschaftlichen Fakultät der Privaten Universität im Fürstentum Liechtenstein (UFL) im Jahr 2012 genehmigten Dissertation mit dem Titel «Die Deklaration der vermögenden Privatperson als qualifizierter Anleger im Recht der kollektiven Kapitalanlagen in rechtsvergleichender Sicht». Für die Drucklegung in der vorliegenden Schriftenreihe wurde der Titel abgekürzt in «Die vermögende Privatperson als qualifizierter Anleger im Kollektivanlagenrecht».

Zudem wurde ein ergänzender Anhang mit den Änderungen der massgebenden Vorschriften zur Einstufung der vermögenden Privatperson als qualifizierter Anleger gemäss dem per 1. Juli 2013 teilrevidierten Kollektivanlagengesetz erstellt. Dieser ergänzende Anhang am Schluss der Publikation bildet jedoch ausdrücklich nicht Bestandteil der durch die Rechtswissenschaftliche Fakultät der UFL genehmigten Dissertation.

ISBN: 978-3-8288-3402-6

ISSN: 1861-7875

Druck und Bindung: CPI buchbücher.de, Birkach
Printed in Germany


Besuchen Sie uns im Internet
www.tectum-verlag.de

MIX
Papier aus verantwortungsvollen Quellen
FSC® C003147

**Bibliografische Informationen der Deutschen Nationalbibliothek**
Die Deutsche Nationalbibliothek verzeichnet diese Publikation in der Deutschen Nationalbibliografie; detaillierte bibliografische Angaben sind im Internet über http://dnb.ddb.de abrufbar.

Quod licet Iovi, non licet bovi.

# Vorbemerkungen

Abdruck der an der Rechtswissenschaftlichen Fakultät der Privaten Universität im Fürstentum Liechtenstein (UFL) im Jahr 2012 genehmigten Dissertation mit dem Titel «Die Deklaration der vermögenden Privatperson als qualifizierter Anleger im Recht der kollektiven Kapitalanlagen in rechtsvergleichender Sicht». Für die Drucklegung in der vorliegenden Schriftenreihe wurde der Titel abgekürzt in «Die vermögende Privatperson als qualifizierter Anleger im Kollektivanlagenrecht».

Zudem wurde ein ergänzender Anhang mit den Änderungen der massgebenden Vorschriften zur Einstufung der vermögenden Privatperson als qualifizierter Anleger gemäss dem per 1. Juli 2013 teilrevidierten Kollektivanlagengesetz erstellt. Dieser ergänzende Anhang am Schluss der Publikation bildet jedoch ausdrücklich nicht Bestandteil der durch die Rechtswissenschaftliche Fakultät der UFL genehmigten Dissertation.

Ich möchte mich erneut herzlich bei allen, die in irgendeiner Weise zum Gelingen meiner Dissertation beigetragen haben, bedanken.

Dem Tectum Wissenschaftsverlag Marburg danke ich für die Aufnahme dieser Dissertation in die Reihe Rechtswissenschaften.

Baden, im Mai 2014
Dr. Marcel Lötscher

# Vorwort und Dank

Es ist mir ein Bedürfnis, all jenen zu danken, die zum erfolgreichen Abschluss dieser Dissertation beigetragen haben.

Allen voran danke ich meiner Doktormutter PD Dr. Sabine Kilgus für die umsichtige Betreuung und die Freiheit, die sie mir bei der Abfassung dieser Arbeit gelassen hat. Prof. Dr. Christian Hofmann danke ich für die Übernahme des Koreferats und für seine wertvollen Anregungen.

Für die speditive und kritische Durchsicht des Manuskriptes danke ich Marcel Meyer, Thomas Huber und Beat Krieger. Die Grafiken konnten dank der freundlichen Unterstützung von Peter Windemann erstellt werden. Dr. Rainer Landert danke ich für seinen unermüdlichen Einsatz im Dienste der Aus- und Weiterbildung im Fondsbereich.

Ganz herzlich möchte ich mich bei meinen Eltern Rita und Josef Lötscher bedanken, die mir meine Ausbildung ermöglicht haben.

Zu guter Letzt danke ich meiner Frau Fabienne, die mich in den letzten Jahren stets unterstützt und gefördert hat; ihr danke ich für ihre Geduld, Motivationskraft und Toleranz.

Meiner Frau Fabienne und meinem Sohn Maximilian sei diese Arbeit gewidmet.

Meggen, im Oktober 2012
Marcel Lötscher

# Inhaltsübersicht

# Inhaltsverzeichnis

# Abkürzungsverzeichnis

| | |
|---|---|
| a | alt |
| AFG 1966 | aufgehobenes Bundesgesetz über die Anlagefonds vom 1. Juli 1966 (AS 1967 115) Fassung vom 1. Juli 1966, aufgehoben durch Bundesbeschluss vom 5. April 1994 (BBl. 1994 297) |
| AFG 1994 | aufgehobenes Bundesgesetz über die Anlagefonds vom 18. März 1994 (Anlagefondsgesetz) (AS 1994 2523) Fassung vom 18. März 1994, aufgehoben durch Bundesbeschluss am 23. Juni 2006 (BBl. 2006 5805) |
| aAFV | aufgehobene Verordnung über die Anlagefonds vom 19. Oktober 1994 (Anlagefondsverordnung) (AS 1994 2547) Fassung vom 27. Juli 2004, aufgehoben durch Bundesbeschluss am 23. Juni 2006 (BBl. 2006 5805) |
| aAFV-EBK | aufgehobene Verordnung der EBK über die Anlagefonds vom 24. Januar 2001 (Anlagefonds-verordung-EBK) (AS 2001 1130) Fassung vom 26. September 2006, aufgehoben durch Bundesbeschluss am 23. Juni 2006 (BBl. 2006 5805) |
| aauslAFV | aufgehobene Verordnung über die ausländischen Anlagefonds vom 13. Januar 1971 (AS 1971 141), aufgehoben durch Bundesbeschluss vom 5. April 1994 (BBl. 1994 297) |
| Abkommen EWR | Abkommen über den Europäischen Wirtschaftsraum vom 2. Mai 1992, Inkrafttreten für das Fürstentum Liechtenstein: 1. Mai 1995 (LGBl. 1995 Nr. 68) (FL) |
| aF | alte Fassung |
| a.M. | anderer Meinung |
| AB | Amtliches Bulletin |
| Abb. | Abbildung |
| Abk. | Abkürzung |
| Abl. EU | Amtsblatt der Europäischen Union |
| Abs. | Absatz |

| | |
|---|---|
| aBV | aufgehobene Bundesverfassung der Schweizerischen Eidgenossenschaft vom 29. Mai 1874, Fassung vom 20. April 1999, aufgehoben durch Bundesbeschluss vom 18. Dezember 1998 (BBl. 1999 162) |
| A.d.Ü. | Anmerkung des Übersetzers |
| A.d.V. | Anmerkung des Verfassers |
| AEUV | Konsolidierte Fassung des Vertrages über die Arbeitsweise der Europäischen Union (Abl. EU Nr. C 115/199 vom 9. Mai 2008) |
| aF | alte Fassung |
| AG | Aktiengesellschaft |
| AIF | alternative Investmentfonds |
| AIFM | Alternative Investment Fund Manager |
| al. | alinea |
| AMCA | America-Canada Trust Fund |
| amtl. | amtlich |
| Amtl. Bull. | Amtliches Bulletin |
| Art. | Artikel |
| AS | amtliche Sammlung |
| AT | Allgemeiner Teil |
| AT | Österreich |
| ATX | Austrian Traded Index |
| Aufl. | Auflage |
| BankG | Bundesgesetz über die Banken und Sparkassen vom 8. November 1934 (Bankengesetz) (SR 952.0) |
| Basler Ausschuss | Basler Ausschuss für Bankenaufsicht |
| BBl. | Bundesblatt der Schweizerischen Eidgenossenschaft |
| Bd. | Band |
| BEHG | Bundesgesetz über die Börsen und Effektenhandel vom 24. März 1995 (Börsengesetz) (SR 954.1) |

| | |
|---|---|
| BEHV | Verordnung über die Börsen und den Effektenhandel vom 2. Dezember 1996 (Börsenverordnung) (SR 954.11) |
| BEK | Berner Kommentar |
| BG | Bundesgesetz |
| BGBl. | Bundesgesetzblatt (Deutschland/Österreich) |
| BGE | Bundesgerichtsentscheid |
| BK | Bundeskanzlei |
| BO | Botschaft |
| BR | Bundesrat |
| BSK | Basler Kommentar |
| bspw. | beispielsweise |
| BV | Bundesverfassung der Schweizerischen Eidgenossenschaft vom 18. April 1999 (SR 101) |
| bzw. | beziehungsweise |
| CESR | Committee of European Securities Regulators (heute: ESMA) |
| CHF | Schweizer Franken |
| CHK | Handkommentar zum Schweizer Privatrecht |
| CIS | Collective Investment Schemes |
| CISA | Swiss Federal Act on Collective Investment Schemes (engl. Abk. für KAG) |
| CISO | Swiss Federal Ordinance on Collective Investment Schemes (engl. Abk. für KKV) |
| CSG | Credit Suisse Group |
| CVP | Christlichdemokratische Volkspartei der Schweiz |
| dt. | deutsch |
| D | Deutschland |
| d.h. | das heisst |
| DAX | Deutscher Aktien Index |
| Diss. | Dissertation |
| Dr. | Doktor |

| | |
|---|---|
| DUFI | Direktunterstellter Finanzintermediär |
| Ed(s). | Editor(s) |
| E. | Erwägung |
| ebda. | ebenda |
| EBK | Eidgenössische Bankenkommission (heute: FINMA) |
| EBK-RS | Rundschreiben der Eidgenössischen Bankenkommission (z.T. ausser Kraft) |
| ECOFIN | Formation des Rats der Europäischen Union in der Zusammensetzung der Wirtschafts- und Finanzminister der EU-Mitgliedsstaaten |
| EDA | Eidgenössisches Departement des Äusseren |
| efama | European Fund and Asset Management Association |
| EFD | Eidgenössisches Finanzdepartement |
| EFTA | European Free Trade Association |
| EG | Europäische Gemeinschaft |
| EGV | Vertrag von Amsterdam zur Änderung des Vertrages über die Europäische Union, der Verträge zur Gründung der Europäischen Gemeinschaften sowie einiger damit zusammenhängender Rechtsakte (Abl. EU Nr. C 340 vom 10. November 1997) |
| eidg. | eidgenössisch |
| E | Entwurf |
| engl. | englisch |
| ESC | European Securities Committee |
| ESMA | European Securities and Markets Authority |

| | |
|---|---|
| ESMA-VO | Verordnung (EU) Nr. 1095/2010 des Europäischen Parlaments und des Rates vom 24. November 2010 zur Errichtung einer Europäischen Aufsichtsbehörde (Europäische Wertpapier- und Marktaufsichtsbehörde), zur Änderung des Beschlusses Nr. 716/2009/EG und zur Aufhebung des Beschlusses 2009/77/EG der Kommission (Abl. EU Nr. L 331/84 vom 15. Dezember 2010) |
| et. al. | und andere |
| ETF | Exchange Traded Fund |
| EU | Europäische Union |
| EuGH | Europäischer Gerichtshof |
| EUR | Euro |
| EUV | Konsolidierte Fassung des Vertrages über die Europäische Union (Abl. EU Nr. C 83/45 vom 30. März 2010) |
| EVD | Eidgenössisches Volkswirtschaftsdepartement |
| EWA | Europäischen Wertpapierausschuss |
| EWG | Europäische Wirtschaftsgemeinschaft |
| EWR | Europäischer Wirtschaftsraum |
| f. | folgende Seite |
| ff. | fortfolgende Seite(n) |
| FDF | Federal Department of Finance (engl. Abk. für EFD) |
| FDP | FPD. Die Liberalen |
| FINMA | Eidgenössische Finanzmarktaufsicht |
| FINMAG | Bundesgesetz über die Eidgenössische Finanzmarktaufsicht vom 22. Juni 2007 (Finanzmarktaufsichtsgesetz) (SR 956.1) |
| FINMA-RS | Rundschreiben der Schweizerischen Finanzmarktaufsicht |
| FL | Fürstentum Liechtenstein |
| FL-BankG | Gesetz über die Banken und Wertpapierfirmen (Bankengesetz) vom 21. Oktober 1992 (LGBl. 1992 Nr. 108) (FL) |

| | |
|---|---|
| FMA | Finanzmarktaufsicht |
| FMG | Fernmeldegesetz vom 30. April 1997 (SR 784.10) |
| FN | Fussnote |
| FRUG | Gesetz zur Umsetzung der Richtlinie über Märkte für Finanzinstrumente und der Durchführungsrichtlinie der Kommission vom 16. Juli 2007 (BGBl. I S. 1330 (Nr. 31) (D) |
| frz. | französisch |
| FS | Festschrift |
| FSAP | Financial Services Action Plans |
| GBOERA | Grundbuch und Öffentlichkeitsregisteramt (FL) |
| GFA | Gesetzesfolgenabschätzung |
| gl.A. | gleicher Ansicht |
| gl.M. | gleicher Meinung |
| GL | Grünliberale Partei der Schweiz |
| GPS | Grüne Partei der Schweiz |
| GRN | Geschäftsreglement des Nationalrates vom 3. Oktober 2003 (SR 171.13) |
| GRS | Geschäftsreglement des Ständerates vom 20. Juni 2003 (SR 171.14) |
| GWG | Bundesgesetz über die Bekämpfung der Geldwäscherei und der Terrorismusfinanzierung im Finanzsektor vom 10. Oktober 1997 (Geldwäschereigesetz) (SR 955.0) |
| GWM | Global Wealth Management |
| h.L. | herrschende Lehre |
| Habil.-Schr. | Habilitations-Schrift |
| HD RA | Hess Dallafior Rechtsanwälte |
| HGF | Handels- und Gewerbefreiheit (Art. 31 aBV) |
| HNWI | High-net-worth individual |
| Hrsg. | Herausgeber |
| HWB | Handwörterbuch |

| | |
|---|---|
| IAIS | International Association of Insurance Supervisors |
| i.d.R. | in der Regel |
| i.G. | im Gegensatz |
| IPRG | Bundesgesetz über das Internationale Privatrecht vom 18. Dezember 1987 (SR 291) |
| i.S.v. | im Sinne von |
| it. | italienisch |
| i.V.m. | in Verbindung mit |
| i.w.S. | im weiteren Sinne |
| INTRAG | AG für die Verwaltung von Investment Trusts |
| InvG | Investmentgesetz vom 15. Dezember 2003 (BGBl. I S. 2676) (D) |
| IOSCO | International Organization of Securities Commissions |
| IUG | Gesetz über Investmentunternehmen vom 19. Mai 2005 (LGBl. 2005 Nr. 156) (FL) |
| IUV | Verordnung über Investmentunternehmen vom 23. August 2005 (LGBl. 2005 Nr. 179) (FL) |
| JuS | Juristische Schulung |
| JZ | Juristen Zeitung |
| KAG | Bundesgesetz über die kollektiven Kapitalanlagen vom 23. Juni 2006 (Kollektivanlagengesetz) (SR 951.31) |
| KG | Bundesgesetz über Kartelle und andere Wettbewerbsbeschränkungen vom 6. Oktober 1995 (Kartellgesetz) (SR 251) |
| KGAST | Konferenz der Geschäftsführer von Anlagestiftungen |
| KGK | Kommanditgesellschaft für kollektive Kapitalanlagen |
| KKV | Verordnung über die kollektiven Kapitalanlagen vom 22. November 2006 (Kollektivanlagenverordnung) (SR 951.311) |

| | |
|---|---|
| KKV-FINMA | Verordnung der Eidgenössischen Finanzmarktaufsicht über die kollektiven Kapitalanlagen vom 21. Dezember 2006 (Kollektivanlagenverordnung-FINMA) (SR 951.312) |
| KMG | Bundesgesetz über das öffentliche Anbieten von Wertpapieren und anderen Kapitalveranlagungen und über die Aufhebung des Wertpapier-Emissionsgesetzes (Kapitalmarktgesetz - KMG) sowie über die Abänderung des Aktiengesetzes 1965, des Genossenschaftsgesetzes, des Nationalbankgesetzes 1984, des Kreditwesengesetzes und des Versicherungsaufsichtsgesetzes (BGBl. Nr. 625/1991) (AT) |
| KPA | Konferenz der Präsidenten der Aufsichtskommissionen- und delegationen |
| L | Luxemburg |
| L&S RA | Lenz & Stähelin Rechtsanwälte |
| let. | lettre |
| LGBl. | Landesgesetzblatt (FL) |
| lit. | litera |
| Ltg. | Leitung |
| LU | Luzern |
| LUXX | Luxemburg Stock Exchange Index |
| m.E. | meines Erachtens |
| m.w.H. | mit weiteren Hinweisen |
| Mio. | Million |
| Mrd. | Milliarde |
| MWSTG | Bundesgesetz über die Mehrwertsteuer vom 12. Juni 2009 (Mehrwertsteuergesetz) (SR 641.20). |
| N | Note |
| NIE | Neue Institutionenökonomik<br>New institutional economics |
| NR | Nationalrat |
| Nr. | Nummer |

| | |
|---|---|
| ÖAR | Ökonomische Analyse des Rechts |
| OiCol | Ordinanza sugli investimenti collettivi (it. Abk. für KKV) |
| OPCC | Ordonnance sur les placements collectifs (frz. Abk. für KKV) |
| OPCVM | Loi du 17 décembre 2010 concernant les organismes de placement collectif A – N° 239, 24 décembre 2010 (L) |
| OR | Bundesgesetz betreffend die Ergänzung des Schweizerischen Zivilgesetzbuches (Fünfter Teil: Obligationenrecht) vom 30. März 1911, (SR 220) |
| PA-Ansatz | Prinzipal-Agent-Ansatz |
| PaR | Parlamentarier-Rating |
| Para. | Paragraphe/Paragrafo |
| ParlG | Bundesgesetz über die Bundesversammlung vom 22. Juni 2007 (Parlamentsgesetz) (SR 171.10) |
| PD | Privatdozent |
| PfG | Pfandbriefgesetz vom 25. Juni 1930 (SR 211.423.4) |
| pGFA | prospektive Gesetzesfolgenabschätzung |
| PGR | Personen- und Gesellschaftsrecht (PGR) vom 20. Januar 1926 (LGBl. 1926 Nr. 4) (FL) |
| PoS | Point of Sale |
| Prof. | Professor |
| Q | Quartal |
| QA | Qualifizierter Anleger |
| QIF | Qualified Investor Fund |
| QIR | Qualified Investor Register |
| recht | Zeitschrift Recht |
| resp. | respektive |
| rGFA | retrospektive Gesetzesfolgenabschätzung |
| RL | Richtlinie |
| RS | Raccolta sistematica del diritto federale (it. Abk. für SR) |

| | |
|---|---|
| RS | Recueil systématique du droit fédéral (frz. Abk. für SR) |
| Rvgl. | Rechtsvergleichung |
| Rz. | Randziffer |
| S. | Seite |
| SA | Société anonyme (frz. Abk. für AG) |
| SBVg | Schweizerische Bankiervereinigung |
| SE | Societas Europae |
| SECA | Swiss Private Equity & Corporate Finance Association |
| SFA | Swiss Fund Association |
| SCC | Swiss Criminal Code (engl. Abk. für StGB) |
| SGB | Schweizerischer Gewerkschaftsbund |
| SICAF | Société d'investissement à capital fixe |
| SICAV | Société d'investissement à capital variable |
| SIF | Loi du 13 février 2007 relative aux fonds d'investissement spécialisés et portant, S - N° 13, 13 février 2007 (L) |
| SMI | Swiss Market Index |
| SNB | Schweizerische Nationalbank |
| sog. | sogenannt(e/r) |
| SP | Sozialdemokratische Partei der Schweiz |
| SR | Ständerat |
| SR | Systematische Sammlung des Bundesrechts |
| SRO | Selbstregulierungsorganisation |
| SSIP | Swiss Society of Investment Professionals |
| StGB | Schweizerisches Strafgesetzbuch vom 21. Dezember 1937 (SR 311.0) |
| SVIG | Schweizer Verband der Investmentgesellschaften |
| SVP | Schweizerische Volkspartei |
| SVV | Schweizerischer Versicherungsverband |
| TAK-Ansatz | Transaktionskostenansatz |

| | |
|---|---|
| tlw. | teilweise |
| T-K | Schweizerische Kammer der Wirtschaftsprüfer, Steuerexperten und Treuhandexperten (Treuhand-Kammer) |
| u.a. | unter anderem |
| UBS | UBS AG |
| UCITSG | Gesetz über bestimmte Organismen für gemeinsame Anlagen in Wertpapieren vom 28. Juni 2011 (LGBl. 2011 Nr. 295) (FL) |
| UCITSV | Verordnung über bestimmte Organismen für gemeinsame Anlagen in Wertpapieren vom 5. Juli 2011 (LGBl. 2011 Nr. 312) (FL) |
| Ü.d.V. | Übersetzung des Verfassers |
| Univ. | Universität |
| URL | Uniform Resource Locator |
| USA | United States of America |
| USD | United States Dollar |
| UVV | Unabhängiger Vermögensverwalter |
| v.A.w. | von Amtes wegen |
| VAG | Bundesgesetz betreffend die Aufsicht über Versicherungsunternehmen vom 17. Dezember 2004 (Versicherungsaufsichtsgesetz) (SR 961.01) |
| Var. | Variante |
| VAS | Verband der Auslandbanken in der Schweiz |
| VBF | Verordnung über die über die berufsmässige Ausübung der Finanzintermediation vom 18. November 2009 (VBF) (SR 955.071) |
| VE | Vorentwurf |
| VerkProsG | Verkaufsprospektgesetz in der Fassung der Bekanntmachung vom 9. September 1998 (BGBl. I S. 2701) (D) |
| Versicherungsabkommen Schweiz/EWG | Abkommen zwischen der Schweiz und der Europäischen Wirtschaftsgemeinschaft vom 10. Oktober 1989 betreffend die Direktversicherung mit Ausnahme der Lebensversicherung (SR 0.961.1) |

| | |
|---|---|
| Vgl. | vergleiche |
| VO | Verordnung |
| VR-Ansatz | Verfügungsrechtsansatz |
| VSV | Verband Schweizerischer Vermögensverwalter |
| VVG | Bundesgesetz über den Versicherungsvertrag vom 2. April 1908 (Versicherungsvertragsgesetz) (SR 211.229.1) |
| WAK-N | Kommission für Wirtschaft und Abgaben des Nationalrates |
| WAK-S | Kommission für Wirtschaft und Abgaben des Ständerates |
| WpDVerOV | Wertpapierdienstleistungs-, Verhaltens- und Organisationsverordnung vom 20. Juli 2007 (BGBl. I S. 1432) (D) |
| WpHG | Wertpapierhandelsgesetz in der Fassung der Bekanntmachung vom 9. September 1998 (BGBl. I S. 2708) (D) |
| WPPG | Wertpapierprospektgesetz vom 23. Mai 2007 (LGBl. 2007 Nr. 196) (FL) |
| WpPG | Wertpapierprospektgesetz vom 22. Juni 2005 (BGBl. I S. 1698) (D) |
| Z | Zeile |
| ZaöRV | Zeitschrift für ausländisches und öffentliches Recht und Völkerrecht |
| z.B. | zum Beispiel |
| ZEuP | Zeitschrift für europäisches Privatrecht |
| ZGB | Schweizerischen Zivilgesetzbuches vom 10. Dezember 1907, (SR 210) |
| Ziff. | Ziffer |
| zit. | zitiert |
| ZSR | Zeitschrift für Schweizerisches Recht |
| z.T. | zum Teil |

# Literaturverzeichnis

Hinweise zur Zitierweise:

- Die Werke werden nur mit dem Namen des Verfassers und, sofern notwendig, mit einem kennzeichnenden Zusatz zitiert.
- Bei Lexika und Wörterbüchern werden die Stichwörter genannt.
- Bei Verfassern mit gleichem Nachnamen werden zusätzlich die Vornamen zitiert.

ALEXY ROBERT, Theorie der juristischen Argumentation: Die Theorie des rationalen Diskurses als Theorie der juristischen Begründung, Diss., Univ. Göttingen, 1976, 3. Aufl., Frankfurt am Main 1996 (= Suhrkamp-Taschenbuch Wissenschaft, Bd. 436).

AMBACHTSHEER KEITH, The ideal pension-delivery organization: theory and practice, in: BROEDERS DIRK/EIJFFINGER SYLVESTER C. W./HOUBEN AERDT C. F. J. (Eds.), Frontiers in pension finance, Cheltenham, UK, Northampton, MA 2008, S. 218 ff.

AMSTUTZ MARC, Evolutorische Rechtsmethodik im europäischen Privatrecht: Zur richtlinienkonformen Auslegung und ihren Folgen für den autonomen Nachvollzug des Gemeinschaftsprivatrechts in der Schweiz, in: WERRO FRANZ/PROBST THOMAS (Hrsg.), Das schweizerische Privatrecht im Lichte des europäischen Gemeinschaftsrechts: aktuelle Fragen aus dem Haftpflicht- und Vertragsrecht, Bern 2004, S. 105 ff.

ARNDT HANS-WOLFGANG/FISCHER KRISTIAN/FETZER THOMAS, Europarecht, 10. Aufl., Heidelberg 2010.

AXA INVESTMENT MANAGERS, Fondswissen International 2011 (Bevölkerungsrepräsentative Studie – Schweiz) vom Juni 2011.

BAHAR RASHID/STUPP ERIC, Art. 11 BEHG, in: WATTER ROLF/VOGT NEDIM PETER (Hrsg.), Börsengesetz, Finanzmarktaufsichtsgesetz: Art. 161, $161^{bis}$, $305^{bis}$ und $305^{ter}$ Strafgesetzbuch, 2. Aufl., Basel 2011, (zit.: BSK BEHG- BAHAR/STUPP, Art. 11).

BALCI NURTEN, Die europäische Prospektrichtlinie und ihre Umsetzung in das deutsche Recht: Mit einem Muster zur Erstellung eines Wertpapierprospektes, Aachen 2007.

BALLWEG OTTMAR, Rechtswissenschaft und Jurisprudenz, Basel 1970.

BARTELS KLAUS, Veni vidi vici: Geflügelte Worte aus dem Griechischen und Lateinischen, 13. Aufl., Mainz am Rhein 2010.

BECHTLER THOMAS W., Der soziologische Rechtsbegriff: Eine systematische Darstellung, Diss. Univ. Zürich, 1976, Berlin 1977.

BECKMANN KLAUS/SCHOLTZ ROLF-DETLEV, Investment: Ergänzbares Handbuch für das gesamte Investmentwesen; Kommentar zu den Rechtsvorschriften einschl. der steuerrechtlichen Regelungen, Erläuterungen und Materialien zu den wirtschaftlichen Grundlagen, Berlin 1992.

BERTSCHINGER URS, Sorgfaltspflichten der Bank bei Anlageberatung und Verwaltungsaufträgen, Diss., St. Gallen 1991.

BÉGUELIN PHILIPPE, Verlag Finanz und Wirtschaft AG (Hrsg.), Guide: Begriffe aus der Finanzwelt, 11. Aufl., Zürich 2011, [zit.: FuW-Guide (11. Aufl.)].

BINSWANGER MATTHIAS, Das Entropiegesetz als Grundlage einer ökologischen Ökonomie, in: BECKENBACH FRANK/DIEFENBACHER HANS (Hrsg.), Zwischen Entropie und Selbstorganisation: Perspektiven einer ökologischen Ökonomie, Marburg 1994, S. 155 ff.

BÖHRET CARL, Gesetzesfolgenabschätzung (GFA): Heutiger Stand der Methodik und Erfahrungen mit der Integration in die Gesetzesvorbereitung in Deutschland, in: SCHÄFFER HEINZ/BÖHRET CARL (Hrsg.), Evaluierung der Gesetze/Gesetzesfolgenabschätzung in Österreich und im benachbarten Ausland, Wien 2005 (= Schriften zur Gesetzgebungslehre), S. 31 ff.

BÖHRET CARL/KONZENDORF GÖTZ, Handbuch Gesetzesfolgenabschätzung (GFA): Gesetze, Verordnungen, Verwaltungsvorschriften, Baden-Baden 2001.

BRANDEIS LOUIS D., Other people's money and how the bankers use of it, New York 1914.

BROŃSKA JUSTYNA, Die Schweiz in Europa: mittendrin, doch aussen vor?: Auswirkungen eines EU-Beitritts im Kontext der Erfahrungen Österreichs, Diss., Marburg 2009.

BUCK-HEEB PETRA/DIECKMANN ANDREAS, Selbstregulierung im Privatrecht, Tübingen 2010.

BÜLLESBACH ALFRED, Systemtheorie im Recht, in: KAUFMANN ARTHUR/HASSEMER WINFRIED/NEUMANN ULFRID (Hrsg.), Einführung in die Rechtsphilosophie und Rechtstheorie der Gegenwart, 8. Aufl., Heidelberg 2011, S. 428 ff.

BUSCHOR PASCAL, Rechtliche Rahmenbedingungen für Hedgefonds in der Schweiz, Diss, Zürich 2007.

BUSSMANN WERNER, Institutionalisierung der Evaluation in der Schweiz, in: SCHÄFFER HEINZ/BRINKMANN HENRIK (Hrsg.), Evaluierung der Gesetze/Gesetzesfolgenabschätzung (II): Weitere Erfahrungsberichte aus dem In- und Ausland/Staatspraxis und Wirtschaft, Wien 2007 (= Schriften zur Gesetzgebungslehre), S. 1 ff.

CAPGEMINI/MERRILL LYNCH GLOBAL WEALTH MANAGMENT, World Wealth Report 2011.

COTTIER THOMAS/DZAMKO DANIEL/EVITMOV ERIK, Die europakompatible Auslegung des schweizerischen Rechts, in: EPINEY ASTRID/ THEUERKAUF SARAH/RIVIÈRE FLORENCE (Hrsg.), Schweizerisches Jahrbuch für Europarecht 2003, Zürich 2004, S. 357 ff.

COURVOISIER MATTHIAS, Kapitel C, Definitionen, in: BAKER & MCKENZIE (Hrsg.), Recht der kollektiven Kapitalanlagen, Bern 2007, S. 20 ff.

DAUSES MANFRED A. (Hrsg.), Handbuch des EU-Wirtschaftsrechts, Oktober 2010 EL 27, München.

DE ZORDI EDUARD, Art. 12 KAG, in: WATTER ROLF/VOGT HANS-UELI/BÖSCH RENÉ/RAYROUX FRANÇOIS/WINZELER CHRISTOPH (Hrsg.), Kollektivanlagengesetz: Einschliesslich Darstellung der steuerlichen Aspekte in- und ausländischer kollektiver Kapitalanlagen, Basel 2009, (zit.: BSK KAG-DE ZORDI, Art. 12).

DEN OTTER MATTHÄUS, AFG: Anlagefondsgesetz/mit teilrevidierter AFV, totalrevidierter AFV-EBK und ergänzenden Regulierungs- und Selbstregulierungsbestimmungen, Zürich 2001 (zit. DEN OTTER, AFG).

DERS., EU-Marktzutritt der Schweiz für Kollektivanlagen, in: Die Volkswirtschaft (2010) 4 S. 33, (zit.: DEN OTTER, EU-Marktzutritt).

EBERT KURT HANNS, Rechtsvergleichung: Einführung in die Grundlagen, Bern 1978.

EGGEN MIRJAM, Finanzprodukte - Auftrag oder Kauf?, in: SZW/RSDA 2011, S. 625 ff.

DIES./STAUB CHRISTIAN, Kundensegmentierung - Panacea oder Abschied vom mündigen Anleger?, in: GESKR (2012) 1, S. 55 ff.

EHRENBERG RICHARD, Die Fondsspekulation und die Gesetzgebung, Berlin 1883.

ELLENRIEDER RAINER, Synergetische Kapitalmarktmodelle: Erklärung der Wertpapierkursentwicklung durch Integration des menschlichen Anlegerverhaltens in ein Kapitalmarktmodell, Bad Soden am Taunus 2001 (= Financial Research, Bd. 5).

ELSTER NICO, Europäisches Kapitalmarktrecht: Recht des Sekundärmarktes, Diss. Univ. Halle, München 2002 (= Europäisches Wirtschaftsrecht, Bd. 23).

ENGLÄNDER ARMIN, Diskurs als Rechtsquelle? Zur Kritik der Diskurstheorie des Rechts, Tübingen 2002.

FINDEISEN MAXIMILIAN, Über die Regulierung und die Rechtsfolgen von Interessenkonflikten in der Aktienanalyse von Investmentbanken: Eine vergleichende Darstellung des US-amerikanischen und des deutschen Rechts, 1. Aufl., Baden-Baden, München 2007.

FLEISCHER HOLGER, Informationsasymmetrie im Vertragsrecht: Eine rechtsvergleichende und interdisziplinäre Abhandlung zu Reichweite und Grenzen vertragsschlussbezogener Aufklärungspflichten, München 2001.

FORSTMOSER PETER/MEIER-HAYOZ ARTHUR/NOBEL PETER, Schweizerisches Aktienrecht, Bern 1996.

DERS., Der autonome Nach-, Mit- und Vorvollzug europäischen Rechts: das Beispiel der Anlagefondsgesetzgebung, in: FORSTMOSER PETER/VON DER CRONE HANS CASPAR/WEBER ROLF H./ZOBL DIETER (Hrsg.), Der Einfluss des europäischen Rechts auf die Schweiz: Festschrift für Professor Roger Zäch zum 60. Geburtstag, Zürich 1999, S. 523 ff. (zit.: FORSTMOSER, autonomer Nachvollzug).

DERS., Abschied vom Numerus Clausus im Gesellschaftsrecht?, in: WALDBURGER ROBER/BAER CHARLOTTE/NOBEL URSULA/BERNET BENNO (Hrsg.), Wirtschaftsrecht zu Beginn des 21. Jahrhundert: Festschrift für Peter Nobel zum 60. Geburtstag, Bern 2005 , (zit.: FORSTMOSER, Numerus Clausus).

FRICK THOMAS A., Art. 24 KAG, in: WATTER ROLF/VOGT HANS-UELI/BÖSCH RENÉ/RAYROUX FRANÇOIS/WINZELER CHRISTOPH (Hrsg.), Kollektivanlagengesetz: Einschliesslich Darstellung der steuerlichen Aspekte in- und ausländischer kollektiver Kapitalanlagen, Basel 2009, (zit.: BSK KAG-FRICK, Art. 24).

FRITSCH MICHAEL, Marktversagen und Wirtschaftspolitik: Mikroökonomische Grundlagen staatlichen Handelns, 8. Aufl., München 2011 (= Vahlens Handbücher der Wirtschafts- und Sozialwissenschaften).

GHANDICHI SCHMID JASMIN, Das neue Bundesgesetz über die kollektiven Kapitalanlagen (KAG): Systematische Einführung; The new Federal Act on Collective Investment Schemes (CISA), Basel 2007.

GÄNSWEIN OLIVIER ROLF, Der Grundsatz unionsrechtskonformer Auslegung nationalen Rechts: Erscheinungsformen und dogmatische Grundlage eines Rechtsprinzips des Unionsrechts, Diss., Frankfurt am Main 2009.

GÖBEL ELISABETH, Neue Institutionenökonomik: Konzeption und betriebswirtschaftliche Anwendungen, Stuttgart 2002 (= Grundwissen der Ökonomik. Betriebswirtschaftslehre, Bd. 2235).

GÖKSU TARKAN, Art. 8 ZGB, in: AMSTUTZ MARC/BREITSCHMID PETER/FURRER ANDREAS/GIRSBERGER DANIEL/HUGUENIN CLAIRE/ MÜLLER-CHEN MARKUS/ROBERTO VITO/RUMO-JUNGO ALEXANDRA/SCHNYDER ANTON K. (Hrsg.), Handkommentar zum Schweizer Privatrecht, Unveränd. Nachdr., Zürich 2010, (zit.: CHK-GÖKSU, ZGB 8).

HÄBERLE PETER, Grundrechtsgeltung und Grundrechtsinterpretation im Verfassungsstaat: Zugleich zur Rechtsvergleichung als fünfter Auslegungsmethode, in: Juristen JZ Zeitung 44 (1989) 20 S. 913 ff.

HÄFELIN ULRICH/HALLER WALTER/KELLER HELEN, Schweizerisches Bundesstaatsrecht, 8. Aufl., Zürich 2012.

DERS./MÜLLER GEORG/UHLMANN FELIX, Allgemeines Verwaltungsrecht, 6. Aufl., Zürich 2010.

HALTERN ULRICH R., Europarecht: Dogmatik im Kontext, Tübingen 2005 (= UTB, Bd. 2721).

HAMMERMANN BERND, Die Auswirkungen des EWR-Acquis auf das liechtensteinische Personen- und Gesellschaftsrecht, Schaan 1998 (= Schriften zum liechtensteinischen Recht, Bd. 3).

HASENBÖHLER FRANZ (Hrsg.), Recht der kollektiven Kapitalanlagen: Unter Berücksichtigung steuerrechtlicher Aspekte, Zürich 2007.

HERMANN MICHAEL/JEITZINGER BRUNO, Die SVP zeigt weniger Geschlossenheit im Parlament: Das Parlamentarier-Rating ein Jahr vor den eidgenössischen Wahlen, in: NZZ – Neue Zürcher Zeitung vom 1. Dezember 2006, S. 15, (zit.: NZZ PaR 2006).

HILLMANN, KARL-HEINZ/HARTFIEL, GÜNTER, Wörterbuch der Soziologie, 5. Aufl., Stuttgart 2007 (zit.: Wörterbuch Soziologie).

HINDERLING HANS GEORG, Rechtsnorm und Verstehen: Die methodischen Folgen einer allgemeinen Hermeneutik für die Prinzipien der Verfassungsauslegung, Diss., Bern 1971.

HÖHN ERNST, Praktische Methodik der Gesetzesauslegung, Zürich 1993.

HONSELL HEINRICH, Art. 3 ZGB, in: HONSELL HEINRICH/VOGT NEDIM PETER/GEISER THOMAS (Hrsg.), Zivilgesetzbuch I, Art. 1-456 ZGB, 4. Aufl., Basel 2010, (zit. BSK ZGB I-HONSELL, Art. 3).

HOTZ KASPAR, Richterrecht zwischen methodischer Bindung und Beliebigkeit?: Plädoyer für eine offene Anerkennung richterlicher Rechtsmitgestaltungspflicht und eine verstärkte öffentliche Begleitung richterlicher Rechtsgewinnung, Zürich 2008.

HUBER PHILIPPE/HSU PETER, Art. 2 BEHG, in: WATTER ROLF/VOGT NEDIM PETER (Hrsg.), Börsengesetz, Finanzmarktaufsichtsgesetz: Art. 161, 161bis, 305bis und 305ter Strafgesetzbuch, 2. Aufl., Basel 2011, (zit.: BSK BEHG-HUBER/HSU, Art 2 BEHG).

HUBER THOMAS, Art. 89 KAG, in: WATTER ROLF/VOGT HANS-UELI/BÖSCH RENÉ/RAYROUX FRANÇOIS/ WINZELER CHRISTOPH (Hrsg.), Kollektivanlagengesetz: Einschliesslich Darstellung der steuerlichen Aspekte in- und ausländischer kollektiver Kapitalanlagen, Basel 2009, (zit.: BSK KAG-HUBER, Art. 89).

HÜGLI ANTON/LÜBCKE POUL, Philosophielexikon: Personen und Begriffe der abendländischen Philosophie von der Antike bis zur Gegenwart, Vollst. überarbeitete und erweiterte Neuausgabe, Reinbek 1997 (zit.: Philosophielexikon).

HÜNERWADEL PATRICK/TRANCHET MARCEL, Art. 1 FINMAG, in: WATTER ROLF/VOGT NEDIM PETER (Hrsg.), Börsengesetz, Finanzmarktaufsichtsgesetz: Art. 161, 161bis, 305bis und 305ter Strafgesetzbuch, 2. Aufl., Basel 2011, (zit.: BSK FINMAG-HÜNERWADEL/TRANCHET, Art. 1 FINMAG).

JAAG TOBIAS/CELIK HÜSEYIN, Europarecht: Die europäischen Institutionen aus schweizerischer Sicht, 3. Aufl., überarb, Zürich 2010.

JACOBS RETO, Art. 95 BV/Art. 98 BV, in: EHRENZELLER BERNHARD/MASTRONARDI PHILIPPE/SCHWEIZER RAINER J./VALLENDER KLAUS A. (Hrsg.), Die schweizerische Bundesverfassung: St. Galler-Kommentar, 2. Aufl., Zürich 2008, (zit.: JACOBS, St. Galler Kommentar zu Art. 95 BV/Art. 98).

JÄGGI PETER, Art. 3 ZGB, in: MEIER HAYOZ ARTHUR (Hrsg.), Berner Kommentar - Einleitung Artikel 1-10 ZGB: Kommentar zum schweizerischen Privatrecht, Bern 1966, S. 381 ff. (zit.: BEK Einleitungsband ZGB, JÄGGI, Art. 3).

JAUN MANUEL/HAUSHEER HEINZ, Die Einleitungsartikel des ZGB: Art. 1-10 ZGB, Bern 2003 (= Stämpflis Handkommentar).

JORDAN DOMINIQUE, Die G20 und die Schweiz: Beidseitiger Bedarf des Dialogs, in: Die Volkswirtschaft (2011) 10, S. 56 ff.

JOST PETER-J., Die Prinzipal-Agenten-Theorie im Unternehmenskonzept, in: JOST PETER-J. (Hrsg.), Die Prinzipal-Agenten-Theorie in der Betriebswirtschaftslehre, Stuttgart 2001, S. 11 ff.

KAISER JÜRGEN, Banken und institutionelle Investoren: Grundlagen, Rahmenbedingungen, Erfolgsfaktoren und bankbetriebliche Gestaltungskonsequenzen, Diss. Univ. St. Gallen, Bern 1990.

KETTIGER DANIEL, Gesetzescontrolling: Ansätze zur nachhaltigen Pflege von Gesetzen, Magisterarbeit Deutsche Hochschule für Verwaltungswissenschaften Speyer, Bern 2000 (= Arbeitspapiere zum Public Management), (zit.: KETTIGER, Gesetzescontrolling).

DERS., Gesetzesevaluation in der Schweiz: Stand - Einbettung in das politisch administrative System - Ausblick, in: SCHÄFFER HEINZ/BÖHRET CARL (Hrsg.), Evaluierung der Gesetze/Gesetzesfolgenabschätzung in Österreich und im benachbarten Ausland, Wien 2005 (= Schriften zur Gesetzgebungslehre), S. 47 ff., (zit.: KETTIGER, Gesetzesevaluation).

KILGUS SABINE, Effektivität von Regulierung im Finanzmarktrecht, Habil.-Schr., Zürich/St. Gallen 2007.

KIRCHNER CHRISTIAN, Ökonomische Analyse des Rechts: Interdisziplinäre Zusammenarbeit von Ökonomie und Rechtswissenschaft, in: ASSMANN HEINZ-DIETER/KIRCHNER CHRISTIAN/SCHANZE ERICH/CALABRESI GUIDO (Hrsg.), Ökonomische Analyse des Rechts, Tübingen 1993, S. 62 ff.

KOCH JENS, § 31 a WPHG, in: SCHWARK EBERHARD/BECK HEIKO (Hrsg.), Kapitalmarktrechts-Kommentar: Börsengesetz mit Börsenzulassungsverordnung, Wertpapierprospektgesetz, Verkaufsprospektgesetz mit Vermögensanlagen-Verkaufprospektverordnung, Wertpapierhandelsgesetz, Wertpapiererwerbs- und Übernahmegesetz, München 2010, S. 1565 ff.

KRADOLFER KURT, Das Delikt der Verleitung zur Spekulation nach Art. 158 des schweizerischen Strafgesetzbuches, Diss., Bern 1943.

KRAMER ERNST A., Konvergenz und Internationalisierung der juristischen Methode, in: MEIER-SCHATZ CHRISTIAN J. (Hrsg.), Die Zukunft des Rechts: Forschungsgespräch der Rechtswissenschaftlichen Abteilung anlässlich des 100-Jahr-Jubiläums der Universität St. Gallen im Juni 1998, Basel 1999 (= Bibliothek zur Zeitschrift für schweizerisches Recht, Beih. 28), S. 71 ff., (zit.: KRAMER, Konvergenz).

DERS., Juristische Methodenlehre, 3. Aufl., Bern 2010, (zit.: KRAMER, Methodenlehre).

KÜHNE ARMIN, Bewilligungspflicht gemäss Anlagefondsgesetz, Diss., Zürich 2002 (= Schweizer Schriften zum Bankrecht, Bd. 66), (zit.: KÜHNE, Bewilligungspflicht).

DERS., Schweizerische Qualified Investor Funds (QIF), in: LENGAUER DANIEL/REZZONICO GIORDANO (Hrsg.), Chancen und Risiken rechtlicher Neuerungen 2008/2009, Zürich 2009, S. 73 ff., (zit.: KÜHNE, QIF).

KUMMER MAX, Art. 8 ZGB, in: MEIER-HAYOZ ARTHUR (Hrsg.), Berner Kommentar - Einleitung Artikel 1-10 ZGB: Kommentar zum schweizerischen Privatrecht, Bern 1966, S. 612 ff., (zit.: BEK Einleitungsband ZGB, KUMMER, Art. 8).

KUNZ PETER V., Einführung zur Rechtsvergleichung in der Schweiz, in: recht 2/2006, S. 37 ff., (zit.: KUNZ, recht 2/2006).

DERS., Corporate Governance - Tendenz von der Selbstregulierung zur Regulierung, in: KRAMER ERNST A./NOBEL PETER/WALDBURGER ROBERT (Hrsg.), Festschrift für Peter Böckli zum 70. Geburtstag, Zürich 2006, S. 471 ff., (zit.: KUNZ, Governance).

DERS., Der Minderheitenschutz im schweizerischen Aktienrecht: Eine gesellschaftsrechtliche Studie zum aktuellen Rechtszustand verbunden mit Rückblick und mit Vorausschau sowie mit rechtsvergleichenden Hinweisen, Bern 2001, (zit.: KUNZ, Minderheitenschutz).

DERS., Gesellschaftsrecht der Europäischen Union (EU) - Übersicht sowie die rechtsvergleichende Bedeutung für die Schweiz, in: KUNZ PETER V./ARTER OLIVER/JÖRG FLORIAN S. (Hrsg.), Entwicklungen im Gesellschaftsrecht VI, Bern 2011, S. 179 ff., (zit.: KUNZ, Gesellschaftsrecht).

KUSTER PETER, Verlag Finanz und Wirtschaft AG (Hrsg.), Guide: Begriffe aus der Finanzwelt, 9. Aufl., Zürich 2004, [zit.: FuW-Guide (9. Aufl.)].

LACHMAYER KONRAD/BAUER LUKAS, Praxiswörterbuch Europarecht, Wien/New York 2008 (zit.: Praxiswörterbuch Europarecht).

LAMFALUSSY ALEXANDRE ET AL., Schlussbericht des Ausschusses der Weisen über die Regulierung der europäischen Wertpapiermärkte vom 15. Februar 2001, <http://ec.europa.eu/internal_market/securities/docs/lamfalussy/wisemen/final-report-wise-men_de.pdf> (besucht am 30. Juni 2012), (zit.: LAMFALUSSY-Bericht).

LANDERT RAINER, Fonds und andere Kollektivanlagen: Investmentfonds - die Idee besticht/Schweizer Praxishandbuch für Mitarbeitende in der Fondsindustrie, aber auch für Anwender, 2. Aufl., Zürich 2010.

LINDER WOLF, Erfordert die Mitgliedschaft in der Europäischen Union eine Anpassung des schweizerischen Regierungssystems, in: COTTIER THOMAS/KOPSE ALWIN R. (Hrsg.), Der Beitritt der Schweiz zur Europäischen Union: Brennpunkte und Auswirkungen, Zürich 1998, S. 427 ff.

LIVER PETER, Einleitung in: MEIER-HAYOZ ARTHUR (Hrsg.), Berner Kommentar - Einleitung Artikel 1-10 ZGB: Kommentar zum schweizerischen Privatrecht, Bern 1966, S. 381 ff., (zit.: BEK Einleitungsband ZGB, LIVER, Einleitung).

LÖBER DOMINIK, Private Banking in Deutschland: Strategie und Organisationsarchitektur, Wiesbaden 2012 (= Schriften zum europäischen Management).

LORENZ HEINRICH, § 1 Abs. 1 Z 3, 5, 5a, 8, 9, 14-16, Abs. 2, Abs. 3, in: ZIB CHRISTIAN/RUSS ALEXANDER/LORENZ HEINRICH (Hrsg.), Kapitalmarktgesetz: Kommentar, Wien 2008, (zit.: ZIB/RUSS/LORENZ, LORENZ, § 1 Abs. 1 Z).

LUCHSINGER GÄHWILER CATRINA, Der Vertrieb von Fondsanteilen: Unter besonderer Berücksichtigung des Anlegerschutzes, Diss., Zürich 2004 (= Schweizer Schriften zum Bankrecht, Bd. 76).

MASTRONARDI PHILIPPE, Juristisches Denken: Eine Einführung, 2. Aufl., Bern 2003, (zit.: MASTRONARDI, Denken).

DERS., Art. 170 BV, in: EHRENZELLER BERNHARD/MASTRONARDI PHILIPPE/SCHWEIZER RAINER J./VALLENDER KLAUS A. (Hrsg.), Die schweizerische Bundesverfassung: St. Galler-Kommentar, 2. Aufl., Zürich 2008, (zit.: MASTRONARDI, St. Galler Kommentar zu Art. 170).

DERS., Angewandte Rechtstheorie, Bern 2009 (= Recht, Bd. 3264), (zit.: MASTRONARDI, Rechtstheorie).

MEIER-HAYOZ ARTHUR, Art. 1 ZGB, in: MEIER-HAYOZ ARTHUR (Hrsg.), Berner Kommentar - Einleitung Artikel 1-10 ZGB: Kommentar zum schweizerischen Privatrecht, Bern 1966, S. 78 ff., (zit.: BEK Einleitungsband ZGB, MEIER-HAYOZ, Art. 1).

MEREY ESTHER, Industrie- und Kapitalmarktdynamik: Eine modelltheoretische Wirkungsanalyse auf der Basis von künstlichen neuronalen Netzen, Diss. Univ. Augsburg, Hamburg 2011 (= Schriftenreihe volkswirtschaftliche Forschungsergebnisse, Bd. 167).

MICHEL BEAT, Drittvertrieb von Anlagefonds: Schlüsselfaktoren aus Anbietersicht für die Ausgestaltung in der Schweiz, Bern 2001.

MIELKE ROSEMARIE, Lerntheoretische Persönlichkeitskonstrukte, in: AMELANG, MANFRED (Hrsg.), Temperaments- und Persönlichkeitsunterschiede, Göttingen 1996 (= Enzyklopädie der Psychologie. Themenbereich C. Serie 8, Differentielle Psychologie und Persönlichkeitsforschung, Bd. 8.3), S. 185 ff.

MÖLLERS CHRISTOPH, Verfassungs- und völkerrechtliche Probleme transnationaler administrativer Standardsetzung, in: ZaöRV 65 (2005), S. 351 ff., (zit.: MÖLLERS CHRISTOPH, Standardsetzung).

MÖLLERS THOMAS M. J./KERNCHEN EVA, Information Overload am Kapitalmarkt: Plädoyer zur Einführung eines Kurzfinanzberichts auf empirischer, psychologischer und rechtsvergleichender Basis (2011), (zit. MÖLLERS THOMAS M. J./KERNCHEN, Overload).

MÜLLER FRIEDRICH/CHRISTENSEN RALPH, Juristische Methodik, Band II, Europarecht, 2. Aufl., Berlin 2007.

MÜLLER GEORG, Elemente einer Rechtssetzungslehre, 2. Aufl., Zürich 2006.

NOBEL PETER, Schweizerisches Finanzmarktrecht und internationale Standards, 3. Aufl., Bern 2010.

PFENNINGER MARKUS, Art. 2/Art. 20 KAG, in: WATTER ROLF/VOGT HANS-UELI/BÖSCH RENÉ/RAYROUX FRANÇOIS/WINZELER CHRISTOPH (Hrsg.), Kollektivanlagengesetz: Einschliesslich Darstellung der steuerlichen Aspekte in- und ausländischer kollektiver Kapitalanlagen, Basel 2009, (zit.: BSK KAG- PFENNINGER, Art. 2/Art. 20).

POSNER RICHARD A., Recht und Ökonomie: Eine Einführung, in: ASSMANN H.-D./KIRCHNER CHRISTIAN/SCHANZE ERICH/CALABRESI GUIDO (Hrsg.), Ökonomische Analyse des Rechts, Tübingen 1993, S. 79 ff.

PRIDDAT BIRGER P., Strukturierter Individualismus: Institutionen als ökonomische Theorie, Marburg 2005 (= Institutionelle und evolutorische Ökonomik, Bd. 27).

RABEL ERNST, Aufgabe und Nowendigkeit der Rechtsvergleichung: Rheinische Zeitschrift für Zivil- und Prozessrecht 13 (1924), S. 279-301, in: LESER HANS G. (Hrsg.), Ernst Rabel, Gesammelte Aufsätze: Band III - Arbeiten zur Rechtsvergleichung und zur Rechtsvereinheitlichung 1919-1954, Tübingen 1967.

RAYROUX FRANCOIS/DU PASQUIER SHELBY R., Art. 7 KAG. in: WATTER ROLF/VOGT HANS-UELI/BÖSCH RENÉ/RAYROUX FRANÇOIS/WINZELER CHRISTOPH (Hrsg.), Kollektivanlagengesetz: Einschliesslich Darstellung der steuerlichen Aspekte in- und ausländischer kollektiver Kapitalanlagen, Basel 2009, (zit.: BSK KAG-RAYROUX/DU PASQUIER, Art 7).

REGENBOGEN ARNIM/MEYER UWE, Wörterbuch der philosophischen Begriffe, Vollständig neu, Hamburg 1998 (zit.: Wörterbuch Philosophie).

RICHTER RUDOLF/FURUBOTN EIRIK G., Neue Institutionenökonomik: Eine Einführung und kritische Würdigung, 4. Aufl., Tübingen 2010 (= Neue ökonomische Grundrisse).

RIEMER HANS MICHAEL, Die Einleitungsartikel des Schweizerischen Zivilgesetzbuches: Art. 1-10 ZGB, Eine Einführung, 2. Aufl., Bern 2003.

ROBERTS LAURA (Hrsg.), Gabler Wirtschaftslexikon, 17. Aufl., Wiesbaden 2010 (zit.: Gabler Wirtschaftslexikon).

ROST BIRGIT, Die Bedeutung der unterschiedlichen Kundenkategorien, in: VON BOHLEN ANDREAS/KAN JENS (Hrsg.), MiFID-Kompendium: Praktischer Leitfaden für Finanzdienstleister, Berlin 2008, S. 97 ff.

ROTH MONIKA, Retrozessionen und Interessenkonflikte - wenn der Berater in Tat und Wahrheit ein Verkäufer ist: Ein Beitrag zur Diskussion um die Retrozessionen mit speziellem Blick auf die Reputationsrisiken und Vertrauen, in: Zeitschrift des bernischen Juristenvereins (ZBJV) 146 (2010), S. 521 ff., (zit.: ROTH MONIKA, Retrozessionen).

ROTH URS P., Art. 11 BEHG in: Kommentar zum Bundesgesetz über die Börsen und den Effektenhandel, Zürich 2000, S. 1ff., (zit.: ROTH URS. P., Kommentar BEHG, N zu Art. 11).

ROTH WULF-HENNING, § 14 Die richtlinienkonforme Auslegung, in: RIESENHUBER, Karl (Hrsg.), Europäische Methodenlehre: Handbuch für Ausbildung und Praxis, 2 . Aufl., Berlin 2010, S. 393 ff., (zit.: ROTH WULF-HENNING, Auslegung).

RUFFING EVA, Europäische Wertpapierregulierung zwischen Input- und Output-Legitimität: Das Lamfalussy-Verfahren, Diss. Univ. Bamberg, Baden-Baden 2011 (= Regieren in Europa, Bd. 18).

RUSCH ARNOLD F., Methoden und Ziele der Rechtsvergleichung, in: Jusletter 13. Februar 2006.

RUSS ALEXANDER, § 1 Abs. 2 Z1, 2, 6, 10-13, 17, Abs. 2, in: ZIB CHRISTIAN/RUSS ALEXANDER/LORENZ HEINRICH (Hrsg.), Kapitalmarktgesetz: Kommentar, Wien 2008, (zit.: ZIB/ RUSS/LORENZ, RUSS, § 1 Abs. 2 Z1).

SCHÄREN SIMON, Unterstellungsfragen im Rahmen der Genehmigungs- und Bewilligungspflicht gemäss Kollektivanlagengesetz: Unter rechtsvergleichender Berücksichtigung des Rechts der EG, Luxemburgs und Liechtensteins, Diss. Univ. Bern, Zürich 2011 (= Schweizer Schriften zum Finanzmarktrecht, Bd. 99).

SCHLUEP WALTER R., Einladung zur Rechtstheorie, Bern 2006.

SCHMID HANS/LARDELLI FLAVIO, Art. 8 ZGB, in: HONSELL HEINRICH/VOGT NEDIM PETER/GEISER THOMAS (Hrsg.), Zivilgesetzbuch I, Art. 1-456 ZGB, 4. Aufl., Basel 2010, (zit. BSK ZGB I-SCHMID/LARDELLI, Art. 8).

SCHMIDT JUTTA, Anlageentscheidungen am Aktienmarkt: Eine experimentelle Analyse der Informations- und Entscheidungsprozesse individueller Anleger, Diss. Univ. Bamberg, Frankfurt am Main 2004 (= Europäische Hochschulschriften. Reihe 5, Volks- und Betriebswirtschaft, Bd. 3070).

SCHROEDER WERNER, Die Auslegung des EU-Rechts, in: JuS, Juristische Schulung, 44. Jahrgang (2004), S. 180 ff.

SCHUHR J.C, Rechtsdogmatik als Wissenschaft: rechtliche Theorien und Modelle, Diss. Univ. Erlangen-Nürnberg, Berlin 2006.

SCHULZE RAINER, Die "Acquis-Grundregeln" und der gemeinsame Referenzrahmen, in: ZEuP 15 (2007) 3, S. 731 ff.

SCHUMACHER BENNO, Anlagefonds - Transparenz für Anleger: Entwicklung und Zukunft in der Schweiz, Bern 2004, (zit.: SCHUMACHER BENNO, Anlagefonds).

SCHUMACHER MICHEL, Risikoaufklärung durch Wertpapierfirmen und Effektenhändler: MiFID - Schweiz/ein Rechtsvergleich, Diplomarbeit Univ. Zürich, 2008/2010, Zürich 2011 (= Veröffentlichungen aus dem Nachdiplomstudium Internationales Wirtschaftsrecht der Universität Zürich und dem Europa Institut Zürich, Bd. 69), (zit.: SCHUMACHER MICHEL, Risikoaufklärung).

SOMARY FELIX, Bankpolitik, 2. Aufl., Tübingen 1930.

SPECK BEAT D., Privatplatzierungen im Schweizerischen Primärkapitalmarktrecht, Diss., Bern 2009.

SPINNER BRUNO/MARITZ DANIEL, EG-Kompatibilität des schweizerischen Wirtschaftsrechts: Von autonomen zum systematischen Nachvollzug, in: FORSTMOSER PETER/VON DER CRONE HANS CASPAR/WEBER ROLF H./ZOBL DIETER (Hrsg.), Der Einfluss des europäischen Rechts auf die Schweiz: Festschrift für Professor Roger Zäch zum 60. Geburtstag, Zürich 1999, S. 127 ff.

SPIRO KARL, Über den Gerichtsgebrauch zum allgemeinen Teil des revidierten Obligationenrechts, Diss., Basel 1948 (= Basler Studien zur Rechtswissenschaft 25).

STEINER HANS RUDOLF, Art. 1 AFG, in: VOGT NEDIM PETER/WATTER ROLF (Hrsg.), Kommentar zum schweizerischen Kapitalmarktrecht: Bundesgesetz über die Börsen und den Effektenhandel (Börsengesetz, BEHG), Bundesgesetz über die Anlagefonds (Anlagefondsgesetz, AFG), Art. 161, $161^{bis}$, $305^{bis}$, $305^{ter}$, Strafgesetzbuch, Basel 1999, (zit.: BSK Kapitalmarktrecht AFG- STEINER, Art. 1 AFG).

STOTZ RÜDIGER, § 22 Die Rechtsprechung des EuGH, in: RIESENHUBER KARL (Hrsg.), Europäische Methodenlehre: Handbuch für Ausbildung und Praxis, 2 . Aufl., Berlin 2010, S. 653 ff.

TAISCH FRANCO, Privatplacierungen: Insbesondere im Hinblick auf Notes, Diss., Zürich 1987 (= Schweizer Schriften zum Handels- und Wirtschaftsrecht, Bd. 101).

DERS., Art. 56 AFG, in: VOGT NEDIM PETER/WATTER ROLF (Hrsg.), Kommentar zum schweizerischen Kapitalmarktrecht: Bundesgesetz über die Börsen und den Effektenhandel (Börsengesetz, BEHG), Bundesgesetz über die Anlagefonds (Anlagefondsgesetz, AFG), Art. 161, $161^{bis}$, $305^{bis}$ und $305^{ter}$, Strafgesetzbuch, Basel 1999, (zit.: BSK Kapitalmarktrecht AFG- TAISCH, Art. 56 AFG).

DERS./MEYER PATRICK, Art. 132 KAG, in: WATTER ROLF/VOGT HANS-UELI/BÖSCH RENÉ/RAYROUX FRANÇOIS/WINZELER CHRISTOPH (Hrsg.), Kollektivanlagengesetz: Einschliesslich Darstellung der steuerlichen Aspekte in- und ausländischer kollektiver Kapitalanlagen, Basel 2009, (zit.: BSK KAG- TAISCH/MEYER, Art. 132).

TOWFIGH EMANUEL VAHID/PETERSEN NIELS/ENGLERTH MARKUS, Ökonomische Methoden im Recht: Eine Einführung für Juristen, Tübingen 2010.

TSCHÄNI HANS, EU-Regulierung und die Schweizer Fondsbranche: UCITS-Richtlinien zeigen ihre Auswirkungen, in: NZZ - Neue Zürcher Zeitung vom 26.01.1999, S. 77.

TSCHANNEN PIERRE/ZIMMERLI ULRICH/MÜLLER MARKUS, Allgemeines Verwaltungsrecht, 3. Aufl., Bern 2009.

VESTER FREDERIC, Die Kunst vernetzt zu denken: Ideen und Werkzeuge für einen neuen Umgang mit Komplexität; ein Bericht an den Club of Rome, 6. Aufl., München 2007.

VOGT HANS-UELI (Hrsg.), Finanzmarktrecht: Entwicklungen 2007, Bern 2008 (= njus.ch).

VOIGT SUSANNE, Behavioral Finance: Psychologische Erklärungsansätze für typisches Anlegerverhalten, Hamburg 2008.

VON ALBERTINI ANDREAS, Grundlagenforschung zum schweizerischen Anlagefondsgesetz, Zürich 1974.

WALLA FABIAN, Kapitalmarktregulierung, in: VEIL, Rüdiger (Hrsg.), Europäisches Kapitalmarktrecht, Tübingen 2011, S. 17 ff.

WALTER HANS PETER, Das rechtsvergleichende Element - Zur Auslegung vereinheitlichten, harmonisierten und rezipierten Rechts, in: ZSR 126 2007 I, S. 259 ff.

WATTER ROLF, Art. 1 BEHG, in: WATTER ROLF/VOGT NEDIM PETER (Hrsg.), Börsengesetz: Art. 161, 161$^{bis}$, 305$^{bis}$ und 305$^{ter}$ Strafgesetzbuch, Basel 2007, (zit.: BSK BEHG 07- WATTER, Art. 1).

WEISS ALEXANDER, Widersprüche im Recht: Unter besonderer Berücksichtigung europarechtsbedingter Widersprüche im deutschen Zivilrecht, Diss., München 2011 (= Rechtswissenschaftliche Forschung und Entwicklung, Bd. 778).

WENDT STEFAN, Die Auswirkungen von Corporate Governance auf die Fremdfinanzierungskosten von Unternehmen: Eine empirische Analyse der Folgen von Aktientransaktionen durch Insider, Wiesbaden 2011.

WIEGAND WOLFGANG, Die Finanzmarktkrise und die Informations- und Beratungspflicht im Bankgeschäft, in: KUNZ PETER V./HERREN DOROTHEA/COTTIER THOMAS/MATTEOTTI RENÉ (Hrsg.), Wirtschaftsrecht in Theorie und Praxis: Festschrift für Roland von Büren, Basel 2009, S. 627 ff.

DERS./BRÜLHART MARCEL, Die Auslegung von autonom nachvollzogenem Recht der Europäischen Gemeinschaft, Bern 1999 (= Swiss papers on European integration, Bd. 23).

WIGET STEFANIE, Die Programmvereinbarung: Ein Zusammenarbeitsinstrument zwischen Bund und Kantonen, Diss., Bern 2012 (= Publikationen des Instituts für Föderalismus Universität Freiburg Schweiz, Bd. 2).

WINTER JENS, Leasing aus institutionenökonomischer Sicht, Diss., Köln 2011 (= Gabler Research. Leasing-Studien).

WINZELER CHRISTOPH, Art. 1 KAG, in: WATTER ROLF/VOGT HANS-UELI/BÖSCH RENÉ/RAYROUX FRANÇOIS/WINZELER CHRISTOPH (Hrsg.), Kollektivanlagengesetz: Einschliesslich Darstellung der steuerlichen Aspekte in- und ausländischer kollektiver Kapitalanlagen, Basel 2009, (zit.: BSK KAG- WINZELER, Art. 1).

DERS., Art. 73 KAG, in: WATTER ROLF/VOGT HANS-UELI/BÖSCH RENÉ/RAYROUX FRANÇOIS/WINZELER CHRISTOPH (Hrsg.), Kollektivanlagengesetz: Einschliesslich Darstellung der steuerlichen Aspekte in- und ausländischer kollektiver Kapitalanlagen, Basel 2009, (zit.: BSK KAG-WINZELER, Art. 73).

DERS., Art. 5 FINMAG, in: WATTER ROLF/VOGT NEDIM PETER (Hrsg.), Börsengesetz, Finanzmarktaufsichtsgesetz: Art. 161, 161$^{bis}$, 305$^{bis}$ und 305$^{ter}$ Strafgesetzbuch, 2. Aufl., Basel 2011, (zit.: BSK FINMAG-WINZELER, Art. 5 FINMAG).

WYSS ALEXANDER, Verhaltensregeln für Effektenhändler, Diss., Zürich 2000.

WYSS WERNER W., Art. 10 KAG/Art 152 KAG, in: WATTER ROLF/VOGT HANS-UELI/BÖSCH RENÉ/RAYROUX FRANÇOIS/WINZELER CHRISTOPH (Hrsg.), Kollektivanlagengesetz: Einschliesslich Darstellung der steuerlichen Aspekte in- und ausländischer kollektiver Kapitalanlagen, Basel 2009, (zit.: BSK KAG-WYSS, Art. 10 KAG/Art. 152 KAG).

ZETZSCHE DIRK, Prinzipien der kollektiven Vermögensanlage, Habil.-Schr., Düsseldorf 2011.

ZIBUNG OLIVER, Der Vertriebsbericht der FINMA - ein nächster Schritt zur Verbesserung des Kundenschutzes sowie zur materiellen Integration der Finanzmarktregulierung?, in: HAVE (2011), S. 99 ff.

ZOBL DIETER/BANZ OLIVER, Art. 11 BEHG im Kontext des europäischen und schweizerischen Finanzdienstleistungsrechts, in: FORSTMOSER PETER/VON DER CRONE HANS CASPAR/WEBER ROLF H./ZOBL DIETER (Hrsg.), Der Einfluss des europäischen Rechts auf die Schweiz: Festschrift für Professor Roger Zäch zum 60. Geburtstag, Zürich 1999, S. 621 ff.

DERS./KRAMER STEFAN, Schweizerisches Kapitalmarktrecht, Zürich 2004.

ZWEIGERT KONRAD/KÖTZ HEIN, Einführung in die Rechtsvergleichung auf dem Gebiete des Privatrechts, Tübingen 1996.

ZWIEFELHOFER SUSANNE, Das liechtensteinische Recht betreffend die Investmentunternehmen verglichen mit dem schweizerischen Anlagefondsrecht, Diss., Zürich 2002 (= Schweizer Schriften zum Bankrecht, Bd. 68).

# Materialienverzeichnis

Hinweise für die Benutzung:

Die meisten der hier verwendeten amtlichen Dokumente (Botschaften, Regelwerke, Jahresberichte und Berichte von Expertenkommissionen) sowie Verlautbarungen von Institutionen und Verbänden sind in Papierform erhältlich oder über das Internet abrufbar. Dazu wird beim jeweiligen Untertitel der entsprechende Link zur Hauptseite vermerkt. Bei schwer zugänglichen Regelwerken wird zudem der direkte Link zum betreffenden Dokument aufgeführt.

## 1. Schweiz

### 1.1 Botschaften, Entwürfe und Berichte

#### 1.1.1 Botschaften

<http://www.admin.ch/ch/d/ff/index.html> (besucht am 30. Juni 2012)

Botschaft des Bundesrates an die Bundesversammlung zum Entwurf eines Bundesgesetzes über die Anlagefonds vom 23. November 1965 (BBl. 1965 3 298), (zit.: Botschaft AFG 1966).

Botschaft des Bundesrates zur Genehmigung des Abkommens über den Europäischen Wirtschaftsraum vom 18. Mai 1992 (BBl. 1992 4 667), (zit.: Botschaft EWR-Abkommen).

Zusatzbotschaft I des Bundesrates über die Anpassung des Bundesrechts an das EWR-Recht vom 27. Mai 1992 (BBl. 1992 5 450), (zit.: Botschaft Eurolex).

Botschaft des Bundesrates zum revidierten Bundesgesetz über die Anlagefonds (Anlagefondsgesetz, AFG) vom 14. Dezember 1992 (BBl. 1992 I 217), (zit.: Botschaft AFG 1994).

Botschaft des Bundesrates über das Folgeprogramm nach der Ablehnung des EWR-Abkommens vom 24. Februar 1993 (BBl. 1993 III 1454 ff.), (zit.: Botschaft Swisslex).

Botschaft des Bundesrates zu einem Bundesgesetz über die Börsen und den Effektenhandel (Börsengesetz, BEHG) vom 24. Februar 1993 (BBl. 1993 I 1369 ff.), (zit.: Botschaft BEHG).

Botschaft des Bundesrates zum Bundesgesetz zur Bekämpfung der Geldwäscherei im Finanzsektor (Geldwäschereigesetz) vom 17. Juni 1996 (BBl. 1996 III 1101 ff.), (zit.: Botschaft GWG).

Botschaft des Bundesrates zum Bundesgesetz über die kollektiven Kapitalanlagen (Kollektivanlagengesetz) vom 23. September 2005 (BBl. 2005 6395 ff.), (zit.: Botschaft KAG).

Botschaft des Bundesrates zum Bundesgesetz über die Eidgenössische Finanzmarktaufsicht (Finanzmarktaufsichtsgesetz, FINMAG) vom 1. Februar 2006 (BBl. 2006 2829 ff.), (zit.: Botschaft FINMAG).

Botschaft des Bundesrates über die Änderung des Kollektivanlagengesetzes (KAG) vom 2. März 2012 (BBl. 2012 3639 ff.), (zit.: Botschaft Änderung KAG).

### 1.1.2 Beschlüsse zu Volksabstimmungen

<http://www.admin.ch/ch/d/ff/index.html> (besucht am 30. Juni 2012)

Bundesratsbeschluss vom 28. Januar 1993 über das Ergebnis der Volksabstimmung vom 6. Dezember 1992 zur Vorlage: Europäischer Wirtschaftsraum (EWR), (BBl. 1993 1 167 ff.), (zit.: BBl. EWR).

Bundesratsbeschluss vom 4. Mai 2001 über das Ergebnis der Volksabstimmung vom 4. März 2001 zur Initiative: "Ja zu Europa!", (BBl. 2001 1 2025 ff.), (zit.: BBl. Ja zu Europa!).

### 1.1.3 Berichte

#### *a) Bundesrätliche Berichte*

SCHWEIZERISCHER BUNDESRAT, Bericht über die Stellung der Schweiz im europäischen Integrationsprozess vom 24. August 1988 (BBl. 1988 III 249 ff.), <http://www.amtsdruckschriften.bar.admin.ch/viewOrig Doc.do?id=10050830> (besucht am 30. Juni 2012), (zit.: BR-Integrationsbericht 1988).

SCHWEIZERISCHER BUNDESRAT, Schweiz - Europäische Union: Integrationsbericht vom 3. Februar 1999 (BBl. 1999 4 3935 ff.), <http:/www.amts druckschriften.bar.admin.ch/viewOrigDoc.do?id=10055101> (besucht am 30. Juni 2012), (zit.: BR-Integrationsbericht 1999).

SCHWEIZERISCHER BUNDESRAT, Europabericht 2006 vom 28. Juni 2006 (BBl. 2006 1 6815 ff.), <http://www.admin.ch/ch/d/ff/2006/6815.pdf> (besucht am 30. Juni 2012), (zit.: BR-Europabericht 2006).

SCHWEIZERISCHER BUNDESRAT, Bericht des Bundesrates über die Evaluation der schweizerischen Europapolitik (in Beantwortung des Postulats Markwalder "Europapolitik, Evaluation, Prioritäten, Sofortmassnahmen und nächste Integrationsschritte") vom 17. September 2010 (BBl. 2010 7239 ff.), <http://www.admin.ch/ch/d/ff/2010/7239.pdf> (besucht am 30. Juni 2012), (zit.: BR-Bericht Europapolitik).

#### *b) Berichte des Eidgenössischen Finanzdepartements*

EIDGENÖSSISCHES FINANZDEPARTEMENT, Bericht vom Oktober 2004 über die Vernehmlassungsergebnisse zum Erläuterungsbericht inkl. Gesetzesentwurf der Expertenkommission zur Totalrevision des Bundesgesetzes über die Anlagefonds vom 18. März 1994, <http://www.admin.ch/ch/d/gg/pc/documents/1104/Ergebnisse_d.pdf> (besucht am 30. Juni 2012), (zit.: EFD-Vernehmlassungsergebnisse Totalrevision AFG).

EIDGENÖSSISCHES FINANZDEPARTEMENT, Erläuterungsbericht zur Verordnung über die kollektiven Kapitalanlagen vom November 2006, <http://www.efd.admin.ch/dokumentation/zahlen/00578/01091/index.ht ml?lang=de&download=NHzLpZeg7t,lnp6I0NTU042l2Z6ln1acy4Zn4Z 2qZpnO2Yuq2Z6gpJCDdXt5fWym162epYbg2c_JjKbNoKSn6A--> (besucht am 30. Juni 2012), (zit.: EFD-Erläuterungsbericht KKV).

EIDGENÖSSISCHES FINANZDEPARTEMENT, Erläuternder Bericht zur Vernehmlassungsvorlage vom 6. Juli 2011 zur Änderung des Kollektivanlagengesetzes (KAG), <http://www.efd.admin.ch/dokumentation/gesetzgebung/00571/02278/index.html?lang=de&download=NHzLpZeg7t,lnp6I0NTU042l2Z6ln1acy4Zn4Z2qZpnO2Yuq2Z6gpJCDeoN5hGym162epYbg2c_JjKbNoKSn6A--> (besucht am 30. Juni 2012), (zit.: EFD-Erläuterungsbericht Teilrevision KAG).

EIDGENÖSSISCHES FINANZDEPARTEMENT, Bericht über die Vernehmlassungsergebnisse zur Änderung des Kollektivanlagengesetzes (KAG) vom 23. Dezember 2011, <http://www.news.admin.ch/NSBSubscriber/message/attachments/25331.pdf> (besucht am 30. Juni 2012), (zit.: EFD-Vernehmlassungsergebnisse Teilrevision KAG).

### *c) Berichte Expertenkommissionen im Auftrag des EFD*

FORSTMOSER PETER ET. AL. (Ltg. der Expertenkommission), Erläuterungsbericht samt Gesetzesentwurf vom November 2003 zur Totalrevision des Bundesgesetzes über die Anlagefonds vom 18. März 1994, November 2003 <http://www.svig.org/sites/default/files/downloads/001.pdf> (besucht am 30. Juni 2012), (zit.: Expertenbericht FORSTMOSER).

ZIMMERLI ULRICH ET. AL. (Ltg. der Expertenkommission), Erweiterung der prudentiellen Aufsicht (Folgearbeiten zum Schlussbericht der Expertengruppe Finanzmarktaufsicht; Expertenbericht Zufferey) vom Februar 2005, EFD, <http://www.news.admin.ch/NSBSubscriber/message/attachments/22876.pdf> (besucht am 30. Juni 2012), (zit.: Expertenbericht ZIMMERLI).

ZUFFEREY JEAN-BAPTISTE ET. AL. (Ltg. der Expertenkommission), Finanzmarktregulierung und -aufsicht in der Schweiz (Banken, Versicherungen, Allfinanz und Finanzkonglomerate, andere Finanzdienstleistungen) vom 15. September 2000, EFD, <http://www.efd.admin.ch/dokumentation/zahlen/00578/00854/index.html?lang=de&download=NHzLpZeg7t, lnp6I0NTU042l2Z6ln1acy4Zn4Z2qZpnO2Yuq2Z6gpJCDeX55gWym162epYbg2c_JjKbNoKSn6A--> (besucht am 30. Juni 2012), (zit.: (Expertenbericht ZUFFEREY).

### *d) Berichte Bundesbehörden*

BUNDESAMT FÜR JUSTIZ, Gesetzgebungsleitfaden 2007 (Leitfaden für die Ausarbeitung von Erlassen des Bundes) vom 31. Dezember 2006, 3. nachgeführte Auflage, <http://www.ejpd.admin.ch/content/dam/data/staat_buerger/legistik/gleitf-d.pdf> (besucht am 30. Juni 2012), (zit.: BJ, Gesetzgebungsleitfaden 2007).

BUNDESKANZLEI BK, Botschaftsleitfaden (Leitfaden zum Verfassen von Botschaften des Bundesrates) vom 2007, <http://www.bk.admin.ch/dokumentation/sprachen/04915/06864/index.html?lang=de&download=M3wBPgDB_8ull6Du36WenojQ1NTTjaXZnqWfVpzLhmfhnapmmc7Zi6rZnqCkkIV7gnd7bKbXrZ6lhuDZz8mMps2gpKfo> (besucht am 30. Juni 2012), (zit.: BK, Botschaftsleitfaden 2007).

INTEGRATIONSBÜRO EDA/EVD, Faltblatt Schweiz-EU, November 2010, <http://www.europa.admin.ch/themen/00499/index.html?lang=de&download=NHzLpZeg7t,lnp6I0NTU042l2Z6ln1acy4Zn4Z2qZpnO2Yuq2Z6gpJCDdoF2fWym162epYbg2c_JjKbNoKSn6A--> (besucht am 30. Juni 2012), (zit.: INTEGRATIONSBÜRO, Faltblatt Schweiz-EU).

INTEGRATIONSBÜRO EDA/EVD, Die Bilateralen Abkommen Schweiz - Europäische Union, September 2011, (zit.: INTEGRATIONSBÜRO, Bilaterale Schweiz).

### *e) Berichte Nationalbank*

SCHWEIZERISCHE NATIONALBANK - SNB, Statistisches Monatsheft März 03/11, <http://www.snb.ch/en/mmr/reference/Stat_Monatsheft_2011_03/source/St at_ Monatsheft_2011_03.ge.pdf> (besucht am 30. Juni 2012), (zit.: SNB-Monatsheft 03/11).

SCHWEIZERISCHE NATIONALBANK - SNB, Statistisches Monatsheft März 03/12, <http://www.snb.ch/en/mmr/reference/Stat_Monatsheft_2012_03/source/Stat_Monatsheft_2012_03.ge.pdf> (besucht am 30. Juni 2012), (zit.: SNB-Monatsheft 03/12).

### 1.1.4 Postulate

Postulat PAUL RECHSTEINER – Swisslex II vom 9. Oktober 1998 (Amtl. Bull. 2000 N 710), <http://www.parlament.ch/ab/frameset/d/n/4514/1749 37/d_n_4514_174937_175624.htm> (besucht am 30. Juni 2012).

Postulat CHRISTA MARKWALDER – Europapolitik. Evaluation, Prioritäten, Sofortmassnahmen und nächste Integrationsschritte vom 10. Juni 2009 (Amtl. Bull. 2009 N 1896), <http://www.parlament.ch/d/suche/sei ten/geschaefte.aspx?gesch_id=20093560> (besucht am 30. Juni 2012).

### 1.1.5 Medienmitteilung

EFD-Gesetzesentwurf zur Totalrevision des Anlagefondsgesetzes - Eröffnung der Vernehmlassung, Bern 14. Januar 2004, <http://www.efd.admin.ch/ dokumentation/medieninformationen/archiv/03635/index.html?lang=de> (besucht am 10. März 2012), (zit.: EFD-Medienmitteilung, Teilrevision AFG).

SCHWEIZERISCHE NATIONALBANK - SNB, Vermögensbilanz der privaten Haushalte 2010 (Medienmitteilung) vom 18. November 2011, <http://www.snb.ch/de/mmr/reference/pre_20111118/source/pre_201111 18.de.pdf> (besucht am 30. Juni 2012), (zit.: SNB-Vermögensbilanz Private 2010).

## 1.2 Höchstrichterliche Entscheide

<http://www.bger.ch> (besucht am 30. Juni 2012)

BGE 111 Ia 292

BGE 112 Ia 97

BGE 121 III 219

BGE 124 II 193

BGE 125 II 206

BGE 125 II 293

BGE 126 III 129

BGE 129 III 335 (4C.316/2002 vom 25. März 2003)

BGE 130 III 182 (4C.233/2003 vom 26. November 2003)

BGE 2A.334/2003 vom 30. April 2004

BGE 131 III 314 (5C.245/2004 vom 11. März 2005)

BGE 132 III 460 (4C.432/2005 vom 22. März 2006)

BGE 133 III 97 (4C.270/2006 vom 4. Januar 2007)

BGE 133 III 180 (4C.33/2006 vom 7. Februar 2007)

BGE 137 II 199 (2C_343/2010/2C_344/2010 vom 11. April 2011)

BGE 137 III 393 (4A_266/2010 vom 29. August 2011)

BGE 137 III 487 (5A_113/2011 vom 15. August 2011)

## 1.3 Verlautbarungen der FINMA (vormals EBK)

<http://www.finma.ch> (besucht am 30. Juni 2012)

EBK-Rundschreiben 96/4, Gewerbsmässige Entgegennahme von Publikumseinlagen durch Nichtbanken im Sinne des Bankengesetzes vom 22. August 1998, aufgehoben per 1. Januar 2009 und ersetzt durch FINMA-RS 2008/3, <http://www.finma.ch/archiv/ebk/d/regulier/rundsch/pdf/rs_9604_d.pdf> (besucht am 30. Juni 2012), (zit.: EBK-RS 96/4, Publikumseinlagen).

EBK-Rundschreiben 98/2, Erläuterung zum Begriff Effektenhändler vom 1. Juli 1998, aufgehoben per 1. Januar 2009 und ersetzt durch FINMA-RS 2008/5, <http://www.finma.ch/archiv/ebk/d/regulier/rundsch/pdf/rs_9802_d.pdf> (besucht am 30. Juni 2012), (zit.: EBK-RS 98/2, Effektenhändler).

EBK-Bulletin 47 von 2005, < http://www.finma.ch/archiv/ebk/f/publik/bulletin /pdf/bull47.pdf> (besucht am 30. Juni 2012), (zit.: EBK-Bulletin 47).

EBK-Bulletin 49 von 2006, <http://www.finma.ch/archiv/ebk/f/publik/bull etin/pdf/bull49.pdf> (besucht am 30. Juni 2012), (zit.: EBK-Bulletin 49).

Sammlung der EBK-Rundschreiben 1/2007, <http://www.finma.ch/archiv/ ebk/d/publik/rssammlung/rs_sa_07_01_d.pdf> (besucht am 30. Juni 2012), (zit.: EBK-RS Sammlung 1/2007).

EBK-Bulletin 51 von 2008, < http://www.finma.ch/archiv/ebk/f/publik/bull etin/pdf/bull51.pdf> (besucht am 30. Juni 2012), (zit.: EBK-Bulletin 51).

FINMA-Rundschreiben 2008/8, Öffentliche Werbung kollektive Kapitalanlagen (Öffentliche Werbung im Sinne der Gesetzgebung über die kollektiven Kapitalanlagen) vom 1. Januar 2009, (zit.: FINMA-RS 2008/8, Werbung).

FINMA-Rundschreiben 2008/10, Selbstregulierung als Mindeststandard (Von der Eidg. Finanzmarktaufsicht als Mindeststandard anerkannte Selbstregulierung) vom 1. Januar 2009, (zit.: FINMA-RS 2008/10, Selbstregulierung).

FINMA-Rundschreiben 2009/1, Eckwerte zur Vermögensverwaltung (Eckwerte für die Anerkennung von Selbstregulierung zur Vermögensverwaltung als Mindeststandard) vom 1. Januar 2009, (zit.: FINMA-RS 2009/1, Eckwerte).

FINMA, Strategische Ziele der FINMA für die Jahre 2010 bis 2012 vom 30. September 2009, (zit.: FINMA, Ziele 2010-2012).

FINMA, Jahresbericht 2010 vom März 2011 (zit.: FINMA-Jahresbericht 2010).

FINMA, Madoff-Betrug und Vertrieb von Lehman-Produkten: Auswirkungen auf das Anlageberatungs- und Vermögensverwaltungsgeschäft vom 2. März 2010, (zit.: FINMA-Bericht Madoff/Lehman).

FINMA, Regulierung von Produktion und Vertrieb von Finanzprodukten an Privatkunden - Stand, Mängel und Handlungsoptionen - Diskussionspapier vom Oktober 2010, (zit.: FINMA-Vertriebsbericht 2010).

FINMA-Mitteilung 18 (2010), Behandlung von Lebensversicherungen mit separater Konto-/Depotführung vom 30.12.2010, (zit.: FINMA-Mitteilung 18 (2010) Lebensversicherungen).

FINMA-Rundschreiben 2011/1, Finanzintermediation nach GwG [Ausführungen zur Verordnung über die berufsmässige Ausübung der Finanzintermediation (VBF)] vom 20. Oktober 2010, (zit.: FINMA-RS 2011/1, Finanzinermediation).

FINMA, Regulierung der Produktion und des Vertriebs von Finanzprodukten an Privatkunden - Bericht über die Anhörung vom 10. November 2010 bis 2. Mai 2011 zum „FINMA-Vertriebsbericht" vom Oktober 2010 ("Anhörungsbericht Vertriebsregeln") vom 24. Februar 2012, (zit.: FINMA-Anhörungsbericht Vertriebsregeln).

FINMA, Regulierung der Produktion und des Vertriebs von Finanzprodukten („FINMA-Positionspapier Vertriebsregeln") vom 24. Februar 2012, (zit.: FINMA-Positionspapier Vertriebsregeln).

### 1.4 Verlautbarungen von Verbänden

<http://www.swissbanking.org> (besucht am 30. Juni 2012)

Schweizerische Bankiervereinigung (SBVg), Besondere Risiken im Effektenhandel, 2008, (zit.: SBVg-Risiken Effektenhandel).

Schweizerische Bankiervereinigung (SBVg), Verhaltensregeln für Effektenhändler bei der Durchführung des Effektenhandelsgeschäfts, 2008, (zit.: SBVg-Verhaltensregeln Effektenhandel).

<http://www.sfa.ch> (besucht am 30. Juni 2012)

Swiss Funds Association SFA, Richtlinien zur Berechnung und Offenlegung der TER und PTR von kollektiven Kapitalanlagen vom 16. Mai 2008 (Stand: 12. August 2008), (zit.: SFA-RL-TER/PTR).

Swiss Funds Association SFA, Richtlinien für den Vertrieb kollektiver Kapitalanlagen vom 29. Mai 2008, (zit.: SFA-RL-Vertrieb).

Swiss Funds Association SFA, Verhaltensregeln für die schweizerische Fondswirtschaft (Code of Conduct) vom 30. März 2009, (zit.: SFA-CoC-Fondswirtschaft).

Swiss Funds Association SFA, Verhaltensregeln für Vermögensverwalter von kollektiven Kapitalanlagen vom 31. März 2009, (zit.: SFA-CoC-Verwaltung).

## 2. Internationale Regulierung

G20, Declaration – Summit on financial markets and the world economy vom 15. November 2008, <http://www.g20.utoronto.ca/summits/2008washington.html> (besucht am 30. Juni 2012), (zit.: G20, Washington-Declaration).

<http://www.iosco.org> (besucht am 30. Juni 2012)

IOSCO, Examination of governance for collective investment schemes, Final Report, Part I, Juni 2006, <http://www.iosco.org/library/pubdocs/pdf/IOSCOPD219.pdf > (besucht am 30. Juni 2012), (zit.: IOSCO-Governance).

IOSCO, Objectives and Principles of Securities Regulation, Juni 2010, <http://www.iosco.org/library/pubdocs/pdf/IOSCOPD323.pdf> (besucht am 30. Juni 2012), (zit.: IOSCO-Principles).

IOSCO, Principles on Point of Sale Disclosure – Final Report (Technical Committee of the IOSCO), Februar 2011, <http://www.iosco.org/library/pubdocs/pdf/IOSCOPD343.pdf> (besucht am 30. Juni 2012), (zit.: IOSCO-FR01/11).

IOSCO, Suitability Requirements with respect to the Distribution of Complex Financial Products – Consultation Report (Technical Committee of the IOSCO), Februar 2012, <http://www.iosco.org/library/pubdocs/pdf/IOSCOPD373.pdf> (besucht am 30. Juni 2012), (zit.: IOSCO-CR03/12).

# 3. Europa

## 3.1 Richtlinien, Vorschläge und Background Notes

<http://eur-lex.europa.eu> (besucht am 30. Juni 2012)

Richtlinie 80/390/EWG des Rates zur Koordinierung der Bedingungen für die Erstellung, die Kontrolle und die Verbreitung des Prospekts, der für die Zulassung von Wertpapieren zur amtlichen Notierung an einer Wertpapierbörse zu veröffentlichen ist (Abl. EU Nr. L 100 vom 17. April 1980), aufgehoben durch Prospekt-RL II, (zit.: Prospekt-RL I).

Richtlinie 85/611/EWG des Rates zur Koordinierung der Rechts- und Verwaltungsvorschriften betreffend bestimmte Organismen für gemeinsame Anlagen in Wertpapieren (OGAW) (Abl. EU Nr. L 375 vom 31. Dezember 1985), aufgehoben durch OGAW III, (zit.: OGAW I-RL).

Richtlinie 2001/107/EG des Europäischen Parlaments und des Rates zur Änderung der Richtlinie 85/611/EWG des Rates zur Koordinierung der Rechts- und Verwaltungsvorschriften betreffend bestimmte Organismen für gemeinsame Anlagen in Wertpapieren (OGAW) zwecks Festlegung von Bestimmungen für Verwaltungsgesellschaften und vereinfachte Prospekte (Abl. EU Nr. L 41/20 vom 13. Februar 2002), aufgehoben durch OGAW IV, (zit.: Fondsdienstleistungs-RL; Teil OGAW III-RL).

Richtlinie 2001/108/EG des Europäischen Parlaments und des Rates zur Änderung der Richtlinie 85/611/EWG des Rates zur Koordinierung der Rechts- und Verwaltungsvorschriften betreffend bestimmte Organismen für gemeinsame Anlagen in Wertpapieren (OGAW) hinsichtlich der Anlagen der OGAW (Abl. EU Nr. L 41/35 vom 13. Februar 2002), aufgehoben durch OGAW IV, (zit.: Produkt-RL; Teil OGAW III-RL).

Richtlinie 2003/71/EG des Europäischen Parlaments und des Rates betreffend den Prospekt, der beim öffentlichen Angebot von Wertpapieren oder bei deren Zulassung zum Handel zu veröffentlichen ist, und zur Änderung der Richtlinie 2001/34/EG (Abl. EU Nr. L 345/64 vom 31. Dezember 2003), aufgehoben durch Prospekt-RL III, (zit.: Prospekt-RL II).

Richtlinie 2004/39/EG des Europäischen Parlaments und des Rates über Märkte für Finanzinstrumente (Abl. EU Nr. L 145/1 vom 30. April 2004), (zit.: MiFID-RL).

Background Note - COMMISSION DIRECTIVE implementing Directive 2004/39/EC of the European Parliament and of the Council as regards record-keeping obligations for investment firms, transaction reporting, market transparency, admission of financial instruments to trading, and defined terms for the purposes of that Directive, Fassung vom 6. Februar 2006, (zit.: MiFID Background Note).

Richtlinie 2006/73/EG der Kommission zur Durchführung der Richtlinie 2004/39/EG des Europäischen Parlaments und des Rates in Bezug auf die organisatorischen Anforderungen an Wertpapierfirmen und die Bedingungen für die Ausübung ihrer Tätigkeit sowie in Bezug auf die Definition bestimmter Begriffe für die Zwecke der genannten Richtlinie (Abl. EU Nr. L 241/26 vom 2. September 2006), (zit.: MiFID-Durchführungs-RL).

Vorschlag für eine Richtlinie des Europäischen Parlaments und des Rates zur Änderung der Richtlinie 2003/71/EG betreffend den Prospekt, der beim öffentlichen Angebot von Wertpapieren oder bei deren Zulassung zum Handel zu veröffentlichen ist, und der Richtlinie 2004/109/EG zur Harmonisierung der Transparenzanforderungen in Bezug auf Informationen über Emittenten, deren Wertpapiere zum Handel auf einem geregelten Markt zugelassen sind (KOM (2009) 491) vom 23. September 2009, (zit.: Vorschlag Änderung RL 2003/71/EG und 2004/109/EG).

Richtlinie 2009/65/EG des Europäischen Parlaments und des Rates zur Koordinierung der Rechts- und Verwaltungsvorschriften betreffend bestimmte Organismen für gemeinsame Anlagen in Wertpapieren (Abl. EU Nr. L 302/32 vom 17. November 2009), (zit.: OGAW IV-RL).

Richtlinie 2010/73/EU des Europäischen Parlaments und des Rates zur Änderung der Richtlinie 2003/71/EG betreffend den Prospekt, der beim öffentlichen Angebot von Wertpapieren oder bei deren Zulassung zum Handel zu veröffentlichen ist, und der Richtlinie 2004/109/EG zur Harmonisierung der Transparenzanforderungen in Bezug auf Informationen über Emittenten, deren Wertpapiere zum Handel auf einem geregelten Markt zugelassen sind (Abl. EU Nr. L 327/1 vom 11. Dezember 2010), (zit.: Prospekt-RL III).

Richtlinie 2011/61/EU des Europäischen Parlaments und des Rates vom 8. Juni 2011 über die Verwalter alternativer Investmentfonds und zur Änderung der Richtlinien 2003/41/EG und 2009/65/EG und der Verordnungen (EG) Nr. 1060/2009 und (EU) Nr. 1095/2010 (Abl. EU Nr. L 174/1 vom 1. Juli 2011), (zit.: AIFM-RL).

Vorschlag für eine Richtlinie des Europäischen Parlaments und des Rates über Märkte für Finanzinstrumente zur Aufhebung der Richtlinie 2004/39/EG (KOM(2011) 656) vom 20. Oktober 2011, (zit.: Vorschlag MiFID-RL II).

## 3.2 Entscheide

<http://curia.europa.eu> (besucht am 30. Juni 2012)

EuGH v. 10. April 1984 – Rs. 14/83 von Colson, Slg. 1984, 1891 (zit. EuGH-Entscheid von Colson).

EuGH v. 13. November 1990 – Rs. C-106/89 Marleasing, Slg. 1990, I-4135 (zit. EuGH-Entscheid Marleasing).

EuGH v. 4. Juli 2006 – RS C-212/04 Adeneler u.a., Slg. 2006, I-6057 (zit. EuGH-Entscheid Adeneler u.a.).

## 3.3 Verlautbarungen von Verbänden

<http://www.efama.org> (besucht am 30. Juni 2012)

The European Fund and Asset Management Association (efama), efama Fact Book 2006, 4th Edition, Brussels, (zit.: efama Fact Book 2006).

The European Fund and Asset Management Association (efama), efama Fact Book 2011, 9th Edition, Brussels, (zit.: efama Fact Book 2011)

# Abbildungsverzeichnis

# Erstes Kapitel
# Grundlagen

## § 1 Untersuchungsgegenstand

### 1. Problemstellung

Wer die Voraussetzungen nach Art. 10 Abs. 3 lit. e KAG i.V.m. Art. 6 1
Abs. 1 KKV erfüllt, gilt nach geltendem Recht ohne Prüfung seiner Kenntnisse oder Erfahrung als qualifizierter Anleger[1]. Die vermögende Privatperson (High-net-worth individual, kurz: HNWI) definiert sich alleine nach monetären Kriterien. Nicht massgebend soll dabei der Grad der effektiven Anlageerfahrung sein.[2] Es besteht somit die Gefahr, dass in der Schweiz gerade die vermögende Privatperson durch den teils sehr eingeschränkten Anlegerschutz bei qualifizierten Anlegern im Nachteil gegenüber den viel breiter geschützten Publikumsanlegern ist. Dies, da die FINMA kollektive Kapitalanlagen ganz oder teilweise von bestimmten Vorschriften des Kollektivanlagengesetzes befreien kann, sofern diese sich ausschliesslich an qualifizierte Anleger richten und der Schutzzweck des Gesetzes dadurch nicht beeinträchtigt wird.[3]

Der Bundesrat hat in seiner Botschaft ausgeführt: „Vermögende Privat- 2
personen sind an sich keine «professionals», sie sind aber in der Lage, selber qualifizierte Berater beizuziehen. Die konkreten Anforderungen an die vermögenden Privatpersonen werden auf Verordnungsstufe geregelt.“[4] Auf Verordnungsstufe wurden dann ausschliesslich monetäre Anforderungen festgehalten.[5]

Die Fiktion des Beizugs von qualifizierten Beratern durch die vermö- 3
gende Privatperson entspricht gemäss h.L. einem objektivierten Sorgfaltsmassstab [...], da ein solcher Beizug i.d.R. tatsächlich auch durch die vermögende

---

1 Soweit in der deutschen Sprache eine Differenzierung in die männliche und weibliche Form angezeigt wäre, wird der Einfachheit und Kürze halber die männliche Form belassen. Die Begriffe werden neutral verwendet. Die weibliche Form oder die weibliche Person, sofern als solche identifizierbar, ist selbstverständlich in jedem Falle mit eingeschlossen.

2 BSK KAG-Wyss, Art. 10 N 54.

3 Art. 10 Abs. 5 KAG.

4 Botschaft KAG, S. 6441.

5 Art. 6 Abs. 1 KKV.

Privatperson vorgenommen werde. Aus diesem Grund halte die gesetzliche Fiktion einer objektiven Prüfung stand und sei kompatibel mit den EU-Anforderungen.[6] Als objektivierter Sorgfaltsmassstab gilt gemäss h.L. diejenige Sorgfalt, „welche ein gewissenhafter und vernünftiger Mensch desselben Verkehrskreises [...] unter den gleichen Umständen als erforderlich ansehen würde.“[7] Unter dem objektivierten Sorgfaltsmassstab ist weiter jeweils die Aufmerksamkeit eines Durchschnittsmenschen anzunehmen.[8] JÄGGI dagegen versteht unter der gebotenen Aufmerksamkeit einen hohen Aufwand an Geisteskraft, Arbeit, Zeit und Sachgütern.[9] Es stellt sich die Frage, ob bei den vermögenden Privatpersonen der Beizug von qualifizierten Beratern als inhärente Eigenschaft i.S. einer Fiktion vorausgesetzt werden kann oder nicht.

4 Im Erläuterungsbericht zur KKV spricht das EFD nicht mehr von einer Fiktion, sondern nur noch von einer gesetzlichen Vermutung, „dass vermögende Privatpersonen in ihrer Eigenschaft als qualifizierte Anlegerinnen und Anleger [...] ein reduziertes Schutzbedürfnis aufweisen [...].“[10] Nach KUMMER versteht man unter den Vermutungen i.S. eines Terminus technicus den Richter bindende Schlüsse von Bekanntem auf Unbekanntes.[11] „Losgelöst von den individuellen Gegebenheiten des Einzelfalles schliesst das Gesetz in abstrakter Regel aus dem Vorliegen eines für eine Rechtswirkung tatbestandsfremden, sonach nicht unmittelbar erheblichen [...] Sachumstandes (factum probans, Vermutungsbasis [...]) auf das Vorliegen eines tatbestandseigenen, d.h. unmittelbar erheblichen [Sachumstandes] (factum probandum, Tatsachenvermutung).“[12] Wenn die Vermutungsbasis bewiesen ist, muss die Vermutungsfolge als gegeben betrachtet werden. Dies jedoch nur solange, als dass nicht das Gegenteil bewiesen werden kann.[13]

5 Die Klärung der Frage, ob bei der Legiferierung von Art. 6 Abs. 1 KKV nun von einer Fiktion oder doch nur von einer Vermutung ausgegangen wurde, bildet neben der Prüfung der europakonformen Umsetzung der relevanten EU-Richtlinien Gegenstand dieser Abhandlung.

---

6 BSK KAG-WYSS, Art. 10 N 54.
7 FORSTMOSER/MEIER-HAYOZ/NOBEL, § 26 N 80.
8 BSK ZGB I-HONSELL, Art. 3 N 37 ff.
9 BEK Einleitungsband ZGB, JÄGGI, Art. 3 N 114 ff.
10 EFD-Erläuterungsbericht KKV, S. 8.
11 BEK Einleitungsband ZGB, KUMMER, Art. 8 N 317.
12 BEK Einleitungsband ZGB, KUMMER, Art. 8 N 318.
13 BEK Einleitungsband ZGB, KUMMER, Art. 8 N 319.

## 2. Zielsetzung

Die vorliegende Abhandlung will die Qualifikation der vermögenden Privatperson als qualifizierter Anleger näher betrachten. Es gilt abzuklären, ob die Annahme der Professionalität bei vermögenden Privatpersonen dem Gesetzeszweck des Anlegerschutzes widerspricht. Die Fiktion des Beizugs von qualifizierten Beratern durch den gestützt auf Art. 10 Abs. 3 lit. e KAG i.V.m. Art. 6 Abs. 1 KKV bereits als qualifiziert bezeichneten Anleger erscheint zumindest widersprüchlich. 6

Diese Annahme der Professionalität bei vermögenden Privatpersonen wirft die Frage auf, ob die monetären Möglichkeiten, die ja allein des Kriterium für die Professionalität bilden, zwingend mit den kognitiven Fähigkeiten, die für eine professionelle Beurteilung vorausgesetzt werden, korrelieren müssen. 7

Nach h.L. liegt bei Art. 6 Abs. 1 KKV resp. der Annahme des Beizugs von qualifizierten Beratern durch die vermögende Privatperson eine Fiktion vor. Eine Fiktion ist eine nicht widerlegbare Tatsachen- oder Rechtsvermutung, die an eine Fiktionsbasis geknüpft wird.[14] Eine Fiktion darf jedoch nur angenommen werden, wenn das Gesetz selbst eine Widerlegung ausschliesst (praesumptio juris et de jure). Ansonsten liegt nur eine Vermutung vor.[15] „Bei Vorliegen der Fiktionsbasis x wird y «unwiderlegbar vermutet», sonach fingiert."[16] Bei der Fiktion des Beizugs von qualifizierten Beratern fingiert das Gesetz einen Sachumstand.[17] Bei einzelnen konkreten Anwendungsfällen kann es jedoch strittig sein, ob eine Vermutung oder eine Fiktion vorliegt. Die Auslegung muss zeigen, ob der Beweis des Gegenteils offensteht.[18] 8

Nach Erläuterungsbericht zur KKV liegt eine gesetzliche Vermutung vor. Der Beweis des Gegenteils, also der Nachweis der fehlenden Korrelation zwischen monetären Möglichkeiten und kognitiven Fähigkeiten, kann die Vermutungsfolge somit in Frage stellen. Ist der Gegenbeweis jedoch möglich, so handelt es sich nachweisslich nur um eine Vermutung und nicht um eine Fiktion. Fiktionen sind somit nicht widerlegbare Vermutungen.[19] Die Klärung dieser Frage bildet das erste Ziel dieser Abhandlung. 9

---

14 BSK ZGB I-SCHMID/LARDELLI, Art. 8 N 70 ff.
15 BEK Einleitungsband ZGB, KUMMER, Art. 8 N 344.
16 BEK Einleitungsband ZGB, KUMMER, Art. 8 N 344.
17 BEK Einleitungsband ZGB, KUMMER, Art. 8 N 345.
18 BEK Einleitungsband ZGB, KUMMER, Art. 8 N 346.
19 CHK-GÖKSU, ZGB 8 N 18 ff.

10 Weiter werden die verschiedenen Rechtsfolgen bei der (Selbst-) Deklaration als qualifizierter Anleger untersucht und die diesbezüglichen Sorgfaltspflichten des Adressaten geprüft. Eine Gegenüberstellung mit dem EU-Recht und seiner Umsetzung in Deutschland, Österreich, Liechtenstein und Luxemburg soll zeigen, wie unsere Nachbarländer resp. gewichtige Konkurrenten im Fondsgeschäft ihr nationales Recht angepasst haben, um dem Anlegerschutz durch einen Kriterienkatalog zur Einstufung der vermögenden Privatperson als qualifizierter Anleger Rechnung zu tragen.

11 Das zweite Ziel dieser Abhandlung soll somit die Prüfung sein, ob die Umsetzung der Figur der vermögenden Privatperson als qualifizierter Anleger im schweizerischen Recht der Regulierung im EU-Raum sowie dem Anlegerschutz als Gesetzeszweck des KAG[20] entspricht. Auch soll der Einfluss der mehrstufigen Definition des qualifizierten Anlegers in den EU-Richtlinien sowie deren Umsetzung ins schweizerische Recht im Rahmen des autonomen Nachvollzugs geprüft werden.

## 3. Aufbau der Arbeit

12 Die Abhandlung ist in acht Kapitel gegliedert, wobei im ersten Kapitel der Untersuchungsgegenstand (§ 1) definiert und der wissenschaftliche Ansatz (§ 2) offengelegt wird.

13 Im zweiten Kapitel werden die Rechtsquellen des KAG (§ 3) dargelegt, der Geltungsbereich (§ 4) definiert sowie die Herleitung der Grundlagen, Folgen und Kritik der Europakompatibilität (§ 5) festgehalten.

14 Im dritten Kapitel wird die vermögende Privatperson als qualifizierter Anleger unter Anwendung der Methodenlehre betrachtet. Nach den Vorbemerkungen zur Methodenlehre (§ 6) folgt die Analyse anhand der verschiedenen Auslegungselemente. Das sprachliche-grammatikalische Auslegungselement (§ 7), das systematische Auslegungselement (§ 8), das historische Auslegungselement (§ 9) und das teleologische Auslegungselement (§ 10) führen zur methodenpluralistischen Betrachtung der Deklaration der vermögenden Privatperson (§11).

15 Das vierte Kapitel ist der Gesetzesfolgenanalyse gewidmet. Auf die Vorbemerkungen zur Gesetzesfolgenanalyse (§ 12) folgt die Betrachtung der

---

[20] Art. 1 KAG.

Auswirkungen und Folgen der Deklaration der vermögenden Privatperson als qualifizierter Anleger (§ 13).

Das fünfte Kapitel beschäftigt sich mit der Ökonomischen Analyse des Rechts. Nach einer Einführung in die ÖAR (§ 14), folgt die ökonomische Konkretisierung der Deklaration der vermögenden Privatperson (§ 15), begleitet von den statistischen Daten zur Kapitalmarktbeanspruchung (§ 16) und zu den vermögenden Privatpersonen in der der Schweiz und in internationaler Betrachtung (§ 17). Abschliessend erfolgt in diesem Kapitel die Würdigung der Deklaration der vermögenden Privatperson aus ökonomischer Sicht (§ 18). 16

Im sechsten Kapitel wird die rechtsvergleichende Betrachtung der vermögenden Privatperson vorgenommen. Nach einer Einführung in Gegenstand und Methodik der Rechtsvergleichung (§ 19) folgt die Darstellung der internationalen Regulierung des qualifizierten Anlegers (§ 20). Anschliessend wird die relevante Gesetzgebung im Rahmen der Mikrovergleichung von Deutschland (§ 22), Österreich (§ 23), Liechtenstein (§ 25) und Luxemburg (§ 26) analysiert. 17

Im siebten Kapitel werden unter Ausgangslage und Fragestellung (§ 27) die ersten Schlussfolgerungen gezogen. Der derzeit geltende Anforderungskatalog der Einstufung der vermögenden Privatperson als qualifizierter Anleger wird anhand der monetären und der kognitiven Kriterien visualisiert. Zudem wird ein sachgerechter und europakompatibler Anforderungskatalog zur Deklaration der vermögenden Privatperson als qualifizierter Anleger erarbeitet (§ 28). Die Vorschläge de lege ferenda werden herausgearbeitet und erläutert (§ 29). 18

Die Zusammenfassungen in Deutsch und Englisch (§§ 30/31) bilden den Abschluss, gefolgt vom Anhang mit einem Formularentwurf für die europakompatible Deklaration der vermögenden Privatperson als qualifizierter Anleger (§ 32). Auch im Anhang findet sich ein Auszug aus dem Konsultationspapier der IOSCO zu den Suitability Requirements with respect to the Distribution of Complex Financial Products (§ 33). 19

## 4. Eingrenzung des Themas

### 4.1 Ausschluss bestimmter rechtlicher Fragestellungen

20 Zivil- und strafrechtliche Anspruchsgrundlagen sind nicht Gegenstand der Betrachtung. Die Behandlung steuerrechtlicher Fragestellungen wird weiter nur im Rahmen von Abgrenzungen vorgenommen.

### 4.2 Berücksichtigung von Literatur und Rechtsprechung

21 Lehre und Rechtsprechung werden berücksichtigt bis und mit 31. März 2012.

# § 2 Wissenschaftlicher Ansatz

## 1. Einleitung

Um der Komplexität des Themas gerecht zu werden, wird als wissenschaftlicher Ansatz eine Kombination der angewandten Rechtstheorie mit der Rechtsvergleichung unter Einbezug der Darstellung der europarechtlichen Durchdringung gewählt. 22

## 2. Angewandte Rechtstheorie

### 2.1 Einführung in die angewandte Rechtstheorie

Die angewandte Rechtstheorie nach MASTRONARDI will den Leser zum 23 Nachdenken über juristische Methoden anregen.[21] Rechtstheorie soll nicht Selbstzweck sein, sondern als Grundlage einer praktischen Entscheidungslehre dienen. Zwischen der Methodenlehre und der Rechtsphilosophie soll die Rechtstheorie eine Brücke schlagen.[22] „Die Rechtswissenschaft ist eine normative Wissenschaft, welche Rechtsetzung und Rechtsanwendung anleiten soll. Sie ist damit eine Handlungswissenschaft: Sie will soziales Handeln beeinflussen."[23] Da sich die Rechtswissenschaft jedoch nicht auf eine wertungsfreie Sozialtechnologie beschränken kann, gehört sie zu den politischen Wissenschaften und eine Transparenz der impliziten Wertungen ist für das Verständnis notwendig.[24]

SCHLUEP ruft in seiner «Einladung zur Rechtstheorie» den Leser dazu 24 auf, aus der Optik rechtstheoretischer Fragestellungen den Blick weiter zu öffnen für die *interdisziplinären Zusammenhänge.* Die Neugier auf das, was «nebenan» geschieht, muss wachsen. Entgegen dem häufig im juristischen Sachverständnis offener oder verborgen zutage tretender Sonderfall eines

[21] MASTRONARDI, Rechtstheorie, Rz. 1.
[22] MASTRONARDI, Rechtstheorie, Rz. 8.
[23] MASTRONARDI, Rechtstheorie, Rz. 11.
[24] MASTRONARDI, Rechtstheorie, Rz. 11.

«homo iuridicus» ist *ganzheitlich*[25] an die juristische Seite der Menschheitsprobleme heranzutreten.[26]

25 Zur Hermeneutik gehören die Methodenlehre und die Argumentationstheorie. Wogegen zur Analytik der Funktionalismus und die ökonomische Analyse des Rechts (ÖAR) gezählt werden.[27]

## 2.2 Methodenlehre

26 Die verschiedenen Konzepte einer Methodenlehre unterscheiden sich in erster Linie in ihrem Standpunkt zum Recht. In den Methoden der Hermeneutik[28] nehmen die Konzepte an der Verwirklichung des Rechts teil. Nach HINDERLING will die Hermeneutik die erkenntnistheoretischen Probleme des Verstehens lösen und so als eigentliche Kunstlehre des Verstehens Geltung erlangen.[29] In den Methoden der Analytik beschränken sich die Konzepte auf die Beobachtung der Vorgänge.[30]

27 Die Methodenlehre steuert den hermeneutischen Prozess und blickt aus der Sicht des Teilnehmers in die Zukunft.[31] Rechtstheoretische Grundlage der Methodenlehre ist die Deontologie.[32] Diese kann als Gesinnungsethik verstanden werden, da sie eine Handlung unabhängig von den äusseren Konsequenzen alleine bezogen auf die zu erfüllende Pflicht beurteilt. Der moralische Anspruch (inneres Gesetz) ist unabhängig davon zu bewahren, ob ein direkter äusserer Nutzen zu erwarten ist oder nicht.[33]

## 2.3 Argumentationstheorie

28 Neben der Methodenlehre nimmt auch die Argumentationstheorie den Standpunkt des Teilnehmers ein. Der Blick ist jedoch in die Vergangenheit gerichtet und es werden bereits getroffene Entscheidungen oder legiferierte

---

[25] I.S.v. universal, global oder interdisziplinär zu verstehen.

[26] SCHLUEP, Rz. 3484.

[27] MASTRONARDI, Rechtstheorie, Rz. 35.

[28] KRAMER, Methodenlehre, S. 39 FN 19 bezeichnet der Begriff Hermeneutik „die allgemeine geisteswissenschaftliche Lehre vom Verstehen von Texten oder ganz allgemein von Geisteswerken."

[29] HINDERLING, S. 3 f.

[30] MASTRONARDI, Rechtstheorie, Rz. 73.

[31] MASTRONARDI, Rechtstheorie, Rz. 76.

[32] MASTRONARDI, Rechtstheorie, Rz. 82.

[33] MASTRONARDI, Denken, S. 274.

Normen analysiert.[34] Grundlage der Argumentationstheorie ist die Diskurstheorie.[35] Die Argumentationstheorie ist in ein handlungs- und gesellschaftstheoretisches Fundament eingebettet.[36]

Der juristische Diskurs ist ein Sonderfall des allgemeinen praktischen Diskurses. Allgemein- und Sonderfall prüfen die Richtigkeit von normativen Aussagen.[37] ALEXY nennt folgende einschränkenden Bedingungen des juristischen Diskurses: Bindung an das Gesetz, Berücksichtigung der Präjudizen, Einbindung in die Rechtsdogmatik sowie – im Rahmen des Prozessrechtes – Beschränkung durch die Regelung der Prozessordnungen.[38] Der Anspruch auf Richtigkeit unterscheidet den juristischen Diskurs vom allgemeinen praktischen Diskurs. Die vorgeschlagene Norm muss nicht schlechthin vernünftig sein, sondern einzig im Rahmen der geltenden Rechtsordnung vernünftig begründet werden können.[39] Nicht zulässig ist es im juristischen Diskurs, „etwas zu behaupten und dann ohne Angabe von Gründen eine Begründung zu verweigern. Mit juristischen Aussagen wird deshalb wie mit allgemeinen normativen Aussagen ein [...] Anspruch auf Richtigkeit erhoben."[40] 29

Die Konkretisierung der Einstufung der vermögenden Privatperson als qualifizierter Anleger erfolgt in dieser Arbeit ausschliesslich im Rahmen der Ausführungen zur Methodenlehre und im Rahmen der ÖAR. 30

### 2.4 Funktionalismus

Der Funktionalismus richtet den Blick auf die Zukunft und möchte den Zweck einer Norm für das Funktionieren des Rechtssystems ergründen.[41] Rechtstheoretische Grundlage des Funktionalismus ist der Utilitarismus.[42] Der Utilitarismus ist eine Erfolgsethik und bewertet so eine Handlung nicht aufgrund der Einhaltung einer inneren Gesinnung, sondern einzig nach den äusseren Folgen.[43] Die möglichen Folgen der unterschiedlichen Einstufungsvoraussetzungen von vermögenden Privatpersonen als qualifizierte Anleger werden 31

34 MASTRONARDI, Rechtstheorie, Rz. 79.
35 MASTRONARDI, Rechtstheorie, Rz. 85.
36 ENGLÄNDER, S. 15.
37 ALEXY, S. 33.
38 ALEXY, S. 34.
39 ALEXY, S. 264.
40 ALEXY, S. 265.
41 MASTRONARDI, Rechtstheorie, Rz. 78.
42 MASTRONARDI, Rechtstheorie, Rz. 83.
43 MASTRONARDI, Denken, S. 274.

so näher betrachtet. Wie die ÖAR nimmt der Funktionalismus den Beobachterstandpunkt ein. Jedoch geht der Funktionalismus als Systemtheorie nicht auf die Einzelfallebene ein und bleibt somit generell-abstrakt.[44]

32 Der Funktionalismus im Recht kann als kybernetisches System[45] dargestellt werden. Das Recht wird so zum Steuerungselement in einem sozialen Regelkreis.[46] Das Recht kann somit in der Form eines kybernetischen Systems abgebildet werden, „das auf bestimmte, aus seiner sozialen Umwelt stammendem Störungen (Input) mit Regelungen (Output) reagiert. Die Umwelt kann als System (der sozialen Ordnung, als Sozialordnung) verstanden werden, das sich zu seiner Regelung der Jurisprudenz bedient."[47]

33 Das kybernetische Modell ist in der Lage, „das System der Jurisprudenz als komplexes (multirelationales) und kompliziertes (mit unterschiedlichen Elementen ausgestattetes), aus Teilsystemen und entsprechenden Teilfunktionen sich aufbauendes, hochstabiles dynamisches System sozialer Regelung abzubilden."[48] Konkretisiert werden diese Ausführungen zum Funktionalismus in dieser Arbeit anhand der Ausführungen zur Gesetzesfolgenanalyse zur Deklaration der vermögenden Privatperson als qualifizierter Anleger.

## 2.5 Ökonomische Analyse des Rechts

34 Ziel der ökonomischen Analyse des Rechts (ÖAR) ist es, aus dem Beobachterstandpunkt in die Vergangenheit zu blicken, um so aus dem ökonomischen Blickwinkel die Kausalität von Entscheidungen in der Vergangenheit zu den ökonomischen Verhältnissen in der Gegenwart herstellen zu können. Ziel dieser Kausalanalyse ist es, künftige rechtliche Entscheidungen auch in ökonomischer Hinsicht zweckmässiger gestalten zu können.[49] „Entscheidungen

---

44 MASTRONARDI, Rechtstheorie, Rz. 426.

45 Kybernetik wird definiert als „die Erkennung, Steuerung und selbsttätige Regelung ineinander greifender, vernetzter Abläufe bei minimalem Energieaufwand." (VESTER, S. 154). Jeder Regelkreis besteht aus zwei Elementen. Die zu regelnde Grösse (Regelgrösse) und den Regler. Das System ist mit sich selbst rückgekoppelt. Wenn der Regler über einen Messfühler eine Veränderung des Zustandes erkennt, wird ein Stellglied angewiesen, die Störung durch Zufuhr oder Abfuhr einer Austauschgrösse zu beheben, (VESTER, S. 155).

46 ALEXY, S. 413.

47 BÜLLESBACH, S. 434.

48 BALLWEG, S. 88.

49 MASTRONARDI, Rechtstheorie, Rz. 77.

sind soziale Prozesse, deren Determinanten empirisch bestimmbar sind.“[50] Diese Determinanten sollen bestimmt und ausgewertet werden. Die Kapitalmarktbeanspruchung soll neben der Betrachtung der statistischen Daten zu den vermögenden Privatpersonen in der Schweiz und im weltweiten Vergleich die wirtschaftliche Bedeutung dieser Form von Kapitalanlagen aufzeigen.

## 3. Rechtsvergleichung

Nach ZWEIGERT/KÖTZ gibt es keinen vernünftigen Grund, „warum der Richter [...], der sich vor eine schwierige Frage von grundsätzlicher Bedeutung gestellt sieht, Lösungsvorschläge und Argumente nur deshalb ausser Acht lassen sollte, weil sie zufällig von ausländischen Richtern und Autoren stammen.“[51] Dies gilt umso mehr, wenn es sich um vereinheitlichtes Recht handelt, welches u.a. auf supra- oder internationaler Rechtsetzung beruhen kann. Das angestrebte Ziel der Rechtsvereinheitlichung muss hier auch die Auslegung und die Fortbildung der umgesetzten Normen beeinflussen. Der nationale Richter kann sich nicht auf die im nationalen Recht üblichen Auslegungsregeln beschränken.[52] Die nationalen Auslegungsregeln sind dahingehend zu modifizieren, „dass das Auslegungsergebnis Rechtseinheit gewährleisten, also international akzeptabel sein muss.“[53] 35

Nach WALTER basieren die autonom nachvollzogenen Rechtsnormen auf zweierlei Rechtsquellen: der rezipierten Fremdnorm und deren autonomen Umsetzung im nationalen Recht.[54] Obwohl es für autonom nachvollzogenes Recht keine systematische Bindung an die rezipierte Fremdnorm gibt, macht es keinen Sinn, „fremdes Recht bewusst zu rezipieren, es aber nicht vorlagenkonform auszulegen.“[55] Weiter hält WALTER fest, dass „rezipierte Rechtsnormen des EU-Rechts [...] nach Massgabe der dazu ergangenen Entscheidungen des EuGH, der Gerichte der Mitgliedstaaten oder schwergewichtig teleologisch auszulegen [sind].“[56] HÄBERELE beurteilt die «Kanonisierung» der Rechtsver- 36

50 MASTRONARDI, Rechtstheorie, Rz. 84.
51 ZWEIGERT/KÖTZ, S. 19.
52 ZWEIGERT/KÖTZ, S. 19 f.
53 ZWEIGERT/KÖTZ, S. 20.
54 WALTER, S. 268.
55 WALTER, S. 269.
56 WALTER, S. 277.

gleichung gar als fünfte Auslegungsmethode vor dem Hintergrund der Geschichte der juristischen Auslegungslehre als konsequenter Schritt.[57]

37 Bei der rechtsvergleichenden Interpretation berücksichtigt der Richter ausländische Rechtsvorschriften, welche als Vorbild für die auslegungsbedürftige Norm herangezogen wurden. Weiter analysiert der Richter, wie Lehre und Rechtsprechung im Ausland die infrage stehende Norm interpretieren. Auf Grundlage der Ermittlung von allgemeinen Rechtsgrundsätzen, die den beteiligten nationalen Rechtsordnungen als Ganzes entsprechen sollen, kann der Richter sodann bestehende Lücken schliessen.[58]

## 4. Europarechtliche Durchdringung

38 In § 5 wird die Europakompatibilität von schweizerischem Recht im Rahmen des autonomen Nachvollzuges erarbeitet. Die europarechtliche Durchdringung des KAG beeinflusst auch die Frage nach der korrekten Auslegung und der Rechtsvergleichung.

39 Nach KRAMER bezweckt der autonome Nachvollzug unbestritten die Rechtsangleichung an europäische Vorlagen. Eine EU-richtlinienkonforme Interpretation des autonom nachvollzogenen Rechts ist somit im Rahmen der teleologischen und auch historischen Auslegung vorzunehmen.[59] Das autonom nachvollzogene Recht ist somit „im Sinne dieser Zwecksetzung richtlinienkonform und damit auch im Licht der einschlägigen EuGH-Praxis zu interpretieren [...].“[60] Diese Interpretation kann im Rahmen der Rechtsvergleichung vorgenommen werden.

40 Anderer Meinung sind WIEGAND/BRÜLHARDT, die gerade in der Anwendung unterschiedlicher Methoden der Rechtsfindung eine Beeinträchtigung der angestrebten Vereinheitlichungswirkung von autonom nachvollzogenen Normen sehen. Sie verweisen auf den entsprechenden Vorgang in der EU, wo unter Anwendung eines zweistufigen Mechanismus eine (beschränkt) gemeinschaftskonforme Auslegung angestrebt wird.[61]

---

57 HÄBERLE, S. 917.
58 ZWEIGERT/KÖTZ, S. 20.
59 KRAMER, Konvergenz, S. 87.
60 KRAMER, Konvergenz, S. 87.
61 WIEGAND/BRÜLHART, S. 21.

Innerhalb der EU sind die Mitgliedstaaten gemäss ständiger Rechtsprechung[62] des Europäischen Gerichtshofs (EuGH) verpflichtet, das nationale Recht richtlinienkonform auszulegen. Diese Verpflichtung folgt aus Art. 288 Abs. 3 AEUV gestützt auf die Rechtsgrundlage in Art. 4 Abs. 3 EUV.[63] 41

***Art. 288 Abs. 3 AEUV*** 42
*Die Richtlinie ist für jeden Mitgliedstaat, an den sie gerichtet wird, hinsichtlich des zu erreichenden Ziels verbindlich, überlässt jedoch den innerstaatlichen Stellen die Wahl der Form und der Mittel.*

***Art. 4 Abs. 3 EUV*** 43
*Nach dem Grundsatz der loyalen Zusammenarbeit achten und unterstützen sich die Union und die Mitgliedstaaten gegenseitig bei der Erfüllung der Aufgaben, die sich aus den Verträgen ergeben.*
*Die Mitgliedstaaten ergreifen alle geeigneten Maßnahmen allgemeiner oder besonderer Art zur Erfüllung der Verpflichtungen, die sich aus den Verträgen oder den Handlungen der Organe der Union ergeben.*
*Die Mitgliedstaaten unterstützen die Union bei der Erfüllung ihrer Aufgabe und unterlassen alle Maßnahmen, die die Verwirklichung der Ziele der Union gefährden könnten.*

Die Pflicht, das nationale Recht den Richtlinien anzupassen, ist nicht als reiner (einmaliger) Umsetzungsakt, sondern als fortdauernde Verpflichtung der richtlinienkonformen Auslegung des nationalen Rechts zu verstehen. Die nationalen Gerichte müssen bei dieser richtlinienkonformen Auslegung auch die durch den EuGH erfolgten Auslegungen und Konkretisierungen in der Auslegung des Richtlinienrechts nachvollziehen.[64] Der EuGH hat somit die Kalamität, „in horizontalen Beziehungen zwar keine unmittelbare Anwendbarkeit von Richtlinien annehmen zu können, aber dennoch Effektivität und An- 44

---

[62] Siehe dazu EuGH-Entscheid von Colson, ebda. Rn. 26.
[63] ROTH WULF-HENNING, Auslegung, Rz. 3.
[64] ROTH WULF-HENNING, Auslegung, Rz. 5.

wendung nicht umgesetzter Richtlinien fördern zu wollen, [...] durch eine an nationale Gerichte gerichtete Auslegungsverpflichtung gelöst."[65]

45 Die nationalen Gerichte sind somit zur richtlinienkonformen Auslegung des nationalen Rechts verpflichtet. Die Grenzen der richtlinienkonformen Auslegung des nationalen Rechts wurden im EuGH-Entscheid von Colson[66] nicht ausgelotet, insbesondere die Frage nicht, ob die nationalen Richter das nationale Recht im Zweifelsfall derart umzuinterpretieren hatten, dass diese einer nicht unmittelbar anwendbaren Richtlinie entsprechen konnten.[67]

46 Der im Jahre 1990 ergangene EuGH-Entscheid Marleasing[68] hat diese Unklarheiten geklärt. Nach diesem Entscheid findet die richtlinienkonforme Auslegung auch Anwendung, wenn sich zwei private Parteien (horizontale Fallkonstellationen) im streitigen Verfahren gegenüberstehen.[69] Weiter muss sich nach diesem Entscheid das nationale Gericht bei der Anwendung und Auslegung des nationalen Rechts „soweit wie möglich am Wortlaut und Zweck der Richtlinie ausrichten [...], um das mit der Richtlinie verfolgte Ziel zu erreichen und auf diese Weise [den europarechtlichen Vorgaben] nachzukommen."[70] „Die richtlinienkonforme Auslegung gewinnt hier die Bedeutung einer interpretatorischen Vorrangregel, wonach einer im nationalen Recht anerkannten Auslegungsmethode gegenüber einer anderen der Vorrang einzuräumen ist, wenn und soweit dies dem Ziel der Richtlinie dient."[71]

47 Dieser Vorrang darf jedoch nach dem EuGH-Entscheid Adeneler[72] „nicht als Grundlage für eine Auslegung contra legem des nationalen Rechts dienen."[73]„Die nationalen Grenzen richtlinienkonformer Auslegung bestimmen sich [somit] in erster Linie durch die verfassungsmässigen Vorgaben hinsichtlich der Gewaltenteilung, [d.h.] dass die nationalen Gerichte «nur» in

---

65 HALTERN, S. 302.

66 EuGH v. 10. April 1984 – Rs. 14/83 von Colson, Slg. 1984, 1891 (zit. EuGH-Entscheid von Colson).

67 HALTERN, S. 304.

68 EuGH v. 13. November 1990 – Rs. C-106/89 Marleasing, Slg. 1990, I-4135 (zit. EuGH-Entscheid Marleasing).

69 HALTERN, S. 305.

70 EuGH-Entscheid Marleasing, ebda. Rn. 8.

71 ROTH WULF-HENNING, Auslegung, Rz. 26 m.w.H.

72 EuGH v. 4. Juli 2006 – RS C-212/04 Adeneler u.a., Slg. 2006, I-6057 (zit. EuGH-Entscheid Adeneler u.a.).

73 EuGH-Entscheid Adeneler u.a., Rn. 110 m.w.H.

den Grenzen ihrer nationalen Zuständigkeit zur richtlinienkonformen Rechtsanwendung verpflichtet sind."[74]

48 Das Vorabentscheidungsverfahren nach Art. 267 AEUV dient zur Klärung der Frage, ob das nationale Recht überhaupt in Konflikt mit dem Europarecht steht. Der EuGH hat somit das Auslegungsmonopol in europarechtlichen Fragen. Der EuGH darf jedoch nicht eine Entscheidung für den konkreten Fall herbeiführen[75], d.h. alleine die nationalen Gerichte dürfen den Fall entscheiden, sind jedoch in Bezug auf die Bewertung der europarechtlichen Bezüge an die im Rahmen der Vorlage ergangene Entscheidung des EuGH gebunden.[76] Man spricht hier von einer Auslegung durch den EuGH und die Anwendung durch das nationale Gericht, da „in die Zuständigkeit des nationalen Gerichts [...] die Entscheidungen über den Sachverhalt des Ausgangsverfahrens sowie die Anwendung der vom Gerichtshof ausgelegten Unionsvorschriften [fallen, wogegen] dem Gerichtshof [...] die Aufgabe zufällt, das Unionsrecht auszulegen und ggf. auch die Gültigkeit von sekundärem Unionsrecht mit dem Vertrag zu überprüfen."[77]

49 „Eine nicht mehr von der nationalen Normsystematik gedeckte [somit contra legem erfolgende] richtlinienkonforme Auslegung nationalen Rechts ist somit gemeinschaftsrechtlich nicht verlangt. Die Anpassungsverpflichtung des nationalen Rechts im Wege der richtlinienkonformen Auslegung ist mithin nicht grenzenlos und besteht [somit] nicht ohne Rücksicht auf die innerstaatlichen Gegebenheiten. Ein Bedürfnis hierfür besteht ohnedies allein deswegen nicht, weil mit dem Institut des gemeinschaftsrechtlichen Schadenersatzanspruches oder aber dem Vertragsverletzungsverfahren alternative Möglichkeiten der Durchsetzung des Gemeinschaftsrechts bestehen."[78]

50 Für autonom nachvollzogenes Recht in der Schweiz ergibt sich nach WIEGAND/BRÜHLHARDT methodisch korrekt eine entsprechende Auslegung. Sofern sich zur betreffenden Norm noch keine EuGH-Praxis gebildet hat, soll

---

74 WEISS, S. 124.

75 WEISS, S. 110

76 Siehe aus jüngster Zeit grundlegend zu den Fragen der Grenzen europarechtskonformer Auslegung nationaler Normen BGH, Beschl. v. 16. August 2006 - VIII ZR 200/05, Verbrauchsgüterkauf-RL Art. 3, BGB § 439 in welchem dem EuGH eine Frage zur Auslegung des Gemeinschaftsrechts zur Vorabentscheidung vorgelegt wurde. Der EuGH hat mit Beschluss EuGH NJW 2008, 1433 festgehalten, dass die betreffende nationale Regelung zwar gegen die Richtlinie verstösst, das nationale Gericht jedoch berechtigt ist, im konkreten Fall selbst zu entscheiden.

77 STOTZ, Rz. 20.

78 GÄNSWEIN, S. 65 m.w.H.

die zugrundeliegende Richtlinie unter Anwendung der vom EuGH entwickelten Auslegungsmethodik interpretiert werden. Das Auslegungsergebnis bildet sodann das Auslegungsziel, dem die autonom nachvollzogene schweizerische Norm zu genügen hat.[79] „Die zu diesem Zweck notwendig werdende Orientierung an der europäischen Praxis bewirkt, dass die nachvollzogenen Normen in einem letzten Schritt richtlinienkonform auszulegen sind. Damit wird dem vorgängig festgestellten Normgehalt der Richtlinie zentrale Bedeutung eingeräumt. [...] Die Wertungen, auf denen eine EU-Richtlinie basiert, *werden automatisch zu Wertungen des autonom nachvollziehenden Gesetzgebers,* es sei denn, dieser wähle willentlich eine sich vom Richtliniengehalt unterscheidende Regelung."[80]

51 Eine richtlinienkonforme Auslegung von autonom nachvollzogenem Recht kann somit – sollte der Gesetzgeber nicht willentlich von der entsprechenden EU-Richtlinie im Rahmen der Rechtsetzung abgewichen sein – auch gegen den Wortlaut der Norm vorgenommen werden, will man sich von den Wertungen und Motiven der zugrunde liegenden europäischen Norm leiten lassen.[81] Es darf jedoch bezweifelt werden, ob dieser Ansicht von WIEGAND/BRÜHLHART angesichts der gegenläufigen Tendenz in der Rechtsprechung des EuGH zur Frage der Auslegung contra legem gefolgt werden darf.

52 Zur europarechtlichen Durchdringung der infrage stehenden Problematik der Einstufung der vermögenden Privatperson als qualifizierter Anleger wird der Auffassung KRAMERS gefolgt und die Interpretation im Rahmen der Rechtsvergleichung vorgenommen.[82]

## 5. Graphische Darstellung

53 Die angewandte Rechtstheorie wird in dieser Arbeit um zwei Faktoren modifiziert. Ausgehend von der Darstellung nach MASTRONARDI werden der Ebene der angewandten Rechtstheorie die rechtsvergleichenden Elemente hinzugefügt und die internationalen und europarechtlichen Durchdringung sichtbar gemacht.[83]

---

[79] WIEGAND/BRÜLHART, S. 30 f.
[80] WIEGAND/BRÜLHART, S. 35.
[81] WIEGAND/BRÜLHART, S. 36 f.
[82] Siehe dazu KRAMER, Konvergenz, S. 87 f.
[83] MASTRONARDI, Rechtstheorie, S. 35.

Der Analyse der vermögenden Privatperson als qualifizierter Anleger 54
erfolgt somit anhand der Methodenlehre, der GFA und der ÖAR. Die Rechtsvergleichung mit den Ländern Deutschland, Österreich, Liechtenstein und Luxemburg sowie die Betrachtung der internationalen und europarechtlichen Durchdringung erweitern den Betrachtungshorizont.

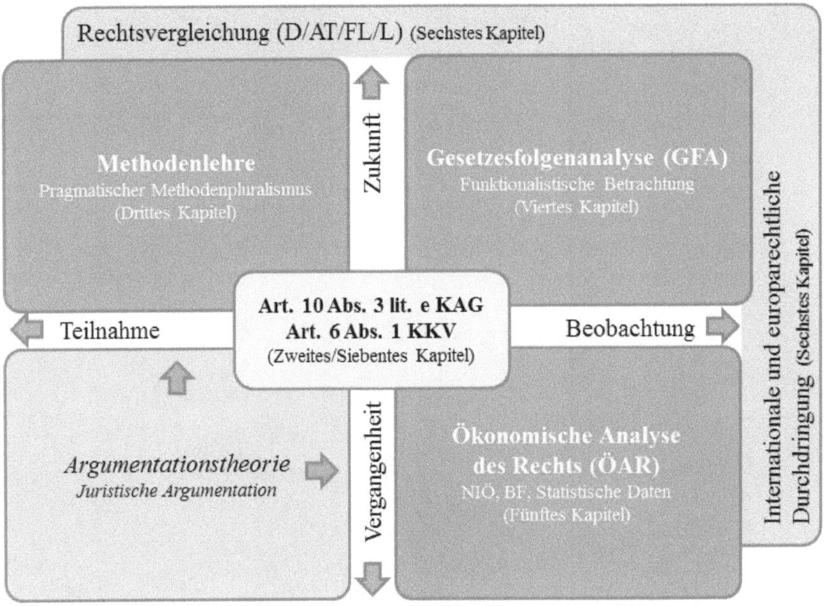


**Abb. 1: Graphische Darstellung des wissenschaftlichen Ansatzes**; nach MASTRONARDI, Rechtstheorie, S. 35 mit eigenen Ergänzungen.

# Zweites Kapitel
# Rahmenbedingungen

## § 3 Rechtsquellen in der Schweiz

### 1. Verfassungsebene

Das Bundesgesetz über die Anlagefonds[84] (AFG 1966) wurde gestützt auf drei Zuständigkeitsnormen in der Bundesverfassung von 1874 (aBV) erlassen.[85] Die Zuständigkeit des Bundes zum Erlass von privatrechtlichen und auch strafrechtlichen Normen über die Anlagefonds hat sich aus Art. 64 Abs. 2 aBV (Zivilrecht) und Art. 64$^{bis}$ Abs. 1 aBV (Strafrecht) ergeben. Der Erlass von gewerbepolizeilichen Vorschriften wurde auf Art. 31$^{bis}$ Abs. 2 aBV (Handels- und Gewerbefreiheit, HGF) gestützt. Der Bund konnte so Vorschriften zur Bekämpfung derjenigen Gefahren treffen, die sich aus der Ausübung von Handel und Gewerbe ergeben können (Missbrauchsbekämpfung). Zur Zweckerreichung wurde der Bund so auch zur Einführung einer staatlichen Aufsicht befugt. Die öffentlich-rechtlichen Vorschriften über die Anlagefonds wurden gestützt auf Art. 31$^{quater}$ aBV (Bankenartikel) erlassen, wonach der Bund zur Gesetzgebung über das Bankwesen befugt ist.[86] 55

Das neue Bundesgesetz über die Anlagefonds (AFG 1994) war am 1. Januar 1995 in Kraft getreten.[87] Mit dem neu hinzugefügten Verweis auf den Konsumentenartikel wurde vor allem der Schutz der Dienstleistungskonsumenten vor Unlauterkeit in der Werbung oder bei den Geschäftsbedingungen bezweckt.[88] Als Investoren fielen die Anleger jedoch nicht unter den Begriff des Verbrauchers, da eine Kapitalanlage gerade nicht zum Verbrauch bestimmt sei. Anleger beziehen mittels Anlagefonds jedoch indirekt auch Dienstleistun- 56

---

[84] Nach Art. 2 Abs. 1 AFG 1966 wurde ein Anlagefonds als Vermögen bezeichnet, das auf Grund öffentlicher Werbung von den Anlegern zum Zwecke gemeinschaftlicher Kapitalanlage aufgebracht und von der Fondsleitung nach dem Grundsatz der Risikoverteilung für Rechnung der Anleger verwaltet wird. LANDERT, S. 31, bezeichnet «Anlagezweck», «Anlegerkollektiv», die «breite Risikostreuung» und die «professionelle Verwaltung durch Dritte» als Tetralogie der Wesensmerkmale von Fonds in der Schweiz.

[85] AFG 1966, Ingress.

[86] Botschaft AFG 1966, S. 281 f.

[87] AFG 1994, Ingress.

[88] Botschaft AFG 1994, S. 291.

gen auf dem Gebiete der Vermögensverwaltung, weshalb sich die Normen zu den Anlegerschutzbestimmungen auf diese Zuständigkeitsnormen der Bundesverfassung stützen konnten.[89] Der Verweis auf den Konsumentenartikel in der aBV durfte somit nur für den Schutz des privaten und nicht des berufsmässigen Anlegers herangezogen werden. Zudem mussten Massnahmen des Konsumentenschutzes stets unter Wahrung der allgemeinen Interessen der schweizerischen Gesamtwirtschaft und der HGF getroffen werden.[90] Auch das AFG 1994 war jedoch schon bald überholt.

57 Das heute geltende KAG wurde per 1. Januar 2007 in Kraft gesetzt und gestützt auf die Artikel 98 Abs. 1 und 2 und Art. 122 Absatz 1 der neuen Bundesverfassung (BV) erlassen.[91]

58 Die Zuständigkeit zur Gesetzgebung im Finanzmarktbereich stützt sich seit der Totalrevision der aBV auf Art. 98 Abs. 1 und 2 BV, worin die Bereiche Banken- und Börsenwesen sowie allgemein die Finanzdienstleistungen geregelt werden. Der Bund wird verpflichtet, diesbezügliche Normen zu erlassen. Diese sind wirtschaftspolizeilicher Natur und dienen dem Anlegerschutz.[92] Mit der Bezugnahme auf Art. 122 Abs. 1 BV wird die Zuständigkeit auf dem Gebiet des Zivilrechts und des Zivilprozessrechts begründet. Gestützt auf diese Zuständigkeitsnormen war es dem Gesetzgeber auch möglich, den Numerus Clausus des Gesellschaftsrechts zu erweitern.[93]

59 Bis zur Inkraftsetzung des KAG war das schweizerische Gesellschaftsrecht vom Grundsatz des Numerus Clausus der zuständigen Gesellschaftsformen geprägt. D.h., andere Rechtsformen, als die in Zivilgesetzbuch und Obligationenrecht vorgesehenen[94], oder auch eine Kombination der gesetzlich vorgesehenen Rechtsformen waren unzulässig[95]. Die Gewährleistung von

---

[89] BSK Kapitalmarktrecht AFG-STEINER, Art. 1 N 5.

[90] BSK Kapitalmarktrecht AFG-STEINER, Art. 1 N 6.

[91] KAG, Ingress.

[92] BSK KAG-WINZELER, Art. 1 N 9.

[93] BSK KAG-WINZELER, Art. 1 N 10.

[94] Die im Gesetz vorgesehen Rechtsinstitute lauten: einfache Gesellschaft (Art. 530 ff. OR), Kollektivgesellschaft (Art. 552 ff. OR), Kommanditgesellschaft (Art. 594 ff. OR), Aktiengesellschaft (Art. 620 ff. OR), Kommanditaktiengesellschaft (Art. 764 ff. OR), Gesellschaft mit beschränkter Haftung (Art. 772 ff. OR), Genossenschaft (Art. 828 ff. OR) und Verein (Art. 60 ff. ZGB).

[95] FORSTMOSER, Numerus Clausus, S. 81 m.w.H., verweist als Gegenpol auf den bis in die Achtzigerjahre in Kraft stehenden Art. 629 Abs. 1 des Liechtensteinische Personen- und Gesellschaftsrecht vom 20. Januar 1926 (PGR), wonach jede nach ausländischem Recht zu einem wirtschaftlichen oder anderen Zwecke anerkannte Verbandsperson in Liech-

Verkehrsschutz und Rechtssicherheit wurde als Begründung dieser strikten Regelung vorgebracht.[96] Mit Erlass des KAG wurde nun der Numerus Clausus um die (a) Kommanditgesellschaft für kollektive Kapitalanlagen[97], die (b) Investmentgesellschaft mit variablem Kapital[98] und die (c) Investmentgesellschaft mit festem Kapital[99] erweitert, allerdings einschränkend nur zum Zweck der kollektiven Kapitalanlage.

Entfallen ist im KAG der Bezug auf den Konsumentenartikel (Art. 97 60
Abs. 1 BV), welcher auch für das KAG eine Zuständigkeitsgrundlage sein könnte.[100] Der eingeschränkte Schutz der als qualifizierte Anleger deklarierten vermögenden Privatpersonen umfasst den klassischen Konsumenten von Dienstleistungen im Finanzbereich somit explizit nicht.

## 2. Gesetzes- und Verordnungsebene

### 2.1 Kollektivanlagengesetz

Bereits das AFG 1994 wurde als Rahmengesetz ausgestaltet. Diese Re- 61
gelung hat sich in der Vergangenheit nicht nur bewährt, sondern aufgrund der raschen Entwicklung an den Finanzmärkten als Notwendigkeit erwiesen. Ein Rahmengesetz ermöglicht es, mittels Verordnungen eine rasche und effiziente Anpassung an die veränderten Umstände vorzunehmen.[101]

Auch das KAG wurde als Rahmengesetz erlassen, „d.h. es regelt nur 62
die wesentlichen Grundzüge und delegiert die Regelungskompetenz in Bezug auf verschiedene, bedeutende Fragen an den Bundesrat, welcher wiederum die FINMA ermächtigen kann, administrative und technische Ausführungen zu erlassen."[102] Gestützt auf das KAG wurden zwei Verordnungen erlassen, ei-

tenstein mittels öffentlicher Urkunde errichtet und im Grundbuch und Öffentlichkeitsregisteramt (GBOERA) eingetragen werden konnte. Der entsprechende Artikel wurde mit LGBl 1980 Nr. 39 am 14. Juni 1980 aufgehoben. Seit diesem Zeitpunkt kennt nun auch Liechtenstein analog der Schweiz den Numerus Clausus im Gesellschaftsrecht.

96 FORSTMOSER, Numerus Clausus, S. 78.

97 Art. 98 ff KAG auch KGK genannt.

98 Art. 36 ff. KAG auch SICAV genannt.

99 Art. 110 ff. KAG auch SICAF genannt.

100 BSK KAG-WINZELER, Art. 1 N 11.

101 Botschaft KAG, S. 6402.

102 BSK KAG-WYSS, Art. 152 N 1.

nerseits vom Bundesrat und anderseits von der Eidgenössischen Finanzmarktaufsicht (FINMA).

### 2.2 Kollektivanlagenverordnungen

63 Die bundesrätliche Verordnung über die kollektiven Kapitalanlagen (KKV) wurde gestützt auf die Kompetenz zum Erlass von Ausführungsbestimmungen nach Art. 152 Abs. 1 KAG erlassen.[103]

64 Die Verordnung der FINMA über die kollektiven Kapitalanlagen (KKV-FINMA) stützt sich hingegen auf Art. 55 Abs. 3 KAG (Ausführungsbestimmungen bei den Anlagetechniken von Effektenfonds), Art. 56 Abs. 3 KAG (Ausführungsbestimmungen beim Einsatz von Derivaten bei Effektenfonds), Art. 71 Abs. 2 KAG (Ausführungsbestimmungen zur Anwendung der Hebelwirkung bei übrigen Fonds über alternative Anlagen) und Art. 128 Abs. 2 KAG (Ausführungsbestimmungen zu den technischen Angelegenheiten im Rahmen der Aufgaben der Prüfgesellschaft).[104]

65 Beim Erlass von Verordnungsrecht haben sowohl der Bundesrat als auch die FINMA gemäss Art. 152 Abs. 2 KAG die massgebenden Anforderungen des europäischen Gemeinschaftsrechts zu beachten. Unter dem AFG 1994 war die Beachtung der massgebenden Anforderungen des Europäischen Gemeinschaftsrechts noch spezifisch auf Fragen des Effektenfonds (Art. 32 Abs. 2 und 43 AFG 1994) und der Regelung des materiellen Inhaltes des Prospektes (Art. 50 Abs. 1 AFG 1994) beschränkt. Der Bundesrat und auch die FINMA haben nun beim Erlass sämtlicher Verordnungsbestimmungen das massgebende Recht der Europäischen Gemeinschaft einzuhalten. Mit diesem Instrument wollte der Gesetzgeber künftige Gesetzesrevisionen infolge der geänderten Bestimmungen des europäischen Gemeinschaftsrechts verhindern und die Flexibilität auf Verordnungsebene gewährleisten.[105]

## 3. Praxis der Aufsichtsbehörden

66 Dem AFG 1966 war eine Ermächtigung an die Aufsichtsbehörde zum Erlass von Rundschreiben noch fremd. In Art. 56 Abs. 4 AFG 1994 wurde erstmals festgehalten, dass die Aufsichtsbehörde ihre Praxis der Auslegung des

---

[103] KKV, Ingress.
[104] KKV-FINMA, Ingress.
[105] Botschaft KAG, S. 6489.

Gesetzes in Rundschreiben festhalten kann. In einem Rundschreiben legt die Aufsichtsbehörde dar, wie die vielfach im Gesetz verwendeten unbestimmten Rechtsbegriffe gesetzeskonform ausgelegt werden.[106] Als Auslegungshilfe haben die Rundschreiben jedoch keinen rechtsetzenden Charakter.[107] Als sog. «Auslegungsverordnungen» sind Rundschreiben somit rechtlich nicht verbindlich.[108] Die Adressaten können sich jedoch gegenüber der Aufsichtsbehörde nicht darauf berufen, sie hätten die Auffassung der Aufsichtsbehörde nicht gekannt. Das Bundesgericht berücksichtigt Rundschreiben insofern, als diese eine richtige und billige Auslegung der jeweiligen Bestimmung ermöglichen.[109]

In Art. 132 Abs. 4 KAG wurde die Aufsichtsbehörde wiederum er- 67
mächtigt ihre Praxis, namentlich in Rundschreiben, zu veröffentlichen.[110] Durch die verwendete Formulierung «namentlich» wird darauf hingewiesen, dass die Aufsichtsbehörde neben den Rundschreiben noch von weiteren Publikationsformen Gebrauch machen kann.[111] Art. 132 Abs. 4 KAG wurde durch den Anhang Ziffer 14 des FINMAG aufgehoben.[112] In Art. 7 Abs. 1 FINMAG wird neu festgehalten, dass die FINMA einerseits mittels Verordnungen reguliert, sofern dies in der jeweiligen Finanzmarktgesetzgebung vorgesehen ist, und anderseits Rundschreiben über die Anwendung der Finanzmarktgesetzgebung erlässt.

Seit April 2010 veröffentlicht die FINMA in regelmässigen Abständen 68
FINMA-Mitteilungen mit dem Titel «Kollektive Kapitalanlagen».[113] „Die entsprechenden Mitteilungen sollen die Bewilligungsträger direkt und zeitnah über wesentliche Aufsichtsthemen, über aktuelle Aspekte der Aufsicht sowie über internationale Entwicklungen informieren. In jenen Mitteilungen veröffentlicht die Aufsichtsbehörde zudem Statistiken über die Behandlungsdauer von Gesuchen."[114]

---

[106] BSK Kapitalmarktrecht AFG-TAISCH, Art. 56 N 33.
[107] Botschaft AFG 1994, S. 280.
[108] BSK Kapitalmarktrecht AFG-TAISCH, Art. 56 N 34.
[109] BSK Kapitalmarktrecht AFG-TAISCH, Art. 56 N 35.
[110] BSK KAG-TAISCH/MEYER, Art. 132 N 41.
[111] BSK KAG TAISCH/MEYER, Art. 132 N 44.
[112] FINMAG, Anhang Ziffer 14.
[113] FINMA-Jahresbericht 2010, S. 69.
[114] FINMA-Jahresbericht 2010, S. 69.

## 4. Praxis der Selbstregulierung

69 Die FINMA wurde in Art. 7 Abs. 3 FINMAG ermächtigt, die Selbstregulierung der (privatrechtlichen) Gremien (Verbände, SRO etc.) als Mindeststandard anzuerkennen und durchzusetzen. Auch im Rahmen der Selbstregulierung soll der Regulierungsprozess transparent sein und für eine angemessene Beteiligung der Betroffenen sorgen.[115] Um dieses Ziel erreichen zu können, ist die FINMA in Absprache mit dem EFD dazu befugt, Grundsätze der Selbstregulierung in Leitlinien festzuhalten.[116]

70 Die FINMA kann Verhaltensregeln von Branchenorganisationen als Mindeststandards festlegen.[117] Die Selbstregulierung ist so auf die besonderen Bedürfnisse und Verhältnisse im Bereich der kollektiven Kapitalanlagen zugeschnitten und ergänzt damit die gesetzliche Regelung und die staatliche Aufsicht.[118] In FINMA-RS 2008/10 wurden durch die FINMA sechs Richtlinien und zwei Verhaltensregeln des Schweizerischen Anlagefondsverbandes (SFA) als Mindeststandard für sämtliche Fondsleitungen, Investmentgesellschaften mit variablem Kapital, Kommanditgesellschaften für kollektive Kapitalanlagen, Investmentgesellschaften mit festem Kapital, Vertriebsträger, Vermögensverwalter kollektiver Kapitalanlagen und Vertreter ausländischer kollektiver Kapitalanlagen als Mindeststandard der Selbstregulierung anerkannt.[119]

71 Zudem wurden die Prüfgesellschaften dazu angehalten, die Einhaltung der als Mindeststandard anerkannten Selbstregulierung zu prüfen und die Ergebnisse allfälliger Prüfungshandlungen im Prüfbericht festzuhalten.[120]

72 Massgebend sind für die Betrachtung der vermögenden Privatperson als qualifizierter Anleger vor allem die Richtlinien für den Vertrieb kollektiver Kapitalanlagen (SFA-RL-Vertrieb), die Verhaltensregeln für die schweizerische Fondswirtschaft (SFA-CoC-Fondswirtschaft) sowie die Verhaltensregeln für Vermögensverwalter von kollektiven Kapitalanlagen (SFA-CoC-Verwaltung).

---

115 Art. 7 Abs. 4 FINMAG.
116 Art. 7 Abs. 5 FINMAG.
117 Art. 20 Abs. 2 KAG.
118 Botschaft KAG, S. 6445.
119 FINMA-RS 2008/10, Selbstregulierung, Rz. 1-2.
120 FINMA-RS 2008/10, Selbstregulierung, Rz. 3.

# § 4 Geltungsbereich

## 1. Sachlicher Geltungsbereich

Der Gesetzgeber unterscheidet die offenen kollektiven Kapitalanlagen in der Form des vertraglichen Anlagefonds[121] oder der Investmentgesellschaft mit variablem Kapital (SICAV)[122] und die geschlossenen kollektiven Kapitalanlagen in der Form der Kommanditgesellschaft für kollektive Kapitalanlagen (KGK)[123] oder der Investmentgesellschaft mit festem Kapital (SICAF)[124]. 73

Der sachliche Geltungsbereich des KAG umfasst sämtliche schweizerischen und ausländischen kollektiven Kapitalanlagen.[125] Ausländische kollektive Kapitalanlagen[126] werden vom Geltungsbereich jedoch nur umfasst, wenn für sie in der Schweiz oder von der Schweiz aus öffentlich geworben wird.[127] In einer nicht abschliessenden Liste führt der Gesetzgeber die Ausnahmen vom Geltungsbereich auf.[128] 74

Dieser Negativkatalog findet jedoch auf ausländische kollektive Kapitalanlagen keine Anwendung. Diese fallen ungeachtet der Rechtsform immer unter das KAG, sofern für diese in oder von der Schweiz aus öffentlich geworben wird.[129] „Die Erweiterung des Geltungsbereichs hat nebst der umfangreicheren Palette an Rechtsformen und Modalitäten den Vorteil, dass schweizerische und ausländische kollektive Kapitalanlagen regulatorisch weitgehend gleichgestellt werden. Damit gehört die bisherige Asymmetrie in der regulatorischen Erfassung in- und ausländischer Kollektivanlagen der Vergangenheit an.“[130] 75

Der sachliche Geltungsbereich umfasst weiter alle Personen, die kollektive Kapitalanlagen verwalten oder aufbewahren.[131] Diese Aufzählung ist un- 76

---

[121] Art. 25 ff. KAG.
[122] Art. 36 ff. KAG.
[123] Art. 98 ff. KAG.
[124] Art. 110 ff. KAG.
[125] BSK KAG-PFENNINGER, Art. 2 N 1.
[126] Art. 3 Abs. 4 KAG.
[127] BSK KAG-PFENNINGER, Art. 2 N 34.
[128] BSK KAG-PFENNINGER, Art. 2 N 4.
[129] Botschaft KAG, S. 6436, vgl. auch Art. 2 Abs. 2 KAG.
[130] Botschaft KAG, S. 6413.
[131] Art. 2 Abs. 1 KAG.

vollständig, da dem KAG auch die Vertriebsträger[132] und die Vertreter ausländischer kollektiver Kapitalanlagen[133] unterstellt sind.[134]

## 2. Örtlicher Geltungsbereich

77 Der örtliche Geltungsbereich ergibt sich aus dem Umkehrschluss von Art. 119 KAG und unter Berücksichtigung der bisherigen EBK-Praxis. Nach Gesetzeswortlaut sind kollektive Kapitalanlagen, ob vertraglich oder gesellschaftsrechtlich organisiert, dann ausländischer Natur, wenn sich Sitz und Hauptverwaltung im Ausland befinden.[135] Schon unter dem AFG 1994 wurde nicht von einer kumulativen sondern nur von einer alternativen Erfüllung der Begriffe «Sitz» und «Hauptverwaltung» ausgegangen. Liegt bei einer ausländischen kollektiven Kapitalanlage somit entweder nur die Hauptverwaltung oder nur der formelle Sitz in der Schweiz, fällt diese grundsätzlich in den Geltungsbereich des KAG.[136] Wie in EBK-Bulletin 49[137] ausgeführt, deckt sich diese Interpretation mit der bisherigen Praxis der Aufsichtsbehörde.

78 Die Beantwortung der Frage, ob sich die Hauptverwaltung der Fondsleitung in der Schweiz befindet, stützt sich darauf, ob die unübertragbaren und unerziehbaren Aufgaben des Verwaltungsrates[138] und kumulativ die im Gesetz definierten Aufgaben[139] in der Schweiz wahrgenommen werden.

79 Davon abzugrenzen ist die Frage, welches Recht kollisionsrechtlich nach Art. 154 ff. IPRG massgebend ist. Die Kollisionsregeln des IPRG legen dar, welches materielle Privatrecht anwendbar sein soll. Der örtliche Geltungsbereich aus dem Umkehrschluss von Art. 119 KAG dagegen legt fest, ob eine öffentlich-rechtliche Bewilligungspflicht nach KAG vorliegt.[140] Der Verweis nach IPRG auf das anwendbare Recht eines ausländischen Staates befreit somit nicht von der Einhaltung von öffentlich-rechtlichen Bestimmungen des

---

132 Art. 13 Abs. 2 lit. g i.V.m. Art. 19 KAG.
133 Art. 13 Abs. 2 lit. h i.V.m. Art. 123 KAG.
134 BSK KAG-PFENNINGER, Art. 2 N 1.
135 BSK KAG-PFENNINGER, Art. 2 N 3.
136 BSK Kapitalmarktrecht AFG-STEINER, Art. 3 N 4.
137 EBK-Bulletin 49, Seite 191 ff., insb. 192, Rz. 16.
138 Art. 28 Abs. 1 KAG i.V.m. Art. 42 lit. a KKV.
139 Art. 28 Abs. 1 KAG i.V.m. Art. 42 lit. b KKV.
140 SCHÄREN, S. 20 f.

schweizerischen Aufsichtsrechts, wenn sich Sitz und/oder Hauptverwaltung der kollektiven Kapitalanlage in der Schweiz befinden.[141]

## 3. Zeitlicher Geltungsbereich

In den Übergangsbestimmungen zum AFG 1994[142] wurde noch explizit geregelt, dass der Erlass ab Inkrafttreten sowohl für neue als auch für bestehende Anlagefonds Geltung erlange. Obwohl diese Norm keinen Eingang in das KAG gefunden hat, gilt auch hier, dass dessen Bestimmungen ab Inkrafttreten sowohl für neue als auch für bestehende kollektive Kapitalanlagen Geltung hat. Die Unterstellung von bisherigen altrechtlichen kollektiven Kapitalanlagen wurde durch umfangreiche Übergangsbestimmungen[143] ermöglicht.[144] Man spricht hier von einer sog. unechten Rückwirkung. Es wird auf Verhältnisse abgestellt, die unter dem alten Recht entstanden sind, jedoch heute als Dauersachverhalt noch andauern. Der Gesetzgeber unterstellt den Dauersachverhalt so für die Zukunft der neuen rechtlichen Regelung.[145] „Bei kollektiven Kapitalanlagen handelt es sich in der Regel um (zeitlich offene) Dauersachverhalte.“[146] 80

Bei allen Formen von kollektiven Kapitalanlagen wurde eine Meldepflicht an die FINMA und eine Frist zur Einreichung von Gesuchen um Bewilligung (bei Instituten) und Genehmigung (bei kollektiven Kapitalanlagen) legiferiert. In «besonderen Fällen» konnte die FINMA diese Frist erstrecken.[147] 81

141 SCHÄREN, S. 50.
142 Art. 75 Abs. 1 AFG 1994.
143 Art. 154-158 KAG.
144 BSK KAG-WYSS, vor Art. 154-157 N 1.
145 HASENBÖHLER, Rz. 1075.
146 HASENBÖHLER, Rz. 1076.
147 BSK KAG-WYSS, vor Art. 154-157 N 2.

# § 5 Europarechtskompatibilität

## 1. Einleitung

82 Der mit Abstand wichtigste politische, kulturelle und auch wirtschaftliche Partner der Schweiz ist die Europäische Union. Jeder dritte Franken wird im Austausch mit der EU erwirtschaftet. Die Schweiz exportiert 60 % aller Waren und Dienstleistungen in die EU, und 80 % der importieren Güter und Dienstleistungen stammen aus der EU. Die Schweiz pflegt somit enge Wirtschaftsbeziehungen zur EU, stellt für die EU den zweitwichtigsten Absatzmarkt dar und ist viertwichtigster Lieferant von Gütern und Dienstleistungen.[148] Als Nichtmitglied der EU muss die Schweiz die Europapolitik mittels bilateralen sektoriellen Abkommen verfolgen.[149] Wenn in einem Teilbereich aus politischen oder wirtschaftlichen Gründen kein bilaterales sektorielles Abkommen besteht, ist die Schweiz aus faktischer Notwendigkeit gehalten, im Rahmen des autonomen Nachvollzugs das Landesrecht an das Gemeinschaftsrecht anzupassen. Das schweizerische Recht soll europakompatibel sein, da die wirtschaftlichen und gesellschaftlichen Verflechtungen nicht durch die Landes(rechts)grenzen gehindert werden sollen.

83 Für den Erlass von europarechtskompatiblem schweizerischem Recht können zwei Begründungen herangezogen werden. Die politische Begründung besagt, dass die Europarechtskompatibilität des schweizerischen Rechts eine wichtige Grundlage für die integrationspolitischen Bemühungen der Schweiz in Europa ist. In den bilateralen sektoriellen Abkommen verpflichten sich die Vertragsparteien zum Abbau von Hindernissen mit dem Ziel des freien Binnenmarktes. Eine europakompatible Rechtsetzung verhindert hier den Erlass von nicht-vertragskonformen Bestimmungen, welche dann auf dem Wege der Gesetzgebung wieder geändert werden müssen. Dies da ein allfälliger EU-Beitritt der Schweiz eine gänzliche Anpassung des schweizerischen Rechts an das Recht der EU zur Folge hätte. Auf dem Gesetzgebungsweg werden somit vorab und autonom die legalen Hindernisse reduziert und alle politischen Handlungsmöglichkeiten offen gehalten. Die wirtschaftliche Begründung befasst sich mit den Anpassungskosten, die schweizerischen Unternehmen und

---

[148] INTEGRATIONSBÜRO, Faltblatt Schweiz-EU.
[149] INTEGRATIONSBÜRO, Bilaterale Schweiz, S. 5.

Konsumenten im grenzüberschreitenden Wirtschaftsverkehr erwachsen, wenn sie sich aufgrund einer autarken wirtschaftsrechtlichen Entwicklung in der Schweiz jeweils im Einzelfall an die europäische Rechtslage anpassen müssen.[150]

## 2. Der autonome Nachvollzug

### 2.1 Definition und Abgrenzung

Die verschiedenen Formen der Europäisierung des schweizerischen 84 Rechts können in den autonomen und systematischen Nachvollzug, das Staatsvertragsrecht und die Rechtsvergleichung aufgeteilt werden.[151] Da im Bereich des Rechts der kollektiven Kapitalanlagen keine bilateralen sektoriellen Abkommen bestehen und die Fragen der Rechtsvergleichung im sechsten Kapitel behandelt werden, beschränkt sich die nachfolgende Betrachtung der Grundlagen von Rechtsetzung und Rechtsprechung auf die Fragen des autonomen Nachvollzuges.

Für den autonomen Nachvollzug besteht nur dann Raum, wenn keine 85 vertraglichen Verpflichtungen im Rahmen der bilateralen sektoriellen Abkommen zur Übernahme von europarechtlichen Regelungen bestehen. Der schweizerische Gesetzgeber übernimmt somit autonom Regelungen des Unionsrechts, obwohl dazu keine vertragliche Pflicht besteht. Bezweckt wird damit die Reduktion von Nachteilen im grenzüberschreitenden Waren- und Dienstleistungsverkehr, welche sich aus unterschiedlichen Rechtsvorschriften ergeben könnten.[152] Unter dem autonomen Nachvollzug versteht man somit „die gezielte und eigenständige Anpassung der nationalen Rechtsetzung an die entsprechenden EU-Rechtsnormen.“[153]

---

150 SPINNER/MARITZ, S. 128.

151 COTTIER/DZAMKO/EVITMOV, S. 359 f.

152 JAAG/CELIK, Rz. 4201a.

153 BROŃSKA, S. 75.

## 2.2 Rechtsetzung

### 2.2.1 Vom Integrationsbericht zum Europabericht

#### a) Integrationsbericht 1988

86 Der Bundesrat hat bereits 1988 im ersten Bericht über die Stellung der Schweiz im europäischen Integrationsprozess festgehalten, dass die Europafähigkeit massgebend für die Qualität des Produktionsstandortes und Arbeitsplatzes Schweiz sei. Europafähigkeit erreiche man durch eine europafreundliche Rechtsetzung. Aus diesem Grund wurden der Gesetzgeber sowie die eidgenössischen und kantonalen Behörden aufgefordert, die Auswirkungen der schweizerischen Entscheide auf die europäischen Partner jeweils beim Erlass von rechtlichen Normen mitzubedenken.[154] Klar formulierte der Bundesrat: „Unser Ziel muss sein, in Bereichen von grenzüberschreitender Bedeutung (und nur dort) eine *grösstmögliche Vereinbarkeit unserer Rechtsvorschriften mit denjenigen unserer europäischen Partner* zu sichern."[155]

#### b) Ablehnung EWR-Abkommen

87 In der Botschaft zur Genehmigung des Abkommens über den Europäischen Wirtschaftsraum (EWR) definierte der Bundesrat die logische Konsequenz eines Beitritts: „Das EWR-Abkommen bringt eine weitgehende Übernahme des EG-Rechts durch die EFTA-Staaten. Unsere wirtschaftlichen und sozialen Rahmenbedingungen müssen daher mit dem Recht des Vertrages in Einklang gebracht werden und infolge der Homogenitätserfordernisse des EWR fortan soweit als immer möglich europakompatibel sein. Auch werden sie sich im gleichen Rhythmus wie das EWR-Recht weiterentwickeln müssen."[156] Der Bundesrat hat in der Botschaft zudem den EWR-Beitritt mit der bestehenden pragmatischen und punktuellen Zusammenarbeit mit der EG verglichen. Als eine mögliche negative Konsequenz eines Neins zum EWR-Beitritt hielt der Bundesrat fest, dass über den Abschluss von bilateralen sektoriellen Abkommen mit der EG nur schwerlich eine dem EWR gleichwertige Reziprozität bzw. wechselseitige Gleichberechtigung zugunsten der Schweizer

---

[154] BR-Integrationsbericht 1988, S. 380.
[155] BR-Integrationsbericht 1988, S. 380.
[156] Botschaft EWR-Abkommen, S. 3.

Bürger und Unternehmen zu erhalten sei.[157] „Wir könnten gewiss die Nachteile einer nur beschränkten Reziprozität seitens der EG teilweise dadurch wettmachen, dass wir selbst in autonomer Weise zu Anpassungen unserer internen Rahmenbedingungen im Hinblick auf eine vermehrte Europakompatibilität hinarbeiten. Aber unsere Befähigung, von einer solchen Möglichkeit Gebrauch zu machen, auch wenn eine solche tatsächlich vorhanden ist, darf nicht überschätzt werden."[158]

Der Bundesrat hat zudem in einer Zusatzbotschaft I zur Botschaft zum 88
EWR-Abkommen den eidgenössischen Räten 26 allgemeinverbindliche Bundesbeschlüsse vorgeschlagen, die einen Teil der Rechtsänderungen auf Gesetzesstufe enthielten, die gleichzeitig mit dem EWR-Abkommen in Kraft hätten treten müssen. Mit dieser Botschaft präzisierte der Bundesrat die notwendigen Anpassungen des Bundesrechts an das EWR-Recht. Als Verfassungsgrundlage für die Zuständigkeit des Parlamentes zum Erlass der allgemeinverbindlichen Bundesbeschlüsse[159] war in der Botschaft EWR-Abkommen ein zu erlassender Übergangsartikel in der aBV vorgesehen. Mit den 26 allgemeinverbindlichen Bundesbeschlüssen hätten 31 bestehende Gesetze geändert und vier neue Erlasse geschaffen werden sollen. Diese Zusatzbotschaft ist heute unter dem Begriff Eurolex bekannt.[160]

Der Beitritt zum EWR wurde bekanntlich am 6. Dezember 1992 vom 89
Volk mit einem Nein-Anteil von 50,3 % und mit 14 $^4/_2$ Standesstimmen abgelehnt.[161]

### c) Folgeprogramm (Swisslex)

Bereits am 24. Februar 1993 präsentierte der Bundesrat die Botschaft 90
über das Folgeprogramm nach der EWR-Ablehnung mit dem Ziel, „mit der Wiederaufnahme des Eurolex-Vorhabens die aussen- und innenpolitischen Voraussetzungen für einen optimalen europapolitischen Kurs und eine marktwirtschaftliche Erneuerung der Schweiz zu schaffen."[162]

---

157 Botschaft EWR-Abkommen, S. 56.
158 Botschaft EWR-Abkommen, S. 56.
159 Die allgemeinverbindlichen Bundesbeschlüsse sollten unter Ausschluss des fakultativen Referendums getroffen werden.
160 Botschaft Eurolex, S. 7 f.
161 BBl. EWR, S. 5850.
162 Botschaft Swisslex, S. 808.

91 In Anlehnung an die gescheiterte Eurolex-Zusatzbotschaft wurde die Botschaft über das Folgeprogramm nach der EWR-Ablehnung als Swisslex-Vorlage bezeichnet. „Der besondere Teil enthält Erläuterungen zu den 27 wiederum aufgenommenen Eurolex-Gesetzesvorlagen[163]. Bei 16 Vorlagen erfolgten keine materiellen Änderungen, sondern ausschliesslich gesetzestechnische oder redaktionelle Anpassungen. In elf weiteren Fällen ist – über diese Anpassungen hinaus – eine Wiederaufnahme sinnvoll, wenn die Anwendung der in diesen Vorlagen enthaltenen Bestimmungen ganz oder teilweise von der Einräumung eines Gegenrechts abhängig gemacht werden kann (Reziprozitätsvorbehalt).“[164]

92 Der Bundesrat hielt am autonomen Nachvollzug fest und führte dazu aus: „[Auch] im Rahmen einer Beschränkung auf eine Vertiefung unserer bilateralen Beziehungen kann im Übrigen eine autonome Anpassung unseres Rechts an die europäischen Regelungen durchaus sinnvoll sein. Das Nein zum EWR war deshalb auch keineswegs ein Nein zur Orientierung unseres Rechts an der europäischen Rechtsentwicklung.“[165]

93 Der Bundesrat verwies zudem auf die Tatsache, dass seit Publikation der Botschaft zum EWR-Abkommen zahlreiche neue EG-Rechtsakte ergangen seien, weshalb eine allfällige Anpassung weiterer schweizerischer Gesetze umgehend Gegenstand einer vertieften Prüfung sein sollte, „damit bestimmt werden kann, ob neue autonome Anpassungen des schweizerischen Rechts wünschbar – ja sogar notwendig – sind, um zu gewährleisten, dass unser Recht in möglichst hohem Grad europakompatibel wird.“[166] Der Bundesrat war sich jedoch bewusst, „dass eine autonome Übernahme von Teilen des acquis communautaire[167] durch die Schweiz keine automatische Reziprozität auf Seiten der EG oder ihrer Mitgliedstaaten zur Folge hat.“[168]

---

163 Diese wurden entnommen aus der Zusatzbotschaft I und der Zusatzbotschaft II zur Botschaft zum EWR-Abkommen.

164 Botschaft Swisslex, S. 808.

165 Botschaft Swisslex, S. 834.

166 Botschaft Swisslex, S. 891.

167 Unter dem acquis communautaire (dt.: gemeinschaftlicher Besitzstand) versteht man laut Praxiswörterbuch Europarecht alle europäischen Rechtsakte, das gesamte Sekundärrecht (Art. 288 AEUV), die völkerrechtlichen Abkommen und die Rechtsprechung des EuGH. Die vollständige Übernahme des acquis communautaire stellt eine Beitrittsvoraussetzung für die neuen Mitgliedstaaten der EU dar. Siehe dazu auch die Ausführungen zu den Acquis-Grundlegen und dem gemeinsamen Referenzrahmen bei SCHULZE, S. 731 ff. Als EWR-Acquis bezeichnet man den von den drei Staaten Island, Norwegen und Liechtenstein im Rahmen des EWR-Abkommens übernommenen Teil des EU-Rechts. Davon

Hinsichtlich eines allfälligen EG-Beitrittes der Schweiz führte der Bundesrat aus: „Beitrittsverhandlungen kommen freilich solange nicht in Betracht, als die äusseren (Fahrplan der Erweiterung der EG) und die inneren Grundlagen dafür nicht vorliegen. [...] Sollte sich die Eröffnung von Verhandlungen über den Beitritt zur EG als nötig oder wünschbar erweisen, wird der Bundesrat zuhanden des Parlamentes einen umfassenden Bericht präsentieren.“[169] 94

### d) Die einfache Anfrage betreffend Swisslex II

In der einfachen Anfrage vom 18. März 1998 fragte NR Paul Rechsteiner den Bundesrat an, ob es nicht klug wäre, unabhängig von den bilateralen Verhandlungen ein Gesetzgebungspaket mit allfälligen Anpassungen des schweizerischen Rechts [an das Gemeinschaftsrecht] vorzubereiten und den eidgenössischen Räten zuzuleiten. NR Rechsteiner begründete diesen Vorschlag mit den positiven Erfahrungen im Rahmen des ersten Swisslex-Paketes und auch den Risiken, die sich aus einem zunehmenden Abstand der schweizerischen Gesetzgebung [zu derjenigen des Gemeinschaftsrechts] ergeben.[170] 95

Der Bundesrat verweist in seiner Antwort vom 13. Mai 1998 auf den im Rahmen des Integrationsberichtes 1988 gefällten Entscheid, in Botschaften zu Gesetzesänderungen an das Parlament und in Anträgen an den Bundesrat für den Erlass von Verordnungen das Verhältnis zum europäischen Recht zu prüfen, sobald es sich um eine Vorlage von grenzüberschreitender Relevanz handle. Mit dieser Prüfung soll ein Europareflex geschaffen werden. Neue schweizerische Regelungen sind in Kenntnis des juristischen Umfeldes in Europa zu erlassen. Die schweizerischen Regelungen, ob Gesetz oder Verordnung, sind somit allgemein europarechtskompatibel und nur ausnahmsweise nicht.[171] 96

### e) Integrationsbericht 1999

Der Bericht «Schweiz - Europäische Union: Integrationsbericht 1999» wurde zuhanden des Parlaments am 3. Februar 1999 „im Hinblick auf die 97

ausgenommen ist die gemeinsame Steuerpolitik, die gemeinsame Agrar- und Fischereipolitik der EU sowie die Handelspolitik gegenüber Drittländern. Vgl. dazu <http://www.llv.li/amtsstellen/llv-sewr-dokumente_publikationen-ewr-abkommen.htm> (besucht am 30. Juni 2012).

168 Botschaft Swisslex, S. 816.

169 Botschaft Swisslex, S. 817.

170 Amtl. Bull. 2000 N 710.

171 Amtl. Bull. 2000 N 710.

Debatte über die Volksinitiative «Ja zu Europa!» und den Gegenvorschlages des Bundesrates"[172] erstellt. Zum Thema der Europarechtskompatibilität hielt der Bundesrat fest, „dass trotz formeller Autonomie in der Schweiz der Nachvollzug von gesetzgeberischen und politischen Entwicklungen in der EU immer mehr zur Regel wird."[173]

98 Der Bundesrat verwies zudem auf das AFG 1994 und zeigte gleich dessen erneuten Reformbedarf auf, hiess es doch, „im Bereich der Anlagefonds hat die Totalrevision des Anlagefondsgesetzes weitgehende Anpassung an die entsprechende EG-Richtlinie gebracht. Eine Abweichung vom EG-Recht besteht weiterhin in der Rechtsform der Anlagefonds. In der Schweiz wird nur die vertragliche Form der kollektiven Kapitalanlage dem Gesetz unterstellt."[174]

99 Die Volksinitiative «Ja zu Europa!» wurde am 4. März 2001 vom Volk mit einem Nein-Anteil von 76,85 % abgelehnt. Sämtliche Stände lehnten die Volksinitative ab.[175]

### f) Europabericht 2006

100 Zur Anpassung des schweizerischen Rechts an das Gemeinschaftsrecht hat sich der Bundesrat auch im Europabericht 2006 geäussert. Eine Europaverträglichkeitsprüfung der Gesetze und Verordnungen soll den notwendigen Anpassungsbedarf aufzeigen. Wenn es zur Erreichung der wirtschaftlichen Interessen der Schweiz (Wettbewerbsfähigkeit) erforderlich oder gerechtfertigt sei, werde der autonome Nachvollzug angestrebt.[176] „Da die Europäische Gemeinschaft (EG) grundsätzlich nur Produkte auf ihrem Markt erlaubt, die nach den Vorschriften des Gemeinschaftsrechts oder allenfalls nach gleichwertigen Vorschriften hergestellt wurden, hängt die Wettbewerbsfähigkeit des Produktionsstandortes und Arbeitsplatzes Schweiz massgeblich davon ab, dass unser Recht europakompatibel ist."[177]

101 Der Bundesrat erläutert zudem die grosse Bedeutung der Beziehungen und die engen Verflechtung der Schweiz mit der EU im Finanzbereich, dennoch bestehe gerade im Bereich der Finanzdienstleistungen kein bilaterales

172 BR-Integrationsbericht 1999, S. 2.
173 BR-Integrationsbericht 1999, S. 288.
174 BR-Integrationsbericht 1999, S. 74.
175 BBl. Ja zu Europa!, S. 2025.
176 BR-Europabericht 2006, S. 6831.
177 BR-Europabericht 2006, S. 6831.

sektorielles Abkommen mit der EU.[178] Einzige Ausnahme davon ist das Abkommen „über die Niederlassungsfreiheit im Bereich der direkten Schadenversicherung aus dem Jahr 1989 (sog. Versicherungsabkommen, seit 1993 in Kraft).“[179] Der Bundesrat hält weiter die Nachteile des autonomen Nachvollzugs insbesondere im Finanzbereich fest. Da die Schweiz mangels Mitgliedschaft in der EU den EU-Acquis nicht übernehmen muss, hat sie auch kein Mitspracherecht in den relevanten Ausschüssen der Regulierungsbehörden, welche die EU-Richtlinien konkretisieren. Eine im Verhältnis zur EU differenzierte Finanzmarktregulierung könne den Akteuren auf dem schweizerischen Finanzplatz Chancen eröffnen. Jedoch sei der grenzüberschreitende Marktzugang für Schweizer Anbieter ohne ein entsprechendes bilaterales sektorielles Abkommen nicht gesichert.[180]

### g) Evaluation der schweizerischen Europapolitik

Im Postulat vom 10. Juni 2009 beauftragte NR Christa Markwalder den 102
Bundesrat, die Vor- und Nachteile der europapolitischen Instrumente zu evaluieren und dabei auch die grundlegenden Veränderungen seit Erscheinen des Europaberichtes 2006 zu berücksichtigen. In der ersten Stellungnahme zum Postulat verwies der Bundesrat auf den Europabericht 2006 und die immer noch gültige Erkenntnis, dass der bilaterale Weg derzeit das geeignetste Mittel sei, um die Interessen der Schweiz gegenüber der EU zu wahren.[181]

Im Bericht des Bundesrates über die Evaluation der schweizerischen 103
Europapolitik vom 17. September 2010 wurde dem Postulat NR Markwalder vier Jahre nach Erscheinen des Europaberichtes 2006 entsprochen.[182] Der autonome Nachvollzug soll gemäss Bundesrat weiterhin jedoch nur dort angestrebt werden, wo wirtschaftliche Interessen dies auch erfordern oder rechtfertigen.[183]

## 2.2.2 Anleitung zur europarechtskompatiblen Rechtsetzung

Bereits im Rahmen des Integrationsberichtes 1988 hat der Bundesrat 104
„beschlossen, ein Europakapitel in die Botschaften an die eidgenössischen

178 BR-Europabericht 2006, S. 6904.
179 SR 0.961.1.
180 BR-Europabericht 2006, S. 6904.
181 Amtl. Bull. 2009 N 1896.
182 BR-Bericht Europapolitik, S. 7239.
183 BR-Bericht Europapolitik, S. 7228.

Räte und in die Anträge für Verordnungen einzuführen, in dem bei Rechtsvorlagen mit grenzüberschreitenden Auswirkungen inskünftig geprüft werden soll, wieweit das geplante schweizerische Recht mit dem europäischen Recht vereinbar ist."[184] Bei diesem Streben nach Parallelität gehe es nicht darum, das europäische Recht automatisch nachzuvollziehen, wohl aber darum zu verhindern, dass ungewollt und unnötigerweise neue Rechtsunterschiede geschaffen werden, welche die grundsätzlich angestrebte gegenseitige Anerkennung der Rechtsvorschriften auf europäischer Ebene behindern.[185]

105 In den Gesetzesbotschaften soll der Bundesrat gem. der Neufassung von Art. 141 Abs. 2 lit. a ParlG so auch das Verhältnis zum europäischen Recht aufzeigen. Der Botschaftsleitfaden von 2007 hält dazu fest: „[Bei] Vorlagen in Bereichen, die einen grenzüberschreitenden Bezug haben, ist darzulegen, ob die vorgesehenen Regelungen mit dem geltenden oder in Ausarbeitung stehenden EG-Recht kompatibel sind. Wenn eine Vorlage Angleichungen schweizerischer Normen an europäische Regelungen enthält, sind Umfang und Reichweite dieser Angleichungen darzustellen."[186] Im Gesetzgebungsleitfaden von 2007 nimmt das Bundesamt für Justiz diesen Gedanken erneut auf und lässt das Verfahren zur Prüfung der Europarechtskompatibilität einfliessen.[187]

106 Beim autonomen Nachvollzug von EU-Recht versucht der Gesetzgeber materiell möglichst nahe beim EU-Recht zu bleiben und dieses europarechtskonform umzusetzen.[188] Der autonome Nachvollzug gilt als Einfallstor ins schweizerische Recht für die europarechtskonforme Auslegung.[189]

### 2.3 Rechtsprechung

107 Nach RABEL ist das Gesetz ohne die zugehörige Rechtsprechung wie ein Skelett ohne Muskeln und ohne die herrschenden Lehrmeinungen wie ein Skelett ohne die Nerven.[190] Auch in der Rechtsprechung soll somit der Einfluss der Europarechtskompatibilität geprüft werden.

108 In BGE 124 II 193 äusserte sich das Bundesgericht zur Tragweite des autonomen Nachvollzugs im Rahmen des MWSTG. Die Mehrwertsteuer als

---

184 BR-Integrationsbericht 1988, S. 380.
185 BR-Integrationsbericht 1988, S. 380.
186 BK, Botschaftsleitfaden 2007, S. 18.
187 BJ, Gesetzgebungsleitfaden 2007, Rz. 533-537 ff.
188 KUNZ, Gesellschaftsrecht, S. 222.
189 KUNZ, Gesellschaftsrecht, S. 223.
190 RABEL, S. 4.

Umsatzsteuer wurde durch den Verfassungsgeber nach Vorbild der entsprechenden EG-Richtlinie eingeführt und löste die Warenumsatzsteuer ab. Die Umsatzsteuer des Europäischen Rechts ist deshalb nach Bundesgericht eine nicht zu vernachlässigende Erkenntnisquelle bei der Auslegung des schweizerischen Mehrwertsteuerrechts. Dies gilt jedoch nur, wenn es darum geht, die Zielsetzung der Harmonisierung mit der Umsatzsteuer der Europäischen Union zu erreichen. Bei der Auslegung darf das europäische Recht jedoch nicht das alleinige Argument bilden. Dies, da die Schweiz einerseits nicht Mitglied der EU und somit nicht an das Europäische Gemeinschaftsrecht gebunden ist. Und anderseits, da der Verfassungsgeber von den europäischen Normen abweichen kann, wenn er dafür sachliche Gründe vorbringen kann.[191]

Rechtsvergleichend hat das Bundesgericht in BGE 125 II 293 das euro- 109
päische Recht im Zusammenhang mit der Erteilung von zwei landesweiten Mobilfunkkonzessionen betrachtet. Das Bundesgericht führt im Entscheid aus, dass auch im Recht der EU kein Anspruch auf eine Funkkonzession für Mobiltelefonie bestehe. Ohnehin, so präzisiert das Bundesgericht weiter, entfalte das Recht der EU keine unmittelbaren verbindlichen Auswirkungen auf das schweizerische Recht. Da die Revision des FMG jedoch eine Anpassung des nationalen Rechts an die Liberalisierungsvorhaben in der EU bezweckt habe, lasse sich diese Rechtsordnung allenfalls als Auslegungshilfe beiziehen. Kenne das Recht der EU somit keinen Anspruch auf eine Mobilkonzession, so ergebe sich auch kein solcher bei der Auslegung des Fernmeldegesetzes unter Berücksichtigung des europäischen Rechts.[192]

Mit der Frage der Anwendbarkeit von Art. 333 Abs. 3 OR bei Erwerb 110
eines Betriebes aus dem Konkurs des früheren Inhabers befasste sich das Bundesgericht in BGE 129 III 335. Das Bundesgericht hielt fest, dass die betreffende Änderung des Obligationenrechts im Rahmen der sogenannten Swisslex-Vorlage vorgenommen worden sei. Das schweizerische Recht wurde so der betreffenden Richtlinie des EWG-Rates angepasst.[193] Weiter präzisierte das Bundesgericht den Begriff der europarechtskonformen Auslegung. Das Recht der EU entfalte zwar keine unmittelbaren verbindlichen Auswirkungen auf das schweizerische Recht, da die betreffende Norm jedoch im Rahmen des autonomen Nachvollzuges die Anpassung an das europäische Recht bezweckte, sei die EU-Rechtsordnung als Auslegungshilfe beizuziehen. Nachvollzogenes

[191] BGE 124 II 193 E. 6a.
[192] BGE 125 II 293 E. 4a.
[193] BGE 129 III 335 E. 5.1.

Binnenrecht ist nach Bundesgericht im Zweifel europarechtskonform auszulegen. Nachvollzogenes Recht ist gemäss Bundesgericht harmonisiertes Recht und als solches im Ergebnis analog dem Staatsvertragsrecht auch Einheitsrecht.[194] „Zwar ist es nicht Einheitsrecht in Form von vereinheitlichtem Recht. Wird aber die schweizerische Ordnung einer ausländischen - hier der europäischen - angeglichen, ist die Harmonisierung nicht nur in der Rechtssetzung, sondern namentlich auch in der Auslegung und Anwendung des Rechts anzustreben, soweit die binnenstaatlich zu beachtende Methodologie eine solche Angleichung zulässt."[195]

111 Auch äusserte sich das Bundesgericht erstmals zur Frage der Weiterentwicklung des autonom nachvollzogenen Rechts. „Die Angleichung in der Rechtsanwendung darf sich dabei nicht bloss an der europäischen Rechtslage orientieren, die im Zeitpunkt der Anpassung des Binnenrechts durch den Gesetzgeber galt. Vielmehr hat sie auch die Weiterentwicklung des Rechts, mit dem eine Harmonisierung angestrebt wurde, im Auge zu behalten."[196]

112 Autonom nachvollzogenes Recht muss bei der binnenstaatlichen Auslegung somit stets auch die Fortentwicklung des nachvollzogenen Rechts in der EU verfolgen und in die Rechtsanwendung einfliessen lassen.[197] Ob die Prüfung der Europarechtskompatibilität im Rahmen der Rechtsvergleichung sogar zu einem eigenständigen rechtsvergleichenden Auslegungselement werden kann, hat das Bundesgericht zumindest angesprochen: „Rechtsvergleichend mögen ausländische Regelungen zur Auslegung des geltenden schweizerischen Rechts insbesondere dann gewinnbringend beigezogen werden, wenn sie dem schweizerischen Gesetzgeber als Vorbild gedient haben, ohne dass im Konkreten eine Abweichung festzustellen ist, oder wenn eine bewusste Harmonisierung mit ausländischen Rechtsordnungen angestrebt worden ist."[198]

---

194 BGE 129 III 335 E. 6.

195 BGE 129 III 335 E. 6.

196 BGE 129 III 335 E. 6.

197 Im Rahmen einer Entscheidung zum Pauschalreisegesetz bestätigte das Bundesgericht in BGE 130 III 182 die europarechtskonforme Auslegung. Auch das Pauschalreisegesetz wurde im Rahmen des Swisslex-Programmes einer Richtlinie des EWG-Rates angepasst und enthält somit autonom nachvollzogenes Recht. In Zweifelsfällen ist autonom nachvollzogenes Recht somit auch hier europarechtskonform auszulegen.

198 BGE 133 III 180 E. 3.5 m.w.H.

Aufgrund der Globalisierung bzw. Internationalisierung der Wirtschaft ist gerade bei wirtschaftsrechtlichen Rechtssetzungsprojekten die Rechtsvergleichung wichtig.[199] 113

Zu den Grenzen der europarechtskonformen Auslegung äusserte sich das Bundesgericht im Urteil 2A.334/2003 vom 30. April 2004 und bestätigte so im Grundsatz BGE 124 III 193. Einleitend wird festgehalten, dass das im Entscheid massgebende Mehrwertsteuerrecht in weiten Teilen mit dem Umsatzsteuerrecht der EU übereinstimme. Aus diesem Grund könne auch die Gesetzgebung, Lehre und Rechtsprechung in der EU zur Beurteilung der offenen Frage herangezogen werden, wobei die Schweiz als Nicht-Mitglied der EU nicht an diese Rechtsordnung gebunden sei. Soweit der Gesetzgeber jedoch nicht ausdrücklich und bewusst von der EU-Regelung abweiche, stelle das betreffende Umsatzsteuerrecht eine nicht zu vernachlässigende Erkenntnisquelle und Interpretationshilfe dar.[200] 114

Zum Kartellgesetz hält das Bundesgericht in BGE 137 II 199 fest, dass es kein gemeinsames Wettbewerbsrecht der Schweiz und der EU im Rahmen eines bilateralen Abkommens gebe. Somit fehle auch ein gemeinsames Wettbewerbsrecht. Das von dem Recht der EU unabhängige Recht sei grundsätzlich autonom auszulegen. Der Beizug von resp. die Koordination mit dem europäischen Recht als Auslegungs- und Interpretationshilfe dränge sich jedoch auf, da eine parallele Rechtsordnung vom schweizerischen Gesetzgeber vorgesehen war und sich die Regelungen auch inhaltlich entsprächen.[201] „Nach der Rechtsprechung ist insbesondere autonom nachvollzogenes EU-Recht europarechtskonform auszulegen, weil es dem Gesetzgeber diesfalls darum ging, eine parallele Regelung zu schaffen."[202] Der Richter hat die Rechtsfindung im harmonisierungsbedürftigen Rechtsbereich im Lichte der europäischen Entwicklung und vor allem auch der europäischen Rechtsprechung vorzunehmen.[203] 115

Der in BGE 129 III 335 festgehaltene Grundsatz, dass autonom nachvollzogenes Landesrecht im Zweifel europarechtskonform auszulegen sei, wird seither in ständiger höchstrichterlicher Rechtsprechung gestützt.[204] 116

---

[199] KUNZ, recht 2/2006, S. 45.

[200] BGE 2A.334/2003 v. 30. April 2004 E. 2.3.

[201] BGE 137 II 199 E. 4.3.1.

[202] BGE 137 II 199 E. 4.3.1 ff.

[203] AMSTUTZ, S. 108.

[204] Aus neuster Zeit siehe BGE 137 III 487 E. 4.6.

## 2.4 Kritik am System des autonomen Nachvollzuges

117 Die Gegenüberstellung der Begriffe Souveränität und Partizipation[205] soll im Rahmen der Betrachtung des Verhältnisses Kanton-Bund sowie Schweiz-EU dazu dienen, Kritik am System des autonomen Nachvollzuges zu üben. Die Begriffe Souveränität und Partizipation lassen sich anhand der Entwicklung der Stellung der Kantone im Bundesstaat gut aufzeigen.

118 Die Bundesverfassung von 1848 war ein Akt originärer Verfassungsgebung. Die Demokratie nach dem Vorbild der liberalen Kantonsverfassungen wurde übernommen und ein bundesstaatlicher Aufbau nach dem Vorbildung der nordamerikanischen Unionsverfassung von 1787 mit dem Zweikammersystem eingeführt. Durch die Aufhebung der kantonalen Zölle und die Vereinheitlichung der Aussenzölle wurde die Grundlage für ein einheitliches Wirtschaftsgebiet geschaffen.[206] Als abgeleitete Verfassungsgebung gründet die Totalrevision der BV von 1874 auf derjenigen von 1848. Neben dem Ausbau der direkten Demokratie ist vor allem der weitere Ausbau der Bundeskompetenzen massgebend.[207] Die Partizipation im Bundesstaat hatte somit zwangsläufig eine Teilaufgabe der kantonalen Souveränität zur Folge.[208] Auch in der derzeit geltenden Bundesverfassung werden die Kantone in Art. 3 BV nur insofern als souverän bezeichnet, soweit ihre Souveränität nicht durch die Bundesverfassung beschränkt ist.[209]

119 Der schweizerische Bundesstaat ist somit dadurch gekennzeichnet, „dass die Kantone vor der Bundesstaatsgründung von 1848 souveräne Staaten waren und erst mit der Bundesverfassung [...] einen Teil ihrer Souveränität zugunsten des Bundesstaates abgetreten haben [...]. Schon 1848 wussten die Verfassungsväter, dass sie den Kantonen nicht einen Teil ihrer Souveränität nehmen können, ohne sie mit gewissen Mitwirkungsrechten am Bundesstaat auszustatten.“[210]

120 Kernpunkt eines Bundesstaates ist die Mitwirkung der Gliedstaaten (Kantone) an der Willensbildung des Gesamtstaates. Dadurch grenzt er sich vom Einheitsstaat ab. Die Kantone haben einen Teil der Souveränität abgegeben, sind jedoch im föderalistischen Aufbau der Schweiz eingebunden und im

---

205 Vgl. dazu WIGET, S. 17ff.

206 HÄFELIN/HALLER/KELLER, N 50-51.

207 HÄFELIN/HALLER/KELLER, N 55-56.

208 Zum Inhalt der kantonalen Autonomie, vgl. HÄFELIN/MÜLLER/UHLMANN, Rz. 945-948 und zu den Mitwirkungsrechten der Kantone im Bund, ebda., Rz. 950-962a.

209 HÄFELIN/HALLER/KELLER, Bundesstaatsrecht, N. 942.

210 WIGET, S. 56.

Zusammenwirken im Bund durch Art. 44 BV geschützt. Im internationalen Umfeld zwingt auch die wirtschaftliche Globalisierung den Bundesstaat, Gesetze den neuen Begebenheiten anzupassen oder Europarecht im Rahmen des autonomen Nachvollzugs zu übernehmen. Der Widerspruch zwischen Partizipation und Souveränität in Bezug auf das Europarecht liegt nun darin, dass der Bund im Bereich der Aussenpolitik nach Art. 54 Abs. 1 BV zuständig ist.[211] Dies ist deshalb von grosser Wichtigkeit, weil es doch die Kantone sind, „die i.d.R. das Recht innerstaatlich umzusetzen haben. Deshalb müssen die Kantone bei der Aussenpolitik entsprechend eingebunden werden. Sie müssen bei der Gesetzgebung und der Umsetzung adäquat mitwirken dürfen. Denn auch in diesem Bereich gilt, dass die Mitwirkungsmöglichkeiten ein probates Mittel darstellen, um einen allfälligen Machtverlust zu kompensieren."[212] Der Bund hat im Rahmen seiner Beziehungen zum Ausland Rücksicht auf die Zuständigkeiten der Kantone zu nehmen und ihre Interessen zu wahren.[213] Die Mitwirkung der Kantone an aussenpolitischen Entscheidungen ist in Art. 55 BV ausführlich geregelt.

***Art. 55 BV*** 121

*Die Kantone wirken an der Vorbereitung aussenpolitischer Entscheide mit, die ihre Zuständigkeiten oder ihre wesentlichen Interessen betreffen.*

*Der Bund informiert die Kantone rechtzeitig und umfassend und holt ihre Stellungnahmen ein.*

*Den Stellungnahmen der Kantone kommt besonderes Gewicht zu, wenn sie in ihren Zuständigkeiten betroffen sind. In diesen Fällen wirken die Kantone in geeigneter Weise an internationalen Verhandlungen mit.*

Trotz Einbezug im Bundesstaat ist es den Kantonen als Gliedstaaten 122
somit weiterhin möglich, ihre Interessen auch in Bereichen von Bundeskompetenzen wahrzunehmen und am politischen Willensprozess mitzuwirken. Diese Partizipation im Bundestaat wurde jedoch durch eine Teilaufgabe der Souveränität der Gliedstaaten erst ermöglicht.

---

211 WIGET, S. 56.
212 WIGET, S. 57.
213 Art. 54 Abs. 3 BV.

123 Im Rahmen des autonomen Nachvollzuges von Europarecht gleicht die Schweiz ihr nationales Recht an das Europarecht an, ohne jedoch an dessen Ausarbeitung mitwirken zu können. Der autonome Nachvollzug bedeutet somit einen Verlust an Souveränität.[214] „Der wichtigste Unterschied im Falle einer EU-Mitgliedschaft liegt prinzipiell darin, dass dann die Souveränitätsverluste im europäischen Wirtschaftsrecht und seinen verwandten Bereichen nicht nur materieller, sondern auch formeller Art sind. Statt des autonomen Nachvollzuges erfolgen eine offene Übernahme des sekundären EU-Rechts und der Entscheidungen und Beschlüsse im Rahmen der Union. [...] Die Anpassungen erfolgen zudem nicht [mehr] nach eigener Opportunität und nach eigenem Fahrplan. [...] Es bedeutet aber gerade nicht, dass die materiellen Handlungsmöglichkeiten geringer werden, im Gegenteil: Statt des blossen Nachvollzuges besteht die Möglichkeit der Mitwirkung an den Entscheidungen der EU."[215] Durch den autonomen Nachvollzug ist der Souveränitätsverlust einzig materieller Natur. Am formellen Prozess der Entscheidungsfindung bei Erlass des EU-Sekundärrechts kann die Schweiz so jedoch nicht partizipieren.

124 Die Schweiz kann sich dem europäischen Integrationsprozess aufgrund ihrer Lage sowie der politischen, kulturellen und wirtschaftlichen Verflechtungen kaum entziehen. Durch den autonomen Nachvollzug und auch die bilateralen sektoriellen Abkommen betreibt die Schweiz eine passive Integrationsstrategie und wird zum Mitglied ohne Mitgliedschaft.[216] M.E. ist eine vollwertige Partizipation für die Schweiz nur durch Teilaufgabe der Souveränität, sprich durch eine vollwertige Mitgliedschaft in der EU, zu erreichen. Ob die Früchte der Partizipation jedoch den Preis der auch formellen Aufgabe der Souveränität rechtfertigen, soll hier bewusst offen bleiben.

## 3. Entwicklung des autonomen Nachvollzuges im Anlagefonds- und Kollektivanlagengesetz

### 3.1 Erste Impulse im Jahr 1938

125 Wesentlich für den Anlagefondsplatz Schweiz ist das Jahr 1938 „mit der Gründung des ersten europäischen offenen Immobilienfonds durch die SSIP in Basel, der Gründung der AG für die Verwaltung von Investment

[214] BROŃSKA, S. 77.
[215] LINDER, S. 437.
[216] BROŃSKA, S. 78 m.w.H.

Trusts (INTRAG) und der von der INTRAG noch im gleichen Jahr veranlassten Gründung des ersten schweizerischen Fonds mit Anlageermessen («America-Canada Trust Fund, AMCA»).“[217] Die rechtlichen Grundlagen dieser Anlageformen waren noch im Obligationenrecht zu finden.[218]

### 3.2 Das Anlagefondsgesetz von 1966

Das AFG 1966 trat am 1. Februar 1969 in Kraft. Impuls zur gesetzlichen Regelung gaben einerseits der wirtschaftliche Erfolg von Anlagefonds im In- und Ausland und die Sorge um den Anlegerschutz. NR Paul-René Rosset und 59 Mitunterzeichner reichten am 26. Juni 1957 eine Motion ein, in der sie auf die bedeutende Entwicklung der Investmenttrusts dieser Zeit hinwiesen. Diese Anlagemöglichkeit, die unbestreitbare Vorteile biete, weise aber auch ernste Gefahren auf. Der Bundesrat wurde deshalb eingeladen, den Eidgenössischen Räten einen Entwurf zu einem Gesetz über die Investmenttrusts vorzulegen.[219] Der kleine Nachbar Liechtenstein hatte schon 1960 ein Gesetz über die Kapitalanlagegesellschaften, Investment-Trusts und Anlagefonds[220] erlassen und setzte so die Schweiz zusätzlich unter Zugzwang. Die liechtensteinische Lösung konnte jedoch hinsichtlich Anlegerschutz und auch der Anlagemöglichkeiten nicht den europäischen Standards genügen, die damals schon vor allem durch Luxemburg gesetzt wurden.[221] Die Notwendigkeit einer eigenständigen schweizerischen Lösung lag somit auf der Hand. 126

Begründet wurde das Bedürfnis zur Schaffung eines rechtlichen Rahmens mit dem Anlegerschutz, schrieb NR Rosset doch: „Wo, wie in unserem Lande, Versicherungsgesellschaften und Banken einer öffentlichen Aufsicht unterstehen, müssten auch die Anlagefonds, die sich öffentlich an das Anlegerpublikum wenden, einer behördlichen Aufsicht unterstellt werden, weil die blosse Existenz eines nicht kontrollierten Sektors Anlass zu zweifelhaften Gründungen geben könnte.“[222] 127

---

[217] ZETZSCHE, S. 265.
[218] ZETZSCHE, S. 265.
[219] Botschaft AFG 1966, S. 258.
[220] LGBl. 1961 Nr. 1. Dieses Gesetz vom 21. Dezember 1960 umfasste gerade mal vier Artikel. Das Gesetz wurde für dringlich erklärt und trat mit Kundmachung in Kraft. Die Geltungsdauer war vorab auf zwei Jahre beschränkt, wurde jedoch mehrmals verlängert und zu guter Letzt mit unbefristeter Geltungsdauer versehen.
[221] ZWIEFELHOFER, S. 14.
[222] Botschaft AFG 1966, S. 258.

128 Um den Schutz der Anleger gewährleisten zu können, limitierte der Gesetzgeber die Anlagemöglichkeiten auf Wertpapiere und Immobilien. Weiter wurde zum Schutz des Anlegers ein Aussonderungsrecht der Kollektivvermögen bei Konkurs der Fondsleitung festgehalten. Die europäische Richtlinie 85/611/EWG des Rates vom 20. Dezember 1985 betreffend bestimmte Organismen für gemeinsame Anlagen in Wertpapieren (OGAW[223] I-RL) führte jedoch aufgrund der liberaleren Bestimmungen hinsichtlich der Anlagemöglichkeiten zu einer Abwanderung des Fondsgeschäfts nach Luxemburg.[224]

129 Die ungünstige fiskalische Situation in der Schweiz, die auf Anlagefonds neben der Emissions- und Umsatzabgabe auch noch Verrechnungssteuern belastet hatte, begünstigte diese Abwanderungstendenz weiter. Erst mehr als 30 Jahre nach dem Inkrafttreten des AFG 1966 sollte sich die fiskalische Situation für Anlagefonds merklich bessern. Die Emissionsabgabe wurde per 1. Januar 1993 aufgegeben. Die Umsatzabgabe für die inländischen und ausländischen Anlagefonds ist gar erst per 1. Januar 2001 weggefallen. Bis heute unterliegen die inländischen Anlagefonds jedoch weiter der Verrechnungssteuer.[225]

### 3.3 Die Verordnung über die ausländischen Fonds

130 Das AFG 1966 war nur auf Anlagefonds mit Fondsleitung in der Schweiz anwendbar. Der inländische Gesetzgeber konnte somit keinen Einfluss auf die rechtliche Ausgestaltung von ausländischen Anlagefonds nehmen, die in der Schweiz vertrieben wurden. Die bisherige Regelung erwies sich als zu weitmaschig. Der Vertrieb von im Ausland nicht beaufsichtigten Anlagefonds konnte weder verhindert, noch konnten die Produkte hinsichtlich der Gewährung eines gleichwertigen Anlegerschutzes geprüft werden. Gestützt auf Art. 1 Abs. 3 AFG 1966[226] setzte der Bundesrat per 13. Januar 1971 die Verordnung über die ausländischen Fonds in Kraft.[227]

---

[223] Die Organismen für gemeinsame Anlagen in Wertpapiere sind in der Schweiz auch unter der engl. Abkürzung UCITS (Undertakings for Collective Investment in Transferable Securities) bekannt.

[224] Botschaft KAG, S. 6401.

[225] Botschaft KAG, S. 6402.

[226] Nach ALBERTINI, S. 241 ermächtigt Art. 1 Abs. 3 AFG 1966 den Bundesrat gestützt auf Art. 31$^{bis}$ Abs. 3 BV (HGF) Bestimmungen über die ausländischen Anlagefonds aufzustellen, sofern für diese im Inland öffentlich geworben wird.

[227] ALBERTINI, S. 241.

### 3.4 Das Anlagefondsgesetz von 1994 in Umsetzung OGAW I

Bei der Totalrevision des AFG 1966 stand nicht mehr ausschliesslich der Anlegerschutz im Zentrum. Ergänzend wurde die Wiederherstellung der Konkurrenzfähigkeit des Finanzplatzes und auch die Steigerung der Attraktivität auf europäischer und internationaler Ebene bezweckt. Das Gesetz wurde zudem den Anforderungen der OGAW I-RL angepasst.[228] 131

Die Botschaft zur Revision des AFG 1966 wurde noch vor dem Nein vom Volk und Ständen zum EWR-Beitritt vom 6. Dezember verfasst.[229] Mit der Schaffung des Effektenfonds[230] wollte man möglichst viele schweizerische Fonds EG-tauglich ausgestalten, um diesen so den freien Vertrieb auf dem europäischen Finanzmarkt ermöglichen zu können.[231] 132

Nach dem Nein zum EWR-Beitritt war es der Schweiz jedoch nicht möglich, die durch OGAW I erleichterten Vertriebsmöglichkeiten für Anlagefonds zu nützen. Deshalb sollte durch den (nun) autonomen Nachvollzug der Richtlinienbestimmungen die Grundlage für ein Freizügigkeitsabkommen mit der EG geschaffen werden.[232] 133

Das total revidierte AFG 1994 trat am 1. Januar 1995 in Kraft. 134

Der Gesetzgeber hat in Anpassung an die OGAW I-RL eine neue Kategorie europakompatibler Anlagefonds (Effektenfonds) geschaffen. Weiter erfolgte aufgrund der OGAW I-RL die juristische Trennung von Fondsleitung und Depotbank. Der dem Anlegerschutz dienende Transparenz wurde durch eine Verschärfung der Informations- und Publikationsvorschriften Genüge getan. Als Mittel zur Wiederherstellung der Wettbewerbsfähigkeit und auch zur Steigerung der Attraktivität führte der Gesetzgeber mit den sogenannten «übrigen Fonds» eine neue Fondskategorie ein, die als ideale Struktur für die Zulassung von Hedgefonds dienen sollte. Zudem wurden Anlagefonds mit Teilvermögen (Umbrella-Fonds) zugelassen und die Bandbreite der Anlageinstrumente und Anlagetechniken erweitert.[233] 135

---

[228] Botschaft AFG 1994, S. 218.

[229] FORSTMOSER, autonomer Nachvollzug, S. 527.

[230] Die Definition des Effektenbegriffes entspricht nach der Botschaft AFG 1994, S. 249 der Definition der Effekten im E-BEHG. Neben den Wertpapieren und Wertrechten werden auch gewisse derivative Produkte von der Definition umfasst. Die Finanzinstrumente müssen jedoch fungibel (vertretbar) sein.

[231] Botschaft AFG 1994, S. 249.

[232] Botschaft AFG 1994, S. 224.

[233] Botschaft KAG, S. 6401 f.

136 Das AFG 1994 ist ein Paradebeispiel des direkten Einflusses von EU-Richtlinienrecht auf die Schweiz.[234] „Nicht nur standen die gesetzgeberischen Arbeiten unter dem erklärten und unbestrittenen Ziel des autonomen Nachvollzuges; vielmehr enthält das AFG 1994 auch Grundlagen zur Weiterentwicklung des schweizerischen Rechts im Sinne eines Mitvollzuges europäischer Entwicklungen."[235]

137 Zur Notwendigkeit der Europarechtskompatibilität führte die Botschaft aus: „In den vergangenen Jahren zeigte sich besonders stark, dass Schweizer Fonds wegen der nicht angepassten nationalen Bestimmungen auf dem EG-Markt stark benachteiligt und daher kaum vertreten sind. Dies fällt umso mehr ins Gewicht, als ausländische Fonds in der Regel die Bewilligung für den öffentlichen Vertrieb ihrer Anteile in der Schweiz problemlos erhalten. Die Revision bietet eine Möglichkeit zur Anpassung des Anlagefondsgesetzes an die Bestimmungen der EG. Gleichzeitig wird damit die Grundlage für ein Freizügigkeitsabkommen für Schweizer Fonds im EG-Raum gelegt."[236]

138 Um das AFG 1994 rasch an die geänderten Verhältnisse und an die Entwicklung in der EG anpassen zu können, wurde das AFG 1994 in der Form eines Rahmengesetzes erlassen. Im Gesetz werden so nur die grundlegenden Bestimmungen festgelegt, wobei die Detailvorschriften auf Verordnungsstufe geregelt werden.[237]

139 Ein ausdrücklicher Verweis auf das Europäische Gemeinschaftsrecht wird an drei Stellen im AFG 1994 vorgenommen. Bei zwei Stellen handelt es sich um eine Ermächtigung des Bundesrates, auf Verordnungsebene Präzisierungen vorzunehmen. Auf Gesetzesebene erfolgt jedoch bereits eine materielle Einschränkung, hat der Bundesrat sich doch gemäss Art. 32 AFG 1994 bei der Zulassung weiterer Anlagen für den Effektenfonds auf diejenigen Anlagen zu beschränken, die nach dem Recht der Europäischen Gemeinschaft für Effektenfonds zugelassen sind.

140 Betreffend des Inhaltes des Prospektes hat sich der Bundesrat nach Art. 50 Abs. 1 AFG 1994 zudem auf diejenigen Angaben zu beschränken, die durch das Recht der Europäischen Gemeinschaft festgelegt werden. Bei Art. 43 Abs. 3 AFG 1994 wird weiter vorgeschrieben, dass der Bundesrat bei der Konkretisierung der Anlagevorschriften die massgebenden Anforderungen des

---

[234] FORSTMOSER, autonomer Nachvollzug, S. 524.
[235] FORSTMOSER, autonomer Nachvollzug, S. 524.
[236] Botschaft AFG 1994, S. 289.
[237] Botschaft AFG 1994, S. 527.

Rechtes der Europäischen Gemeinschaft zu beachten habe. Nach FORSTMOSER wollte der Gesetzgeber durch diese Bestimmungen den autonomen Nachvollzug des EU-Rechts sicherstellen und auch einen laufenden Mitvollzug auf Verordnungsebene ermöglichen.[238] Ernüchtert stellt der damalige Präsident des SFA 1999 jedoch fest, dass trotz EU-Kompatibilität des Anlagefondsgesetzes die Freizügigkeit beim Vertrieb von schweizerischen Anlagefonds im EU-Raum mangels entsprechenden Freizügigkeitsabkommen mit der EU auch weiterhin eine Illusion bleibe.[239]

### 3.5 Teilumsetzung OGAW III auf dem Verordnungsweg

Die EU-Produktrichtlinie und die EU-Fondsdienstleistungsrichtlinie bilden zusammen die OGAW III-RL. Es handelt sich um sog. Änderungsrichtlinien zur Abänderung der OGAW I-RL. Die aAFV und die aAFV-EBK wurden mehrmals teilrevidiert, um die schweizerische Fondswirtschaft wiederum dem europäischen Rechtsumfeld anzupassen. Die EU-Produktrichtlinie wurde vollständig, die EU-Fondsdienstleistungsrichtlinie mit Umsetzung der Eigenmittelregelung und Einführung des vereinfachten Prospektes jedoch nur teilweise umgesetzt.[240] 141

Mangels einer staatsvertraglichen Basis für eine Freizügigkeit konnte der Fondsstandort nicht von der Freizügigkeit profitieren und verlor so laufend Marktanteile an die EU/EWR-Finanzplätze wie Luxemburg, Irland oder in geringerem Masse auch Liechtenstein. Schweizerische Fondsanbieter können somit nur mittels ausländischen OGAW am europaweiten Fondsvertrieb partizipieren.[241] Das mustergültige Verhalten im Rahmen des autonomen Nachvollzuges der entsprechenden OGAW-Richtlinien hat sich für die schweizerische Fondsbranche bisher nicht ausbezahlt.[242] 142

### 3.6 Das Kollektivanlagengesetz

Bei der Totalrevision des AFG 1994 im Jahr 2006 war wiederum der europäische Einfluss massgebender Impuls. Primär hat der Bundesrat an den klassischen drei Zielen der bisherigen Anlagefondsgesetzgebung auch in der 143

238 FORSTMOSER, autonomer Nachvollzug, S. 529.
239 TSCHÄNI, S. 77.
240 Botschaft KAG, S. 6402.
241 DEN OTTER, EU-Marktzutritt, S. 33.
242 FORSTMOSER, autonomer Nachvollzug, S. 535f.

Totalrevision festgehalten. Wiederum wird eine Wiederherstellung der Vereinbarkeit der schweizerischen Anlagefondsgesetzgebung mit der Regelung der EU verfolgt. Weiter bezweckte der Bundesrat eine Steigerung der Wettbewerbsfähigkeit des Fondsplatzes Schweiz, einerseits durch Schaffung neuer Formen kollektiver Kapitalanlagen und anderseits durch Neuunterstellung der bisher nur börsenrechtlich regulierten Investmentgesellschaft mit festem Kapital (SICAF). Der Anlegerschutz wurde erstmals differenziert betrachtet und durch die zusätzliche Transparenz massvoll ausgebaut. Als neues zusätzliches Ziel der Totalrevision bezweckte der Bundesrat den Ausbau der Anlagefondsgesetzgebung zu einer umfassenden Gesetzgebung über die kollektiven Kapitalanlagen.[243]

144 Im Rahmen des autonomen Nachvollzuges, respektive der Wiederherstellung der Vereinbarkeit der schweizerischen Anlagefondsgesetzgebung mit der Regelung der EU, setzte der Gesetzgeber die auf Verordnungsstufe bis dahin noch nicht implementierten Bestimmungen um, „insbesondere sollen das Tätigkeitsgebiet der Fondsleitung erweitert, das Verbot der Rückdelegation der Anlageentscheide an die Depotbank und die Bewilligungspflicht für Vermögensverwalter kollektiver Kapitalanlagen eingeführt sowie der vereinfachte Prospekt gesetzlich verankert werden.“[244]

145 Auch das KAG ist analog dem AFG 1994 als Rahmengesetz ausgestaltet. Die Konkretisierung des Rahmengesetzes erfolgt in der bundesrätlichen Verordnung über die kollektiven Kapitalanlagen (KKV) und der Verordnung der FINMA über die kollektiven Kapitalanlagen (KKV-FINMA).[245] An drei Stellen wird direkt im Gesetz auf die EU Bezug genommen. Zwei Stellen betreffen den schon bisher zwar europarechtskompatiblen aber von der EU nicht als gleichwertig anerkannten Effektenfonds.

---

243 Botschaft KAG, S. 6396.
244 Botschaft KAG, S. 6404.
245 Botschaft KAG, S. 9433.

Offenbarte sich die Europarechtskompatibilität des Effektenfonds unter dem AFG 1994 noch verschämt nur bei Detailfragen, heisst es in der einleitenden Definition des Effektenfonds nun direkt: 146

***Art. 53 KAG*** 147
*Effektenfonds sind offene kollektive Kapitalanlagen, die ihre Mittel in Effekten anlegen und dem Recht der Europäischen Gemeinschaft entsprechen.*

Diskreter wird in Art. 31 Abs. 4 KAG bei der Regelung der Delegation von Aufgaben darauf hingewiesen, dass im Rahmen der Europarechtskompatibilität bei Effektenfonds die Anlageentscheide weder an die Depotbank noch an deren Unternehmen delegiert werden dürfen, da deren Interessen mit denen der Fondsleitung oder der Anleger kollidieren können.[246] 148

Der Regelung als Rahmengesetz entsprechend erhält der Bundesrat in Art. 152 Abs. 1 KAG die Kompetenz zum Erlass von Ausführungsbestimmungen. Die Kompetenz der FINMA zum Erlass von Ausführungsbestimmungen erfolgt jeweils auf Basis von einzelnen konkreten Delegationen im Gesetz. Beide Vollzugsbehörden haben sich jedoch an die massgebenden Anforderungen des Rechts der Europäischen Gemeinschaft zu halten 149

***Art. 152 Abs. 2 KAG*** 150
*Der Bundesrat und die FINMA beachten beim Erlass von Verordnungsrecht die massgebenden Anforderungen des Rechts der Europäischen Gemeinschaften.*

Weiter in der Form des autonomen Nachvollzuges wurden im Gesetz die Bewilligungspflicht für die Vermögensverwalter kollektiver Kapitalanlagen (Art. 13 Abs. 2 lit. f i.V.m. Art. 18 KAG) eingeführt und der vereinfachte Prospekt in Art. 107 KAG verankert.[247] 151

Durch diese Verweise und Ermächtigungen wurden im KAG die nötigen Voraussetzungen für die weitere Gewährleistung der Europarechtskompatibilität im Sinne des autonomen Nachvollzuges geschaffen. Mangels Anerkennung der Gleichwertigkeit des schweizerischen Effektenfonds mit den entsprechenden Bestimmungen der OGAW III-RL durch die EU bleibt der 152

[246] Art. 31 Abs. 4 KAG.
[247] Botschaft KAG, S. 6404.

grenzenlose Zugang zum europaweiten Fondsvertrieb jedoch weiterhin eine Illusion.

### 3.7 Änderung Kollektivanlagengesetz

153 Knapp zwei Jahr nach Inkrafttreten des KAG fand im November 2008 als Folge der seit 2007 andauernden Finanzkrise der G20-Gipfel[248] in Washington statt. Als Reaktion auf die Finanzkrise wurden an diesem Treffen die Verwerfungen an den Finanzmärkten und die Lage der Weltwirtschaft diskutiert. Im Abschlusskommuniqué findet sich der bemerkenswerte Satz: „We pledge to strengthen our regulatory regimes, prudential oversight, and risk management, and ensure that all financial markets, products and participants are regulated or subject to oversight, as appropriate to their circumstances."[249] Diese Absichtserklärung kann im Nachgang der Finanzkrise als Ausgangspunkt für eine ganze Welle von regulatorischen Massnahmen[250], nicht nur aber auch im Bereich der kollektiven Kapitalanlagen, angesehen werden.

154 Die Anforderungen zur Gewährleistung des Anlegerschutzes haben sich seit Inkrafttreten des KAG im Jahr 2007 immer mehr verschärft. Die neuerlichen Änderungen des KAG, welche mit der Botschaft vom 2. April 2012 in die Wege geleitet wurden, sollen nun die bestehenden Regulierungslücken im Bereich der Verwaltung, Verwahrung und des Vertriebs schliessen. Zudem bedarf das KAG weiter der autonomen Anpassung an die AIFM-RL, welche die Verwalter von kollektiven Kapitalanlagen regelt, die als Non-OGAW resp. AIF nicht der OGAW IV-RL unterstehen. Es gilt gemäss Botschaft zu verhindern, „dass nicht regulierte Marktteilnehmer ihre Produkte in der Schweiz und

---

[248] Die zwanzig wichtigsten Industrie- und Schwellenländer bilden die G20, weiter am G20-Gipfel vertreten waren Spanien, Niederlande, Tschechien, der IWF und die Weltbank. Trotz der fehlenden rechtlichen Grundlage und der mangelnden Repräsentativität (Übervertretung von Europa sowie die schwache Stellung von Afrika) erhebt die G20 den Anspruch wichtigstes Forum für die internationale wirtschaftliche Zusammenarbeit zu sein. Die Schweiz ist trotz Bemühungen nicht Mitglied bei G20 und musste sich somit neu orientieren, um weiterhin ihre wirtschaftlichen und finanziellen Interessen verteidigen und zur Lösung von internationalen Konflikten beitragen zu können, vgl. JORDAN, S. 56.

[249] G20, Washington-Declaration, S. 3; Wir verpflichten uns zur Verstärkung unserer regulatorischen Regelwerke, der prudentiellen Aufsicht und des Risikomanagements und stellen sicher, dass alle Finanzmärkte, Produkte und Akteure den Umständen entsprechend reguliert oder beaufsichtigt werden (Ü.d.V.).

[250] Diese Welle wird je nach Standpunkt auch «regulatory tsunami» genannt.

von der Schweiz aus ohne aufsichtsrechtliche Vorgaben an qualifizierte Anleger vertreiben können."[251]

Somit dient die Änderung des KAG einerseits der Förderung des Anle- 155
gerschutzes und anderseits dem Erhalt von Qualität und Wettbewerbsfähigkeit der Schweizer Vermögensverwaltung.[252]

Der Anwendungsbereich der AIFM-RL ist ausgesprochen weit, umfasst 156
er doch „im Sinne einer Negativdefinition sämtliche Manager, die kollektiven Kapitalanlagen verwalten, die nicht unter die OGAW IV-RL fallen. Dabei kommt es weder auf die rechtliche Form (Vertrags- oder Gesellschaftsform) noch auf die Struktur (offen oder geschlossen) des verwalteten Fonds an."[253]

Nach einer Übergangsfrist von zwei Jahren können die Vermögensver- 157
walter kollektiver Kapitalanlagen bei autonomer Umsetzung der AIFM-RL in der Schweiz als Drittland ab 2015 mit dem «Europapass» ihre Dienstleistungen im ganzen europäischen Binnenmarkt anbieten und die AIF vertreiben.[254] Durch die AIFM-RL wird auch bei den Non-OGAW der Europapass eingeführt. Mangels der bisherigen Harmonisierung im alternativen Bereich bestanden hier bisher für die Schweiz keine Wettbewerbsnachteile im nicht öffentlichen Vertrieb. Ein AIFM kann das Asset Management des AIF nur an einen Vermögensverwalter in einem Drittland delegieren, wenn sichergestellt wird, dass dieser einer der EU gleichwertigen Aufsicht untersteht und ein entsprechendes Amtshilfeabkommen EU-Drittland vorliegt.[255]

Nur durch den autonomen Nachvollzug und der Vereinbarung von 158
Amtshilfeabkommen zur Sicherstellung der Gleichwertigkeit der Aufsicht kann die drohende Isolation der schweizerischen Fondsindustrie verhindert werden. Fraglich ist ob es möglich sein wird, bis 2015 diese Anforderungen zu erfüllen, um den Marktteilnehmern in der Schweiz einerseits die Möglichkeit der Verwaltung wie auch des Vertriebs von europäischen AIF gewährleisten zu können.

[251] Botschaft Änderung KAG, S. 3641.
[252] Botschaft Änderung KAG, S. 3640 f.
[253] Botschaft Änderung KAG, S. 3657.
[254] Botschaft Änderung KAG, S. 3658.
[255] DEN OTTER, EU-Marktzutritt, S. 33.

# Drittes Kapitel
# Methodenlehre

## § 6 Vorbemerkungen zur Methodenlehre

### 1. Die Interpretation einer Rechtsnorm

Der gesetzgeberische Gedanke wird durch den Wortlaut eines Gesetzesartikels nur unvollständig dargestellt. Dies, da die Sprache in sich unvollkommen ist und somit keine Übereinstimmungen zwischen dem auszudrückenden Gedankeninhalt und dem sprachlichen Sinn einer Erklärung herbeiführen kann.[256] Diese Diskrepanz zwischen dem auszudrückenden Gedankeninhalt und dem sprachlichen Sinn einer Norm verlangt eine gedankliche Trennung des Begriffes «Wortsinn». Eine Gegenüberstellung des Begriffs «Wort» (verba) zum Begriff «Sinn» (Wille) macht dies deutlich.[257] „Die Auslegung (oder Interpretation) einer Rechtsnorm dient dem Vorhaben, den Rechtssinn der Vorschrift zu ermitteln. [...] Insgesamt soll der Auslegungsvorgang zu einem vernünftigen, praktikablen und befriedigenden Ergebnis führen, das dem Problemlösungsbedarf der Gegenwart Rechnung trägt, ohne die Wertentscheidungen es gesetzlichen Normsetzers zu missachten."[258] Die Auslegung mittels sämtlicher Elemente der Methodenlehre soll nun im Rahmen des Methodenpluralismus zur Ermittlung des auszudrückenden Gedankeninhaltes dienen. 159

### 2. Methoden der Auslegung im Privatrecht

Unter SAVIGNY kannte man die klassische Vierteilung der Auslegungsmethode in ein grammatisches, logisches, historisches und systematisches Auslegungselement. Die Abgrenzung zwischen dem logischen und dem systematischen Auslegungselement gestaltete sich jedoch schwierig.[259] Das logische Auslegungselement ist heute dem systematischen Auslegungselement 160

[256] BEK Einleitungsband ZGB, MEIER-HAYOZ, Art. 1 N 132.
[257] BEK Einleitungsband ZGB, MEIER-HAYOZ, Art. 1 N 134.
[258] TSCHANNEN/ZIMMERLI/MÜLLER, § 25 Rz. 2.
[259] BEK Einleitungsband ZGB, MEIER-HAYOZ, Art. 1 N 179.

zuzuordnen.[260] Der Katalog der Auslegungselemente wurde von SAVIGNY durch Hinzufügen des teleologischen Auslegungselementes ergänzt und die Tetralogie wieder hergestellt.[261] Die nachfolgend geprüften Auslegungselemente sind keine eigenständigen Arten der Auslegung[262], sondern einzig Teilakte der Auslegung an sich.[263]

161 Nach Art. 1 Abs. 1 ZGB lehnt der Gesetzgeber eine rein wortjuristische Methode der Rechtsfindung ab. Die Sinnermittlung einer Norm besteht somit aus grammatischen und nicht-grammatischen Erwägungen.[264] Als grammatische Erwägung wird das sprachlich-grammatikalische Auslegungselement angewandt. Als nicht-grammatische Erwägungen kommen das systematische, das historische und auch das teleologische Auslegungselement zur Anwendung.

162 Nach SPIRO bezieht sich Art. 1 ZGB nicht nur auf die einheimische Lehre und Überlieferung, dies, da „es [...] sich ja zunächst nur um Beachtung, nicht um Berücksichtigung [handelt]; gerade je umfassender aber die Betrachtung ist, desto eher wird sie die Eigentümlichkeit des einheimischen Rechts, seine Traditionen und seine Tendenzen erkennen und berücksichtigen."[265]

163 Mittels der Auslegung will man die Unvollständigkeit eines Gesetzestextes durchbrechen und den auszudrückenden Gedankeninhalt erkennen.[266] „Wo dieser Gedankeninhalt vervollständigt werden soll und damit neben kognitiven vermehrt volitive Elemente die Rechtsfindung beherrschen, hat man es mit der Lückenfüllung zu tun."[267] Die Übergänge zwischen der Rechtsanwendung (Methodenlehre) und der richterlichen Rechtsfortbildung (Richterrecht) sind fliessend. Es kann teilweise nicht klar eruiert werden, ob es sich um eine extensive Rechtsanwendung oder um eine Lückenfüllung durch den Richter handelt.[268]

164 Zu den Auslegungselementen zählen heute nach h.L. das grammatische, historische, teleologische und systematische Element. Diese vier Auslegungselemente können den rechtlich massgebenden Normsinn aus dem Gesetz her-

---

260 KRAMER, Methodenlehre S. 56 (mit FN 69) ff.
261 BEK Einleitungsband ZGB, MEIER-HAYOZ, Art. 1 N 179.
262 I.S. von eigenständig anwendbaren Methoden der Auslegung.
263 BEK Einleitungsband ZGB, MEIER-HAYOZ, Art. 1 N 180.
264 BEK Einleitungsband ZGB, MEIER-HAYOZ, Art. 1 N 135-136.
265 SPIRO, S. 162 FN 1.
266 BEK Einleitungsband ZGB, MEIER-HAYOZ, Art. 1 N 137.
267 BEK Einleitungsband ZGB, MEIER-HAYOZ, Art. 1 N 137.
268 KRAMER, Methodenlehre, S. 174.

aus beantworten.[269] Die in dieser Abhandlung weiter betrachteten methodischen Standpunkte (Funktionalismus, Argumentationstheorie sowie die ökonomische Analyse des Rechts) werden erst dort relevant, „wo eine Gesetzesergänzung intra legem verlangt [und] ein Vorgehen modo legislatoris zulässig und geboten ist.“[270]

## 3. Methoden der Auslegung im Verwaltungsrecht

Das Verwaltungsrecht ist Teil des öffentlichen Rechts. Die Verwal- 165
tungstätigkeit kann jedoch auch auf Privatrecht beruhen. Je nach Zuordnung zum öffentlichen Recht oder dem Privatrecht finden unterschiedliche Rechtsfolgen Anwendung.[271] Wird eine Rechtsnorm der Verwaltungstätigkeit dem öffentlichen Recht zugeordnet, so erfolgt der Vollzug durch die Behörden von Amtes wegen, es gelten die öffentlich-rechtlichen Verfahrensvorschriften und für die Handlungen der Behörde gilt eine besondere Haftung.[272]

Die Auslegungselemente des Verwaltungsrechts folgen den allgemei- 166
nen Auslegungsgrundsätzen, kennen jedoch einige Besonderheiten. Auch die Auslegung des Verwaltungsrechts bezweckt die Ermittlung des wahren Rechtssinnes einer Norm. Da es im Verwaltungsrecht jedoch weder einen «Allgemeinen Teil» wie im OR oder dem StGB noch «Einleitungstitel» wie im ZGB gibt, muss die Harmonisierung der verwaltungsrechtlichen Grundbegriffe und Grundprinzipien (auch) auf dem Weg der Auslegung erfolgen.[273]

Da es im Verwaltungsrecht primär um die Erfüllung bestimmter Staats- 167
aufgaben geht, ist die teleologische Auslegung besonders bedeutsam. Das teleologische Auslegungselement wird i.d.R. kombiniert mit der geltungszeitlichen Auslegungselement.[274] „Man fragt nach dem Sinn und Zweck einer Norm, wie sie sich aufgrund der Anschauungen zur Zeit der Rechtsanwendung für die Normadressaten ergeben. Massgeblich sind die gegenwärtigen und tatsächlichen Gegebenheiten und die heute herrschenden Wertvorstellungen. Diese Kombination [...] darf jedoch nicht zu einer Umformung der ratio legis,

---

[269] JAUN/HAUSHEER, Art. 1 ZGB, N 122.
[270] JAUN/HAUSHEER, Art. 1 ZGB, N 122.
[271] HÄFELIN/MÜLLER/UHLMANN, Rz. 247-248.
[272] HÄFELIN/MÜLLER/UHLMANN, Rz. 267.
[273] TSCHANNEN/ZIMMERLI/MÜLLER, § 25 Rz. 5; HÄFELIN/MÜLLER/UHLMANN, Rz. 216,
[274] TSCHANNEN/ZIMMERLI/MÜLLER, § 25 Rz. 5; HÄFELIN/MÜLLER/UHLMANN, Rz. 218; vgl. BGE 125 II 206 E. 4d.

zu einer eigentlichen Normenkorrektur führen. Eine solche Korrektur ist dem Gesetzgeber vorbehalten."[275] Bei der Auslegung von jüngeren Normen stützt sich das Bundesgericht auch auf die historische Auslegung, insb. auf die Entstehungsgeschichte.[276] Als weiteres wichtiges Element bei der Auslegung einer Norm spielt im Verwaltungsrecht die Interessenabwägung eine besondere Rolle.[277]

## 4. Pragmatischer Methodenpluralismus

168 Das Bundesgericht folgt einem pragmatischen Methodenpluralismus und lehnt es ab, die einzelnen Auslegungselemente einer hierarchischen Prioritätsordnung zu unterstellen.[278] „Gemäss ständiger Rechtsprechung des Bundesgerichts ist eine Gesetzesbestimmung in erster Linie nach ihrem Wortlaut auszulegen. An einen klaren und unzweideutigen Gesetzeswortlaut ist die rechtsanwendende Behörde gebunden. Abweichungen von einem klaren Wortlaut sind indessen zulässig oder sogar geboten, wenn triftige Gründe zur Annahme bestehen, dass er nicht dem wahren Sinn der Bestimmung entspricht. Solche Gründe können sich aus der Entstehungsgeschichte der Norm, aus ihrem Sinn und Zweck oder aus dem Zusammenhang mit anderen Vorschriften ergeben. Vom klaren Wortlaut kann ferner abgewichen werden, wenn die grammatikalische Auslegung zu einem Ergebnis führt, das der Gesetzgeber nicht gewollt haben kann."[279]

169 MEIER-HAYOZ vermisst die klare Haltung der Gerichte zur einzelnen Bewertung eines Auslegungselementes und spricht in diesem Zusammenhang von der grundsätzlichen Grundsatzlosigkeit des Bundesgerichtes.[280] Am Beispiel der Materialien führt er aus, dass es unhaltbar sei, „die generelle Bewertung [...] jeweils davon abhängig zu machen, was sie gerade zur Begründung einer konkreten, anderswie gefassten Entscheidung beitragen oder nicht beitragen könne."[281]

---

275 TSCHANNEN/ZIMMERLI/MÜLLER, § 25 Rz. 5.
276 BGE 112 Ia 97 E. 6c.
277 HÄFELIN/MÜLLER/UHLMANN, Rz. 217.
278 BGE 121 III 219 E. 1d/aa.
279 BGE 131 III 314 E 2.2.
280 BEK Einleitungsband ZGB, MEIER-HAYOZ, Art. 1 N 221.
281 BEK Einleitungsband ZGB, MEIER-HAYOZ, Art. 1 N 221.

Gleicher Meinung ist KRAMER, der im pragmatischen Methodenpluralismus des Bundesgerichtes gar einen eigentlichen Methodenopportunismus sieht.[282] Dies, da die Regeln der Methodenlehre einzig dazu dienen, „ein primär gefühlsmässig als «billig» anerkanntes Auslegungsergebnis ex post zu legitimieren [...].“[283] Der bundesgerichtliche Methodenpluralismus verwende die verschiedenen Auslegungselemente „wie in einem methodologischen Selbstbedienungsladen, in dem sich der Rechtsanwender je nach Bedarf (d.h. je nach angestrebtem Auslegungsergebnis) frei bedienen kann.“[284] 170

Nach a.M. HAUSHEER/JAUN entspricht der bundesgerichtliche Methodenpluralismus indessen unter gewissen Voraussetzungen „ganz dem Wesen einer am Gesetzesbindungspostulat und am Grundsatz von Treu und Glauben objektivierten Interpretationsmethode".[285] Als Voraussetzungen für die Zustimmung führen HAUSHEER/JAUN auf, dass erstens keine gesetzesfremde Kriterien, namentlich die Rechtsvergleichung, zu den Auslegungselementen gezählt werden dürfen, zweitens das teleologische Auslegungselement nur als rational überprüfbarer Gesichtspunkt Verwendung finden dürfe und drittens von den erkennbaren gesetzgeberischen Werteentscheidungen nicht abgewichen werden solle.[286] 171

Es gibt nach HOTZ jedoch kein methodisch richtiges Vorgehen, mit dem man selbst in trivialen Fällen zu einem «objektiv» erkennbaren richtigen Ergebnis kommen könnte.[287] Zweck und Aufgabe der Justiz sei die Lösung von Rechtsproblemen und Rechtsstreitigkeiten. Bei den Rechtsstreitigkeiten liegen naturgemäss unterschiedliche Rechtsverständnisse und Rechtsfolgenpostulate vor. Die richterliche Rechtsanwendung ist somit von Anfang an auf mögliche Ergebnisse eingeschränkt, da es primär um die Beurteilung von Fällen im Hinblick auf unterschiedliche Interessen und Rechtsfolgen geht.[288] 172

282 KRAMER, Methodenlehre, S. 122 f.
283 KRAMER, Methodenlehre, S. 123.
284 KRAMER, Methodenlehre, S. 71.
285 JAUN/HAUSHEER, Art. 1 ZGB, N 120.
286 JAUN/HAUSHEER, Art. 1 ZGB, N 120.
287 HOTZ, S. 90.
288 HOTZ, S. 95.

## 5. Theorie der Doppelnorm

173 Doppelnormen (gemischte Normen) enthalten öffentlich-rechtliche und privatrechtliche Vorschriften. Die Regelung dient so gleichzeitig dem privaten wie auch dem öffentlichen Interesse.[289] Die Qualifikation als Doppelnorm führt dazu, dass

- die entsprechende Norm von den Privaten angerufen und von den Behörden v.A.w. angewendet werden müssen;
- die auf eine Doppelnorm gestützte Vereinbarung zwischen Privaten sich an den durch das öffentliche Interesse festgelegten Rahmen zu halten hat;
- bei Rechtsstreitigkeiten sowohl zivilrechtliche wie auch öffentlich-rechtliche Rechtsschutzorgane bei Zuständigkeit angerufen werden können.[290]

174 Die Einstufung einer Gesetzesbestimmung als Doppelnorm hat zur Folge, dass dieser nicht nur materiell-rechtlich sondern auch verfahrensrechtlich sowohl öffentlich-rechtliche wie auch privatrechtliche Wirkung zukommt. Die konkrete Beeinflussung durch die beiden Rechtsgebiete muss jeweils anhand der spezifischen Doppelnorm geprüft werden.[291]

---

289 HÄFELIN/MÜLLER/UHLMANN, Rz. 268.
290 HÄFELIN/MÜLLER/UHLMANN, Rz. 271.
291 WYSS, S. 57.

# § 7 Sprachlich-grammatikalisches Auslegungselement

## 1. Vorbemerkungen

Ausgangspunkt einer jeden Rechtsfindung ist der Wortlaut.[292] Der Wortlaut ist das unentbehrlichste Mittel um den gesetzgeberischen Gedanken zu ermitteln.[293] „Zum Wortlaut gehören [...] alle in den drei Amtssprachen abgefassten Texte, einschliesslich der Titel und Randtitel. Die Auslegung hat dabei sämtliche vom Gesetzgeber gebrauchten Ausdrucksmittel zu verwerten, so auch die Satzzeichen, sogar die Absatzbildung, ja die äussere Schriftgestaltung [...].“[294] 175

Die sprachlichen Zeichen, die wir in den relevanten Normen finden, haben einerseits für sich eine Bedeutung (Intension) und umschreiben anderseits auch eine Klasse von Gegenständen, auf die das Zeichen aufgrund der Intension anzuwenden ist (Extension).[295] Die sprachlichen Ausdrücke einer Norm können rein sprachlich betrachtet verschiedene, d.h. mehrere Bedeutungen haben. Aufgabe des sprachlich-grammatikalischen Auslegungselementes ist es nun herauszufinden, welche der verschiedenen möglichen Bedeutungen für die relevante Norm zutreffend ist.[296] 176

Bei der Anwendung des grammatischen Auslegungselementes hat man sich unter Berücksichtigung der entstehungszeitlichen Methode an dem herrschenden Sprachgebrauch zur Zeit des Gesetzeserlasses zu orientieren.[297] Bei den Rechtsnormen mit einer unmittelbar verhaltenslenkenden Funktion kann es jedoch nur auf den gegenwärtigen Sprachgebrauch ankommen.[298] Das Gewicht des grammatischen Auslegungselementes darf nach MEIER-HAYOZ jedoch nicht überschätzt werden.[299] Gemäss bundesgerichtlicher Rechtsprechung 177

[292] JAUN/HAUSHEER, Art. 1 ZGB, N 122.
[293] BEK Einleitungsband ZGB, MEIER-HAYOZ, Art. 1 N 184.
[294] BEK Einleitungsband ZGB, MEIER-HAYOZ, Art. 1 N 184.
[295] HÖHN, S. 186 (17).
[296] HÖHN, S. 188 (19).
[297] BEK Einleitungsband ZGB, MEIER-HAYOZ, Art. 1 N 185.
[298] JAUN/HAUSHEER, Art. 1 ZGB, N 126.
[299] BEK Einleitungsband ZGB, MEIER-HAYOZ, Art. 1 N 187.

ergibt sich zudem ein Vorrang des teleologischen Auslegungselementes gegenüber dem sprachlich-grammatikalischen Auslegungselement.[300]

178 Beim Vorliegen von triftigen Gründen kann vom Wortlaut abgewichen werden.[301] „Auszugehen ist dabei von der konstanten Praxis, wonach die Auslegung vom klaren Wortlaut eines Rechtssatzes nur dann abweichen darf, wenn triftige Gründe dafür bestehen, dass er nicht den wahren Sinn der Bestimmung wiedergibt. Solche triftigen Gründe können sich aus der Entstehungsgeschichte, aus dem Sinn und Zweck der Vorschrift und aus dem Zusammenhang mit anderen Gesetzesbestimmungen ergeben [...]. Entscheidend ist danach nicht der vordergründig klare Wortlaut einer Norm, sondern der wahre Rechtssinn, der durch die anerkannten Regeln der Auslegung zu ermitteln ist. Auch Bundesgesetze sind dabei einer Auslegung wider den Wortlaut zugänglich [...]. Der Wortlaut allein aber stellt kein Hindernis dar, selbst wenn er klar ist. Bestehen triftige Gründe dafür, dass er den wahren Rechtssinn einer Vorschrift – die ratio legis – nicht wiedergibt, ist [...] zulässig, von ihm abzuweichen und die Vorschrift entsprechend zu deuten, insbesondere dann, wenn der wahre Rechtssinn entgegen dem Wortlaut verfassungskonform erscheint.“[302]

## 2. Sprachlich-grammatikalische Konkretisierung der Deklaration der vermögenden Privatperson

### 2.1 Betrachtungsgegenstand

179 Einfallstor der sprachlich-grammatikalischen Betrachtung ist Art. 10 Abs. 3 lit. e KAG i.V.m. Art. 6 Abs. 2 KKV. Im Zentrum der Betrachtung stehen primär die Begriffe der «vermögenden Privatperson» als «qualifizierter Anleger». HÖHN unterscheidet bei den Zeichen einen allgemeinen («normalen») und einen fachsprachlichen («juristisch-technischen») Sprachgebrauch.[303]

180 Die Schweiz kennt drei Amtssprachen. Jede Sprachversion wird durch Beschluss der gesetzgebenden Behörde festgelegt und hat somit die volle und

[300] RIEMER, Rz. 34.
[301] HÖHN, S. 205 (53).
[302] BGE 111 Ia 292 E. 3b ff.
[303] HÖHN, S. 199 (46).

selbständige Massgeblichkeit.[304] Die sprachlichen Ausdrücke divergieren jedoch in der jeweiligen Landessprache. Bei Abweichungen der Wortbedeutungen muss im Rahmen der Auslegung geprüft werden, welche Wortbedeutung dem Sinn der Norm entspricht.[305]

Der relevante Art. 6 Abs. 2 KKV lautet in den drei für die Gesetzesaus- 181
legung und Gesetzesanwendung gleichwertigen Sprachen (Deutsch, Französisch und Italienisch) gemäss der amtlichen Übersetzung wie folgt:

***Art. 6 Abs. 1 KKV Qualifizierte Anlegerinnen und Anleger*** 182
*Als vermögende Privatperson gilt, wer gegenüber einem beaufsichtigten Finanzintermediär gemäss Artikel 10 Absatz 3 Buchstaben a und b des Gesetzes oder gegenüber einem unabhängigen Vermögensverwalter oder einer unabhängigen Vermögensverwalterin gemäss Absatz 2 schriftlich bestätigt, im Zeitpunkt des Erwerbs direkt oder indirekt über Finanzanlagen von mindestens 2 Millionen Franken zu verfügen.*

***Art. 6 al. Para. 1 OPCC Investisseurs qualifiés*** 183
*Est considéré comme un particulier fortuné celui qui confirme par écrit, à un intermédiaire financier soumis à surveillance visé à l'art. 10, al. 3, let. a et b de la loi ou à un gestionnaire indépendant au sens de l'al. 2, qu'il dispose directement ou indirectement, au moment de son acquisition, de placements financiers d'au moins 2 millions de francs.*

***Art. 6 Para. 1 OICol Investitori qualificati*** 184
*Si considera privato facoltoso la persona che conferma per scritto a un intermediario finanziario sottoposto a vigilanza ai sensi dell'articolo 10 capoverso 3 lettere a e b della legge o a un gerente patrimoniale indipendente di cui al capoverso 2 di disporre direttamente o indirettamente, al momento dell' acquisizione, di investimenti finanziari per almeno 2 milioni di franchi.*

---

[304] BEK Einleitungsband ZGB, LIVER, Einleitung N 69; Das Rätoromanisch ist zwar seit 1938 die vierte Nationalsprache der Schweiz, hat jedoch nicht den Rang einer Amtssprache.

[305] HÖHN, S. 190 (28).

185 Es existiert keine offizielle Übersetzung des KAG, KKV oder der KKV-FINMA der Bundesbehörden.[306] Eine inoffizielle von privater Seite erstellte englische Sprachfassung[307] lautet:

186 ***Art. 6 Para. 1 CISO Qualified investors***
*A high-net-worth individual is someone who confirms in writing to a supervised financial intermediary according to article 10 paragraph 3 subparagraphs a and b of the Act or to an independent asset manager according to paragraph 2 that he/she has financial assets of at least 2 million Swiss Francs directly or indirectly at his/her disposal at the time of the acquisition.*

## 2.2 Ermittlung und Bedeutung des Wortsinns

### 2.2.1 Allgemeiner Sprachgebrauch

187 Der allgemeine Sprachgebrauch ist bei der Analyse der Begriffe der «vermögenden Privatperson» als «qualifizierter Anleger» nicht hilfreich, da es freilich eine Definition der einzelnen Begriffe gibt, nicht jedoch eine solche der Kombination der Begriffe.

### 2.2.2 Wirtschaftswissenschaftliche Sprachgebrauch

188 Unter den Privatinvestoren (Retailanleger) versteht man somit diejenigen Anleger, die eigenes Geld verwalten.[308] Institutionelle Anleger dagegen sind Investoren mit einem erheblichen, meist kontinuierlichem Anlagebedarf (Versicherungsgesellschaften, Pensionskassen, Anlagefonds, Investmentbanken und Hedge Funds).[309] In einer Vorauflage des FuW-Guide wurden Anleger noch pauschal als Personen oder Institutionen bezeichnet, die Wertpapiere mit dem Zweck erwerben, einen Ertrag erzielen oder den Geldwert erhalten zu wollen.[310] Auch im wirtschaftswissenschaftlichen Sprachgebrauch geht man somit von einem differenzierten Anlegerbegriff aus.

---

306 <http://www.admin.ch/ch/e/rs/9.html> (besucht am 30. Juni 2012).
307 GHANDICHI SCHMID, S. 253.
308 FuW-Guide (11. Aufl.), S. 46: Stichwort: Privatinvestoren.
309 FuW-Guide (11. Aufl.), S. 40: Stichwort: Institutionelle Anleger.
310 FuW-Guide (9. Aufl.), S. 51, Stichwort: Anleger/Investor.

### 2.2.3 Rechtswissenschaftlicher Sprachgebrauch

Der Anleger steht im Zentrum des finanzmarktrechtlichen Individualschutzes. Der Anleger soll jedoch nicht vor den Risiken der Anlagen (Kursverluste) geschützt werden, sondern als Kunde von Finanzdienstleistungen. Der Anleger wird somit vor einem unlauteren Verhalten von Finanzdienstleistern oder Folgen der Insolvenz derselben geschützt.[311] 189

Im KAG ist 141 Mal von den Anlegerinnen und Anlegern die Rede. Gemäss Legaldefinition sind Anleger „natürliche und juristische Personen sowie Kollektiv- und Kommanditgesellschaften, die Anteile an kollektiven Kapitalanlagen halten."[312] Anleger können aber auch öffentlich-rechtliche Körperschaften oder Anstalten sein.[313] 190

Die vermögende Privatperson als qualifizierter Anleger wird in Art. 6 Abs. 1 KKV definiert. Im Gesetzestext wird dagegen nicht definiert, wie (a) der Zeitpunkt des Erwerbs, (b) das direkte oder indirekte Verfügen über Finanzanlagen oder selbst (c) der Begriff der Finanzanlagen zu verstehen ist. 191

Die Erwähnung und Abgrenzung des gewöhnlichen Anlegers zum qualifizierten Anleger wird erstmals in Art. 3 KAG (Öffentliche Werbung) vorgenommen. Im Sinne einer nicht abschliessenden Aufzählung («namentlich») listet der Gesetzgeber eine Auswahl von qualifizierten Anlegern auf.[314] 192

Bei der Betrachtung des vereinfachten Prospektes ist zudem vom Durchschnittsanleger die Rede, ohne dass dessen Qualifikation oder durchschnittlichen fachspezifischen Kenntnisse definiert werden.[315] 193

---

311 ZOBL/KRAMER, S. 14 N 25-26 m.w.H.
312 Art. 10 Abs. 1 KAG.
313 Botschaft KAG, S. 6441.
314 Art. 10 Abs. 3 KAG.
315 Art. 5 Abs. 2 lit. b sowie Art. 76 Abs. 3 KAG.

### 2.2.4 Schlüsselwörter in den einzelnen Landessprachen

194 Bei den betrachteten Schlüsselwörtern ergeben sich keine Abweichungen vom Wortsinn.

| Deutsche Fassung | Französische Fassung | Italienische Fassung | *Englische Fassung* |
|---|---|---|---|
| qualifizierte Anlegerinnen und Anleger | Investisseurs qualifiés | Investitori qualificati | *Qualified investors* |
| vermögende Privatperson | particulier fortuné | privato facoltoso | *high-net-worth individual* |
| beaufsichtigten Finanzintermediär | intermédiaire financier soumis à surveillance | intermediario finanziario sottoposto a vigilanza | *supervised financial intermediary* |
| schriftlich | par écrit | per scritto | *in writing* |
| im Zeitpunkt des Erwerbs | au moment de son acquisition | al momento dell'acquisizione | *at the time of the acquisition* |
| direkt oder indiret | directement ou indirectement | direttamente o indirettamente | *directly or indirectly* |
| mindestens | d'au moins | per almeno | *at least* |
| Finanzanlagen | placements financiers | investimenti finanziari | *financial assets* |

**Abb. 2: Tabelle der Schlüsselwörter Art. 6 Abs. 1 KKV**; eigene Darstellung.

## 3. Thesenbildung

Die verwendeten Begriffe «vermögende Privatperson» als «qualifizierter Anleger», «particulier fortuné» als «investisseurs qualifiés» in französischer Sprache, «privato facoltoso» als «investitori qualificati» in italienischer Sprache und jene der nicht-offiziellen englischen Sprachfassung sind nach sprachlich-grammatikalischer Betrachtung zu unbestimmt und weichen nicht voneinander ab. 195

Die Legaldefinition in Art. 6 Abs. 1 KKV bedarf einer weiteren Erläuterung und der methodenpluralistischen Betrachtung. Der wirkliche Sinn der Norm kann somit nicht einzig aufgrund der mit dem sprachlich-grammatikalischen Auslegungselement gebildeten Hypothesen ermittelt werden.[316] 196

[316] HÖHN, S. 200 (49).

# § 8 Systematisches Auslegungselement

## 1. Vorbemerkungen

197 Das systematische Auslegungselement dient dazu, das Gesetz als Einheit zu betrachten und die infrage stehende Rechtsnorm aus dem Zusammenhang heraus zu verstehen. Die Rechtsnorm soll nicht nur im Zusammenhang mit dem übrigen Gesetz, sondern als Teil einer ganzen Rechtsordnung ausgelegt werden. Häufig führt die systematische Betrachtung zu einer Auslegung entgegen dem Wortlaut.[317] Man spricht beim systematischen Auslegungselement auch von einer Auslegung aus dem Zusammenhang.[318] Da das Gesetz jedoch systematisch unvollkommen, d.h. unvollständig oder widersprüchlich, sein kann, ist das systematische Auslegungselement nur ein Indiz bei der Ermittlung des Wortsinnes. Das Füllen von Lücken und die Beseitigung von Widersprüchen soll nicht Teil des systematischen Auslegungselementes sein.[319]

198 Bei der Anwendung des systematischen Auslegungselementes auf Rechtsnormen im selben Gesetz oder auf ein anderes Gesetz spricht man von einem «horizontalen» Zusammenhang. Werden auch über- oder untergeordnete inländische Rechtsnormen betrachtet, spricht man von einem «vertikalen» Zusammenhang.[320] Die verfassungskonforme Auslegung ist somit eine Prüfung des vertikalen Zusammenhangs in Anwendung des systematischen Auslegungselementes.

199 Die Begrenzung auf das inländische Recht und das für die Schweiz verbindliche Völkerrecht grenzt das systematische Auslegungselement von der Rechtsvergleichung ab. Die Berücksichtigung von ausländischem Recht im Rahmen der Rechtsvergleichung ist ein blosses Hilfsmittel der Auslegung.[321] Ausnahme davon ist das im Rahmen des autonomen Nachvollzuges legiferierte Recht, welches keine solchen Einschränkungen des systematischen Auslegungselementes kennt.

---

[317] BEK Einleitungsband ZGB, MEIER-HAYOZ, Art. 1 N 188.
[318] RIEMER, Rz. 35.
[319] BEK Einleitungsband ZGB, MEIER-HAYOZ, Art. 1 N 189.
[320] RIEMER, Rz. 39.
[321] RIEMER, Rz. 42.

## 2. Systematische Konkretisierung der Deklaration der vermögenden Privatperson

### 2.1 Intergesetzliche Betrachtung

#### 2.1.1 Allgemeines

Zu Beginn der Analyse steht die intergesetzliche Betrachtung des KAG, also die Untersuchung der Positionierung des Gesetzes in Zusammenhang mit den weiteren finanzmarktrechtlichen Erlassen und dem FINMAG als Rahmengesetz. 200

„Neben organisatorischen Fragen enthält das FINMAG auch Grundsätze zur Finanzmarktregulierung, eine Regelung zur Haftung sowie harmonisierte Aufsichtsinstrumente und Sanktionen. Damit kommt dem FINMAG gewissermassen die Funktion eines Dachgesetzes über die übrigen Gesetze, die die Finanzmarktaufsicht regeln, zu.“[322] Das FINMAG regelt die Organisation der FINMA und deren Aufsichtsinstrumente als formelle Finanzmarktaufsicht. Die materielle Finanzmarktaufsicht ist Bestandteil der einzelnen Finanzmarktgesetze.[323] Das FINMAG findet nur dann Anwendung, wenn die einzelnen Finanzmarktgesetze nichts anderes vorsehen.[324] 201

#### 2.1.2 Das schutzwürdige Individuum in den einzelnen Finanzmarktgesetzen

Nach Art. 1 Abs. 1 lit. a-g FINMAG ist die FINMA – neben der Zuständigkeit für den Bereich der kollektiven Kapitalanlagen – die Aufsichtsbehörde für: 202

- Pfandbriefe und Pfandbriefzentralen gemäss Pfandbriefgesetz (PfG);
- Versicherungsverträge gemäss Versicherungsvertragsgesetz (VVG) sowie die Aufsicht über Versicherungsunternehmen und die Versicherungsvermittler gemäss Versicherungsaufsichtsgesetz (VAG);

322 Botschaft FINMAG, S. 2830.
323 BSK FINMAG-HÜNERWADEL/TRANCHET, Art. 1 N 17 ff.
324 Art. 2 FINMAG.

- Banken, Privatbankiers und Sparkassen gemäss Bankengesetz (BankG);
- Börsen sowie den gewerbsmässigen Handel von Effekten gemäss Börsengesetz (BEHG);
- Bekämpfung von Geldwäscherei und der Terrorismusfinanzierung gemäss Geldwäschereigesetz (GWG).

203 Ziel der Finanzmarktaufsicht ist somit der Schutz der Gläubiger, der Anleger und der Versicherten sowie der Schutz der Funktionsfähigkeit der Finanzmärkte, und zwar nach Massgabe der Finanzmarktgesetze.[325]

204 Der Gläubiger ist das schutzwürdige Individuum im Pfandbriefgesetz. Aufgabe der Aufsicht ist dafür zu sorgen, dass die Pfandbriefanstalten den gesetzlichen Vorschriften nachkommen, so „dass die vorgeschriebene Deckung der Pfandbriefe jederzeit bereit liegt."[326] Der Versicherte ist das schutzwürdige Individuum im Versicherungsvertragsgesetz in obligationenrechtlicher Hinsicht und im Versicherungsaufsichtsgesetz, welches „insbesondere den Schutz der Versicherten vor den Insolvenzrisiken der Versicherungsunternehmen und vor Missbräuchen"[327] bezweckt. Die Aufsicht über die Banken, Privatbankiers und Sparkassen dient primär dem Gläubigerschutz, „darunter wird der Schutz der Gläubiger vor dem Risiko einer Insolvenz oder Illiquidität der Bank verstanden."[328]

205 Das Geldwäschereigesetz ist ein Sonderfall und dient dem Individuum nur indirekt als Funktionsschutz. Der Missbrauch des Finanzsystems durch das organisierte Verbrechen oder terroristische Elemente behindert das Vertrauen in den Finanzmarkt und die Funktionsfähigkeit des Finanzsystems.[329] „Deshalb lässt sich das Geldwäschereigesetz [in Art. 5 FINMAG] unter dem Titel des Funktionsschutzes subsumieren."[330]

---

[325] Vgl. Art. 5 FINMAG.
[326] BSK FINMAG-WINZELER, Art. 5 N 3 m.w.H.
[327] Art. 1 Abs. 2 VAG.
[328] Botschaft FINMAG, S. 2859.
[329] Botschaft FINMAG, S. 2859.
[330] Botschaft FINMAG, S. 2860.

### 2.1.3 Der Investor als schutzwürdiges Individuum

#### a) Differenzierte Betrachtung

Der Anleger i.S. eines Investors wird im KAG und im BEHG als schutzwürdiges Individuum betrachtet. Bei näherer Betrachtung ergeben sich jedoch grosse Unterschiede. 206

#### b) Konzept der Kundensegmentierung im BEHG

Der Effektenhändler hat gegenüber seinen Kunden eine Informationspflicht, eine Sorgfaltspflicht sowie eine Treuepflicht.[331] Der Effektenhändler hat bei der Erfüllung seiner Pflichten „die Geschäftserfahrenheit und die fachlichen Kenntnisse der Kunden zu berücksichtigen."[332] 207

Als Effektenhändler im Sinne des BEHG gelten Eigenhändler, Emissionshäuser und Derivathäuser, sofern diese im Finanzbereich tätig sind.[333] „Aus Gründen des Funktions- und Anlegerschutzes fallen [...] Kundenhändler auch dann als Effektenhändler unter das BEHG, wenn sie nicht hauptsächlich im Finanzbereich tätig sind."[334] Vom Schutzzweck des Börsengesetzes ausgenommen sind die Nationalbank, Fondsleitungen im Sinne des KAG, Versicherungseinrichtungen im Sinne des VAG und gewisse Einrichtungen der beruflichen Vorsorge. Diese gelten explizit nicht als Effektenhändler und werden spezialgesetzlich geregelt.[335] 208

Wer gewerbsmässig in eigenem Namen aber für Rechnung von Kunden mit Effekten handelt und entweder selber oder bei Dritten Kundenkonti zwecks Abwicklung des Effektenhandels führt oder aber diese Effekten der Kunden bei sich oder in eigenem Namen bei Dritten aufbewahrt, gilt als Kundenhändler («Broker»).[336] 209

Dagegen werden die Vermögensverwalter und Anlageberater dann nicht unter das BEHG subsumiert, „wenn sie ausschliesslich aufgrund von Vollmachten Konten oder Depots verwalten, die im Namen ihrer Kunden bei 210

[331] Art. 11 Abs. 1 BEHG.
[332] Art. 11 Abs. 2 BEHG.
[333] Art. 2 Abs. 1 BEHV i.V.m. Art. 2 lit. d BEHG.
[334] BSK BEHG-HUBER/HSU, Art. 2 lit. d N 56.
[335] Art. 2 Abs. 3 lit. a-d BEHV i.V.m. Art. 2 lit. d BEHG.
[336] Art. 3 Abs. 5 BEHV i.V.m. Art. 2 lit. d BEHG.

Dritten geführt werden."[337] Vermögensverwalter und Anlageberater, die Anlagen selbst tätigen, fallen jedoch unter das Geldwäschereigesetz.[338]

211 Nicht als Kunden gemäss der Definition des Kundenhändlers nach BEHV gelten die in Form einer Negativumschreibung in Art. 3 Abs. 6 BEHV festgehaltenen in- und ausländischen Banken und Effektenhändler oder andere staatlich beaufsichtige Unternehmen, Aktionäre oder Gesellschafter mit massgebenden Beteiligungen am Schuldner und mit ihnen wirtschaftlich oder familiär verbundene Personen und ebenso die institutionellen Anleger mit professioneller Tresorerie.[339]

212 Die Verhaltensregeln nach Art. 11 BEHG sind auf sämtlichen regulierten Effektenhändlertätigkeiten anwendbar. Nach BAHAR/STUPP ergibt sich aus der Kundendefinition und der Abstufung nach Geschäftserfahrenheit und fachlichen Kenntnisse folgende dreistufige Kundenklassifizierung:

- **Übliche Kunden:** Die Verhaltensregeln gemäss Art. 11 Abs. 1 BEHG sind bei den üblichen Kunden unbeschränkt anwendbar. „In standardisierter Weise kann der Effektenhändler die Informationspflicht dadurch erfüllen, dass er dem Kunden eine Informationsschrift aushändigt."[340] Die Abgabe dieser Broschüre kann jedoch die individuelle Aufklärung nicht ersetzen.[341]
- **Erfahrene Kunden:** Die Verhaltensregeln sind aufgrund der individuellen Geschäftserfahrenheit und der fachlichen Kenntnisse nach Art. 11 Abs. 2 BEHG bei erfahrenen Kunden nur eingeschränkt anwendbar.
- **Professionelle Gegenparteien:** Gegenüber den professionellen Gegenparteien[342] sind die Informationspflichten nach Art.

---

337 BSK BEHG-HUBER/HSU, Art. 2 lit. d N 58.

338 Art. 2 Abs 3 lit. e-f GWG.

339 Art. 3 Abs. 5 BEHV i.V.m. Art. 2 lit. d BEHG.

340 SBVg-Risiken Effektenhandel 2008, Art. 3 N 5 ff.

341 WIEGAND, S. 637.

342 Zu den professionellen Gegenparteien gehören nach ROTH URS P., Kommentar BEHG, N 77-78 zu Art. 11 andere schweizerische oder ausländische Effektenhändler i.S.v. Art. 2 lit. d BEHG, Art. 2 und 38 BEHV, die Banken nach BankG sowie die Fondsleitungen nach AFG 1994 (neu KAG), Versicherungseinrichtungen nach VAG sowie Vorsorgeeinrichtungen im Sinne des BVG. Diese Finanzintermediäre haben strikte Anlagerichtlinien einzuhalten und unterstehen einer staatlichen Aufsicht.

11 Abs. 1 lit. a BEHG nicht anwendbar.[343] Die Sorgfaltspflichten[344] und die Treuepflichten[345] sind dagegen auch bei den professionellen Gegenparteien einzuhalten.

Die Ähnlichkeit der durch BAHAR/STUPP vorgenommenen typenweisen Abstufung mit Anhang 2 der MiFID-RL soll nicht darüber hinwegtäuschen, dass die MiFID-RL durch die EU-Mitgliedstaaten erst knapp 10 Jahre nach Inkrafttreten des BEHG umzusetzen war. Die Pflichten nach der MiFID-RL gehen zudem über diejenigen nach Art. 11 BEHG hinaus und sind nur in einem geringen Ausmass auf diese transponierbar.[346] Die Verhaltenspflichten entsprachen bei Erlass der Norm dagegen den Empfehlungen von IOSCO.[347] 213

### c) Vergleich zur Regelung im KAG

Die vermögenden Privatpersonen[348] wie auch die durch einen Vermögensverwalter vertretenen Anleger[349], die nach dem KAG generell als nichtprofessionelle qualifizierte Anleger gelten, werden im BEHG nach BAHAR/STUPP im Grundsatz als «übliche Kunden» eingestuft. Deren Geschäftserfahrenheit und fachlichen Kenntnisse sind bei der Festlegung der Sorgfalts-, Treue- und Informationspflichten jedoch zu berücksichtigen, ohne dass aber dem KAG entsprechenden Einstufungserleichterungen vorgesehen sind.[350] Nach ROTH muss die Informationserteilung individualisiert erfolgen und zudem sind die Verhaltensregeln dem Kundentypus [professioneller Anleger oder privater (Klein)-Anleger] anzupassen.[351] Analog zum KAG gilt jedoch, 214

---

343 BSK BEHG-BAHAR/STUPP, Art. 11 N 26.

344 Art. 11 Abs. 1 lit. b BEHG.

345 Art. 11 Abs. 1 lit. c BEHG.

346 BSK BEHG-BAHAR/STUPP, Art. 11 N 35; so wurde in BGE 133 III 97 E. 5.4 die Pflicht zur Erforschung der finanziellen Verhältnisse des Kunden sowie der Beurteilung, ob eine Transaktion für einen bestimmten Kunden geeignet ist (Suitability-Prüfung) im Rahmen der Anwendung von Art. 11 BEHG verwehrt. Da diese anglo-amerikanische Suitability-Doktrin zwar in die Gesetzgebung der Europäischen Gemeinschaft Eingang gefunden habe, nach zutreffender Lehrmeinung vom schweizerischen Gesetzgeber jedoch nicht in das BEHG übernommen worden sei.

347 Botschaft BEHG, S. 1405.

348 Art. 10 Abs. 3 lit. e KAG i.V.m. Art. 6 Abs. 1 KKV.

349 Art. 10 Abs. 4 KAG i.V.m. Art. 6 Abs. 2 KKV.

350 BSK BEHG-BAHAR/STUPP, Art. 11 N 25; Zur Informationspflicht siehe Art. 3 Abs. 5 der SBVg-Verhaltensregeln Effektenhandel.

351 ROTH URS P., Kommentar BEHG, N 69 zu Art. 11 m.w.H.

dass sich Kunden, welche sich durch einen erfahrenen oder fachliche kompetenten Vermögensverwalter vertreten lassen, sich die Kenntnisse des Beraters zurechnen lassen müssen.[352] Bezogen auf die vermögenden Privatpersonen kennt jedoch das BEHG keine generelle, von der Geschäftserfahrenheit und den fachlichen Kenntnisse losgelöste, Einstufung als erfahrener Kunde mit geringeren Anforderungen an den Anlegerschutz.

### 2.1.4 Die Verhaltensregeln nach Art. 11 BEHG als Doppelnorm

215 Die Verhaltensregeln nach Art. 11 BEHG sind auf sämtliche regulierte Effektenhändlertätigkeiten anwendbar.

216 ***Art. 11 BEHG Verhaltensregeln***
*[1]Der Effektenhändler hat gegenüber seinen Kunden:*
*a. eine Informationspflicht; er weist sie insbesondere auf die mit einer bestimmten Geschäftsart verbundenen Risiken hin;*
*b. eine Sorgfaltspflicht; er stellt insbesondere sicher, dass die Aufträge seiner Kunden bestmöglich erfüllt werden und diese die Abwicklung seiner Geschäfte nachvollziehen können;*
*c. eine Treuepflicht; er stellt insbesondere sicher, dass allfällige Interessenkonflikte seine Kunden nicht benachteiligen.*
*[2]Bei der Erfüllung dieser Pflichten sind die Geschäftserfahrenheit und die fachlichen Kenntnisse der Kunden zu berücksichtigen*

217 Art. 11 BEHG ist eine Doppelnorm und beinhaltet somit öffentlichrechtliche und privatrechtliche Vorschriften.[353] Die Sorgfalts-, Treue- und Abrechnungspflichten des Auftragsrechts[354] werden auf den Bereich des Effektenhandels übertragen. Der materielle Gehalt des Art. 11 BEHG regelt somit das Rechtsverhältnis zwischen dem Effektenhändler und dem Kunden und bildet so direkt anwendbares Privatrecht. „Die Anforderungen in Art. 11 BEHG stellen eigentlich die kodifizierte, aus dem Auftragsrecht bekannte Rechtsprechung dar.“[355] Die in Art. 11 BEHG im Grundsatz geregelten Infor-

---

[352] BSK BEHG-BAHAR/STUPP, Art. 11 N 39.
[353] ROTH MONIKA, Retrozessionen, Seite 543; vgl. dazu EBK -Bulletin 47 (2005), S. 168; EBK-Bulletin 51 (2008), S. 122-123.
[354] Vgl. Art. 398 Abs. 1 und 2 OR sowie Art. 400, 426 und 436 OR.
[355] NOBEL, § 9 Rz. 131 ff.

mations-, Sorgfalts- und Treuepflichten werden in den Verhaltensregeln der SBVg für Effektenhändler bei der Durchführung des Effektenhandelsgeschäftes von 2008 konkretisiert.[356] Diese sind im Zusammenhang mit dem Zirkular zu den besonderen Risiken im Effektenhandel von 2008 zu sehen.[357]

Gleichzeitig gehört das BEHG als Finanzmarktaufsichtsrecht auch zum öffentlichen Recht. Als Doppelnorm kann Art. 11 BEHG von Privaten angerufen und muss von den Behörden v.A.w. angewendet werden.[358] Art. 11 BEHG wird jedoch i.d.R. nicht als eigenständige Haftungsnorm herangezogen, sondern wird im zivilrechtlichen Bereich überwiegend im Zusammenhang mit vertrags- oder vorvertragsrechtlichen Ansprüchen angewendet oder bildet gar die Grundlage für deliktsrechtliche Ansprüche.[359] 218

## 2.2 Intragesetzliche Betrachtung

### 2.2.1 Allgemeines

Die intragesetzliche Betrachtung widmet sich der Analyse der relevanten Artikel im betrachteten Gesetz selbst und der darauf basierenden Verordnungen (generell-abstrakt) sowie der Richtlinien und Publikationen der Aufsichtsbehörden (generell-konkret). 219

### 2.2.2 Grundkonzept der Kundensegmentierung im KAG

#### a) Differenzierte Betrachtung

Im Diskussionspapier zur Regulierung von Produktion und Vertrieb von Finanzprodukten an Privatkunden schlägt die FINMA eine Segmentierung der Kunden in „qualifizierte und gewöhnliche Kunden vor.[360] Gerade professionelle Kunden benötigen [...] ein geringeres Mass an Schutz, können sie sich doch relevante Informationen gut selbst beschaffen und, soweit vorhanden, gegenüber Finanzdienstleistern ihre Marktmacht einsetzen."[361] Ziel dieser aufsichtsrechtlichen Kundensegmentierung soll eine adäquate Umsetzung des 220

356 NOBEL, § 9 Rz. 135; siehe dazu SBVg-Verhaltensregeln Effektenhandel.
357 NOBEL, § 9 Rz. 136: siehe dazu SBVg-Risiken Effektenhandel.
358 BSK BEHG-BAHAR/STUPP, Art. 11 N 6.
359 EGGEN, S. 631.
360 In Anlehnung an die Prospekt-RL III und die MiFID-RL.
361 FINMA-Vertriebsbericht 2010, S. 6.

finanzmarktrechtlichen Anlegerschutzes sein. Das schweizerische Finanzmarktrecht geht vom mündigen Anleger aus. Dieser kann seine Anlageentscheide selbständig treffen, sobald er über die wesentlichen Informationen über das Produkt und die Marktteilnehmer verfügt.[362]

### b) Konzept der Kundensegmentierung im KAG

221 Anleger sind gemäss KAG natürliche und juristische Personen sowie Kollektiv- und Kommanditgesellschaften, die Anteile an kollektiven Kapitalanlagen halten.[363] Die Anleger sind laut Gesetz grundsätzlich jederzeit berechtigt, die Rücknahme ihrer Anteile und deren Auszahlung in bar zu verlangen.[364] Dieses Beteiligungsrecht des Anlegers war jedoch schon unter dem Anlagefondsgesetz „weder ein körperschaftliches noch ein dingliches, sondern ein rein obligatorisches Recht auf Auszahlung des wertmässigen Anteils am Ertrag und am Vermögen des Anlagefonds. Der Anleger erwirbt durch seine Einzahlungen Forderungen gegen die Fondsleitung, jedoch nicht Nominalforderungen wie bei Obligationen, sondern nach dem jeweiligen Stande des Anlagefonds sich richtende variable Forderungen."[365]

222 Der Gesetzgeber unterscheidet die Anleger in die gewöhnlichen Anleger (Publikumsanleger)[366] und die qualifizierten Anleger.[367] Die qualifizierten Anleger kann man wiederum aufteilen in die professionellen qualifizierten Anleger[368] und in die nicht-professionellen qualifizierten Anleger.[369]

223 Bei der Klassifizierung der natürlichen Privatperson[370] als qualifizierter Anleger hat der Gesetzgeber in Art. 6 KKV zwei Einstufungskriterien dargestellt, wonach diese zum nicht-professionellen qualifizierten Anleger erklärt werden.

---

362 EGGEN/STAUB, S. 56.

363 Art. 10 Abs. 1 KAG.

364 Art. 78 Abs. 2 KAG.

365 Botschaft AFG 1966, S. 293.

366 Art. 10 Abs. 1 KAG.

367 Art. 10 Abs. 3 KAG.

368 Art. 10 Abs. 3 lit. a-d KAG.

369 Art. 10 Abs. 3 lit. e-f sowie Abs. 4 KAG i.V.m. Art. 6 KKV.

370 Der guten Ordnung halber sei erwähnt, dass auch juristische Personen sowie Kollektiv- und Kommanditgesellschaften, die nicht zu den professionellen qualifzierten Anlegern gezählt werden können, laut Art. 10 Abs. 3 lit. f KAG oder Art. 10 Abs. 4 KAG i.V.m. Art. 6 Abs. 2 KKV zu nicht-professionellen qualifizierten Anlegern optieren können.

In Art. 6 Abs. 1 KKV wird festgehalten, dass die (vermögende) Privatperson gegenüber einem Finanzintermediär[371] oder gegenüber einem unabhängigen Vermögensverwalter[372] schriftlich bestätigt, im Zeitpunkt des Erwerbs direkt oder indirekt über Finanzanlagen von mindestens 2 Mio. CHF zu verfügen. 224

In Art. 6 Abs. 2 KKV dagegen wird derjenige Anleger als qualifiziert bezeichnet, der unter den gesetzlich vorgeschriebenen Voraussetzungen einen schriftlichen Vermögenverwaltungsvertrag mit einem unabhängigen Vermögensverwalter abgeschlossen hat. Ein Mindestvermögen wie bei Art. 6 Abs. 1 KKV wird bei diesem Einstufungskriterium nicht vorgeschrieben. 225

Das Gesetz bildet somit nicht mehr fallbezogen Gruppen von gleichwertigen, professionellen Anlegern, sondern teilt die natürliche Privatperson in qualifizierte Anleger und in Publikumsanleger ein. Ein Publikumsanleger kann bei Erfüllung der Einstufungskriterien zum qualifizierten Anleger werden. Der Anlegerschutz wird aufgrund der hypothetischen Professionalität reduziert. „Der Begriff des qualifizierten Anlegers hat im KAG eine Schlüsselfunktion. Die Vergrösserung des Kreises der qualifizierten Anleger kommt einer im Vergleich zur bisherigen Regelung wesentlichen Ausdehnung des bewilligungsfreien Vertriebs gleich. Der Begriff definiert zudem den Anlegerkreis verschiedener Formen von kollektiven Kapitalanlagen und ist Abgrenzungskriterium für dem KAG nicht unterstellte Kapitalanlagen."[373] „Die vom KAG neu geschaffene Rechtsfigur des qualifizierten Anlegers sowie die damit verbundenen Vorteile kommen aber nur im Bereich von kollektiven Kapitalanlagen zum Tragen und demzufolge insbesondere nicht bei der Platzierung von Aktien, z.B. im Rahmen eines IPO, oder von Obligationen."[374] 226

Vermögende Privatpersonen, die aufgrund der Anwendung von Art. 6 Abs. 1 KKV als qualifizierte Anleger gelten, werden als nicht-professionelle qualifizierte Anleger bezeichnet. Dies im Gegensatz zu den professionellen qualifizierten Anlegern gemäss Art. 10 Abs. 3 lit. a bis d sowie lit. f KAG. 227

371 Art. 10 Abs. 3 lit. a und b KAG
372 Art. 6 Abs. 2 KKV.
373 BSK KAG-WYSS, Art. 10 N 13.
374 BSK KAG-WYSS, Art. 10 N 14.

228 Daraus folgt folgende graphische Einstufung des Anlegers im Kollektivanlagengesetz:

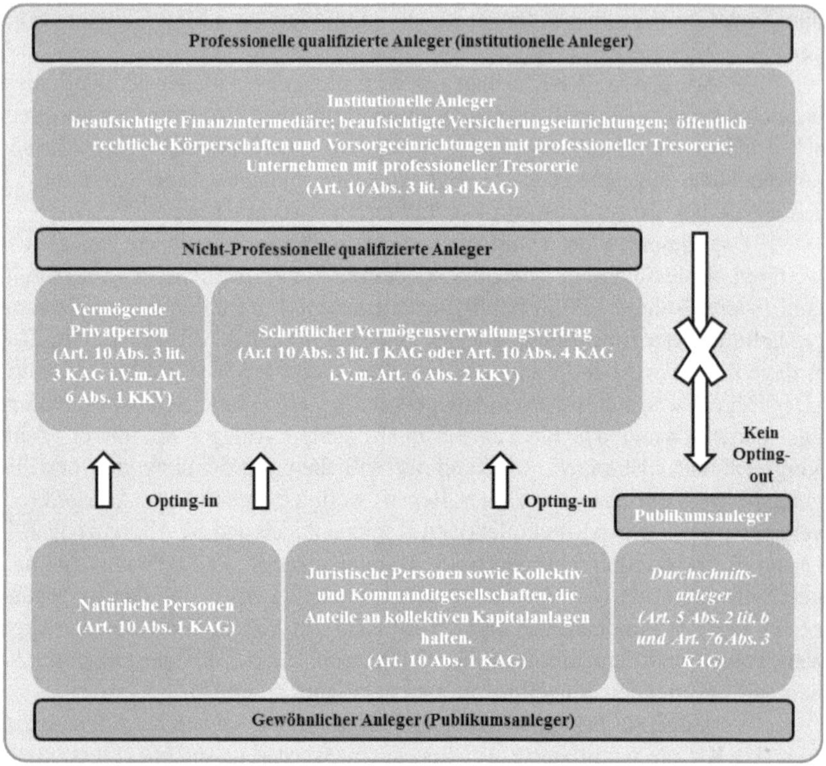


**Abb. 3: Kundenklassifikation nach KAG**; eigene Darstellung.

229 Das KAG kennt im Gegensatz zum europäischen Ansatz einzig das Opting-in-Modell. Der Anleger wählt so ein tieferes Anlegerschutz-Modell, als es ihm nach Gesetz zustehen würde. Die Folgen dieser Selbstdeklaration hinsichtlich Einschränkung des Anlegerschutzes und auch Erweiterung der Produktepalette werden in Rz. 244 ff. behandelt.

### 2.2.3 Die Verhaltensregeln nach Art. 20 KAG als Doppelnorm

230 Die Verhaltensregeln nach Art. 20 KAG haben analog der Regelung in Art. 11 BEHG den Charakter einer Doppelnorm. Begehen der Bewilligungsträger oder seine Beauftragten eine Pflichtverletzung, so können sowohl der

Anleger als Gegenpartei die Norm anrufen, wie auch die Aufsichtsbehörde gestützt auf die Norm aufsichtsrechtliche Massnahmen ergreifen.[375]

231 ***Art. 20 KAG Grundsätze***
*[1]Die Bewilligungsträger und ihre Beauftragten wahren insbesondere die folgenden Pflichten:*
*a. Treuepflicht: Sie handeln unabhängig und wahren ausschliesslich die Interessen der Anlegerinnen und Anleger;*
*b. Sorgfaltspflicht: Sie treffen die organisatorischen Massnahmen, die für eine einwandfreie Geschäftsführung erforderlich sind;*
*c. Informationspflicht: Sie gewährleisten eine transparente Rechenschaftsablage und informieren angemessen über die von ihnen verwalteten kollektiven Kapitalanlagen.*
*[2]Die FINMA kann Verhaltensregeln von Branchenorganisationen als Mindeststandards festlegen.*

232 Unter Art. 12 und 20 AFG 1994 wurden die Treuepflichten der Fondsleitung und der Depotbank unter die vertraglichen Pflichten subsumiert. Diese vertraglichen Pflichten haben den in Art. 398 Abs. 2 OR festgehaltenen Grundsatz der Treuepflicht näher ausgeführt. Die Regelung der Verhaltenspflichten in Art. 20 KAG können nun als eigenständige gesetzliche Pflicht eingestuft werden und zeigen die privatrechtliche Bedeutung der Doppelnorm auf.[376]

233 Die öffentlich-rechtliche Bedeutung von Art. 20 KAG zeigt sich daran, dass die Einhaltung der Verhaltensregeln nach Art. 20 ff. KAG einerseits Bewilligungsvoraussetzung[377] bildet und die Einhaltung der Norm anderseits nach Bewilligungserteilung auch durch die Prüfgesellschaft[378] bestätigt werden muss.[379]

234 Die Regelung in Art. 20 KAG wurde im Nachvollzug zu Art. 5h der Fondsdienstleistungs-RL (Teil OGAW III-RL) erlassen, welcher die EU-

---

375 BSK KAG- PFENNINGER, Art. 20 N 3.
376 HASENBÖHLER, Rz. 182; BSK KAG- PFENNINGER, Art. 20 N 6-9.
377 Art. 31-34 KKV.
378 Art. 128 Abs. 1 und 2 KAG i.V.m. Art. 108 KKV-FINMA.
379 HASENBÖHLER, Rz. 181; BSK KAG- PFENNINGER, Art. 20 N 4-6.

Mitgliedstaaten zum Erlass von Wohlverhaltensregeln im Fondsbereich verpflichtet.[380]

## 2.3 Kollektivanlagenverordnung und FINMA-RS 2008/8

### 2.3.1 Selbstdeklaration der vermögenden Privatperson

#### a) Form, Inhalt und Zeitpunkt der Erklärung

235 Die Erklärung der vermögenden Privatperson ist durch den Adressaten auf Plausibilität zu prüfen[381]. Bei Zweifeln an der Richtigkeit der Bestätigung muss der Adressat das Vorhandensein der erforderlichen Finanzanlagen überprüfen. Der Gesetzgeber verlangt, dass die vermögende Privatperson im Zeitpunkt des Erwerbes direkt oder indirekt über Finanzanlagen von mindestens 2 Mio. CHF verfügen muss.

236 Die FINMA hält im FINMA-RS 2008/8[382] präzisierend fest, dass die Bestätigung *spätestens bei Angebot oder Vertrieb* vorliegen muss: „Die Bestätigung bezüglich der vorhandenen Finanzanlagen muss spätestens im Zeitpunkt des Angebots oder des Vertriebs der kollektiven Kapitalanlage vorliegen. Das Vorhandensein der erforderlichen Finanzanlagen muss vom Werbenden oder Anbieter von kollektiven Kapitalanlagen überprüft werden, wenn Zweifel bezüglich der Erfüllung der erforderlichen Bedingungen, um als vermögende Privatperson zu gelten, bestehen."[383] Weiter wird im Rundschreiben der Begriff der Finanzanlagen und deren Berechnungsweise definiert: „Als Finanzanlagen gelten namentlich Bankguthaben (auf Sicht oder auf Zeit), Treuhandvermögen, Effekten (einschliesslich kollektive Kapitalanlagen und strukturierte Produkte), Derivate, Edelmetalle sowie Lebensversicherungen mit Rückkaufswert. Nicht als Finanzanlagen gelten namentlich direkte Anlagen in Immobilien und Ansprüche aus Sozialversicherungen (einschliesslich Guthaben der 2. und 3. Säule)."[384]

---

[380] BSK KAG- PFENNINGER, Art. 20 N 38; Botschaft KAG, S. 6445.

[381] Art. 6 Abs. 1 KKV.

[382] Vormals EBK-RS 03/1 "Öffentliche Werbung/Kollektive Kapitalanlagen" vom 28. Mai 2003. Das FINMA-RS 2008/8 wurde gestützt auf Art. 7 Abs. 1 lit. b FINMAG sowie den Einzelermächtigungen in KAG und KKV erlassen.

[383] FINMA-RS 2008/8, Werbung, N 16-17.

[384] FINMA-RS 2008/8, Werbung, N 14-15.

Wird der Vertrieb direkt durch den Bewilligungsträger[385] vorgenommen, so hat dieser sämtliche Vorkehrungen zu treffen, die eine seriöse und objektive Beratung der Kunden gewährleisten. Unter den Begriff «Bewilligungsträger» fallen nicht nur die Vertriebsträger nach Art. 19 KAG, sondern sämtliche Bewilligungsträger nach Art. 13 Abs. 2 KAG.[386] 237

Die durch die FINMA für allgemeinverbindlich erklärte Richtlinie für den Vertrieb kollektiver Kapitalanlagen[387] der Swiss Funds Association (SFA) hält fest, dass die ebda. im Anhang zu findenden Bestimmungen für Vertriebsträger sowohl für Anbieter wie auch für Vertriebsträger Geltung haben. Anbieter und Vertriebsträger sind dazu angehalten, ausschliesslich die Interessen der Anleger zu wahren.[388] „Zieht ein Vertriebsträger Untervertriebsträger bei, so muss der Bewilligungsträger zustimmen."[389] 238

Die SFA-RL-Vertrieb gilt jedoch nicht für sämtliche kollektiven Kapitalanlagen, sondern nur für diejenige, „die sich nicht ausschliesslich an qualifizierte Anleger gemäss Art. 10 KAG richten und die in der Schweiz öffentlich vertrieben werden [...]."[390] Somit findet die SFA-RL-Vertrieb keine Anwendung bei Fonds, welche sich ausschliesslich an qualifizierte Anleger – wie z.B. die vermögende Privatperson nach Art. 6 Abs. 1 KKV – richten oder die im Rahmen von Privatplatzierung vertrieben werden. 239

Durch die Erwähnung in Art. 24 KAG im Kapitel zu den Verhaltensregeln und somit mit Geltung für sämtliche kollektiven Kapitalanlagen i.S.d. KAG, sind sämtliche Bewilligungsträger und nach Absatz 2 auch die Vertriebsträger dazu angehalten, den Kunden eine seriöse Akquisition und objektive Beratung zu gewährleisten. 240

### b) Rechtsfolgen bei ursprünglichem Fehlen der Voraussetzungen

Bei ursprünglichem Fehlen der Einstufungskriterien kann nach WYSS aufgrund der Gesetzesformulierung kein Zwangsrückkauf nach Art. 82 KAG erfolgen, sondern es erfolgt eine Rückabwicklung nach OR, schreibt er doch, „hätte der Vertragspartner nicht auf die Bestätigung des Anlegers vertrauen dürfen, weil eine Plausibilitätsprüfung deren Unrichtigkeit ergeben hätte, feh- 241

385 Art. 24 Abs. 1 KAG.
386 BSK KAG-FRICK, Art. 24 N 3.
387 Abgekürzt mit SFA-RL-Vertrieb, Stand: 29. Mai 2008.
388 SFA-RL-Vertrieb, Anhang Rz 6.
389 BSK KAG-FRICK, Art. 24 N 26.
390 SFA-RL-Vertrieb, Rz 3.

len die Voraussetzungen für den Zwangsrückkauf nach Art. 82 KAG [...]. Dies folgt aus dem Wortlaut von Art. 82 lit. b KAG, wonach die Regel nur auf Anleger anwendbar ist, welche die Voraussetzungen «nicht mehr» erfüllen. Der Anleger hat den Status als qualifizierter Anleger nicht gültig begründet. Deshalb konnte er die Anteile auch nicht gültig erwerben. Dies führt zur Rückabwicklung wegen ungerechtfertigter Bereicherung gem. Art. 62 ff. OR [...].“[391] Anderer Meinung ist hier VOGT: „Hat ein Anleger fälschlicherweise[392] bestätigt, über Kapitalanlagen in der Höhe von 2 Mio. CHF zu verfügen, kann ein Zwangsrückkauf nach Art. 82 lit. b KAG erfolgen.“[393] Die Rechtsfolgen bei Rückabwicklung aus ungerechtfertigter Bereicherung sind im Vergleich zum Zwangsrückkauf unterschiedlich, bis dato wurde diese Frage höchstrichterlich jedoch noch nicht geklärt.

### c) Rechtsfolgen bei nachträglichem Wegfall der Voraussetzungen

242 Es ist strittig, ob die Regeln des Art. 82 lit. b KAG zum Zwangsrückkauf gelten sollen, wenn die vermögende Privatperson als qualifizierter Anleger die Voraussetzungen nach Art. 10 Abs. 3 lit. e KAG i.V.m. Art. 6 KKV nicht mehr erfüllt, resp. vielleicht gerade durch ungünstige Entwicklung der kollektiven Kapitalanlagen unter die Schwelle von 2 Mio. CHF fällt. Auch hier liegt noch keine höchstrichterliche Klärung vor.

### d) Schlussfolgerungen

243 Adressat der Selbstdeklaration der vermögenden Privatperson ist der jeweils zuständige Vertriebspartner, entweder direkt der Bewilligungsträger als Produzent oder der Vertriebsträger. „Als schriftliche Bestätigung gilt jede Erklärung, welche die Anforderungen an die Schriftlichkeit gemäss Art. 12 ff. OR einhält und somit insbesondere die eigenhändige Unterschrift des Anlegers trägt [...]. Sinnvollerweise wird die Bestätigung datiert, damit die von Art. 6 Abs. 1 KKV implizit geforderte Zeitnähe der Bestätigung zum Erwerb der kollektiven Kapitalanlage belegt ist.“[394] Der schweizerische Gesetzgeber stellt somit an die Erklärung der vermögenden Privatperson nur geringe Voraussetzungen und es ist insbesondere nicht vorgeschrieben, dass die vermögende

---

391 BSK KAG-WYSS, Art. 10 N 105.
392 Im Original hervorgehoben.
393 VOGT, S. 24.
394 BSK KAG-WYSS, Art. 10 N 74.

Privatperson über die Rechtsnachteile der Einstufung als qualifizierter Anleger hinsichtlich dem Anlegerschutz und der Transparenz informiert wird.

### 2.3.2 Folgen der Selbstdeklaration als qualifizierter Anleger

#### a) Einschränkung des Anlegerschutzes

Gesetzliche Grundlage für die Möglichkeit der Einschränkung des Anlegerschutzes von ausschliesslich qualifizierten Anlegern vorbehaltenen kollektiven Kapitalanlagen ist Art. 10 Abs. 5 KAG. Ausdrücklich wird darin jedoch auch festgehalten, dass der Schutzzweck des Gesetzes dadurch nicht beeinträchtigt werden darf. 244

Namentlich werden in der gesetzlichen Aufzählung[395] folgende Vorschriften erwähnt, von denen ein Fonds für qualifizierte Anleger durch die FINMA auf Antrag befreit werden können: 245

- Pflicht zur Aushändigung von Anteilsscheinen;
- Pflicht zur Prospekterstellung;
- Pflicht zur Erstellung eines Halbjahresberichtes;
- Gewährleistung des Rechts auf jederzeitig mögliche Kündigung durch den Anleger;
- Pflicht zur Ausgabe und Rücknahme der Anteil in bar;
- Pflicht zur Einhaltung der Risikoverteilung.

Unter dem AFG 1994 wurde 1996 schon ein Hedgefonds als Fund of Fund-Struktur als ein übriger Fonds mit besonderem Risiko eingestuft und bewilligt. Diese damals schon grosszügige Praxis soll die FINMA mit diesem Ermächtigungsartikel fortführen können.[396] Der Anlegerschutz soll gemäss BUSCHOR die Anleger nicht vor riskanten Anlagen abhalten, vielmehr soll es dem Anleger ermöglicht werden, basierend auf korrekten und vollständigen Informationen den Anlageentscheid eigenverantwortlich zu treffen.[397] BUSCHOR warnt jedoch vor einer Verwässerung des Begriffs des qualifzierten Anlegers und weist auf die Gefahr einer falschen oder nicht umfassenden Information hin. Insbesondere Hedge Fund-Replikatoren stellen für ihn eine 246

---

[395] Art. 10 Abs. 5 KAG.
[396] BSK KAG-WYSS, Art. 10 N 130 m.w.H.
[397] BUSCHOR, S. 147.

Gefährdung für Anleger dar, da diese Produkte „zwar i.d.R. eine wesentlich tiefere Gebührenstruktur sowie minimale Investitionshürden [im Vergleich zu herkömmlichen Hedgefonds] aufweisen, jedoch die Risiken praktisch identisch mit denen einer direkten Investition in Hedgefonds sind. Da diese Produkte zudem meist auch dem Kleinanleger zur Verfügung stehen, ist im Umgang mit solchen Replikatoren Vorsicht geboten."[398]

247 Für KÜHNE soll durch die Fonds für qualifizierte Anleger „die Lancierung von massgeschneiderten Anlageprodukten [...] ermöglicht"[399] werden, er bemängelt jedoch, dass die Kriterien und Einzelheiten Befreiungs- und Anlagemöglichkeiten durch die FINMA nicht offen publiziert werden und somit im Einzelfall jeweils abgeklärt werden müssen.[400] Aus Sicht des Anlegerschutzes ist somit eine transparente Darlegung der jeweils für die Fonds für qualifizierte Anleger geltenden Einschränkungen der Anlegerschutzbestimmungen zu begrüssen.

### b) Ausweitung der Produktepalette

248 Die Produktepalette für vermögende Privatpersonen, welche erfolgreich als qualifizierte Anleger deklariert worden sind, wird in vier Bereichen ausgeweitet.

249 Grundsätzlich können sämtliche kollektiven Kapitalanlagen auf einen qualifizierten Anlegerkreis eingeschränkt werden. Dies kann bei den SICAV gestützt auf die explizite gesetzliche Ermächtigung[401] und bei den anderen kollektiven Kapitalanlagen gestützt auf die Generalklausel von Art. 10 Abs. 2 KAG erfolgen, welche diese Möglichkeit in Fondsreglement oder Statuten ausdrücklich zulässt.[402]

250 Gesetzlich zwingend auf qualifizierte Anleger beschränkt ist weiter die Stellung als Kommanditär[403] bei der Kommanditgesellschaft für kollektive Kapitalanlagen. Da die KGK i.S. eines closed-end-fund als Vehikel für den Private-Equity-Bereich vorgesehen ist und Anlagen mit Risikokapital tätigt, ist

---

[398] BUSCHOR, S. 148.
[399] KÜHNE, QIF, S. 73.
[400] KÜHNE, QIF, S. 79.
[401] Art. 40 Abs. 3 KAG.
[402] BSK KAG-WYSS, Art. 10 N 115.
[403] Art. 98 Abs. 3 i.V.m. Art. 10 Abs. 3 KAG.

die Einschränkung des Anlegerkreises bereits auf Gesetzesstufe zur Wahrung des Anlegerschutzes nachvollziehbar.[404]

251 Die Investmentgesellschaft in Form einer Aktiengesellschaft (SICAF) untersteht nach Art. 2 Abs. 3 KAG dann nicht dem Kollektivanlagengesetz, wenn sie sich ausschliesslich an qualifizierte Anleger richtet und nur Namenaktien ausgibt. Eine durch die FINMA zugelassene Prüfgesellschaft muss aber jährlich den Nachweis der Einhaltung dieser Voraussetzungen erbringen.[405]

252 Öffentliche Werbung liegt gemäss FINMA-RS 2008/8 dann nicht vor, wenn sich eine ausländische kollektive Kapitalanlage in der Schweiz oder von der Schweiz aus entweder nur an qualifizierte Anleger wendet oder nur die für diesen Markt üblichen Werbemittel einsetzt.[406] Ansonsten sind die ausländischen kollektiven Kapitalanlagen den einschlägigen Artikeln des Kollektivanlagengesetzes unterstellt.[407]

### 2.3.3 Abgrenzung zum Anleger mit schriftlichem Vermögensverwaltungsvertrag

#### a) Grundlagen Vermögensverwaltung (Investment Managers)

253 Auch die durch einen unabhängigen Vermögensverwalter (UVV) gemäss Art. 6 Abs. 2 KKV betreuten Kunden gehören zum Kreis der nichtprofessionellen qualifizierten Anleger. Als unabhängig wird der Vermögensverwalter deshalb bezeichnet, weil er in keiner arbeits- oder auftragsrechtlichen Beziehung zu einem Finanzintermediär gemäss Art. 10 Abs. 3 lit. a-d KAG steht und somit von diesen unabhängig ist. Wollen UVV für nichtqualifizierte Anleger Anteile von nur qualifizierten Anlegern vorbehaltenen Finanzprodukten erwerben, so muss die Vertragsbeziehung zwischen dem UVV und dem Kunden den Anforderungen von Art. 6 Abs. 2 KKV i.V.m. Art. 10 Abs. 4 KAG genügen. „Im Unterschied zur Rechtsfigur der vermögenden Privatperson [...] können der Kategorie Anleger mit schriftlichem Vermögensverwaltungsvertrag gemäss klarem Gesetzeswortlaut sämtliche Anleger angehören, mithin Privatkunden und Geschäftskunden. Das wesentliche Kriterium ist nach der gesetzlichen Ordnung ein schriftlicher Vermögensverwaltungsvertrag. Den Vermögensverwalter treffen zwar als Ausfluss des Auftragsrechts je

404 BSK KAG-Wyss, Art. 10 N 116.
405 BSK KAG-Wyss, Art. 10 N 118.
406 FINMA-RS 2008/8, Werbung, Rz. 10-11.
407 Art. 2 Abs. 4 i.V.m. Art. 119 ff. KAG.

nach Wissensstand des Anlegers unterschiedliche Informations- und Beratungspflichten [...]. Jeder Anleger begibt sich aber mit der Unterzeichnung des Vermögensverwaltungsvertrages in eine gleichartige, von erhöhtem Vertrauen geprägte qualifizierte Beziehung zu seinem Vermögensverwalter."[408] Eine solch qualifizierte Beziehung wird auch nicht von einem Minimalvermögen wie bei der vermögenden Privatperson unter Art. 6 Abs. 1 KKV abhängig gemacht.

### b) Der FINMA direkt unterstellte Vermögensverwalter (DUFI)

254 Gemäss Art. 2 Abs. 3 GwG sind Finanzintermediäre auch natürliche und juristische Personen, die berufsmässig fremde Vermögenswerte annehmen oder aufbewahren oder helfen, sie anzulegen oder zu übertragen. Diese Finanzintermediäre benötigen eine Bewilligung der FINMA, sofern sie nicht einer Selbstregulierungsorganisation (SRO) angeschlossen sind. Auch ein Vermögensverwalter, der direkt der FINMA unterstellt ist, fällt jedoch unter Art. 6 Abs. 2 KKV und gilt nicht als umfassend prudentiell[409] beaufsichtigter Finanzintermediär. Der nicht-prudentiell beaufsichtigte DUFI ist somit klar vom Vermögensverwalter KAG[410] abzugrenzen.

### c) Durch SRO beaufsichtigte Vermögensverwalter (UVV)

255 Nur diejenigen Finanzintermediäre sind von Art. 10 Abs. 3 lit. a-d KAG erfasst, die einer dauernden und umfassenden prudentiellen Aufsicht unterstehen.[411] Einer umfassenden prudentiellen Aufsicht unterstehen die UVV nicht und diese gelten somit als nicht beaufsichtigte Finanzintermediäre i.S.

---

408 BSK KAG-WYSS, Art. 10 N 84.

409 Die prudentielle Aufsicht (Institutsaufsicht) strebt durch präventive Massnahmen eine Verhinderung der Insolvenz der beaufsichtigten Institute an. Strenge Anforderungen an die Qualität der Unternehmensführung («good corporate governance»), Organisation und Risikokontrolle sowie Eigenmitteldeckungsgrad sollen dies gewährleisten, Bericht ZUFFEREY, S. 165. Der Begriff der prudentiellen Aufsicht kann als Zusammenfassung gesehen werden für „eine Aufsicht, die insbesondere die Ziele des Gläubiger- und Versichertenschutzes, der Transparenz und Gleichbehandlung der Anlegenden, des Funktionsschutzes und des Schutzes des guten Rufs des Finanzplatzes zu erreichen versucht. Der Begriff «prudentiell» kann auch mit «umsichtig» oder «vorsichtig» umschrieben werden." Bericht ZIMMERLI, S. 8-9.

410 Art. 13 Abs. 2 lit. f KAG.

411 BSK KAG-WYSS, Art. 10 N 20, siehe dazu auch FN 413.

des KAG.[412] Die nicht prudentiell[413] beaufsichtigten UVV werden nur indirekt durch die Branchenorganisation im Rahmen der GWG-Kontrollaufsicht überwacht.

256 Mit FINMA-RS 2009/1 wurden die Eckwerte zur Vermögensverwaltung[414] festgehalten. Diese Eckwerte sind durch die Branchenorganisation in den jeweiligen Verhaltensregeln umzusetzen, wenn diese als Mindeststandard durch die FINMA anerkannt werden sollen. „Zudem gelten Anleger als qualifiziert im Sinne des KAG, wenn sie einen schriftlichen Vertrag mit einem unabhängigen Vermögensverwalter abgeschlossen haben, der dem Geldwäschereigesetz unterstellt ist und Verhaltensregeln untersteht, die von der FINMA als Mindeststandards anerkannt sind.[415] Diesen qualifizierten Anlegern dürfen auch unbewilligte ausländische Finanzprodukte angeboten werden, ohne dass dies als öffentliche Werbung im Sinne des KAG[416] gilt.“[417] Die FINMA hat mit dem FINMA-RS 2008/10 die Standesregeln von 7 SROs anerkannt und die von ihnen erlassenen Verhaltensregeln als Mindeststandards genehmigt.[418]

257 Die Abgrenzung der Vermögensverwaltung zur Anlageberatung setzt auch hier eine Definition voraus. Anlageberatung definiert sich nach BERTSCHINGER als „die aktive Mitwirkung eines Bankiers (oder anderer Fachleute) bei der Planung einer Investition oder einer Umdisposition von Vermögenswerten. [...] Der wirtschaftliche Nutzen für die Bank resultiert daraus, dass die Anlageberatung in enger Beziehung zu ertragsbringenden Geschäftszweigen steht, insbesondere zu den Börsengeschäften, zum Depotgeschäft, zu einzelnen Passivgeschäften und zur Vermietung von Tresorfächern.“[419] Anlageberatung und Vermögensverwaltung befriedigen dasselbe Anlegerinteresse. Die Bank macht bei der Anlageberatung jedoch ausschliesslich Anlagevorschläge, während sie bei der Vermögensverwaltung für den Kunden die Anlageentscheide direkt trifft.[420]

---

412 BSK KAG-WYSS, Art. 10 N 35.
413 Siehe dazu auch FN 414.
414 FINMA-RS 2009/1, Eckwerte.
415 Art. 10 Abs. 4 KAG i.V.m. Art. 6 Abs. 2 KKV.
416 Art. 3 und 10 Abs. 3 und 4 KAG i.V.m. Art. 3 KKV.
417 FINMA-RS 2009/1, Eckwerte, N 3.
418 FINMA-RS 2008/10, Selbstregulierung, S. 4 FN 11.
419 BERTSCHINGER, S. 2.
420 BERTSCHINGER, S. 5.

258 Anlageberater gelten nicht als Finanzintermediäre, da der klassische Anlageberater keine Anlagen für den Kunden tätigt, sondern einzig Empfehlungen abgibt. Der Anlageberater hat im Gegensatz zum Vermögensverwalter keine generelle Vollmacht über Konto und Depot des Klienten.[421] „Jede vom Anlageberater empfohlene Transaktion muss deshalb durch den Kunden ausgelöst werden, sei es, dass der Kunde das Geschäft selber abschliesst oder dass er es [nach vorgängigem Akzept] durch den Anlageberater abschliessen lässt.“[422]

259 Die Anlageberater (Investment Advisors) äussern somit nur Anlageempfehlungen und es ist dem Kunden freigestellt, ob er diese umsetzt oder nicht. Der Kunde handelt dabei eigenverantwortlich.

### 2.3.4 Abgrenzung zum Versicherungsnehmer bei fondsgebundenen Lebensversicherungen

#### a) Grundlagen

260 Die meisten Versicherungsgesellschaften bieten fondsgebundene Lebensversicherungen an, insbesondere das Geschäft in Liechtenstein ist sehr erfolgreich («Insurance Wrapper»). KÜHNE definiert diesen Vertriebszweig wie folgt: „Bei den fondsgebundenen Lebensversicherungen schliesst der Versicherungsnehmer eine Lebensversicherung ab, bei welcher die Versicherungsprämie (wie bei einer konventionellen gemischten Lebensversicherung) in einen Kosten-, Risiko- und Sparteil zerlegt wird. Die Besonderheit liegt darin, dass der Sparteil in Anlagefonds investiert wird. [...] Der Versicherer ist Eigentümer der Fondsanteile, nicht der Versicherungsnehmer. Dieser hat gegenüber dem Versicherer lediglich eine Forderung auf Bezahlung eines bestimmten Geldbetrages.“[423] Für MICHEL liegen die Vorteile für die Fondsindustrie in der langen Haltedauer bei Versicherungsanlagen und er führt dazu aus: „Auf Grund der langen Laufzeit der Versicherung und somit auch des entsprechend grossen Anlagehorizontes des Versicherungsnehmers, ist [das Risiko einer] Fehlberatung im Sinne des Verkaufs einer zu aggressiven Anlagestrategie geringer als beim einzelnen Verkauf von Anlagefonds. Dank der

---

421 Art. 3 Abs. 3 lit. e/f GWG i.V.m. Art. 6 Abs. 1 lit. a/ VBF; FINMA-RS 2011/1, Finanzintermediation, Rz. 90/96.

422 Botschaft GWG, S. 1119.

423 KÜHNE, Bewilligungspflicht, S. 223.

steigenden Tendenz zur Selbstvorsorge ist der Absatz über Versicherungen ein Vertriebskanal mit attraktiven Wachstumsraten."[424]

**b) Indirekter Vertrieb von nicht zum öffentlichen Vertrieb zugelassenen kollektiven Kapitalanlagen**

Wirtschaftlich Berechtigter an den Vermögenswerten ist die Versiche- 261
rungsgesellschaft als qualifizierter Anleger.[425] So schreibt auch die FINMA: „Bei einer Lebensversicherung mit separater Konto- und Depotverwaltung («Insurance Wrapper») führt ein Versicherungsunternehmen ein Anlagedepot- / konto oder Unterdepot / -konto bei einer Bank oder einem Effektenhändler, welches zur Aufbewahrung und Verwaltung von Anlagen eines einzelnen Kunden des Versicherungsunternehmens im Rahmen eines Lebensversicherungsvertrages dient. Das Eigentum an den Vermögenswerten geht auf das Versicherungsunternehmen über."[426] Als professionelle qualifizierte Anleger können die Versicherungsunternehmen auch nicht zum öffentlichen Vertrieb zugelassene Finanzprodukte inländischer oder ausländischer Herkunft erwerben. „Die Anlagefonds im Anlageteil der fondsgebundenen Lebensversicherung müssen, ganz im Gegensatz zum einzelnen Direktverkauf, hierfür meist über keine Bewilligung im jeweiligen Absatzland verfügen. Auf diese Weise kann ein Fondsprodukt ohne kosten- und zeitintensive Bewilligungsprozesse und Anpassungen an den jeweiligen rechtlichen Rahmen mehrfach verwendet werden."[427]

Der Versicherungsnehmer selbst wird somit indirekt zum nicht- 262
professionellen qualifizierten Anleger und trägt die Risiken der Kapitalanlage. Er hat einzig einen Anspruch auf die Leistung aus Versicherungsvertrag. Bei Rückgriff auf die Versicherungsgesellschaft ist die Qualität des Anlegerschutzes eingeschränkt. Dies aufgrund der weniger schutzwürdigen Position der Versicherung als professioneller Marktteilnehmer. Kommt es zu einer Auslieferung der Titel im Deckungsstock der Police an den Versicherungsnehmer, liegt ein Vertrieb von kollektiven Kapitalanlagen vor. Die Versicherungsgesellschaft ist gestützt auf Art. 8 Abs. 1 KKV von der Vertriebsträger-Bewilligungspflicht befreit, jedoch macht sich die Versicherungsgesellschaft des nicht bewilligten Vertriebs von kollektiven Kapitalanlagen strafbar, da die

[424] MICHEL, S. 21.
[425] Art. 10 Abs. 3 lit. b KAG.
[426] FINMA-Mitteilung 18 (2010) Lebensversicherungen, Rz. 1.
[427] MICHEL, S. 21.

Voraussetzungen nach Art. 6 Abs. 1 KKV – die Bestätigung muss im Zeitpunkt des Erwerbes vorliegen – und nach Art. 6. Abs. 2 KKV – der Abschluss eines schriftlichen Vermögensverwaltungsvertrages – nicht vorliegen.

### 2.4 FINMA-Publikationen betreffend Kundenschutz i.w.S.

#### 2.4.1 Strategische Ziele der FINMA als Grundlage

263 In Art. 5 FINMAG wird für die Regulierungstätigkeit der FINMA ein sehr allgemeiner Rahmen vorgegeben.[428] Der Verwaltungsrat der FINMA legt nach Art. 9 Abs. 1 lit. a FINMAG die strategischen Ziele fest und unterbreitet diese dem Bundesrat zur Genehmigung. Nach Genehmigung durch den Bundesrat kann die FINMA die strategischen Ziele, welche sich namentlich den zukünftigen Tätigkeitsschwerpunkten, der Personal- und Ressourcenplanung sowie auch der Entwicklung der Verwaltungsführung widmen können, veröffentlichen. [429]

264 Im September 2009 hat die FINMA die strategischen Ziele für die Jahre 2010 bis 2012 veröffentlicht. Diese sollen mittels konkreter Initiativen und Projekten innerhalb des gesetzten Zeithorizontes umgesetzt werden. Sämtliche strategischen Ziele dienen direkt oder indirekt der Verbesserung des Kundenschutzes.[430] Zum Schutz der Anleger unterstützt die FINMA die Erweiterung der Marktaufsicht und die Einhaltung internationaler Standards.[431] Namentlich analysiert die FINMA im Rahmen der sektorübergreifenden Untersuchung der Vertriebsregeln auch die Abgrenzung zwischen den qualifizierten Anlegern und den Kleinkunden.[432]

#### 2.4.2 Bericht Madoff und Lehman

265 Die FINMA hat den Betrug durch den amerikanischen Investor Madoff sowie auch den Vertrieb von strukturierten Produkten mit Kapitalgarantie der Lehman-Gruppe untersucht und die Ergebnisse im März 2009 veröffentlicht. Beide Untersuchungen haben aufgezeigt, dass die Anleger die Risiken falsch

---

[428] Botschaft FINMAG, S. 2862.
[429] Botschaft FINMAG, S. 2863.
[430] FINMA, Ziele 2010-2012, S. 4.
[431] FINMA, Ziele 2010-2012, S. 6.
[432] FINMA, Ziele 2010-2012, S. 6.

eingeschätzt haben.[433] „Im Madoff-Betrugsfall stand im Vordergrund, ob und inwiefern Schweizer Finanzinstitute und deren Anleger zu Schaden gekommen waren. Im Fall des Konkurses der Lehman-Gruppe stand der Vertrieb von kapitalgeschützten strukturierten Produkten an Retailkunden in der Schweiz im Fokus."[434] „Während im Madoff-Fall grösstenteils qualifizierte Anleger betroffen waren, hatten viele Retailkunden kapitalgeschützte strukturierte Produkte der Lehman-Gruppe gekauft."[435]

Die FINMA hält im erwähnten Bericht nun fest, dass die geltende Un- 266
terscheidung zwischen dem schutzbedürftigen (Retail-)Anleger und dem weniger schutzbedürftigen qualifizierten Anleger aufgrund der aus dem Madoff-Betrugsfall gewonnen Erkenntnisse nicht vollends überzeugen kann.[436] „Die Kriterien «investierbare Finanzanlagen von 2 Mio. CHF» oder das «Vorliegen eines schriftlichen Vermögensverwaltungsvertrags», der gewissen Mindeststandards zu genügen hat, haben sich nach Auffassung der FINMA als zu formal erwiesen, zumal im Fall von qualifizierten Anlegern von Gesetzes wegen wesentliche persönliche Merkmale wie Wissensstand und individuelle Risikofähigkeit weitgehend unbeachtlich sind."[437] Abschliessend hält die FINMA fest, dass den betroffenen Anlegern verschiedene Risiken (Totalverlust, Markt, Gegenpartei) nicht bewusst waren. Das Risikobewusstsein der Anleger müsse durch geeignete Risikoaufklärung seitens der Finanzintermediäre gestärkt werden. Als Ausblick stellt die FINMA eine Untersuchung zu den verschiedenen Verhaltens- und Vertriebsregeln bei den einzelnen Produkten am Point of Sale («PoS») in Aussicht.[438]

### 2.4.3 FINMA-Vertriebsbericht 2010

Das Diskussionspapier über die Regulierung und den Vertrieb von Fi- 267
nanzprodukten an Privatkunden («FINMA-Vertriebsbericht 2010») wurde durch die FINMA im November 2010 veröffentlicht.[439] Die FINMA lancierte damit die Debatte für einen besseren Kundenschutz und stellt die Schaffung eines allgemeinen Finanzdienstleistungsgesetzes zur Diskussion.[440] Beim Ab-

433 FINMA-Bericht MADOFF/LEHMAN, S. 3.
434 FINMA-Bericht MADOFF/LEHMAN, S. 4.
435 FINMA-Bericht MADOFF/LEHMAN, S. 3.
436 FINMA-Bericht MADOFF/LEHMAN, S. 11.
437 FINMA-Bericht MADOFF/LEHMAN, S. 11.
438 FINMA-Bericht MADOFF/LEHMAN, S. 20.
439 FINMA-Vertriebsbericht 2010, S. 1.
440 ZIBUNG, S. 99.

satz von Finanzprodukten werden ein erhebliches Informationsgefälle sowie ein Kräfteungleichgewicht zwischen den Akteuren festgestellt.[441]

268 Als eine mögliche Handlungsoption, um den beschriebenen Mängeln entgegenzuwirken, schlägt die FINMA eine produktneutrale Kundensegmentierung vor.[442] So können die Finanzintermediäre besser auf die individuellen Bedürfnisse und Produktkenntnisse der Kunden eingehen. Im Gegensatz zu den professionellen Anlegern ist es für die gewöhnlichen Anleger schwierig, die bereitgestellten Informationen zu verarbeiten und die Produkte entsprechend ihrer Risiken einzuordnen. Analog der Regelung im Kollektivanlagengesetz hält die FINMA fest, dass die Kundenkategorisierung an den Erfahrungen und den Kenntnissen eines Kunden in finanziellen Angelegenheiten oder an dessen monetären Möglichkeiten auszurichten sei.[443] Das ausschliessliche Abstellen auf die monetären Möglichkeiten eines Privatanlegers ist aus Sicht der FINMA jedoch weder ausreichend noch hinreichend. Dies, da auch vermögende Privatpersonen häufig trotz mangelnder Fachkenntnisse darauf verzichten würden, qualifizierte Berater heranzuziehen.[444]

269 Die FINMA hält abschliessend zur Handlungsoption Kundensegmentierung fest, „dass auch Privatpersonen, die aufgrund ihrer Erfahrung und Marktkenntnisse als qualifizierte Anleger gelten, kaum je das Knowhow eines institutionellen Anlegers erreichen werden."[445] Mit ZIBUNG kann man davon ausgehen, „dass der Kenntnisstand von Privatkunden auch mittels intensiver Weiterbildungsbemühungen [nicht] auf einen Stand gebracht werden kann, der die Kunden weitgehend unabhängig vom Verhalten der Dienstleister am PoS werden lässt."[446]

---

441 FINMA-Vertriebsbericht 2010, S. 26.
442 FINMA-Vertriebsbericht 2010, S. 39.
443 FINMA-Vertriebsbericht 2010, S. 40.
444 FINMA-Vertriebsbericht 2010, S. 41.
445 FINMA-Vertriebsbericht 2010, S. 42.
446 ZIBUNG, S. 99.

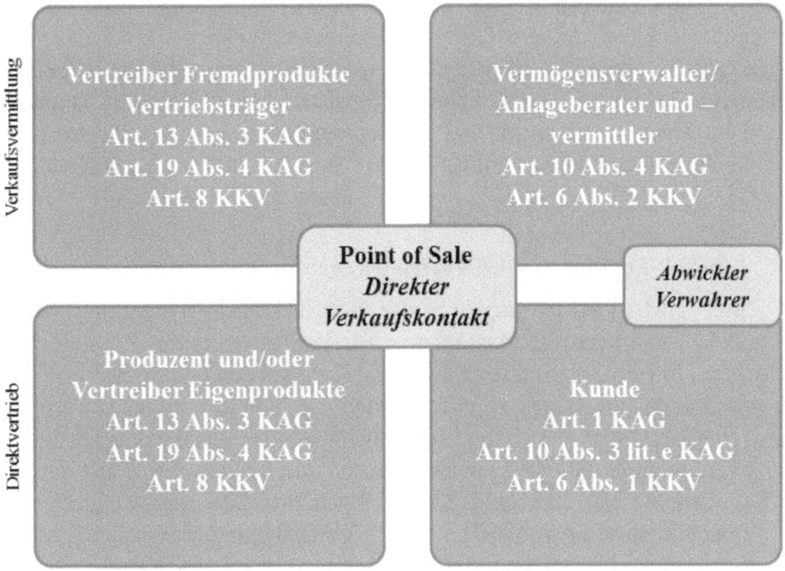


**Abb. 4: Darstellung der Kunden am Point of Sale (PoS)**; nach FINMA-Vertriebsbericht 2010, S. 21 mit eigenen Ergänzungen.

Im FINMA-Vertriebsbericht 2010 eröffnete die Finanzmarktaufsicht die Diskussion darüber, „ob die bestehenden Produkte-, Verhaltens- und Vertriebsregeln die Kunden ausreichend schützen. Insbesondere prüfte sie, ob allfällige Unterschiede in der Regulierung verschiedener Produktetypen oder Dienstleistungen gerechtfertigt sind oder ob ein Regulierungsbedarf besteht.“[447] Die Ergebnisse der Anhörung, die von November 2010 bis Mai 2011 dauerte, publizierte die FINMA im Anhörungsbericht Vertriebsregeln.[448] 270

Die Mehrzahl der Diskussionsteilnehmer befürwortet eine produktneutrale Kundensegmentierung. Eine solche Kundensegmentierung kann jedoch die Erstellung eines individuellen Kunden- bzw. Risikoprofils nicht ersetzen. Viele Diskussionsteilnehmer befürworten zudem eine enge Anlehnung an die entsprechenden EU-Standards. Eine Ungleichbehandlung von ausländischen und schweizerischen Kunden sei zu verhindern (kein «gold plating»). Einige Diskussionsteilnehmer wollen bei der Kundensegmentierung primär auf die 271

[447] FINMA-Anhörungsbericht Vertriebsregeln, S. 6.
[448] FINMA-Anhörungsbericht Vertriebsregeln, S. 1.

Kenntnisse und Erfahrungen des Kunden und nicht ausschliesslich auf das Vermögen abstellen. Andere Diskussionsteilnehmer haben gar eigene Vorschläge zur Kundensegmentierung, in Abweichung zu den EU-Standards, eingebracht. Zusammenfassend kann festgehalten werden, dass das Vertrauen in das Fachwissen des Kunden und die Notwendigkeit eines verstärkten Kundenschutzes je nach Position («Push-Side»[449] oder «Pull-Side»[450]) unterschiedlich ist.[451]

### 2.4.4 FINMA-Positionspapier Vertriebsregeln

272 Im FINMA-Positionspapier zu den Vertriebsregeln schlägt die Finanzmarktaufsicht nun konkrete Massnahmen zur Verbesserung des Kundenschutzes vor. Das Informationsungleichgewicht zwischen Kunden und Anbieter von Finanzprodukten soll so ausgeglichen werden. Der Kunde soll vor Erwerb von Finanzprodukten sowie vor Inanspruchnahme von Finanzdienstleistungen jeweils konkret über die vorliegenden Chancen und Risiken aufgeklärt werden. Der Schwerpunkt der Regelung betrifft Finanzprodukte mit Anlagecharakter[452], einschliesslich Sparprodukte. Die vorgeschlagenen Massnahmen sollen sich gegenseitig ergänzen und stets im Gesamtkonzept des Kundenschutzes betrachtet werden.[453]Als Kernpunkte für die Verbesserung des Kundenschutzes schlägt die FINMA neue Regeln für den Vertrieb vor, eine einheitliche Prospektpflicht für standardisierte Finanzprodukte[454], eine Verstärkung der Verhaltens- und Organisationsregeln für Finanzdienstleister, eine Ausdehnung der Aufsicht, eine Verbesserung der Rechtsdurchsetzung von Privatkunden gegenüber Finanzdienstleistern sowie die Schaffung eines Gesetzes für Finanzdienst-

---

449 Definition «Push-Side»: Herstellung der Produkte (Produktion) sowie deren Vertrieb, sei es durch eigenes Personal (Direktvertrieb) oder durch externe Vertriebspartner als Verkaufsvermittler.

450 Definition «Pull-Side»: Kunden, welche die Finanzprodukte am PoS erwerben sowie deren Interessengruppierungen wie Konsumentenschutzorganisationen, Anlegerschutzanwälte o.ä.

451 FINMA-Anhörungsbericht Vertriebsregeln, S. 11.

452 Eigentliche Kreditprodukte (Konsum- oder Hypothekarkredite) bildeten nicht Gegenstand der Betrachtung.

453 FINMA-Positionspapier Vertriebsregeln, S. 6.

454 Von dieser einheitlichen Prospektpflicht ausgenommen sind (a) kollektive Kapitalanlagen, die bereits unter dem geltenden Recht einer Prospektpflicht unterliegen, (b) Versicherungsprodukte, da bei diesen die Information an den Kunden durch die versicherungsspezifische Dokumentation sichergestellt ist und (c) die reinen Sparprodukte, vgl. FINMA-Positionspapier Vertriebsregeln, S. 9.

leistungen. Dieses Finanzdienstleistungsgesetz soll eine sektorübergreifende und lückenlose Geltung der Verhaltensvorschriften am PoS gewährleisten können.[455]

Zwei Kernpunkte im FINMA-Positionspapier Vertriebsregeln haben 273
Auswirkungen auf die Betrachtung der vermögenden Privatperson als qualifizierten Anleger.

Mit dem Ansatz über die Prospektpflicht für sämtliche standardisierte 274
Finanzprodukte[456] versucht die FINMA die Informationsasymmetrie zwischen Privatkunde und Finanzdienstleister zu verringern.

Als Privatkunden gelten grundsätzlich alle natürlichen Personen, somit 275
gemäss FINMA-Positionspapier Vertriebsregeln auch die vermögenden Privatpersonen. Zu den Privatkunden zählt die FINMA weiter auch Unternehmen ohne besondere Kenntnisse im Finanzbereich. Keinen Schutz benötigen dagegen institutionelle Kunden, beaufsichtigte Anleger (Banken, Versicherungen und Effektenhändler) sowie grössere Unternehmen, da diese sich die für die Finanzanlage relevanten Informationen selber beschaffen können.[457]

Mit dem Ansatz über die Stärkung der Verhaltens- und Organisations- 276
pflichten ist m.E. für die vermögende Privatperson gerade die Prüfung der Angemessenheit[458] von Finanzprodukte elementar.

Die Finanzdienstleister haben Informationen über die Kenntnisse und 277
Erfahrungen des Kunden einzuholen und auf Übereinstimmung mit der Komplexität des vom Kunden gewünschten Finanzproduktes zu prüfen. Wenn das fragliche Finanzprodukt oder die fragliche Finanzdienstleistung für den Kunden nicht angemessen ist, hat der Finanzdienstleister den Kunden zu warnen. Dem Kunden ist es jedoch freigestellt, trotzdem in das Finanzprodukt zu investieren oder von der Finanzdienstleistung Gebrauch zu machen. Explizit grenzt die FINMA den Privatanleger vom professionellen Anleger ab. Bei einem professionellen Anleger kann der Finanzdienstleister davon ausgehen, dass dieser über ausreichend Kenntnisse und Erfahrungen verfügt, um die Chancen und Risiken einschätzen zu können. Eine Prüfung der Angemessenheit hat somit nur für Privatkunden zu erfolgen. Weiter hat der Finanzdienstleister die

---

455 FINMA-Positionspapier Vertriebsregeln, S. 4 f.

456 Bei den kollektiven Kapitalanlagen sowie den Versicherungsprodukten gehen die Spezialgesetze vor (Art. 75-77 KAG und Art. 3 VVG).

457 FINMA-Positionspapier Vertriebsregeln, S. 11.

458 Im beratungsfreien Geschäft beschränkt sich die Prüfung der Angemessenheit («appropriateness») des Kunden (Art.19 Abs. 5 MiFID-RL i.V.m. Art. 36 MiFID-Durchführungs-RL) auf die Eruierung der Kenntnisse und Erfahrungen.

Eignung[459] des Kunden für die Finanzanlagen nur im Rahmen des Beratungsgeschäftes oder der Ausführung eines Vermögensverwaltungsmandates zu prüfen.[460]

278 Die vermögende Privatperson als nicht-professioneller qualifizierter Anleger unterliegt somit weder einer Prüfung der Eignung noch einer Prüfung der Angemessenheit.

279 Es erstaunt, dass im FINMA-Positionspapier Vertriebsregeln keine Begriffsdefinition des im Zentrum des Anlegerschutzes stehenden Kunden vorgenommen worden ist. Insbesondere die von der derzeit geltenden Rechtslage unterschiedliche Verwendung der Begriffe Privatkunde, institutioneller Kunde und professioneller Kunde sorgt für Verwirrung. In dem ebenfalls vorgeschlagenen Finanzdienstleistungsgesetz sollte hier mit Geltung für sämtliche Finanzmarktgesetze eine einheitliche Kundenklassifizierung ermöglicht werden.

## 2.5 Vernehmlassung zur geplanten Teilrevision des Kollektivanlagengesetzes

### 2.5.1 Erläuternder Bericht zur Vernehmlassungsvorlage

280 Das Eidgenössische Finanzdepartement (EFD) hat mit dem erläuternden Bericht zur Vernehmlassungsvorlage zur Änderung des Kollektivanlagengesetzes (KAG) die Vernehmlassung zur Teilrevision eröffnet. Das KAG genüge den Anforderungen an Anlegerschutz und Wettbewerbsfähigkeit nicht mehr, welche insbesondere im Rahmen der Bewältigung der Finanzkrise stark gestiegen seien. Die Regulierungslücken in den drei Bereichen Verwaltung, Verwahrung und Vertrieb sollen so geschlossen werden, um den entsprechenden EU-Richtlinien wieder genügen zu können. Neben der Regulierung der Schweizer Finanzmarktdienstleister und deren Produkte durch Anpassung an die AIFM-RL sollen auch die Anleger besser geschützt werden. Ohne diese Gesetzesanpassung wäre die Schweiz die einzige europäische Rechtsordnung, welche ohne aufsichtsrechtliche Vorgaben den Vertrieb von kollektiven Kapi-

---

[459] Im Beratungsgeschäft ist im Rahmen der Prüfung der Eignung («suitability») des Kunden (Art. 19 Abs. 4 MiFID-RL i.V.m. Art. 35 Abs. 1 MiFID-Durchführungs-RL) für die betreffende Finanzanlage das Anlageziel, die Kenntnisse und Erfahrungen sowie die Verträglichkeit der mit der Finanzanlage verbundenen Anlagerisiken mit den Anlagezielen zu prüfen.

[460] FINMA-Positionspapier Vertriebsregeln, S. 16.

talanlagen i.S.v. Non-OGAW durch nicht regulierte Marktteilnehmer an qualifizierte Anleger zulassen würde.[461]

In der Schweiz gelten im Gegensatz zur EU auch Anleger, die mit einem beaufsichtigten Finanzintermediär[462] einen Vermögensverwaltungsvertrag abgeschlossen haben, als qualifizierte Anleger.[463] Um [eine] Verflechtung zwischen institutionellen Anlegern und Publikumsanlegern, welche ein unterschiedliches Schutzbedürfnis haben, zu verhindern, soll [...] die Kategorie der qualifizierten Anleger künftig konsequent von der Kategorie der Publikumsanleger getrennt werden.[464] 281

Gemäss Vernehmlassungsbericht zur Teilrevision KAG soll Art. 10 Abs. 3 lit. f KAG gestrichen werden, da dieser den internationalen Standards[465] nicht entspreche.[466] 282

***Art. 10 Abs. 3 lit. f KAG*** 283
*Als qualifizierte Anlegerinnen und Anleger im Sinne dieses Gesetzes gelten namentlich:*
*[...]*
*f. Anlegerinnen und Anleger, die mit einem Finanzintermediär gemäss Buchstabe a einen schriftlichen Vermögensverwaltungsvertrag abgeschlossen haben.*

Mit einer neuen Formulierung von Art. 10 Abs. 4 KAG soll weiter die gesetzliche Grundlage zum Erlass des im Zentrum dieser Arbeit stehenden Art. 6 KKV dahingehend neu geregelt werden, dass „dem Bundesrat die Kompetenz eingeräumt werden [soll], die Eignung als qualifizierter Anleger von weiteren Bedingungen, namentlich von fachlichen Qualifikationen, abhängig zu machen.“[467] 284

---

461 BR-Erläuterungsbericht Teilrevision KAG, S. 2 f.
462 Wie u.a. Banken, Effektenhändler, Vermögensverwalter nach KAG oder Fondsleitungen mit der Bewilligung zur Einzelportfolioverwaltung.
463 BR-Erläuterungsbericht Teilrevision KAG, S. 9.
464 BR-Erläuterungsbericht Teilrevision KAG, S. 12.
465 Hier wird vor allem Anhang II der MiFID-RL angesprochen.
466 BR-Erläuterungsbericht Teilrevision KAG, S. 18.
467 BR-Erläuterungsbericht Teilrevision KAG, S. 18.

285 ***Art. 10 Abs. 4 VE-KAG***
*Der Bundesrat kann die Eignung der Personen nach Absatz 3 als qualifizierte Anlegerinnen und Anleger zusätzlich von Bedingungen, namentlich von fachlichen Qualifikationen, abhängig machen und weitere Anlegerkategorien als qualifiziert bezeichnen.*

286 M.E. hätte der Bundesrat auch ohne die zur Vernehmlassung stehende Abänderung des bisherigen Art. 10 Abs. 3 lit. f KAG bereits die Kompetenz auf Verordnungsebene und gemäss der im Rahmen des autonomen Nachvollzugs auch die Pflicht, den entsprechenden Art. 6 KKV abzuändern, um den europarechtlichen Veränderungen Rechnung zu tragen.

287 Zu Art. 10 Abs. 3 lit. e KAG hält das EFD im erläuternden Bericht – ergänzend zu den Ausführung zur Streichung von Art. 10 Abs. 3 lit. f KAG – fest, dass „das ausschliessliche Abstellen auf das Vermögen [...] zur Qualifikation als qualifizierter Anleger nicht [überzeuge]. Auch vermögende Personen verzichten nämlich häufig darauf, qualifizierte Berater heranzuziehen, obwohl sie keine besonderen Kenntnisse im Hinblick auf eine bestimmte Geschäftsart besitzen.“[468] Der Bundesrat als Verordnungsgeber verzichtete jedoch bis dato eine solche Erweiterung der Einstufungskriterien vorzunehmen und konzentrierte sich auf die Festlegung eines reinen monetären Kriteriums.

### 2.5.2 Bericht des EFD über die Vernehmlassungsergebnisse

288 Die Streichung von Art. 10 Abs. 3 lit. f KAG wird von der grossen Mehrheit der involvierten Kreise abgelehnt.[469] Der Kanton Luzern bringt vor, dass „[die] Verwendung kollektiver Kapitalanlagen in der Vermögensverwaltung von Banken [...] durch diese Änderung [weiterhin] keinen Vertrieb i.S.v. Art. 3 VE-KAG darstelle, wovon in erster Linie die ausländischen kollektiven Kapitalanlagen profitieren und kleinere und mittlere Banken mit einem hohen Anteil an inländischen Fonds gegenüber Grossbanken [im Vertrieb] benachteiligt würden. Die Treuhand-Kammer bemängelt, dass sich aus dieser Streichung in Verbindung mit Art. 6 Abs. 2 KKV (Vermögensverwaltungskunden) eine Ungleichbehandlung der regulierten Finanzintermediäre gegenüber unabhän-

[468] BR-Erläuterungsbericht Teilrevision KAG, S. 18.
[469] EFD-Vernehmlassungsergebnisse Teilrevision KAG, S. 12.

gigen Vermögensverwaltern ergebe und sich die Produkteauswahl für qualifizierte Anleger wesentlich einschränke."[470]

Interessant der Vorschlag von SBVg und Pictet, welche die Aufnahme der UVV unter Art. 10 Abs. 3 lit. a KAG in die Diskussion einbringen.[471] Interessant insbesondere deshalb, weil im Rahmen der ständerätlichen Diskussion des Kollektivanlagengesetzes im Jahr 2006 BR Merz gerade die UVV als zwar qualifizierte, aber nicht als staatlich beaufsichtige Finanzintermediäre dem Art. 10 Abs. 3 lit. a KAG zurechnen wollte. Mangels Antrag von SR Frick wurde diese Präzisierung im Rahmen der Beratungen jedoch nicht in den Entwurf des KAG aufgenommen.[472] Grüne und SGB verlangen zwecks Verbesserung des Anlegerschutzes zudem die Streichung von Art. 10 Abs. 3 lit. e KAG.[473] Die vermögende Privatperson sollte sich nach Auffassung der linken Ratsseite somit gar nicht mehr als qualifizierter Anleger deklarieren können[474]. 289

Der im Rahmen der Vernehmlassung zur Diskussion stehende Art. 10 Abs. 4 VE-KAG, welcher anstelle der bisherigen Kompetenz des Bundesrates zur Bezeichnung von weiteren Anlegerkategorien als qualifiziert im Sinne des Gesetzes eine Neuformulierung zum Thema hat, gab zu vielerlei Kritik Anlass.[475] Der geltende Art. 10 Abs. 4 KAG[476] war schon in der parlamentarischen Beratung umstritten. Dies, da der Bundesrat schon gestützt auf den Begriff «namentlich» in Art. 10 Abs. 3 KAG, die Möglichkeit zur Bezeichnung von weiteren qualifizierten Anlegern auf Verordnungsebene innehatte. Eine explizite Erwähnung dieser Kompetenz des BR in einem weiteren Absatz, die sich schon aus dem Einleitungssatz von Abs. 3 ergibt, ist m.E. heute wie damals nicht zwingend notwendig. 290

Die Möglichkeit einer Verknüpfung sämtlicher in Art. 10 Abs. 3 VE-KAG aufgezählten qualifizierten Anleger mit weiteren Bedingungen (namentlich der fachlichen Qualifikation) ist zweifellos eine Verschärfung der bisherigen Regelung. Internationalen Standards entspricht diese Regelung nicht, da mit Ausnahme der vermögenden Privatpersonen im internationalen Vergleich gerade von den qualifizierten Investoren im Sinne der institutionellen Anlegern 291

470 EFD-Vernehmlassungsergebnisse Teilrevision KAG, S. 12.
471 EFD-Vernehmlassungsergebnisse Teilrevision KAG, S. 12.
472 Amtl. Bull. SR 2006, S. 350.
473 EFD-Vernehmlassungsergebnisse Teilrevision KAG, S. 12.
474 Dies würde in sich wieder gegen Anhang II der MiFID-RL verstossen.
475 EFD-Vernehmlassungsergebnisse Teilrevision KAG, S. 12.
476 In der parlamentarischen Beratung noch Art. 10 Abs. $3^{bis}$ E-KAG.

keinerlei weitere Bedingungen zum Nachweis der Qualifikation verlangt werden.[477]

## 2.6 Botschaft über die Änderung des KAG

### 2.6.1 Allgemeines

292 Im März 2012 hat der Bundesrat dem Parlament die Botschaft über die Änderung KAG unterbreitet und Zustimmung zum Gesetzesentwurf beantragt.[478]

293 Der Bundesrat weist darauf hin, dass bei Erlass des KAG im Jahr 2007 bei den drei Themenbereichen Verwaltung, Verwahrung und Vertrieb die Bestrebungen für eine vollständige Vereinbarkeit mit der Regelung der EU in der parlamentarischen Debatte verwässert oder im Rahmen der parlamentarischen Beratung gänzlich gestrichen wurden. Die schweizerischen Vermögensverwalter von ausländischen Anlagefonds wurden aus wettbewerbspolitischen Gründen von einer Regulierungspflicht ausgenommen. International ist diese Ansicht jedoch nicht mehr vertretbar, sind doch auch in der EU die Vermögensverwalter von kollektiven Kapitalanlagen längst einer prudentiellen Aufsicht unterstellt. Hinsichtlich Verwahrung wird darauf hingewiesen, dass bei den geschlossenen kollektiven Kapitalanlagen[479] keine Depotbank, sondern einzig eine Depot- und Zahlstelle vorgeschrieben ist. Depot- und Zahlstellen benötigen jedoch weder eine Bewilligung noch unterstehen diese einer Aufsicht. Auch Haftungsregeln der Depotbank bei der Delegation des Fondsvermögens wurden nicht im vollen Umfang aufgenommen.[480]

### 2.6.2 Verwaltung und Vertrieb

294 Relevant für die Betrachtung der vermögenden Privatperson als qualifizierter Anleger sind vor allem die Themenbereiche Verwaltung und Vertrieb.

295 In der Schweiz ist nur der öffentliche Vertrieb von ausländischen kollektiven Kapitalanlagen in oder von der Schweiz aus bewilligungspflichtig.[481] Der Vertrieb von ausländischen kollektiven Kapitalanlagen ausschliesslich an

[477] EFD-Vernehmlassungsergebnisse Teilrevision KAG, S. 12.
[478] Botschaft Änderung KAG, S. 3639.
[479] SICAF und Kommanditgesellschaft für kollektive Kapitalanlagen.
[480] Botschaft Änderung KAG, S. 3644.
[481] Art. 120 KAG.

qualifizierte Anleger i.S.v. Art. 10 Abs. 3 und 4 KAG mit Unterstützung der nur für diesen Markt üblichen Werbemittel ist somit nicht reguliert. Es liegt keine öffentliche Werbung im Sinne des Gesetzes vor.[482] Beim Vertrieb von ausländischen kollektiven Kapitalanlagen in den Schranken von Art. 3 KAG muss somit die mit dem Vertrieb beauftragte Institution[483] weder eine seriöse Akquisition noch eine objektive Beratung sicherstellen und es besteht keine Pflicht zur Bestellung eines Vertreters und einer Zahlstelle.[484] Auf Verordnungsebene wurden zudem der Vermögensverwaltungskunde und auch die vermögende Privatperson als qualifizierter Anleger und somit als Zielpublikum für den Vertrieb von ausländischen kollektiven Kapitalanlagen aufgenommen.[485] Auf der einen Seite resultierte eine Ausweitung der Produktrisiken und auf der anderen Seite erfolgte eine Einschränkung des Anlegerschutzes.

Vermögensverwalter von schweizerischen kollektiven Kapitalanlagen 296
sind demgegenüber zwingend dem KAG unterstellt.[486] Vermögensverwalter von ausländischen kollektiven Kapitalanlagen können freiwillig unter bestimmten Voraussetzungen eine solche Bewilligung erlangen.[487] Der Bundesrat befürchtet aber, „dass [einerseits] Schweizer Finanzmarktdienstleister im Bereich der kollektiven Kapitalanlagen und deren Produkte ab Umsetzung der AIFM-RL nur noch erschwerten Zugang zu den europäischen Finanzmärkten haben und daher in die EU-Staaten abwandern. Anderseits könnte die Freiwilligkeit der Beaufsichtigung eine Zuwanderung von ausländischen Marktteilnehmern in die Schweiz fördern, welche sich [gerade] keiner Regulierung unterstellen wollen."[488] Zudem wäre die Schweiz dann das einzige Land in Europa, in dem nicht regulierte Marktteilnehmer ihre Produkte an qualifizierte Anleger anbieten können, ohne dazu zwingend einer Aufsicht unterstehen zu müssen.[489] Der Bundesrat möchte nun mit der Änderung des KAG die Verflechtung von institutionellen Anlegern und Publikumsanlegern lösen.[490]

---

482 Art. 3 und 19 KAG i.V.m. Art. 3 KKV.
483 Mangels öffentlicher Werbung wird keine Vertriebsträgerbewilligung nach Art. 19 KAG benötigt.
484 Botschaft Änderung KAG, S. 3645.
485 Art. 10 Abs. 3 lit. e und Abs. 4 KAG i.V.m. Art. 6 KKV.
486 Art. 13 Abs. 2 lit. f KAG i.V.m. Art. 18 ff. KAG.
487 Art. 13 Abs. 4 KAG i.V.m. 9 KKV.
488 Botschaft Änderung KAG, S. 3647.
489 Botschaft Änderung KAG, S. 3648.
490 Botschaft Änderung KAG, S. 3653.

### 2.6.3 Vermögende Privatperson als qualifizierter Anleger

297 Vermögende Privatpersonen gelten gemäss geltendem Recht als qualifizierte Anleger, wenn sie die Bedingungen von Art. 6 Abs. 1 KKV erfüllen. Als qualifizierte Anleger haben sie ein reduziertes Schutzbedürfnis. Die FINMA kann kollektive Kapitalanlagen nach Art. 10 Abs. 3 KAG von bestimmten Vorschriften befreien, soweit sich diese ausschliesslich an qualifizierte Anleger richten und der Schutzzweck des Gesetzes nicht beeinträchtigt wird. Weiter ist der Vertrieb von ausländischen kollektiven Kapitalanlagen dann nicht genehmigungspflichtig, wenn sich der Vertrieb ausschliesslich an qualifizierte Anleger richtet.[491]

298 Die Deklaration der vermögenden Privatperson als qualifizierter Anleger „entspricht indes einerseits nicht dem Ziel eines verstärkten Anlegerschutzes und anderseits nicht dem internationalen Standard. So vermag z.B. das ausschliessliche Abstellen auf das Vermögen einer Privatperson zur Qualifikation als qualifizierte Anlegerin nicht zu überzeugen. Auch vermögende Personen verzichten häufig darauf, qualifizierte Berater heranzuziehen, obwohl sie keine besonderen Kenntnisse im Hinblick auf eine bestimmte Geschäftsart besitzen."[492] Der Bundesrat empfiehlt deshalb die ersatzlose Streichung von Art. 10 Abs. 3 lit. e KAG. „Neu wird für vermögende Privatpersonen ein «opting-in»[493] eingeführt. In einer schriftlichen Erklärung können sie ausdrücklich auf den für Publikumsanleger vorgesehenen erhöhten Schutz verzichten [...]. Die Definition der «vermögenden Privatperson» wird unter Berücksichtigung des unterschiedlichen Schutzbedürfnisses einzelner Personenkategorien durch den Bundesrat auf Verordnungsebene zu regeln sein. Ferner wird dem Bundesrat die Kompetenz eingeräumt, die Eignung einer Person als qualifizierte Anlegerin [...] von weiteren Bedingungen, namentlich von fachlichen Qualifikationen, abhängig zu machen."[494]

---

[491] Botschaft Änderung KAG, S. 3663.

[492] Botschaft Änderung KAG, S. 3664.

[493] Verwirrend ist, dass die Botschaft hier weiterhin von einem «opting-in» spricht und somit nicht die europarechtlichen Begrifflichkeiten übernimmt. Die europäische Lehre spricht von einem «Opt-out», sollte die natürliche Person (i.S. eines Publikumsanlegers) durch die Deklaration zur vermögenden Privatperson (i.S. eines nicht-professionellen qualifizierten Anlegers) aus dem bestehenden (höheren) Anlegerschutzstandard in einen tieferen Anlegerschutzstandard optieren. Das Hineinoptieren i.S. eines «Opt-in» zu einem höheren Anlegerschutzstandard (oder nach den schweizerischen Begrifflichkeiten i.S.v. «opting-out») ist in der KAG-Regelung im Gegensatz zur MiFID-RL gar nicht vorgesehen. Die europäische Regelung wird auch hier nur unvollständig umgesetzt.

[494] Botschaft Änderung KAG, S. 3664.

Gestützt auf die Botschaft schlägt der Bundesrat den Räten folgenden Entwurf zur Regelung der Deklaration der vermögenden Privatperson als qualifizierter Anleger vor: 299

***Art. 10 Abs. 3^bis^ E-KAG*** 300
*Vermögende Privatpersonen können schriftlich erklären, dass sie als qualifizierte Anlegerinnen und Anleger gelten wollen. Der Bundesrat kann die Eignung dieser Personen als qualifizierte Anlegerinnen und Anleger zusätzlich von Bedingungen, namentlich von fachlichen Qualifikationen, abhängig machen.*

## 3. Thesenbildung

Die Erkenntnisse der inter- und intragesetzlichen systematischen Betrachtungsweise ergeben eine offenkundige Diskrepanz der Deklaration der vermögenden Privatperson im KAG im Vergleich zu der Kundensegmentierung in den übrigen finanzmarktrechtlichen Erlassen. 301

Zudem vermag auch der bundesrätliche Entwurf zur Neufassung des aktuellen Art. 10 Abs. 3 lit. e KAG zu Art. 10 Abs. $3^{bis}$ E-KAG nicht zu überzeugen, da diese Regelung nicht konform mit den europäischen Vorgaben ist. 302

Der Begriff «namentlich» ist hier als Aufforderung an den Bundesrat zu verstehen, sich im Rahmen der Verordnung an den europarechtlichen Vorgaben, insbesondere die Umsetzung von Anhang II der MiFID-RL, zu orientieren. 303

# § 9 Historisches Auslegungselement

## 1. Vorbemerkungen

304 Das historische Auslegungselement berücksichtigt die Rechtsgeschichte.[495] „Im Mittelpunkt steht dabei die Verwertung der amtlichen Dokumente der gesetzgeberischen Vorarbeiten und des eigentlichen Gesetzgebungsverfahrens (wie Vorentwürfe, Entwürfe, Gutachten, Motivenberichte, Botschaften, Weisungen, Kommissions- und Parlamentsprotokolle)."[496] MEIER-HAYOZ will unter dem historischen Auslegungselement nur die Berücksichtigung der Geschichte des individuell auszulegenden Gesetzes verstehen.[497]

305 Das historische Auslegungselement kann nun in eine subjektiv-historische und eine objektiv-historische Methode der Anwendung aufgeteilt werden. Die subjektiv-historische Methode wird nach h.L. abgelehnt, da es nicht entscheidend sein kann, was sich der Gesetzgeber subjektiv in Bezug auf den Inhalt eines Gesetzes vorgestellt hat. Die Äusserungen des historischen Gesetzgebers können jedoch Indiz für die Ermittlung des objektiven Sinns einer Gesetzesbestimmung sein.[498] Bei der objektiv-historischen Methode ergründet der Richter anhand der Materialien den Sinn der Norm bei Erlass des Gesetzes. Ist dieser historische Sinn aufgrund von Veränderungen der Umstände und von Entwicklungen objektiv überholt, so hat der Richter der Norm i.S. der Rechtsfortbildung einen neuen Sinn zu geben.[499]

306 In dieser Abhandlung wird der objektiv-zeitgemässen historischen Methode gefolgt, welche „jeweils direkt auf den geltungszeitlichen Sinn einer Norm hin[steuert], d.h. auf den Sinn, welche eine Norm heute hat, ohne aber die Materialien ausser Acht zu lassen."[500]

307 Das historische Auslegungselement gilt es vom realistischen Auslegungselement abzugrenzen. Dieses beinhaltet die Situation zum Zeitpunkt der gesetzgeberischen Erklärung, die vom Gesetzgeber bewusst oder unbewusst

---

495 BEK Einleitungsband ZGB, MEIER-HAYOZ, Art. 1 N 215.
496 BEK Einleitungsband ZGB, MEIER-HAYOZ, Art. 1 N 215.
497 BEK Einleitungsband ZGB, MEIER-HAYOZ, Art. 1 N 215.
498 RIEMER, Rz. 51.
499 RIEMER, Rz. 52.
500 RIEMER, Rz. 52.

vorausgesetzt wird.[501] Da diese jedoch über die Materialien in die Gesetzgebung einfliesst, ist m.E. eine solche Trennung weder möglich noch nötig, um den Sinn des Gesetzes ergründen zu können.

Weiter zum realistischen und nicht zum historischen Auslegungsele- 308
ment zählt man den Grundsatz, dass die Auslegung die leichte Realisierbarkeit (Praktikabilität) des Rechtes anstreben soll.[502] Auch RIEMER spricht beim realistischen Auslegungselement davon, dass das Auslegungsergebnis auch praktikabel sein müsse. Besonders wenn die verschiedenen Auslegungselemente zu unterschiedlichen Ergebnissen führen, soll man so der praktikabelsten Lösung den Vorzug geben.[503] Somit liegt das realistische Auslegungselement m.E. sämtlichen Auslegungselementen zugrunde und kann erst im Rahmen des pragmatischen Methodenpluralismus Anwendung finden.

## 2. Historische Konkretisierung der Deklaration der vermögenden Privatperson

### 2.1 Vom Anlegerbegriff zum differenzierten Anlegerkreis

Einziger Schutzzweck im AFG 1966 war der Anlegerschutz. Unter An- 309
legerschutz verstand man zudem einzig den Schutz der Kleinsparer. Das AFG 1966 wollte „den Schutz des Anlegers vor allem durch eine Restriktion der Anlagemöglichkeiten gewährleisten und strebte damit eigentlich den Schutz des Anlegers vor sich selber an."[504] Erst im AFG 1994 wurde der fachlich und wirtschaftlich unterlegene Kleinsparer zum mündigen Anleger.[505] Dem mündigen Anleger sollten so im Gegensatz zum vormals schutzbedürftigen Kleinsparer „grundsätzlich verschiedenste Investitionsmöglichkeiten offenstehen. Den damit zum Teil verbundenen erhöhten Risiken [wurde] mit erhöhten Anforderungen an die Fondsträger sowie ausgebauten Informations- und Publikationsvorschriften und damit besserer Transparenz [Rechnung getragen]."[506]

Die EBK als Aufsichtsbehörde hatte die Kompetenz bei den aus- 310
schliesslich «institutionellen Anlegern mit professioneller Tresorerie» vorbe-

[501] BEK Einleitungsband ZGB, MEIER-HAYOZ, Art. 1 N 210.
[502] BEK Einleitungsband ZGB, MEIER-HAYOZ, Art. 1 N 213.
[503] RIEMER, Rz. 48.
[504] Botschaft AFG 1994, S. 226.
[505] Expertenbericht FORSTMOSER, S. 31.
[506] Botschaft AFG 1994, S. 226.

haltenen Anlagefonds Erleichterungen[507] betreffend der Aushändigung von Anteilsscheinen sowie der Pflicht zur Prospekterstellung, der Rechenschaftsablage, dem Kündigungsrecht sowie der Pflicht zur Ausgabe und Rücknahme der Anteile in bar zu gewähren. Unter den Begriff «institutionelle Anleger mit professioneller Tresorerie» wurden Banken und Effektenhändler[508], Versicherungen sowie Pensionskassen subsumiert. „Eine professionelle Tresorerie liegt dann vor, wenn das Unternehmen mindestens eine fachlich ausgewiesene, im Finanzbereich erfahrene Person damit betraut, die Finanzmittel des Unternehmens dauernd zu bewirtschaften."[509] Noch enger ist die Definition in EBK-RS 96/4, das unter diesen Begriff nur diejenigen Anleger zählen will, „welche nicht dem Publikum gleichgesetzt werden [können]."[510]

311 Nach DEN OTTER gilt Art. 3 Abs. 4 AFG 1994 i.V.m. Art. 2 Abs. 2 aAFV als erstes Beispiel einer Differenzierung nach Anlegerkreis im Anlagefondsgesetz.[511]

## 2.2 Die Erweiterung des differenzierten Anlegerkreises

### 2.2.1 Erarbeitung des Vorentwurfs zur Totalrevision des AFG 1994 durch die Expertenkommission FORSTMOSER

312 Der Vorsteher des EFD beauftragte im Februar 2002 eine Expertenkommission unter der Leitung von Prof. Dr. Peter Forstmoser mit der Ausarbeitung von einem Erläuterungsbericht und einem Gesetzesentwurf zur Totalrevision des AFG 1994.[512] „Der Entwurf solle den Empfehlungen der IOSCO Rechnung tragen und die neuesten internationalen und europäischen Stossrichtungen der Fondsregulierung berücksichtigen. Die Expertenkommission wurde insbesondere damit beauftragt, die EU-Produktrichtlinie und EU-Fondsdienstleistungsrichtlinie umzusetzen. Zudem solle eine Erweiterung des Geltungsbereiches auf Gesellschaftsformen und die Förderung von Risikokapital (Private Equity) geprüft werden."[513]

---

507 Art. 2 Abs. 2 aAFV i.V.m. Art. 3 Abs. 4 AFG 1994.
508 Einschliesslich deren Kunden mit schriftlichem Vermögensverwaltungsauftrag.
509 EBK-RS 98/2, Effektenhändler, Rz. 16.
510 EBK-RS 96/4, Publikumseinlagen, Rz. 19-27.
511 DEN OTTER, AFG, Rz. 2 zu Art. 2 Abs. 2 aAFV.
512 Botschaft KAG, S. 6408; nachfolgend Expertenkommission FORSTMOSER.
513 Botschaft KAG, S. 6408.

Im Erläuterungsbericht zur Totalrevision des AFG 1994 vom November 2003 wurde als eklatanter Nachteil bemängelt, dass für die vermögenden Privatkunden keine der für institutionelle Anleger mit professioneller Tresorerie entsprechenden Erleichterung bestehe. Als Folge davon werde dieses Anlagegeschäft mit den vermögenden Privatpersonen oft im Ausland getätigt.[514] 313

Die Expertenkommission FORSTMOSER schlug weiter vor, dass die Aufsichtsbehörde die Kompetenz erhalten solle, kollektive Kapitalanlagen, die sich ausschliesslich an sog. qualifizierte Anleger richten, von gewissen Bestimmungen des Gesetzes zu befreien. Auf diese Weise solle dem reduzierten Schutzbedürfnis dieses Anlegerkreises Rechnung getragen und weitere Anlegerklassen analog der institutionellen Anleger mit professioneller Tresorerie geschaffen werden können.[515] 314

Die Expertenkommission FORSTMOSER schlug folgende Formulierung zur Definition des Anlegerkreises im VE-KAG vor: 315

***Art. 9 VE-KAG Anlegerkreis*** 316

*Die kollektiven Kapitalanlagen stehen sämtlichen Anlegern offen, es sei denn, dieses Gesetz oder das Fondsreglement schränken den Anlegerkreis auf qualifizierte Anleger ein. Der Bundesrat umschreibt den Begriff des qualifizierten Anlegers.*

*Die Aufsichtsbehörde kann kollektive Kapitalanlagen ganz oder teilweise von bestimmten Vorschriften dieses Gesetzes befreien, soweit sie sich ausschliesslich an qualifizierte Anleger richten und der Schutzzweck des Gesetzes dadurch nicht beeinträchtigt wird.*

Kollektive Kapitalanlagen sollten somit auf einen Kreis von qualifizierten Anlegern beschränkt werden können. Im AFG 1994 galt dagegen noch der Grundsatz, dass sämtliche Fonds als Publikumsfonds allen Anlegern offenstehen sollen. Ausnahme hiervon waren nur die nach Art. 2 Abs. 2 aAFV emittierten Fonds für institutionelle Anleger.[516] 317

Dank der Kompetenz zum Erlass der Umschreibung des Begriffes des qualifizierten Anlegers[517] sollte dem Gesetzgeber gemäss Erläuterungsbericht 318

[514] Expertenbericht FORSTMOSER, S. 26.
[515] Expertenbericht FORSTMOSER, S. 92.
[516] Expertenbericht FORSTMOSER, S. 133.
[517] Art. 9 Abs. 1 Satz 2 VE-KAG.

die Möglichkeit gegeben werden, allenfalls erforderliche Anpassungen zeitnah auf Verordnungsstufe vornehmen zu können.[518] Im VE-KAG wurde somit erstmals die Unterscheidung zwischen dem gewöhnlichen und dem qualifizierten Anleger vorgenommen.[519]

### 2.2.2 Vernehmlassungsverfahren Totalrevision AFG 1994

319 Der Bundesrat beschloss Mitte Januar 2004, den Erläuterungsbericht samt Gesetzesentwurf der Expertenkommission FORSTMOSER in die Vernehmlassung zu schicken.[520]

320 Die Schaffung von je nach Schutzbedürfnis unterschiedlichen Anlegerkategorien wurde im Vernehmlassungsverfahren von den interessierten Kreisen gutgeheissen.[521] Im Bericht des EFD vom Oktober 2004 über die Vernehmlassungsergebnisse zum Erläuterungsbericht wurde dazu festgehalten, dass „SBVg, Economiesuisse, SFA, VAS, SVV, T-K, VSV, KGAST, SECA, Basler Versicherungen, UBS, CSG, J.P. Morgan (Suisse) SA, Swiss Life, FDP, CVP, SSIP, SVIG, Partners Group, Zürcher Handelskammer, L&S RA, Swissca sowie HD RA [vorgeschlagen hätten], den Begriff «qualifizierte Anleger» auf Gesetzesstufe, Einzelheiten, wie etwa die Umschreibung der Anforderungen an vermögende Privatpersonen («High-net-worth individuals»), in der bundesrätlichen Verordnung zu regeln."[522]

321 Der Bundesrat nahm die Ergebnisse des Vernehmlassungsverfahrens mit Entscheid vom Dezember 2004 zur Kenntnis und beschloss in Würdigung der Vernehmlassung, den Begriff des qualifizierten Anlegers neu direkt auf Gesetzesstufe zu regeln. Das EFD wurde vom Bundesrat mit der Ausarbeitung von Entwurf und Botschaft beauftragt.[523]

### 2.2.3 Botschaft zum Kollektivanlagengesetz

322 Im September 2005 hat der Bundesrat dem Parlament die Botschaft zur Revision des AFG 1994 unterbreitet und Zustimmung zum Gesetzesentwurf beantragt.[524]

---

[518] Expertenbericht FORSTMOSER, S. 92.
[519] EFD-Erläuterungsbericht AFG, S. 92.
[520] EFD-Medienmitteilung, Teilrevision AFG , S. 1.
[521] EFD-Vernehmlassungsergebnisse Totalrevision AFG, S. 8.
[522] EFD-Vernehmlassungsergebnisse Totalrevision AFG, S. 9.
[523] Botschaft KAG, S. 6410 f.
[524] Botschaft KAG, S. 6395.

Die vermögende Privatperson wurde in Art. 10 lit. d E-KAG als qualifizierter Anleger in den Katalog wie folgt aufgenommen: 323

***Art. 10 E-KAG Anlegerinnen und Anleger*** 324

*[1]Anlegerinnen und Anleger sind natürliche und juristische Personen sowie Kollektiv- und Kommanditgesellschaften, die Anteile an kollektiven Kapitalanlagen halten.*

*[2]Kollektive Kapitalanlagen stehen sämtlichen Anlegerinnen und Anlegern offen, es sei denn, dieses Gesetz, das Fondsreglement oder die Statuten schränken den Anlegerkreis auf qualifizierte Anlegerinnen und Anleger ein.*

*[3]Als qualifizierte Anlegerinnen und Anleger im Sinne dieses Gesetzes gelten namentlich:*

*a. beaufsichtigte Finanzintermediäre wie Banken, Effektenhändler und Fondsleitungen;*

*b. beaufsichtigte Versicherungseinrichtungen;*

*c. öffentlich-rechtliche Körperschaften und Vorsorgeeinrichtungen mit professioneller Tresorerie;*

*d. vermögende Privatpersonen.*

*[4]Die Aufsichtsbehörde kann kollektive Kapitalanlagen ganz oder teilweise von bestimmten Vorschriften dieses Gesetzes befreien, soweit sie sich ausschliesslich an qualifizierte Anlegerinnen und Anleger richten und der Schutzzweck des Gesetzes dadurch nicht beeinträchtigt wird, namentlich von den Vorschriften über:*

*a. die Aushändigung von Anteilscheinen;*

*b. die Pflicht zur Erstellung eines Prospektes;*

*c. die Pflicht zur Erstellung eines Halbjahresberichtes;*

*d. die Pflicht, den Anlegerinnen und der Anlegern das Recht auf jederzeitige Kündigung einzuräumen;*

*e. die Pflicht zur Ausgabe und Rücknahme der Anteile in bar;*

*f. die Risikoverteilung.*

325 Im E-KAG wurde neu zwischen dem gewöhnlichen und dem qualifizierten Anleger unterschieden. Durch die Aufnahme der vermögenden Privatperson[525] ging die Definition des qualifizierten Anlegers weiter als die in der aAFV[526] legiferierte Definition des institutionellen Anlegers mit professioneller Tresorerie.[527]

326 Der Katalog der qualifizierten Anlegerinnen und Anleger lehnte sich dabei der entsprechenden EU-Richtlinie an.[528] Dank dieser weiteren Definition sollte zugunsten des Fondsplatzes Schweiz und des Private Banking die Möglichkeit geschaffen werden, kollektive Kapitalanlagen spezifisch für einen Anlegerkreis mit geringerem Schutzbedürfnis aufzulegen.[529]

327 Die genaue Definition des Begriffes der vermögenden Privatperson als qualifizierter Anleger sollte der BR gestützt auf Art. 152 E-KAG auf Verordnungsstufe festlegen legen.

328 ***Art. 152 E-KAG Vollzug***

*[1]Der Bundesrat erlässt die Ausführungsbestimmungen. Er kann die Aufsichtsbehörde ermächtigen, administrative und technische Ausführungsbestimmungen zu erlassen.*

*[2]Er beachtet beim Erlass von Verordnungsrecht die massgebenden Anforderungen des Rechts der Europäischen Gemeinschaften.*

### 2.2.4 Parlamentarische Beratung

#### a) Nationalrat als Erstrat

329 NR[530] Gerold Bührer[531] als Kommissionssprecher der Kommission für Wirtschaft und Abgaben des Nationalrates (WAK-N) eröffnete die Behand-

[525] Art. 10 Abs. 3 lit. d E-KAG.

[526] Art. 2 Abs. 2 aAFV.

[527] Botschaft KAG, S. 6428.

[528] Botschaft KAG, S. 6441, wohl mit Verweis auf die MiFID-RL.

[529] Botschaft KAG, S. 6429.

[530] Die Stimmabgabe im NR erfolgt mit einem elektronischen Abstimmungssystem (Art. 56 Abs. 1 GRN). Die abgegebenen Stimmen jeder Abstimmung werden gezählt und gespeichert. Das Abstimmungsergebnis wird in Form einer Namensliste veröffentlicht (Art. 57 Abs. 1 und Abs. 3 GRN). Das Parlamentarierrating (PaR) 2006 erlaubt es nun, gestützt auf diese Daten die Politiker bezüglich einer bestimmten politischen Dimension einzustufen. Die klassische Links-Rechts-Dimension der Politik dient als Grundlage (-10/10).

lung des KAG im Nationalrat als Erstrat.[532] Er betonte die Notwendigkeit einer Revision des AFG 1994 für den schweizerischen Finanzplatz und führte insbesondere aus, es gehe „um eine Anpassung an die EU-Richtlinie sowie um eine differenzierte Ausgestaltung bezüglich des Anlegerschutzes und schliesslich um die Sicherstellung der gerade auch in diesem Geschäft notwendigen Transparenz. Differenzierter Anlegerschutz [bedeutete] hier, dass zwischen sogenannten gewöhnlichen und qualifizierten Anlegern unterschieden [werde].“[533] Die durch die WAK-N vorgenommene Ausweitung des Begriffes der qualifizierten Anleger sei im Interesse des Standortes Schweiz geschehen.[534] NR Luc Recordon[535] als Vertreter der Minderheit der WAK-N machte die Ratsvertreter anschliessend darauf aufmerksam, „[...] que les utilisateurs finals sont principalement des non-professionnels“[536], welche deshalb besonderen Schutz verdienen. Der NR beschloss das Eintreten auf die Vorlage ohne Gegenantrag.[537]

330 Die WAK-N hielt mit Mehrheitsantrag ihre Zustimmung zum ersten, zweiten und vierten Absatz des Art. 10 E-KAG fest. Beim dritten Absatz hat die WAK-N eine übereinstimmende Anpassung sowie eine Mehrheits- und eine Minderheitsmeinung vorgebracht.[538]

331 Mit Antrag der Mehrheit der WAK-N wurde folgende Ergänzung von Art. 10 Abs. 3 E-KAG vorgebracht.[539]

332 ***Art. 10 Abs. 3 lit. c$^{bis}$ E-KAG***
*Unternehmen mit professioneller Tresorerie*

Der Wert -10 bedeutet, dass der Politiker ganz links, der Wert 10, dass der Politiker ganz rechts vom politischen Spektrum steht (NZZ PaR 2006). Die Angabe des PaR bei den einzelnen Politikern soll den politischen Hintergrund der Votanten besser veranschaulichen.

531 Gerold Bührer, FDP, SH, PaR-Wert: 3,8, NZZ PaR 2006.
532 Amtl. Bull. NR 2006, S. 49.
533 Amtl. Bull. NR 2006, S. 49.
534 Amtl. Bull. NR 2006, S. 49.
535 Luc Recordon, GPS, VD, PaR-Wert: -9,4, NZZ PaR 2006.
536 Amtl. Bull. NR 2006, S. 50.
537 Amtl. Bull. NR 2006, S. 54.
538 Amtl. Bull. NR 2006, S. 64.
539 Amtl. Bull. NR 2006, S. 64.

333 Auf Antrag der Mehrheit der WAK-N wurden zudem folgende Ergänzungen vorgeschlagen:[540]

334 ***Art. 10 Abs. 3 E-KAG***
*e. Anleger, die mit dem Anbieter in einer qualifizierten Beziehung stehen (insbesondere aufgrund eines schriftlichen Vermögensverwaltungsvertrages).*
*f. Anleger, die gegenüber dem Bewilligungsträger den Nachweis genügender Erfahrung und Fachkenntnisse im Anlagebereich erbringen.*

335 ***Art. 10 Abs. 3$^{bis}$ E-KAG***
*Der Bundesrat kann weitere Anlegerkategorien als qualifiziert bezeichnen.*

336 Diese von einer Mehrheit der WAK-N beantragten Ergänzungen wurden innerhalb der Kommission von Minderheiten unterschiedlicher Couleur zur Streichung vorgeschlagen.[541]

337 Zum Antrag Art. 10 Abs. 3 lit. e E-KAG hat NR Hildegard Fässler-Osterwalder[542] als Vertreterin der Kommissionsminderheit das Wort ergriffen. Sie bemängelte die fehlende Definition des Begriffs der «qualifizierten Beziehung». Zudem bemängelte sie die gesetzliche Folgerung [ob Vermutung oder Fiktion wird offen gelassen], dass eine durch Vermögensverwaltungsvertrag vertretene Person selbst zum qualifizierten Anleger werde. Sie sah in der Aufnahme dieser Bestimmung eine Aushebelung des Anlegerschutzes und warnte vor einer zu grosszügigen Ausweitung des Begriffes der qualifizierten Anleger. Weiter verwies sie auf den Terminus technicus «namentlich», welcher eine Ergänzung der Liste der qualifizierten Anleger auf Verordnungsebene bereits schon erlaube und sich somit eine Ergänzung des bundesrätlichen Entwurfes nicht aufdränge.[543]

338 Zum Antrag Art. 10 Abs. 3 lit. f E-KAG der Komissionsmehrheit hat NR Susanne Leutenegger Oberholzer[544] das Wort ergriffen. Einleitend hielt sie fest, dass die Kommissionsminderheit anrege, das erforderliche Niveau für die

540 Amtl. Bull. NR 2006, S. 64.
541 Amtl. Bull. NR 2006, S. 64.
542 Hildegard Fässler-Osterwalder, SP, SG, PaR-Wert: -7,3, NZZ PaR 2006.
543 Amtl. Bull. NR 2006, S. 65.
544 Susanne Leutenegger Oberholzer, SP, BL, PaR-Wert: -8,4, NZZ PaR 2006.

vermögende Privatperson[545] nicht zu tief anzusetzen. Dies, da die unerfahrenen Anleger ein höheres Schutzniveaus benötigen würden. Nur bestimmte kollektive Kapitalanlagen seien auf qualifizierte Anleger zu beschränken und nur dort sei das Schutzniveau auch herabzusetzen. Sie bemängelte weiter, dass die verlangte genügende Erfahrung und Fachkenntnisse im Anlagebereich nirgends definiert werden. Mit diesem unbestimmten Rechtsbegriff werde der Schutzgedanke des Gesetzes aufgehoben. Weiter verwies auch NR Leutenegger Oberholzer auf den Begriff «namentlich», welcher eine Ergänzung der Liste der qualifizierten Anleger bereits auf Verordnungsebene erlaube.[546]

Zum Antrag Art. 10 Abs. 3$^{bis}$ E-KAG führte NR Doris Leuthard[547] keinen materiellen, sondern einen formellen Änderungsantrag als Vertreterin der Kommissionsminderheit an. Die Ergänzung von Absatz 3$^{bis}$ sei hinfällig, da im dritten Absatz des bundesrätlichen Vorschlags mit dem Begriff «namentlich» gerade die Möglichkeiten für den BR gegeben werden, weitere Kategorien als qualifiziert zu bezeichnen. Der Absatz 3$^{bis}$ sei insofern überflüssig und auf Antrag der Kommissionsminderheit zu streichen. Zudem gibt NR Leuthard namens der CVP-Fraktion die Unterstützung zu den Ergänzungen (Art. 10 Abs. 3 lit. e und f E-KAG) bekannt.[548] 339

NR Hans Kaufmann[549] erwiderte das Votum von NR Leutenegger Oberholzer zu den monetären Anforderungen an die vermögenden Privatpersonen[550]. Namentlich verwies er auf die Anforderung an die Qualifikation im Fürstentum Liechtenstein. Dort seien finanzielle Mittel im Umfang von 1 Mio. CHF ausreichend und in die Berechnung fliesse gar der [selbstbewohnte] Immobilienbesitz ein. Auch meinte NR Kaufmann zu glauben, dass in der EU relativ tiefe Limiten angesetzt seien und schloss mit dem Wunsch, die Limiten in der Schweiz seien zumindest nicht höher als die EU-Limiten anzusetzen, weil sonst wiederum Nachteile für den schweizerischen Finanzplatz zu erwar- 340

545 Art. 10 Abs. 3 lit. d E-KAG.

546 Amtl. Bull. NR 2006, S. 65.

547 Doris Leuthard, CVP, AG, PaR-Wert: -0,3, (NZZ PaR 2006). Seit dem 1. August 2006 ist Doris Leuthard Mitglied des Bundesrates und steht dem UVEK vor. <http://www.uvek.admin.ch/org/vorsteher/01901/index.html?lang=de> (besucht am 30. Juni 2012).

548 Amtl. Bull. NR 2006, S. 65.

549 Hans Kaufmann, SVP, ZH, PaR-Wert: 8,4, NZZ PaR 2006.

550 Art. 10 Abs. 4 lit. d E-KAG.

ten seien. Desweitern unterstützte die SVP-Fraktion die Anträge der Kommissionsmehrheit.[551]

341 BR Hans-Rudolf Merz empfohl dem Nationalrat, der Kommissionsminderheit zu folgen. Der Kreis der qualifizierten Anleger sei auf dem Verordnungsweg zu regeln, wofür die Grundlage dafür im Begriff «namentlich» schon in der Einleitung zu Art. 10 Abs. 3 E-KAG Erwähnung gefunden habe.[552]

342 Als Sprecher der WAK-N ergriff abschliessend NR Bührer erneut das Wort. Er hielt fest, dass die Kommission mit einer klaren Mehrheit von 15 zu 6 Stimmen die literae e und f hinzugefügt habe. Bei Absatz $3^{bis}$ sei die Abstimmung mit 11 zu 10 Stimmen denkbar knapp ausgefallen. Es handle sich seiner Ansicht nach um eine rein formelle Abwägung. Zu Art. 10 Abs. 3 lit. e E-KAG erwähnte NR Bührer die obligationenrechtliche Haftung des Vermögensverwalters gestützt auf das Mandat. Bei Art. 10 Abs. 3 lit. f E-KAG verwies er auf die Formulierung in den Verhaltensregeln für Effektenhändler, worin ein Kunde schriftlich bestätigen könne, die Risiken bestimmter Geschäftsarten zu kennen und infolgedessen auf zusätzliche Informationen seitens des Effektenhändlers verzichte. Im Namen der Kommissionsmehrheit empfohl NR Bührer Zustimmung zu Art. 10 Abs. 3 lit. e und f E-KAG. Bei Art. 10 Abs. $3^{bis}$ E-KAG wies er auf die Güterabwägung und das knappe Ergebnis in der Kommission hin.[553]

343 Der NR nahm die Bestimmung Art. 10 E-KAG an. Bei Art. 10 Abs. 3 lit. e E-KAG stimmten für den Antrag der Kommissionsmehrheit 106 Parlamentarier und für denjenigen der Kommissionsminderheit 61 Parlamentarier. Bei Art. 10 Abs. 3 lit. f E-KAG haben 105 Parlamentarier dem Antrag der Kommissionsmehrheit und 59 Parlamentarier dem Antrag der Kommissionsminderheit die Stimme gegeben. Art. 10 Abs. $3^{bis}$ E-KAG wurde schliesslich mit 86 Stimmen in den Entwurf aufgenommen, 78 Parlamentarier dagegen haben für die Streichung des Absatzes gestimmt.[554]

344 In der Schlussabstimmung hat der NR den E-KAG mit 99 zu 56 Stimmen gutgeheissen.[555]

[551] Amtl. Bull. NR 2006, S. 66.
[552] Amtl. Bull. NR 2006, S. 66.
[553] Amtl. Bull. NR 2006, S. 66.
[554] Amtl. Bull. NR 2006, S. 67.
[555] Amtl. Bull. NR 2006, S. 84.

### b) Ständerat als Zweitrat

SR[556] Hannes Germann[557] als Kommissionssprecher der Kommission für Wirtschaft und Abgaben des Ständerates (WAK-S) eröffnete die Behandlung des KAG im Ständerat als Zweitrat. Er wies in seinen Ausführungen darauf hin, dass im AFG 1994 für vermögende Privatpersonen nicht die gleichen Erleichterungen vorgesehen seien, wie dies für institutionelle Anleger mit professioneller Tresorerie der Fall sei. Dieses für das Private Banking wichtige Geschäft werde deshalb oft im Ausland oder vom Ausland aus angeboten. Gerade aber die Entwicklung von Spezialfonds sei jedoch für einen Nischenstandort wie die Schweiz von grosser Bedeutung und müsse deshalb gefördert werden. 345

SR Germann hielt bei der Behandlung von Art. 10 E-KAG fest, dass es nur bei der Definition des qualifizierten Anlegers nach Absatz 3 lit. e und f Differenzen zur nationalrätlichen Fassung gebe. Die Kommissionsmehrheit der WAK-S schlägt folgende Abänderungen des nationalrätlichen Entwurfes vor.[558] 346

***Art. 10 Abs. 3 E-KAG*** 347
*e. Anleger, die mit einem Finanzintermediär einen schriftlichen Vermögensverwaltungsvertrag geschlossen haben.*

---

556 Da im SR als zweite Kammer i.G. zum NR die Stimmabgabe durch Handererheben erfolgt und eine Abstimmung unter Namensaufruf nur auf Antrag stattfindet, kann für die einzelnen SR keine Einstufung analog dem PaR im NR erfolgen (Art. 44 Abs. 1 und Art. 46 Abs. 1 GRS). Bei der Betrachtung des SR als Zweitrat bei der Totalrevision des AFG wird deshalb einzig die politische Partei angegeben. Die Einstufung der Parteien in der Links-Rechts-Dimension und deren Durchschnittswert beträgt: GPS (-9,3), SP (-7,4), CVP (0,7), FDP (2,7), Grünliberale (2,8) und SVP (7,4), (NZZ PaR 2006). In der Sommersession 2012 hat der SR am 11. Juni 2012 „knapp eine parlamentarische Initiative gutgeheissen, welche die Einführung der elektronischen Stimmabgabe verlangt. In einer Abstimmung mit Namensaufruf sprach sich die kleine Kammer mit 22 zu 21 Stimmen bei einer Enthaltung für einen Vorstoss von This Jenny (SVP/GL) aus. Die über zweistündige Debatte zeigte, dass die SR nicht den Knopfdruck fürchten, sondern die Ranglisten, die aus den registrierten Daten erstellt werden. Das könne die lösungsorientierte Dialogkultur im SR gefährden und zu erhöhtem Druck der Parteien auf die SR führen, hielten die Gegner – vor allem aus der Mitte – fest.“ <http://www.parlament.ch/ d/sessionen/sitzung-in-kuerze/rueckblick-sda-archiv/sommersession-2012/seiten/default.aspx> (besucht am 30. Juni 2012). Zukünftig wird somit die politische Einstufung der SR auch gestützt auf das konkrete Abstimmungsverhalten vorgenommen werden können.

557 Hannes Germann, SVP, SH, PaR-Parteidurchschnitt: 7,4, NZZ PaR 2006.

558 Amtl. Bull. SR 2006, S. 348 f.

*f. Streichen*

348 SR Hans Lauri als Vertreter der Kommissionsminderheit präzisierte, dass nur die unter Art. 10 Abs. 3 lit. a E-KAG genannten Finanzintermediäre befähigt sein sollen, einen Mandanten mittels Vermögensverwaltungsvertrag als qualifizierten Anleger zu deklarieren. Andere Finanzintermediäre (insb. die SRO-beaufsichtigten Finanzintermediäre) sollen von diesem Vertriebsprivileg mangels prudentieller Aufsicht nicht Gebrauch machen können. Die Kommissionsminderheit schlug folgende Variante des litera e vor:[559]

349 ***Art. 10 Abs. 3 E-KAG***
*e. Anleger, die mit einem Finanzintermediär gemäss Buchstabe a einen schriftlichen Vermögensverwaltungsvertrag geschlossen haben.*

350 SR Bruno Frick[560] ersuchte nun BR Merz im Sinne einer Präzisierung und zum Verständnis des Antrages der Kommissionsminderheit um Bestätigung, dass unter den Begriff der «Finanzintermediäre» nach lit. a solche unter staatlicher wie auch unter parastaatlicher Aufsicht fielen. Auch ein Vermögensverwalter mit Anschluss an eine Selbstregulierungsorganisation (SRO) sei dem Geldwäschereigesetz unterstellt[561] und somit zwar nicht prudentiell, aber doch qualifiziert beaufsichtigt.[562]

351 BR Merz bestätigte die Ansicht von SR Frick. Die Aufzählung der Finanzintermediäre in lit. a sei eine nicht abschliessende. BR Merz beantragte weiter, den Antrag Frick auf Präzisierung von Art. 10 Abs. 3 lit. a E-KAG zu übernehmen, wonach der Verweis auf qualifiziert beaufsichtigte Finanzintermediäre ergänzt werden müsse.[563]

---

559 Amtl. Bull. SR 2006, S. 349.

560 Bruno Frick, CVP, SZ, PaR-Parteidurchschnitt: 0,7, NZZ PaR 2006.

561 Der Verweis auf die Einhaltung der Sorgfaltspflichten gemäss Geldwäschereigesetz (GWG) ist jedoch nur eine hinreichende nicht aber eine ausreichende Bedingung zum (misslungen) Nachweis der Gleichwertigkeit der staatlichen zur parastaatlichen Aufsicht, da die SRO-beaufsichtigten Vermögensverwalter keiner prudentiellen Aufsicht unterliegen.

562 Amtl. Bull. SR 2006, S. 350.

563 Amtl. Bull. SR 2006, S. 350.

Dieser Ansicht widersprach jedoch SR Fritz Schiesser[564]. Er befürchtete eine zu grosse Erweiterung der Zahl der qualifizierten Anleger, wenn alle Mitglieder einer Selbstregulierungsorganisation nach GWG bereits als Finanzintermediäre im Sinne von Art. 10 Abs. 3 lit. a E-KAG gelten würden. Das Bestehen einer Differenz mit der Regelung des Nationalrates sei wichtig, damit dieser sich der Frage der Qualifizierung der staatlichen und parastaatlichen Aufsicht nochmals annehme.[565] 352

Bei der Abstimmung zu Art. 10 Abs. 3 lit. e E-KAG haben für den Antrag der Kommissionsminderheit 19 Ständeräte und für denjenigen der Kommissionsmehrheit 13 Ständeräte gestimmt.[566] 353

BR Merz empfahl dem SR den Art. 10 Abs. 3 lit. f E-KAG zu streichen. Der Gesetzgeber habe kein Organ für die Prüfung der Erfahrung und Fachkenntnisse vorgesehen. Eine Selbstbeurteilung sei zudem eine Täuschung derjenigen Anleger, die im Vertrauen auf diese eigene Beurteilung Mittel in einen Fonds für qualifizierte Anleger geben und dann die höheren Risiken und den eingeschränkten Anlegerschutz weder tragen können noch wollen.[567] 354

Bei der Abstimmung zu Art. 10 Abs. 3 lit. f E-KAG wurden für den Antrag der Kommissionsmehrheit 26 Stimmen, für denjenigen der Kommissionsminderheit dagegen nur 3 Stimmen abgegeben. Der Art. 10 Abs. 3 lit. f E-KAG des Nationalrates wurde so vom Ständerat gestrichen.[568] 355

In der Schlussabstimmung hat der SR den Entwurf des KAG mit 27 zu 0 Stimmen bei 6 Enthaltungen gutgeheissen[569] 356

[564] Fritz Schiesser, FDP, GL, PaR-Parteidurchschnitt: 2,7, NZZ PaR 2006.

[565] Amtl. Bull. SR 2006, S. 350. Der Vollständigkeit halber sei festgehalten, dass neben den beiden bereits erwähnten Kommissionsanträgen einzig SR Rolf Schweiger (FDP, ZG, PaR-Parteidurchschnitt: 2,7, NZZ PaR 2006) als Einzelantrag (siehe dazu Amtl. Bull. SR 2006, S.351) an der Version des NR festhalten wollte. SR Schweiger verwies auf die Regelung in Art. 11 BEHG, worin Kunden mit genügend Erfahrung und Fachkenntnissen nicht denselben Schutz benötigen wie die Durchschnittsanleger. Weiter gebiete es ja gerade der differenzierte Anlegerschutz, den sachkundigen Investoren nicht durch einen unangemessen hohen Anlegerschutzstandard den Zugang zum institutionellen Fondsgeschäft zu verunmöglichen.

[566] Amtl. Bull. SR 2006, S. 351.

[567] Amtl. Bull. SR 2006, S. 351.

[568] Amtl. Bull. SR 2006, S. 351.

[569] Amtl. Bull. SR 2006, S. 361.

### c) Differenzbereinigungen

357 Die sozialdemokratische Fraktion des NR sowie NR Luc Recordon verlangten zu Beginn der Differenzbereinigung des Kollektivanlagengesetzes eine Verschiebung der Behandlung bis zur Herbstsession 2006. Für die beiden identischen Ordnungsanträge der sozialdemokratischen Fraktion des NR sowie von NR Recordon haben – nach einer emotional stark aufgeheizten Diskussion – 61 NR ihre Zustimmung und 98 NR ihre Ablehnung zum Ausdruck gebracht.[570]

358 Die WAK-N beantragt dem NR, dem ständerätlichen Vorschlag zu Art. 10 Abs. 3 lit. e und f E-KAG zuzustimmen. Nach Feststellung des Quorums wurde der Beschluss des SR zur Abänderung der Art. 10 Abs. 3 lit. e und f E-KAG angenommen, ohne dass diesbezüglich die durch den SR gewünschte Diskussion im NR dazu stattfand.[571]

### d) Schlussabstimmungen

359 In der Schlussabstimmung vom 23. Juni 2006 hat der NR den E-KAG in der bereinigten Form mit 182 Stimmen (Einstimmigkeit) angenommen.[572]

360 Der SR hat in der Schlussabstimmung vom gleichen Tag dem E-KAG in der bereinigten Form mit 36 Stimmen (Einstimmigkeit) bei 8 Enthaltungen zugestimmt.[573]

361 Der vom Parlament verabschiedete Art. 10 KAG lautet wie folgt:

362 ***Art. 10 KAG Anlegerinnen und Anleger***

*[1]Anlegerinnen und Anleger sind natürliche und juristische Personen sowie Kollektiv- und Kommanditgesellschaften, die Anteile an kollektiven Kapitalanlagen halten.*

*[2]Kollektive Kapitalanlagen stehen sämtlichen Anlegerinnen und Anlegern offen, es sei denn, dieses Gesetz, das Fondsreglement oder die Statuten schränken den Anlegerkreis auf qualifizierte Anlegerinnen und Anleger ein.*

*[3]Als qualifizierte Anlegerinnen und Anleger im Sinne dieses Gesetzes gelten namentlich:*

---

570 Amtl. Bull. NR 2006, S. 837.
571 Amtl. Bull. NR 2006, S. 861.
572 Amtl. Bull. NR 2006, S. 1146.
573 Amtl. Bull. SR 2006, S. 617.

*a. beaufsichtigte Finanzintermediäre wie Banken, Effektenhändler und Fondsleitungen;*
*b. beaufsichtigte Versicherungseinrichtungen;*
*c. öffentlich-rechtliche Körperschaften und Vorsorgeeinrichtungen mit professioneller Tresorerie;*
*d. Unternehmen mit professioneller Tresorerie;*
*e. vermögende Privatpersonen;*
*f. Anlegerinnen und Anleger, die mit einem Finanzintermediär gemäss Buchstabe a einen schriftlichen Vermögensverwaltungsvertrag abgeschlossen haben.*
*4 Der Bundesrat kann weitere Anlegerkategorien als qualifiziert bezeichnen.*
*5 Die FINMA kann kollektive Kapitalanlagen ganz oder teilweise von bestimmten Vorschriften dieses Gesetzes befreien, soweit sie sich ausschliesslich an qualifizierte Anlegerinnen und Anleger richten und der Schutzzweck des Gesetzes dadurch nicht beeinträchtigt wird, namentlich von den Vorschriften über:*
*a. die Aushändigung von Anteilscheinen;*
*b. die Pflicht zur Erstellung eines Prospektes;*
*c. die Pflicht zur Erstellung eines Halbjahresberichtes;*
*d. die Pflicht, den Anlegerinnen und Anlegern das Recht auf jederzeitige Kündigung einzuräumen;*
*e. die Pflicht zur Ausgabe und Rücknahme der Anteile in bar;*
*f. die Risikoverteilung.*

### 2.2.5 Erläuterungsbericht zur Kollektivanlagenverordnung

#### a) Allgemeines

Im Anschluss an die Verabschiedung des KAG im Parlament verlangte 363
die WAK-N die Konsultationsvorlage der KKV. Der vom EFD ausgearbeitete Entwurf der KKV soll den verschiedenen Stellungnahmen sowie der Ämterkonsultation Rechnung tragen. Das EFD hat anschliessend im November 2006 in einem Erläuterungsbericht zur Verordnung über die kollektiven Kapitalanlagen die relevanten Artikel kommentiert.[574]

---

574 EFD-Erläuterungsbericht KKV, S. 4.

### b) Vermögende Privatperson als qualifizierter Anleger

364 Die vermögende Privatperson als qualifizierter Anleger wird in Art. 6 Abs. 1 KKV geregelt:

365 ***Art. 6 KKV Qualifizierte Anlegerinnen und Anleger***
*[1]Als vermögende Privatperson gilt, wer gegenüber einem beaufsichtigten Finanzintermediär gemäss Artikel 10 Absatz 3 Buchstabe a und b des Gesetzes oder gegenüber einem unabhängigen Vermögensverwalter gemäss Absatz 2 schriftlich bestätigt, dass er beziehungsweise sie im Zeitpunkt des Erwerbs direkt oder indirekt über Finanzanlagen von mindestens 2 Millionen Franken verfügt.*

366 Gemäss dem Erläuterungsbericht zur KKV zeichnen sich die vermögenden Privatpersonen («HNWI») dadurch aus, „dass sie die finanziellen Mittel besitzen, um sich professionell beraten zu lassen.“[575]

367 Konsequenz dieser Einstufung ist, dass die vermögenden Privatpersonen kollektive Kapitalanlagen, die nur qualifizierten Anlegern vorbehalten sind, erwerben und halten dürfen. Diese kollektiven Kapitalanlagen dürfen jedoch den Schutzzweck des Gesetzes, insbesondere den Schutz der Anleger, nicht beeinträchtigen.[576]

### c) Tautologische Begründungen des EFD

368 Das EFD begründet die gesetzliche Vermutung, dass die vermögenden Privatpersonen ein vermindertes Schutzbedürfnis gegenüber dem gewöhnlichen Anlegern haben, mit der Tatsache, dass der Gesetzgeber bereits schon im Rahmengesetz in Art. 10 Abs. 5 KAG die Möglichkeit der Befreiung von kollektiven Kapitalanlagen von bestimmten dem Anlegerschutz dienenden Vorschriften legiferiert habe. Diese Begründung aus sich heraus ist ein Zirkelschluss. Unter einer autologischen Begründung versteht man „einen fehlerhaften Beweis, in dem die zu beweisende Behauptung implizit schon vorausgesetzt wird.“[577] Eine solche tautologische Begründung ist abzulehnen.

---

575 EFD-Erläuterungsbericht KKV, S. 8.

576 Art. 10 Abs. 4 KAG.

577 Wörterbuch Philosophie, Stichwort: Tautologie. Nach BARTELS, S. 49 geht die Bezeichnung Zirkelschluss («circulus virtiosus») zurück auf Aristoteles (Analytica priora 2, 5. 57 b 18 ff.). Im Wörterbuch Soziologie, Stichwort: Tautologie wird der Begriff wie folgt

### d) Begründung aufgrund der faktischen Marktverhältnisse

Das EFD verweist auf den grossen Erfolg der nur qualifizierten Anleger resp. den ausschliesslich gleichwertigen und professionellen Markteilnehmern vorbehaltenen kollektiven Kapitalanlagen auf dem Finanzmarkt. Die Aufsichtsbehörde habe in grosszügiger Art und Weise von der Befreiungskompetenz Gebrauch gemacht und somit das stete Wachstum dieser Anlagefonds an Volumen und Zahl überhaupt ermöglicht.[578] Diese Begründung geht aus zweierlei Gründen fehl. 369

Bezogen auf die vermögende Privatperson als qualifizierter Anleger gilt es, die ursprüngliche Intention des Bundesrates bei Erlass des Art. 2 Abs. 2 aAFV zu betrachten. Der Kreis der institutionellen Anleger mit professioneller Tresorerie war enger definiert als die heutigen professionellen Anleger. Die institutionellen Anleger mit professioneller Tresorerie konnten aufgrund ihrer Expertise ihre Interessen selbst qualifiziert wahrnehmen. Für die Privatpersonen (ob qualifiziert oder nicht) nahm die Behörde die Einstufung in Art. 1 AFG 1994 vorweg. Zudem unterstanden die qualifizierten Investoren nach AFG 1994 einer staatlichen Aufsicht und waren zur Risikoüberwachung angehalten. Der Gesetzgeber wollte einzig diese institutionellen Marktteilnehmer mit professioneller Tresorerie nicht einer doppelten Aufsicht unterstellen.[579] Der Erfolg der Fonds für qualifizierte Anleger kann somit nicht als Indiz für eine Notwendigkeit der Einstufung von vermögenden Privatpersonen als qualifizierte Anleger herangezogen werden. 370

Im Rahmen der ÖAR wird auch die Kapitalmarktbeanspruchung der Schweiz aufgezeigt. Mangels aufgeschlüsselter statistischer Angaben zum Anlegerkreis der Fonds für qualifizierte Anleger[580] kann die Begründung aufgrund der faktischen Marktverhältnisse nicht zur Darlegung der Notwendigkeit der Privilegierung von vermögenden Privatpersonen zu qualifizierten Anlegern[581] herangezogen werden und ist somit abzulehnen. 371

definiert; „I.w.S. ein Satz, der durch irgendwelche Umformungen aus anderen Sätzen gewonnen wurde, ohne dass er etwas Neues oder etwas anderes aussagt als das, was in den anderen Sätzen bereits enthalten war."

578 EFD-Erläuterungsbericht KKV, S. 8.

579 BSK Kapitalmarktrecht AFG-STEINER, Art. 3 N 27.

580 Im Rahmen von Art. 2 Abs. 2 aAFV i.V.m. Art. 3 Abs. 4 AFG 1994.

581 Dies durch verminderte Anforderungen rechtlicher oder tatsächlicher Art.

### e) Aufsichtsrechtliche Begründung des EFD

372 Die Regelung in Art. 6 Abs. 1 KKV entspricht gemäss EFD der in den Randziffern 16a und 16b des EBK-RS 03/1 aF vorgenommenen Definition.[582]

373 Das EBK-RS 03/1[583] aF bezweckte, „den Begriff der «öffentlichen Werbung» zu konkretisieren und festzulegen, in welchen Fällen das Anbieten oder Vertreiben von Anlagefonds in der Schweiz oder von der Schweiz aus via Internet öffentliche Werbung darstellt."[584] Nach Art. 1a aAFV lag dann nur ein gewerbsmässiges Anbieten oder Vertreiben von Anteilen von Anlagefonds im Sinne von Art. 22 und 45 AFG 1994 vor, wenn für die Anlagefonds öffentlich geworben wurde.[585]

374 Unter Abschnitt 3.2 des erwähnten Rundschreibens wurde das Vorliegen einer qualifizierten Beziehung zum Werbenden definiert.[586] Der Absatz 3.2.1 befasste sich mit der Vermögensverwaltung durch Banken, Effektenhändler und unabhängige Vermögensverwalter.[587] Bei den relevanten Randziffern 16a und 16b des Rundschreibens wurde unter Absatz 3.2.2 die Vermögensberatung durch Banken und Effektenhändler wie folgt behandelt:[588]

375 ***EBK-RS 03/1 aF (Stand: 25./26. Januar 2006)***

***RZ 16a***

*Öffentliche Werbung liegt bei der Vermögensberatung durch Banken und Effektenhändler (nachstehend „Vermögensberater") nicht vor, sofern:*

- *zwischen dem Kunden (vermögende Privatperson) und dem Vermögensberater ein schriftlicher, allgemeiner und unbefristeter Beratungsvertrag besteht und*
- *der Kunde dem Vermögensberater direkt oder indirekt gehaltene Finanzanlagen im Werte von insgesamt mindestens 5 Mio. CHF nachweist.*

---

582 EFD-Erläuterungsbericht KKV, S. 8.
583 Mit letzten Änderungen vom 25./26. Januar 2006.
584 EBK-RS Sammlung 1/2007, S. 296 Rz. 1.
585 EBK-RS Sammlung 1/2007, S. 296 Rz.4.
586 EBK-RS Sammlung 1/2007, S. 297 Rz.16-16b.
587 EBK-RS Sammlung 1/2007, S. 297 Rz.16.
588 EBK-RS Sammlung 1/2007, S. 298 Rz.16a/16b.

***RZ 16b***
*Das Vorhandensein der geforderten Finanzanlagen ist durch den Vermögensberater periodisch zu überprüfen.*

Unter dem EBK-RS 03/1 Randziffer 16a mussten somit zwei Bedingungen kumulativ erfüllt sein, damit im Rahmen der Vermögensberatung von Privatpersonen durch Banken und Effektenhändler keine öffentliche Werbung vorliegt. Es muss zwischen dem Kunden und dem Vermögensberater ein schriftlicher, allgemeiner und unbefristeter Beratungsvertrag bestehen und der Kunde muss dem Vermögensberater nachweisen, dass er direkt oder indirekt mindestens 5 Mio. CHF in Finanzanlagen hält. Der Vermögensberater wurde gemäss Randziffer 16b zudem verpflichtet, das Vorhandensein der Finanzanlagen periodisch zu überprüfen. Die Summe von 5 Mio. CHF unterscheidet sich jedoch beträchtlich von den heute in Art. 6 Abs. 1 KKV verlangten 2 Mio. CHF. 376

Die Finanzanlagen definierte man „im Gegensatz zu Sachanlagen und immateriellen Vermögensgegenständen [als] diejenigen Werte des Anlagevermögens in der Bilanz, die auf Dauer finanziellen Anlagezwecken [...] bzw. Unternehmensverbindungen [...] dienen.“[589] Auch gemäss dem Erläuterungsbericht des EFD umfassten die Finanzanlagen nur die bankfähigen Vermögenswerte («bankable assets») und somit ausdrücklich keine Anlagen in Sachwerten wie bspw. Immobilien.[590] 377

Zudem wurde der Vermögensberater verpflichtet, das Vorhandensein der Finanzanlagen periodisch zu überprüfen. 378

Die Privatperson, welche somit zum Kreis der ausschliesslich qualifizierten und professionellen Marktteilnehmer nach Art. 2 Abs. 2 aAFV i.V.m. Art. 3 Abs. 4 AFG 1994 gehören wollte, musste somit neben der hohen Anforderung an die Finanzanlagen auch in einem spezifizierten Beratungsverhältnis mit einer Bank oder einem Effektenhändler stehen. Nur unter diesen kumulativ zu erfüllenden Voraussetzungen konnte die qualifizierte Beziehung die Befreiung der Anlagefonds von dem Anlegerschutz dienenden Bestimmungen und somit die Minderung des Anlegerschutzes für diese Privatpersonen gegenüber dem gewöhnlichen Anleger auch rechtfertigen. 379

Diese Ausnahmebewilligung für die vermögende Privatperson im Rahmen eines Anlageberatungsmandates wurde jedoch mangels rechtlicher Grund- 380

[589] Gabler Wirtschaftslexikon, Stichwort: Finanzanlagen.
[590] EFD-Erläuterungsbericht KKV, S. 8.

lage der Begünstigung resp. Gleichstellung mit professionellen Marktteilnehmern als nicht rechtskonform erachtet.[591]

381 Auch die aufsichtsrechtliche Begründung des EFD zur Einstufung der vermögenden Privatperson als qualifizierter Anleger geht somit fehl. Die vermögende Privatperson ist nach Art. 6 Abs. 1 KKV mitnichten gleichwertig geschützt, wie dies unter der aufsichtsrechtlichen Praxis nach Art. 2 Abs. 2 aAFV i.V.m. Art. 3 Abs. 4 AFG 1994 resp. des EBK-RS 03/1 aF der Fall war.

### 2.2.6 Inkrafttreten von Gesetz und bundesrätliche Verordnung

382 KAG und KKV wurden am 4. Juli 2006 im Bundesblatt veröffentlicht. Die Frist zur Einreichung eines Referendums wurde auf den 12. Oktober 2006 angesetzt.[592]

383 Nach unbenutztem Ablauf der Referendumsfrist wurde das KAG durch den BR am 22. November 2006 auf den 1. Januar 2007 in Kraft gesetzt. Ebenso wurde am 22. November 2006 die KKV auf den 1. Januar 2007 in Kraft gesetzt.[593]

## 3. Thesenbildung

384 Die historische Betrachtungsweise zeigt auf, dass die Deklaration der vermögenden Privatperson als qualifizierter Anleger im KAG und KKV eine zu extensive Ausweitung des differenzierten Anlegerschutzes zu Lasten des mündigen Anlegers darstellt. Die Betrachtung der Materialien zeigt, dass sich der NR anstelle der genauen Definition der in Art. 10 Abs. 3 lit. e E-KAG erforderlichen «genügenden Erfahrung und Fachkenntnisse im Anlagebereich», im Rahmen der Differenzbereinigung ohne Diskussion dem Vorschlag des SR zur Streichung der kognitiven Anforderungen an eine Privatperson als Einstufungsvoraussetzung gefolgt ist. Der Gesetzgeber hätte durch Kombination der Voraussetzungen «vermögende Privatperson» und der «genügenden Erfahrung und Fachkenntnisse im Anlagebereich» eine europarechtskonforme Lösung schaffen und dem Bundesrat auf Verordnungsebene die nötige Flexibilität belassen können.

---

[591] LUCHSINGER GÄHWILER, S. 123.
[592] BBl. 2006 5851.
[593] AS 2006 5426 und AS 2006 5837.

Weder die tautologische, noch die Begründung aufgrund der faktischen Marktverhältnisse oder die aufsichtsrechtliche Begründung des EFD vermögen die rein monetären Einstufungsvoraussetzungen in Art. 6 Abs. 1 KKV zu stützen. 385

# § 10 Teleologisches Auslegungselement

## 1. Definition

386 Ein eigenständiger Zweck eines Gesetzes (ratio legis) ist schwer zu interpretieren.[594] „Der einzelne Begriff und die einzelne Norm, ja auch das einzelne Rechtsinstitut oder Gesetz dient einem und [oder] oft mehreren Zwecken."[595] Aus diesem Grund erachtet MEIER-HAYOZ den Begriff des teleologischen Auslegungselementes als zu eng und konzentriert sich in einer umfassenderen Definition auf die «legislativ-politischen Grundlagen des Gesetzes».[596]

387 Da ein Rechtssatz seiner Natur nach zweckgerichtet ist, wird durch einen Erlass „die Verwirklichung eines ganz bestimmten Zwecks angestrebt."[597] Auch wenn ein Gesetz im Titel oder der Präambel ausdrücklich den massgebenden Zweck erwähnt, darf man sich nicht darauf beschränken. Explizit mitgeteilte Zweckgedanken sind oft zu allgemein gehalten und können nur ein Bestandteil der teleologischen Interpretation sein.[598]

388 Will man mittels der teleologischen Interpretation somit die «ratio legis» ergründen, „muss man sich fragen, welche Interessen dem Gesetzgeber vorgelegen haben und wie er die Interessenabwägung vorgenommen hat. Man muss also die Wertung der verschiedenen Interessen durch den Gesetzgeber zu ermitteln suchen."[599]

389 Ein Teilbereich des teleologischen Auslegungselementes ist die verfassungskonforme Auslegung[600]. Dies ergibt sich aus der Überordnung der Verfassung und der Einheit der Rechtsordnung.[601] Die verfassungskonforme Auslegung besagt, „dass bei der Auslegung einer Norm unterhalb der Verfassungs-

[594] BEK Einleitungsband ZGB, MEIER-HAYOZ, Art. 1 N 192.
[595] BEK Einleitungsband ZGB, MEIER-HAYOZ, Art. 1 N 192.
[596] BEK Einleitungsband ZGB, MEIER-HAYOZ, Art. 1 N 195.
[597] JAUN/HAUSHEER, Art. 1 ZGB, N 155.
[598] JAUN/HAUSHEER, Art. 1 ZGB, N 162.
[599] RIEMER, Rz. 45.
[600] Die verfassungskonforme Auslegung ist nicht nur ein Teilbereich des teleologischen Auslegungselementes sondern auch ein Bestandteil des systematischen Auslegungselementes, vgl. dazu Rz. 197 ff.
[601] JAUN/HAUSHEER, Art. 1 ZGB, N 175.

stufe im Zweifelsfall derjenigen Normhypothese der Vorrang gebührt, welche am ehesten geeignet ist, die übergeordneten Wertentscheidungen der Verfassung zu verwirklichen."[602] Die Verfassung selbst ist wiederum Gegenstand der Auslegung.

Die verfassungskonforme Auslegung als Bestandteil des teleologischen 390
Auslegungselementes ist von der europarechtskonformen Auslegung abzugrenzen. Das Recht der EU entfaltet bei autonom nachvollzogenen Erlassen keine unmittelbare verbindliche Wirkung i.S.v. übergeordnetem Recht. Da ein Zweckgedanken bei Erlass des KAG die Anpassung an die europäische Rechtsordnung war, muss die EU-Rechtsordnung als Auslegungshilfe beigezogen werden. Dies, da nachvollzogenes Binnenrecht nach BGer im Zweifel europarechtskonform auszulegen ist.[603]

Die gesetzgeberische Entwicklung bei Erlass von AFG 1966, AFG 391
1994 und dem KAG soll nun anhand des Zweckartikels aufgezeigt werden.

## 2. Teleologische Konkretisierung der Deklaration der vermögenden Privatperson

### 2.1 Wesen und Natur eines Zweckartikels

In Erlasstexten sollen gemäss Gesetzgebungsleitfaden einzig die mass- 392
gebenden Normen formuliert werden. Sachverhaltsbeschreibungen, Erklärungen, Begründungen, Appelle an die Adressaten, Deklarationen von politischen Absichten, Motive und Ziele sollen nicht Gegenstand einer Norm sein.[604]

Der allererste Artikel eines Erlasses bildet jedoch die Ausnahme davon. 393
Der Zweckartikel[605] formuliert somit Handlungszwecke. Die im Erlass formulierten Kompetenzen und Pflichten werden damit eingeschränkt.[606] Insbesondere für die teleologische Auslegung einer Norm ist der aus dem Gegenstandsartikel fliessende Zweck einer gesetzlichen Anordnung von Bedeutung. KRAMER sieht diese «final strukturierten» Zweckartikel und damit die gesetzliche «Zweckprogrammierung» als charakteristisch für das Wirtschaftsrecht an.[607]

602 JAUN/HAUSHEER, Art. 1 ZGB, N 175.
603 BGE 129 III 335 E. 6 ff., vgl. auch generell Rz. 107 ff.
604 BJ, Gesetzgebungsleitfaden 2007, Rz. 926.
605 Tlw. wird der Zweckartikel auch Gegenstandsartikel genannt.
606 BJ, Gesetzgebungsleitfaden 2007, Rz. 927.
607 KRAMER, Methodenlehre, S. 148 ff. (mit FN 415).

## 2.2 Der Zweckartikel im AFG 1966, AFG 1994 und KAG

394 Im AFG 1966 wurde kein einleitender Zweckartikel aufgenommen. Der Zweck des AFG 1966 lässt sich jedoch anhand der Botschaft erkennen und teilt sich in eine privatrechtliche und eine öffentlich-rechtliche Aufgabe des Gesetzes auf. Aus privatrechtlicher Sicht soll die rechtliche Konstruktion des Anlagefonds möglichst einfach gelöst werden. Sofern es der Schutz des Anlegers erforderlich macht, sollen die Rechte und Pflichten der Vertragsparteien in zwingender Form festgehalten werden. Aus öffentlich-rechtlicher Sicht sollen die nötigen gewerbepolizeilichen Vorschriften über die Anlagefonds, insbesondere bezüglich der Aufsicht durch staatliche Organe, erlassen werden.[608]

395 Der Anlegerschutz wird somit vom Gesetzgeber sowohl aus privatrechtlicher wie auch aus öffentlich-rechtlicher Sicht als der dem Gesetz zugrunde liegenden und ausschliessliche Zweck anerkannt. Das AFG 1966 will den Anleger durch Restriktion der Anlagemöglichkeiten vor allem vor sich selbst schützen.[609] Der Gesetzgeber wollte so verhindern, dass die Anleger zu hohe Risiken eingehen[610] „[...] Die Investoren wurden in ihrer Gesamtheit in allen Belangen der Geldanlage so grundsätzlich als unmündig eingestuft.“[611]

396 Der im AFG 1994 eingefügte Zweckartikel soll gemäss Botschaft als Auslegungshilfe dienen und Richtschnur für die vollziehende Behörde sein.[612]

397 ***Art. 1 AFG 1994***
*Dieses Gesetz bezweckt den Schutz des Anlegers.*

398 Der Anlegerschutz bildet den ausschliesslichen Gesetzeszweck. Der Anleger wird als mündig betrachtet und soll zwischen den verschiedenen möglichen Investitionsmöglichkeiten wählen können. Je höher die mit der jeweiligen Investition verbundenen Risiken sind, desto höher sollen die Anforderungen an die Fondsträger sein und desto umfangreicher soll die nötige Transparenz durch Einhaltung von Informations- und Publikationsvorschriften gewährleistet sein.[613]

---

608 Botschaft AFG 1966, S. 281.
609 Botschaft AFG 1994, S. 226.
610 BSK KAG-WINZELER, Art. 1 N 3.
611 LANDERT, S. 89.
612 Botschaft AFG 1994, S. 260 ff. (zu Art. 1 AFG 1994).
613 Botschaft AFG 1994, S. 226.

Im KAG dagegen werden zwei Gesetzeszwecke formuliert, welche nachfolgend näher betrachtet werden. 399

*Art. 1 KAG* 400
*Dieses Gesetz bezweckt den Schutz der Anlegerinnen und Anleger sowie die Transparenz und die Funktionsfähigkeit des Marktes für kollektive Kapitalanlagen.*

### 2.2.1 Differenzierter Anlegerschutz

Im AFG 1994 wurde im Zweckartikel der Anlegerschutz noch als «Schutz *des* Anlegers» formuliert. Neu spricht das KAG vom «Schutz *der* Anleger» und bringt so zum Ausdruck, dass die verschiedenen Anlegerkategorien nur nach Massgabe ihrer Schutzbedürftigkeit zu schützen sind.[614] „Der klassische Anlegerschutz wird insofern relativiert, als die Schutzbedürftigkeit einzelner Investorenkreise unterschiedlich eingeschätzt wird."[615] Der absolute Anlegerschutz wird so zu einem differenzierten Anlegerschutz.[616] 401

Im Zweckartikel des BEHG ist im Vergleich zum KAG die Gleichbehandlung der Anleger explizit Bestandteil des Zweckartikels. Die Gleichbehandlung der Anleger muss jedoch auch im BEHG differenziert aufgefasst werden, da es unterschiedliche Kategorien von Anlegern gibt. Das Gleichbehandlungsgebot[617] muss deshalb so verstanden werden, dass nur die vergleichbaren Anleger auch gleich zu behandeln sind.[618] 402

*Art. 1 BEHG* 403
*Dieses Gesetz regelt die Voraussetzungen für die Errichtung und den Betrieb von Börsen sowie für den gewerbsmässigen Handel mit Effekten, um für den Anleger Transparenz und Gleichbehandlung sicherzustellen. Es schafft den Rahmen, um die Funktionsfähigkeit der Effektenmärkte zu gewährleisten.*

---

614 Botschaft KAG, S. 6435.
615 LANDERT, S. 89.
616 Botschaft KAG, S. 6409.
617 Dies folgt schon aus dem Grundsatz der Rechtsgleichheit, wobei «Gleiches gleich und Ungleiches ungleich» zu behandeln ist. Das Gleichbehandlungsgebot fliesst aus Art. 8 BV, in den Schranken von Art. 36 BV ist jedoch eine Einschränkung der Grundrechte möglich. Auf europäischer Ebene wird der Grundsatz der Gleichbehandlung in Art. 18 Abs. 1 und Art. 157 AEUV festgehalten.
618 BSK BEHG 07-WATTER, Art. 1 N 13.

404 Gemäss der Regelung im KAG[619] stehen die kollektiven Kapitalanlagen als Publikumsanlagen allen Anlegern offen. Die Fondsleitung ist jedoch nicht verpflichtet, sämtliche Anleger zu akzeptieren, die einen Anteil einer kollektiven Kapitalanlage erwerben möchten. Das KAG gewährleistet keinen Zuteilungsanspruch.[620]

405 Der Grundsatz der Gleichbehandlung wird im KAG somit durch die Einführung einer neuen Anlegerkategorie durchbrochen. Wenn das Fondsreglement bei den vertraglichen Anlagefonds resp. die Statuten bei den gesellschaftsrechtlich organisierten kollektiven Kapitalanlagen den Kreis der potentiellen Anleger auf die qualifizierten Anleger einschränkt, so sind nur diese gleich zu behandeln. Der Grundsatz der Gleichbehandlung ist im KAG (im Gegensatz zur Regelung im BEHG) also relativ.[621]

### 2.2.2 Transparenz und Funktionsfähigkeit des Marktes

406 Als neue zusätzliche Zweckbestimmungen wurde dem KAG die Transparenz und Funktionsfähigkeit des Marktes für kollektive Kapitalanlagen zugrunde gelegt.

#### a) Transparenz

407 Transparenz soll das Informationsgefälle zwischen den Akteuren im Finanzmarkt reduzieren. Die Informationen[622] über den Handel, Vertragspartner und auch die Investitionen selbst sollen dem Anleger den besten Schutz bieten.[623] Die Informationsflut führt jedoch auch dazu, dass es für den Anleger oft nicht möglich ist, sich aufgrund der meist unübersichtlichen Menge an Unterlagen oder deren Komplexität darin zurechtzufinden.[624]

408 Oft wird von Autoren beim Stichwort Transparenz auf das Zitat von BRANDEIS „Sunlight is said to be the best of disinfectants“[625] verwiesen.[626] Im Kontext gesehen, wird die vorbehaltlose Zustimmung zur Transparenz durch BRANDEIS aber relativiert:

---

619 Art. 10 Abs. 2 KAG.
620 COURVOISIER, S. 22.
621 BSK KAG-WYSS, Art. 10 N 6.
622 Meist in Prospektform.
623 BSK BEHG 07-WATTER, Art. 1 N 11.
624 BSK BEHG 07-WATTER, Art. 1 N 11 ff.
625 BRANDEIS, S. 92; Sonnenlicht soll das beste Desinfektionsmittel sein; Ü.d.V.
626 BSK BEHG-WATTER, Art 1 N 10 ff.

„Publicity is justly commended as a remedy for social and industrial diseases. Sunlight is said to be the best of disinfectants; electric light the most efficient policeman.“[627] 409

Als «electric light» kann heute der Eingriff der Aufsichtsbehörden zum Schutz der Anleger verstanden werden. Die Aufsichtsbehörde muss die Informationsflut und das daraus folgende Risiko der Überforderung der Anleger einzuschränken versuchen. 410

Weiter äussert sich BRANDEIS auch zum Umfang und Umgang der Investoren mit der Informationsflut an sich: 411

„To be effective, knowledge of the facts must be actually brought home to the investor, and this can best be done by requiring the facts to be stated in good, large type in every notice, circular, letter and advertisement inviting the investor to purchase. Compliance with this requirement should also be obligatory, and not something which the investor could waive.“[628] 412

Die Verschärfung der Informationspflichten sollen den Funktionsschutz des Kapitalmarktes gewährleisten («institutioneller Anlegerschutz») und auch den individuellen Anlegerschutz fördern. Bei den Unternehmen entstehen bei der Umsetzung der informationsorientierten Vorgaben vor allem höhere Kosten im Rahmen des Produktmarketings. MÖLLERS THOMAS M. J./KERNCHEN sind nun der Frage nachgegangen, ob die Ausweitung der produktbezogenen Informationen den Anlegern erlaubt,[629] „sich ein besseres Bild von den Unternehmen zu machen und so eine vernünftige Anlageentscheidung zu treffen.“[630] 413

Bei zu umfangreicher oder zu komplexer Information ist der Anleger mit seiner beschränkten Aufnahme- und Verarbeitungskapazität häufig überfordert und nicht mehr in der Lage, das Datenmaterial vollständig aufzunehmen, zu verstehen und zu verarbeiten.[631] „Der Adressat leidet unter einem 414

---

[627] BRANDEIS, S. 92; Die Publizität [i.S.v. Transparenz; A.d.Ü.] wird richtigerweise als Abhilfemassnahme gegen soziale und industrielle Verfehlungen gesehen. Sonnenlicht soll das beste Desinfektionsmittel sein, aber das elektrische Licht ist der effizientere Polizist; Ü.d.V.

[628] BRANDEIS, S. 104; Eine wirksame Informationsweitergabe an den Anleger kann nur erreicht werden, wenn in jeder Aufforderung zum Kauf (Nachricht, Rundschreiben, Brief oder Werbeanzeigen) die anlagebezogenen Fakten [Kosten/Risiken/Anlagestrategie, A.d.Ü.] in guter, grosser Schrift dargestellt werden müssen. Die Einhaltung dieser Vorschrift soll obligatorisch sein und der Anleger soll nicht darauf verzichten dürfen; Ü.d.V.

[629] MÖLLERS THOMAS M. J./KERNCHEN, Overload, S. 4 m.w.H.

[630] MÖLLERS THOMAS M. J./KERNCHEN, Overload, S. 4 m.w.H.

[631] MÖLLERS THOMAS M. J./KERNCHEN, Overload, S. 10.

«Information Overload» oder auch «Information Overkill», im Deutschen spricht man von Informationsüberflutung. Dies bezeichnet den Zustand, über zu viele Informationen zu verfügen."[632]

415 Der Anleger versucht als Folge der Informationsflut die Informationsaufnahme seinen naturgemässen Einschränkungen anzupassen («selektive Wahrnehmung») und so weit als möglich zu vereinfachen.[633] Zuviel Transparenz bei der Informationsbereitstellung kann somit das Informationsgefälle im Finanzmarkt zwischen den Akteuren nicht reduzieren, sondern führt im Gegenteil zu einer Überforderung des Anlegers.

### b) Funktionsfähigkeit des Marktes

416 Durch die Koordination von Sparen und Investieren in einem wirtschaftlichen Prozess erfüllen das Fondsgeschäft wie auch das Börsengeschäft eine wichtige volkswirtschaftliche Funktion. Zur Gewährleistung dieser Aufgabe bedürfen diese Finanzmärkte eines angemessenen Funktionsschutzes. Der Funktionsschutz kann als Vertrauenskollektivschutz in die Funktionsfähigkeit der Finanzmärkte[634] verstanden werden. Der Anlegerschutz dagegen ist ein Vertrauensindividualschutz jedes einzelnen Anlegers.[635]

417 In Form der Exchange Traded Funds («ETF») können die Kollektivanlagen auch an der Börse gehandelt werden, weshalb der inhaltlich identische Verweis auf die Funktionsfähigkeit der Finanzmärkte im Zweckartikel des KAG und BEHG einleuchtet.[636]

---

632 MÖLLERS THOMAS M. J./KERNCHEN, Overload, S. 10.; Die Theorie der begrenzten Rationalität legt nach FLEISCHER, S. 115 den Schluss nahe, „dass mit der wachsenden Quantität an Information die Qualität der Entscheidungen nicht in gleicher Weise verbessert wird. Information weist mit anderen Worten einen abnehmenden Grenznutzen auf: Wenn zu viele oder zu detaillierte Informationen angeboten werden, sind die Adressaten häufig nicht mehr in der Lage, das Datenmaterial vollständig aufzunehmen, zu verstehen und zu verarbeiten."

633 MÖLLERS THOMAS M. J./KERNCHEN, Overload, S. 11.

634 Die Kompetenz zur Erhebung von Daten der beaufsichtigten Institute soll es der Aufsichtsbehörde ermöglichen, die nötigen Auswertungen zur Beurteilung der Funktionsfähigkeit des Marktes vornehmen zu können (Botschaft BEHG, S. 6435).

635 Botschaft BEHG, S. 1382.

636 BSK KAG-WINZELER, Art. 1 N 15.

## 3. Thesenbildung

Die teleologische Betrachtungsweise zeigt auf, dass die Deklaration der 418 vermögenden Privatperson als qualifizierter Anleger im Kollektivanlagengesetz weder dem differenzierten Anlegerschutz noch der bezweckten Transparenz und Funktionsfähigkeit des Marktes genügen kann. Zuviel Transparenz führt bei der vermögenden Privatperson zu einer Reizüberflutung («Information Overload/Overkill»), da diese als nicht-professioneller qualifizierter Anleger ohne professionelle Beratung das Datenmaterial weder aufnehmen, noch verstehen oder verarbeiten kann. Die vermögende Privatperson trifft eine selektive Informationsauswahl und konzentriert sich hier auf diejenige Werte, die mit den Durchschnittskenntnissen des Finanzmarktes auch zu verstehen sind. Verbunden mit den damit einhergehenden Einschränkungen im Anlegerschutz ist die «ratio legis» durch die Deklaration der vermögenden Privatperson als qualifizierter Anleger nicht mehr gedeckt.

# § 11 Die Deklaration der vermögenden Privatperson in methodenpluralistischer Betrachtung

## 1. Analyse der methodenpluralistischen Betrachtung

419 Die Tetralogie der Auslegungsmethoden bildete Ausgangslage der Betrachtung von Art. 6 Abs. 1 KKV, in dem die Deklaration der vermögenden Privatperson als qualifizierter Anleger legiferiert wird. Da nach BGer eine Gesetzesbestimmung in erster Linie nach ihrem Wortlaut auszulegen ist, bildete das sprachlich-grammatikalische Auslegungselement das Einfallstor der Auslegung. Die verwendeten Begriffe weichen jedoch weder in den offiziellen Amtssprachen noch in der nicht-offiziellen englischen Sprachfassung voneinander ab. Somit musste die «ratio legis» unter Beizug aller Auslegungselemente unter Anwendung des pragmatischen Methodenpluralismus ermittelt werden.

420 Das systematische Auslegungselement diente einerseits der intergesetzlichen Betrachtung. Hier wurde die Positionierung des KAG in den weiteren finanzmarktrechtlichen Erlassen und dem FINMAG als Rahmengesetz analysiert. In den beiden Erlassen BEHG und KAG wird der Anleger i.S. eines Investors als schutzwürdiges Individuum eingestuft. Der Effektenhändler nach BEHG hat jedoch bei der Erfüllung der Pflichten[637] die Geschäftserfahrenheit und Kenntnisse der Kunden zu berücksichtigen.

421 Die intergesetzliche Betrachtung zeigt deutlich das Grundkonzept der Kundensegmentierung auf. Anleger im KAG sind natürliche und juristische Personen sowie Kollektiv- und Kommanditgesellschaften, die Anteile an kollektiven Kapitalanlagen erwerben. Der Gesetzgeber unterscheidet die gewöhnlichen Anleger (Publikumsanleger) von den qualifizierten Anlegern. Zudem erwähnt das KAG auch den Begriff des Durchschnittsanlegers, ohne aber diesen in das Konzept der Kundensegmentierung aufzunehmen. Die qualifizierten Anleger werden in die professionellen-qualifizierten Anleger und die nicht-professionellen qualifizierten Anleger aufgeteilt. Die vermögende Privatperson gilt unter Anwendung von Art. 6 Abs. 1 KKV als nicht-professioneller qualifizierter Anleger. Als Folge dieser Deklaration kann einerseits eine Einschrän-

[637] Nach Art. 11 BEHG sind dies die Informations-, Sorgfalts- und Treuepflichten.

kung des Anlegerschutzes, andererseits auch eine Ausweitung der Produktepalette verzeichnet werden. Nach den Vorfällen um den Investor Madoff und den Verlusten beim Einsatz von strukturierten Produkten der Lehman-Gruppe konstatierte die FINMA im Rahmen einer Untersuchung, dass die verschiedenen Risiken (Totalverlust, Markt, Gegenpartei) weder den qualifizierten noch den gewöhnlichen Anlegern bewusst gewesen seien. Das Risikobewusstsein der Anleger müsse deshalb durch geeignete Risikoaufklärung seitens der Finanzintermediäre gestärkt werden. Das FINMA-Positionspapier zu den Vertriebsregeln hat nun zahlreiche Handlungsoptionen aufgezeigt, wie man die Informationsasymmetrie zwischen Kunde (Anleger) und Anbieter von Finanzprodukten verringern könnte. Im beratungsfreien Geschäft soll die Angemessenheit und im Beratungsgeschäft die Eignung des Kunden für die Finanzprodukte besser geprüft werden.

Die Botschaft zur Änderung der Erlasse zu den kollektiven Kapitalan- 422
lagen bezweckt nun u.a. bei den für die vermögenden Privatpersonen relevanten Bereichen von Verwaltung und Vertrieb von Finanzprodukten eine Verbesserung des Anlegerschutzes und eine Wiederherstellung der Europakompatibilität. Aus Sicht des BR vermag das ausschliessliche Abstellen auf das Vermögen einer Privatperson zur Qualifikation als qualifizierter Anleger nicht (mehr) zu überzeugen.

Anhand des historischen Auslegungselementes konnte die Mutation 423
vom unmündigen Anleger zum differenzierten Anlegerbegriff aufgezeigt werden. Weiter diente die Betrachtung der parlamentarischen Debatte dem besseren Verständnis, inwiefern Partikularinteressen in die Formulierung der entsprechenden Artikel eingeflossen sind. Weder die tautologische, noch die Begründung aufgrund der faktischen Marktverhältnisse noch die aufsichtsrechtliche Begründung des EFD zu Art. 6 Abs. 1 KKV konnten einer Prüfung standhalten und sind somit abzulehnen.

Das teleologische Auslegungselement konnte abschliessend anhand ei- 424
ner konzentrierten Betrachtung des Zweckartikels in Art. 1 KAG und einem Vergleich mit der «ratio legis» von AFG 1966 und AFG 1994 aufzeigen, dass der Anlegerschutz nicht mehr alleiniger Schutzgedanken der Normierung ist und nun unter dem Blickwinkel der Gewährleistung von Transparenz und Funktionsfähigkeit des Marktes betrachtet werden muss. Zuviel ungefilterte und unreflektierte Transparenz führt jedoch zu einer Informationsüberflutung und ist dem Anlegerschutz abträglich.

## 2. Schlussfolgerung

425 Unter der methodenpluralistischen Betrachtung halten die Begründungen zur Deklaration der vermögenden Privatperson als qualifizierter Anleger nicht stand. Eine Angleichung an die europarechtlichen Vorgaben sollte zur Förderung des Anlegerschutzes und zur Sicherstellung der Gleichwertigkeit in aufsichtsrechtlichen Belangen an die Hand genommen werden.

# Viertes Kapitel
# Gesetzesfolgenanalyse

## § 12 Vorbemerkungen zur GFA

### 1. Grundlagen der GFA

Die Gesetzesfolgenabschätzung (GFA) dient als Verfassungsauftrag[638] der Rechtsoptimierung. Die Qualität der Rechtsvorschriften soll verbessert werden unter gleichzeitiger Reduktion der Regulierungsdichte. Die GFA wendet einerseits ex ante ein Verfahren an, um das Regelungsfeld zu erfassen und den Bedarf einer Regulierung abzuklären, anderseits dient die GFA ex post der Überprüfung der Wirkung bereits in Kraft gesetzter Rechtsnormen.[639] „Die GFA führt verschiedene wissenschaftliche Fachrichtungen zusammen. Sie versucht, auch Alltagswissen und Verwaltungserfahrungen einzubeziehen, auszuwerten und zu nutzen."[640] Die Überprüfung ex post wird retrospektive GFA (rGFA) genannt, dies im Gegensatz zur prospektiven GFA (pGFA) im Rahmen der Prüfung ex ante. 426

Mit der rGFA wird überprüft, inwiefern die im Zeitpunkt der Rechtsetzung gesetzten Ziele erreicht werden konnten, ob Nebenwirkungen oder Synergien aufgetreten sind, ob sich die Regelung als generell praktikabel erwiesen hat oder ob die Regelung revidiert oder aufgehoben werden soll.[641] „Es geht hierbei darum, zu bestimmten Zeitpunkten oder laufend die erwünschten Effekte einer Rechtsvorschrift in ihrem tatsächlichen Wirkungsfeld zu überprüfen: Erreichen wir die Ziele, sind die Belastungen erträglich, akzeptieren und befolgen die Normadressaten die Vorschriften hinreichend? [...] Das zentrale Prüfkriterium einer rGFA ist der Zielerreichungsgrad. [Nebenprüfkriterien] sind [die] Kostenentwicklungen, [die] Kosten-Nutzen-Effekte, [die] Akzeptanz und [der] Befolgungsgrad, [die] Vollzugs-Praktikabilität und [die] Nebenwirkungen."[642] Der Begriff der Gesetzesevaluation wird in der Schweiz 427

[638] Vgl. auch ÖAR Rz. 440 ff.
[639] BÖHRET, S. 32.
[640] MÜLLER, Rz. 89 m.w.H.
[641] BÖHRET, S. 33.
[642] BÖHRET, S. 41.

synonym mit dem Begriff der GFA verwendet.[643] Im Botschaftsleitfaden wird die Analyse der Auswirkungen einer Gesetzgebung auf die Volkswirtschaft dagegen als Regulierungsfolgenabschätzung bezeichnet.[644]

## 2. Gesetzescontrolling als kybernetisches System

428 Die GFA betrachtet die Evaluation von staatlichen Massnahmen mit rechtsetzendem Charakter. Das Gesetzescontrolling umfasst nun die Konzeption eines Rechtsetzungs- und Umsetzungsverfahrens und kann als kybernetische Systems dargestellt werden.[645] Das Gesetzescontrolling geht somit weiter als die reine Gesetzesevaluation im Rahmen der GFA. „Gesetzgebung kann deshalb auch als Teil des strategisch politischen Controllings verstanden werden, als Regelkreis von *Rechtsetzung* und *Umsetzung*, von Wirkungsprognose und Wirkungskontrolle von Politikformulierung von nachträglicher Politikevaluation.“[646]

---

643 KETTIGER, Gesetzesevaluation, S. 51.
644 BK, Botschaftsleitfaden 2007, S. 22 m.w.H.
645 KETTIGER, Gesetzescontrolling, S. 2 ff.
646 KETTIGER, Gesetzescontrolling, S. 17.

Der Regelkreis von Rechtsetzungsprozess und Umsetzungsprozess kann wie folgt dargestellt werden: 429

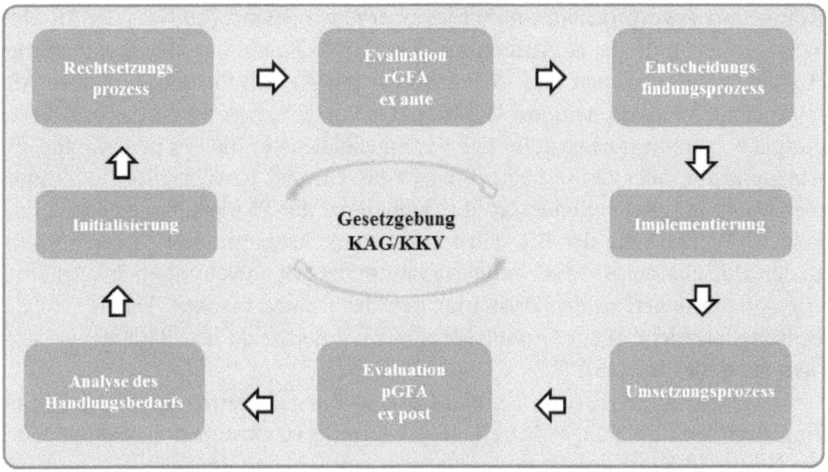


**Abb. 5: Gesetzescontrolling als kybernetisches System**; vereinfachte Darstellung nach KETTIGER, Gesetzescontrolling, S. 18 mit eigenen Ergänzungen.

# 3. Gesetzliche Grundlagen der Gesetzesfolgenabschätzung

Mit Art. 170 BV hat nach BUSSMANN „weltweit erstmals eine umfassende Evaluationsklausel Eingang in eine Verfassung gefunden."[647] 430

***Art. 170 BV Überprüfung der Wirksamkeit*** 431
*Die Bundesversammlung sorgt dafür, dass die Massnahmen des Bundes auf ihre Wirksamkeit überprüft werden.*

Die Bundesversammlung wird einerseits zum Erlass von Vorschriften über die Evaluation von Bundesmassnahmen (materielle Kompetenz) und anderseits auch direkt zur Organisation der Wirkungsprüfung im Bund (formelle Kompetenz) berechtigt.[648] Auf Gesetzesstufe wird Art. 170 BV im ParlG 432

[647] BUSSMANN, S. 1 f.
[648] MASTRONARDI, St. Galler Kommentar zu Art. 170, Rz. 12-13.

umgesetzt. Die Bundesversammlung kann Massnahmen des Bundes so ex ante und auch ex post auf ihre Wirksamkeit prüfen.[649]

433 In Art. 27 ParlG[650] wird den Präsidien der Aufsichtskommissionen die Kompetenz zugesprochen, auf Antrag einer Kommission von NR oder SR eine Wirksamkeitsprüfung in Auftrag zu geben. Die Konferenz der Präsidien der Aufsichtskommissionen und -delegationen (KPA) entscheidet „[...] über Anträge der Kommissionen, die Wirksamkeit von Erlassen durch die mit dieser Aufgabe betraute Dienststelle der Parlamentsdienste, die Eidgenössische Finanzkontrolle oder Dritte überprüfen zu lassen, und gewährleistet in Zusammenarbeit mit dem Bundesrat die Kohärenz der Wirksamkeitsüberprüfungen".[651] Weiter kann der BR selbst „Wirksamkeitsüberprüfungen veranlassen. In den Botschaften zu Erlassentwürfen muss der BR soweit möglich substanzielle Ausführungen zu den Auswirkungen der Erlasse machen. Damit sind die Botschaften nicht allein Grundlagen für die Entscheide des Parlaments, sondern auch für die pGFA".[652]

434 Durch die rGFA soll gemäss Gesetzgebungsleitfaden des Bundes „eine empirisch sorgfältig abgestützte Erfolgskontrolle von staatlichen Massnahmen, die bereits in Kraft gesetzt und umgesetzt worden sind, [erfolgen]. Sie [dient] insbesondere der Ermittlung und Beurteilung der Effektivität (Befolgung oder Durchsetzung der Normen bzw. Gesetzeskonformität des Vollzugs), Wirksamkeit (Grad der Zielerreichung) und Wirtschaftlichkeit (Effizienz) staatlicher Massnahmen."[653]

435 Bei der GFA von autonom nachvollzogenem Recht kann das Rechtsverständnis des EU-Rechts herangezogen werden, „wonach jede Rechtsnorm einem bestimmten Zweck dienen muss. Dieses Prinzip [...] findet sich im EU-Recht als «Effektivitätsgrundsatz» wieder. Das daraus abgeleitete Gebot des «effet utile» (praktische Wirksamkeit) des EU-Rechts besagt, dass die Zielsetzung jeder Rechtsnorm ernst zu nehmen ist."[654]

436 Eine Re-Integrationsleistung des Rechts liegt nach KILGUS vor, wenn es mittels der GFA gelingt, „unter dem Titel Wirksamkeitskontrolle Regulierung und Regulierungsmassnahmen, d.h. materiell-rechtliche Anordnung und verfahrensmässige Anwendung und Durchsetzung in einen Regelkreislauf einzu-

[649] MASTRONARDI, St. Galler Kommentar zu Art. 170, Rz. 11.
[650] Mit indirektem Verweis auf Art. 44 Abs. 1 lit. e ParlG.
[651] Art. 54 Abs. 4 ParlG.
[652] MASTRONARDI, St. Galler Kommentar zu Art. 170, Rz. 11.
[653] BJ, Gesetzgebungsleitfaden 2007, Rz. 435.
[654] SCHROEDER S. 186.

bringen."[655] Gerade im Finanzmarktrecht sind der GFA jedoch Grenzen gesetzt, da die entsprechenden Empfehlungen und Standards nur schon deshalb in Landesrecht umzusetzen sind, um weiter als internationaler Player wahrgenommen zu werden, den heimischen Finanzmarktakteuren und Aufsichtsbehörden ein konkurrenzfähiges «level playing field» zu bieten und um eine gleichwertige Aufsicht gewährleisten zu können.[656]

---

[655] KILGUS, Rz. 501.
[656] Vgl. KILGUS, Rz. 528.

# § 13 GFA zur Deklaration der vermögenden Privatperson als qualifizierter Anleger

437 Das Ergebnis der Rechtsfolgenanalyse hat der BR in der Botschaft zum jetzt in Kraft stehenden KAG in die Bereiche «Auswirkungen auf den Bund», «Auswirkungen auf die Kantone und Gemeinden» und in «Auswirkungen auf die Volkswirtschaft» unterteilt. Die betrachteten Auswirkungen auf Bundesebene beschränken sich auf die Darstellung der Ressourcen der Aufsichtsbehörde, die Erwähnung möglicher Implikationen bei der Rechtsprechung sowie auf fiskalische Auswirkungen. Die betrachteten Auswirkungen auf Kantone und Gemeinden können für dieses Gesetz m.E. vernachlässigt werden.[657]

438 Interessant sind aber die Regulierungsfolgenabschätzungen im Bereich der Auswirkungen auf die Volkswirtschaft. Der Bundesrat hält insbesondere im Rahmen der Betrachtung der wirtschaftlichen Kennzahlen fest, dass durch die Standortwahl Luxemburg durch schweizerische Fondsanbieter dem Heimmarkt Schweiz vor allem die Wertschöpfung im Bereich Administration und Verwaltung entgehen. Diese macht mit Verweis auf Branchenangaben rund 40 % der Wertschöpfung aus. Die restlichen 60 % der Wertschöpfung entfallen auf den Vertrieb. Die Schweiz kann sich als Fondsvertriebsstandort im europäischen Vergleich zwar behaupten, als Produktionsstandort ist die Schweiz jedoch ein Nischenplayer.[658]

439 Sehr zuversichtlich werden die Auswirkungen des KAG auf die Standortattraktivität beurteilt, wird in der Botschaft doch festgehalten, der Gesetzesentwurf stärke „die Attraktivität des Fonds- und Finanzplatzes Schweiz."[659] Durch die Regulierung der Vermögensverwalter für schweizerische kollektive Kapitalanlagen und auch der sonstigen Dienstleistungserbringer, könne die regulatorische Arbitrage («regulatory arbitrage») verringert werden und die Schweizer Promotoren seien so nicht mehr zum Ausweichen auf regulatorisch attraktivere Finanzplätze gezwungen. Der BR hält im Sinne einer pGFA die Risiken des Entwurfs in der Botschaft fest, dass die Erweiterung der zur Verfügung stehenden Rechtsformen die rechtliche und fiskalische Komplexität erhöhen könne.[660]

---

[657] Botschaft KAG, S. 6493 ff.
[658] Botschaft KAG, S. 6495 ff.
[659] Botschaft KAG, S. 6497.
[660] Botschaft KAG, S. 6497.

Die Betrachtung der Kapitalmarktbeanspruchung[661] als Form der rGFA zeigt auf, dass die Steigerung der Attraktivität des Fondsmarktes Schweiz – als Teilziel des KAG – klar nicht erreicht worden ist. Das KAG genügt den Anforderungen des Anlegerschutzes und der Wettbewerbsfähigkeit nicht mehr.[662] 440

[661] Siehe dazu § 16.
[662] Botschaft Änderung KAG, S. 3640.

# Fünftes Kapitel
# Ökonomische Analyse des Rechts

## § 14 Einführung in die ÖAR

### 1. Allgemeines

Nach POSNER ist die Anwendung der ÖAR im Recht weder neu noch umstritten. Umstritten sei einzig die Vielfalt von Problemen in der Rechtswelt, die nun mittels der ÖAR betrachtet werden sollen.[663] Beschränkt sich die Rechtswissenschaft auf die Interpretation von bestehenden Normen und das Festhalten von Unklarheiten, so beraubt sie sich jeglicher Funktion im Prozess der Fortentwicklung des Rechts.[664] Der Beizug der Ökonomie als Sozialwissenschaft zur Betrachtung und Beurteilung rechtlicher Sachverhalte dient so der Rechtsentwicklung und nicht ausschliesslich der Gewinnung von unmittelbaren Wertungen im Rahmen der Rechtsdogmatik. 441

Nach SCHLUEP darf die ÖAR jedoch im Rahmen der Auslegung einer Norm nicht überschätzt werden.[665] „Das Prinzip der *Effizienz* ist dann eine Selbstverständlichkeit, wenn man das ökonomische Prinzip zutreffend als *allgemeines Rationalitätsprinzip* auffasst. Alsdann ist unstreitig, dass man irgendein Ziel (auch ein nicht ökonomisches) mit möglichst geringem Aufwand zu erreichen versucht. Reduziert man den Grundsatz aber auf *wirtschaftliche Effizienz*, kann es gerade im Recht zu Aporien[666] führen.“[667] Weiter kann nach SCHLUEP die Effizienz nicht per se das Kriterium für die inhaltliche Gestaltung von Gesetzen sein. Er bringt gar sein Erstaunen darüber zum Ausdruck, wie ökonomische Elementarsätze von Juristen im Rahmen der ÖAR als geradezu biblische Wahrheiten aufgesogen werden.[668] 442

---

[663] POSNER, S. 90.
[664] SCHUHR, S. 35.
[665] SCHLUEP, Rz. 2909.
[666] Nach dem Philosophielexikon, Stichwort: Aporie versteht man unter diesem Begriff ein Problem/Ausweglosigkeit, für das sich keine Lösung finden lässt. Nach Aristoteles ist die Aporie das Resultat zweier gleichermassen überzeugender Argumente mit einer jedoch unvereinbaren Schlussfolgerung.
[667] SCHLUEP, Rz. 2909.
[668] SCHLUEP, Rz. 3496 m.w.H.

443 Wie der Rechtsrealismus basiert die ÖAR auf folgender Grundannahme: „Der Mensch strebt danach, seine Bedürfnisse zu befriedigen und dabei seine Mittel möglichst effizient einzusetzen.“[669] Wie die klassische und neoklassische Wirtschaftstheorie geht auch die ÖAR von folgenden Grundannahmen[670] aus: dem methodologischen Individualismus, der Ressourcenknappheit, dem Eigennutztheorem und der Rationalitätsannahme.[671]

444 Die ÖAR will Rechte und Verantwortlichkeiten so abwägen, dass die knappen Ressourcen einer Gesellschaft möglichst effizient genutzt werden können. Nach KRAMER ist jedoch eine solche reduktionistisch-monistische Ansicht nicht haltbar, da nicht alle rechtlichen Regelungen auf ökonomischen Effizienzüberlegungen beruhen. In der Rechtsanwendung sei die ÖAR jedoch dort unabdingbar, wo die gesetzlichen Regelungen explizit oder implizit auf ökonomische Argumente verweisen.[672] Ökonomische Gesichtspunkte in der Entscheidungsbegründung führen zur mehr Rationalität gegenüber den traditionellen Beschwörungen von imaginären rechtlichen Grundwertungen wie bspw. der meist nebulösen «Natur der Sache» oder den schwer fassbaren Gerechtigkeitsüberlegungen des Rechtsanwenders.[673]

445 Die Methoden der Ökonomik werden in der ÖAR auf rechtliche Konstellationen angewandt. Das Recht als Untersuchungsgegenstand wird somit nach ökonomischen Kriterien analysiert und beurteilt.[674] Als Menschenbild liegt wie in sämtlichen ökonomischen Analysen der «homo oeconomicus»[675] zugrunde. „Der Mensch ist ein rationaler Nutzenmaximierer, der versucht, die knappen ihm verfügbaren Ressourcen zu seinem eigenen Vorteil zu nutzen.“[676]

---

669 MASTRONARDI, Rechtstheorie, Rz. 381.

670 Ökonomische Paradigmata.

671 TOWFIGH/PETERSEN/ENGLERTH, S. 23.

672 KRAMER, Methodenlehre, S. 257 f.

673 KRAMER, Methodenlehre, S. 259.

674 MASTRONARDI, Rechtstheorie, Rz. 385.

675 Das Modell des «homo oeconomicus» ist eine Abstraktion des menschlichen Verhaltens und gilt in der Neoklassik als Grundlage für die Analyse von ökonomischen Zusammenhängen. Als Hauptmerkmal des homo oeconomicus gilt nach dem Gabler Wirtschaftslexikon die Fähigkeit zu einem uneingeschränktem rationalen Verhalten und das Streben nach Nutzenmaximierung. Eine lückenlose und uneingeschränkt verfügbare Informationsbasis gilt als weitere charakteristische Annahme. Der homo oeconomicus kennt sämtliche Handlungsalternativen und deren Konsequenzen. Es herrscht somit völlige Markttransparenz.

676 MASTRONARDI, Rechtstheorie, Rz. 386.

Die ÖAR beschäftigt sich mit der Effizienz von rechtlichen Regelungen. Rechtliche Regelungen werden dahingehend untersucht, „ob sie optimal sind, in welchem Masse sie suboptimal sind und wie die konkrete Suboptimalität näher an das Idealbild der optimalen Regelung herangeführt werden kann.“[677] 446

## 2. Auswirkung auf die Rechtsetzungspraxis

Die meisten rechtswissenschaftlichen Beiträge zur ÖAR in Europa beschäftigen sich mit der Auslegung des geltenden Rechts (lege lata). In der US-amerikanischen Rechtsliteratur dagegen wird dem zukünftigen Recht (lege ferenda) im Rahmen der Gesetzgebungslehre eine deutlich grössere Aufmerksamkeit geschenkt. Diese Betrachtung der Folgeorientierung ist deshalb richtig und notwendig, da der Gesetzgeber konkrete regulatorische Ziele verfolgt. Die ÖAR kann nun dazu dienen, mittels Prognosen dasjenige gesetzgeberische Mittel zu eruieren, das eine optimale Zielerreichung mit möglichst geringen Nebenwirkungen gewährleistet. Diese Prognosen werden bei der ÖAR mittels ökonomischer Methoden und Theorien vorgenommen.[678] 447

## 3. Auswirkung auf die Rechtsanwendungspraxis

In der klassischen Rechtsdogmatik beschäftigt sich die Rechtswissenschaft mit der Anwendung und Auslegung von bereits gesetztem Recht. Die Rechtsdogmatik strebt die Begründung einer normativen Schlussfolgerung an. Im Gegensatz dazu beschäftigt sich die Ökonomie positiv mit der Beschreibung und Erklärung der Wirklichkeit.[679] 448

Die ÖAR kann nun dazu dienen, das teleologische Auslegungselement vor der Kritik der Beliebigkeit zu bewahren. Im Rahmen der teleologischen Interpretation wird zuerst die normative Frage nach dem Zweck einer Norm beantwortet. Die Ökonomie als Sozialwissenschaft kann in Wechselwirkung mit der juristischen Methodenlehre die Frage nach der effizientesten Ausle- 449

677 KIRCHNER, S. 64.
678 TOWFIGH/PETERSEN/ENGLERTH, S. 15.
679 TOWFIGH/PETERSEN/ENGLERTH, S. 8.

gungsform beantworten, die der Zielerreichung («ratio legis») am ehesten gerecht wird.[680]

[680] TOWFIGH/PETERSEN/ENGLERTH, S. 9.

# § 15 Ökonomische Konkretisierung der Deklaration der vermögenden Privatperson

## 1. Neue Institutionenökonomik

### 1.1 Einführung und Abgrenzung

#### 1.1.1 Einführung NIÖ

Die Neue Institutionenökonomik (NIÖ) ist heute eine weltweit etablierte Forschungsrichtung, die ihren Ursprung in den 1970er Jahren hat. Die NIÖ beschäftigt sich mit der Entstehung und Wirkungsweise des institutionellen Rahmens von Tauschprozessen. Somit kann die NIÖ als Weiterentwicklung der Neoklassik gesehen werden, die gerade diesen institutionellen Rahmen mit Annahme des «homo oeconomicus» als gegeben voraussetzt. Die NIÖ empfiehlt diejenige Institution oder Organisation zu wählen, welche die Ehrlichkeit lohnender als die Unehrlichkeit gestaltet und somit eine selbstdurchsetzende Kraft innehat.[681] 450

Den allgemeinen Kern der NIÖ bilden der Verfügungsrechtsansatz, der Transaktionskostenansatz sowie der der Prinzipal-Agent-Ansatz. Dies, da bei jeder realen wirtschaftlichen Interaktion die Verfügungsrechtspositionen berührt werden, dadurch Transaktionskosten auftreten und mindestens zwei Vertragspartner involviert sind, die jeweils eigene Interessen vertreten.[682] 451

„Die NIÖ begreift die begrenzte Informationsverarbeitungskapazität ihrer Akteure traditionell als Defizit, um ihre Theorie in Relation zur neoklassischen Annahme vollkommener Information zu bringen."[683] Der neoklassischen Annahme wird unterstellt, dass alle Akteure im Markt vollständig, rechtzeitig und kostenlos informiert sind. Insbesondere im Finanzmarkt treffen die Akteure jedoch Entscheidungen, ohne über vollständige Informationen zu verfügen. Marktversagen infolge von Informationsmängeln liegt dann vor, wenn die 452

[681] Gabler Wirtschaftslexikon, Stichwort: Neue Institutionenökonomik.
[682] GÖBEL, S. 60.
[683] PRIDDAT, S. 250.

Informationen asymmetrisch unter den Marktakteuren verteilt sind und der Finanzmarkt so in seiner Funktionsweise beeinträchtigt wird.[684]

### 1.1.2 Abgrenzung VR-Ansatz

453 Nach RICHTER/FURUBOTN sind Verfügungsrechte im Sinne des VR-Ansatzes „gesellschaftlich anerkannte Rechte der Verfügung über materielle und immaterielle Dinge sowie Leistungspflichten aus schuldrechtlichen Beziehungen oder analogen Verhältnissen."[685]

454 Der VR-Ansatz untersucht das Verhalten der Individuen hinsichtlich der unterschiedlichen Verteilung der Verfügungsrechte. Die Verfügungsrechtsproblematik setzt sich jedoch nur zum Teil mit der Koordinationsproblematik auseinander.[686]

455 Grundlage der klassischen Wirtschaftstheorie ist die individualistische Eigentumstheorie. Nur die ökonomischen Anreize des Privateigentums tragen „im allgemeinen zu effizientem, nicht verschwenderischem Einsatz knapper Ressourcen und somit zur gesamtwirtschaftlichen Wohlfahrt bei."[687] Gestützt darauf und da im Rahmen dieser Arbeit die klassische Wirtschaftstheorie beibehalten werden soll, wird nachfolgend der VR-Ansatz nur noch im Rahmen der Prüfung der Anwendung des PA-Ansatzes betrachtet.

### 1.1.3 Abgrenzung TAK-Ansatz

456 Die Transaktionskosten sind nach RICHTER/FURUBOTN „die Kosten der Betreibung eines Wirtschaftssystems; sie sind im Zusammenhang mit dem Bestehen unvollständiger Voraussicht und eingeschränkter Rationalität zu sehen und umfassen die Kosten, die bei der Errichtung bzw. Bereitstellung eines institutionellen Arrangements entstehen, sowie die Kosten der Anpassung an neue Umweltbedingungen und unvorhergesehene Ereignisse."[688] „Nach enger Auslegung ist eine Transaktion der Abschluss eines Kaufvertrages und Transaktionskosten [...] sind demnach die Kosten, die entstehen, wenn man einen Kaufvertrag abschliessen will."[689] Dazu gehören unter anderem

---

[684] FRITSCH, S. 247.
[685] RICHTER/FURUBOTN, S. 602.
[686] GÖBEL, S. 61.
[687] RICHTER/FURUBOTN, S. 89.
[688] RICHTER/FURUBOTN, S. 600.
[689] GÖBEL, S. 129.

auch die Kosten für die Informationsbeschaffung[690], Kosten der Vertragsverhandlung und Vertragsabschluss und auch die Kosten für die Durchsetzung des Vertrages bei Schwierigkeiten.[691]

KAISER hält fest, dass die Finanzintermediäre[692] in einem marktwirt- 457
schaftlichen System nur dann eine Existenzberechtigung haben, „wenn sie den Wirtschaftssubjekten des finanziellen und nicht-finanziellen Sektors [einen Nutzen bringen]. Das bedeutet, dass die Leistungen und die Produkte der Finanzintermediäre den übrigen Wirtschaftssubjekten, verglichen mit der eigenen Durchführung finanzieller Transaktionen, einen relativen Vorteil bringen [müssen]. Dagegen werden die Finanzintermediäre immer dann bereit sein, Finanzdienstleistungen anzubieten, wenn die Preise der Leistungen die direkten Kosten und die Opportunitätskosten decken."[693] Deshalb nehmen die Investoren nur dann die Leistungen eines Finanzintermediärs in Anspruch, „wenn dadurch die Kosten der Transaktionen – die auf einen unvollkommenen Markt zurückzuführen sind – reduziert werden können."[694] Weiter wird der Investor auf die Leistung des Finanzintermediäres verzichten, wenn es für den Investoren vorteilhafter ist, direkt die Transaktion auf dem Markt vorzunehmen.

## 1.2 Prinzipal-Agent-Ansatz

### 1.2.1 Allgemeines

Der PA-Ansatz behandelt „Fälle mit asymmetrisch verteilter Informati- 458
on zwischen Auftraggeber[695] und Vertreter[696]. Der Prinzipal weiss weniger oder kann weniger beobachten als der Agent. Die Informationsasymmetrie kann vor und/oder nach Vertragsabschluss bestehen oder sowohl als auch. Dementsprechend besteht für den Agenten der Anreiz, sich vor bzw. nach Vertragsabschluss oder in beiden Fällen opportunistisch zu verhalten."[697] Der Prinzipal erwartet jedoch vom Agenten, dem er spezifische Aufgaben im

690 Vertragspartner und Produkt.

691 GÖBEL, S. 129.

692 Dies verglichen mit dem «Execution-only» Geschäft ohne Zuhilfenahme der Beratungsdienstleistung eines Finanzintermediärs.

693 KAISER, S. 28-29 m.w.H. FN 40.

694 KAISER, S. 29 m.w.H. FN 41.

695 Der Auftraggeber (Anleger) wird Prinzipal genannt.

696 Der Vertreter (Finanzdienstleister) wird Agent genannt.

697 RICHTER/FURUBOTN, S. 596.

Rahmen des Auftrages überträgt, eine faire Gegenleistung. Da es keine vollkommene und kostenlose Markttransparenz gibt, ist diese Leistung jedoch schwer messbar. Die Gefahr der Täuschung des Prinzipals durch den Agenten ist somit gross.[698]

459 Der Agent hat einen Informationsvorsprung vor dem Prinzipal und kann somit seine Opportunitäten besser beurteilen. Der Prinzipal dagegen kann die Handlungen des Agenten nur hinreichend aber nicht ausreichend beobachten und beurteilen. Diesen Informationsvorsprung wird der Agent als Nutzenmaximierer («homo oeconomicus») auch für seine Bedürfnisse einsetzen und nicht nur im besten Interesse des Prinzipals handeln.[699]

460 Die drei wichtigsten Problembereiche beim PA-Ansatz sind die verborgenen Eigenschaften («hidden characteristics»), die verborgene Handlung («hidden action») und die verborgene Information («hidden information»), die nachfolgend kurz erläutert werden sollen.[700]

461 Unter «verborgenen Eigenschaften» versteht man das Problem, dass der Prinzipal die Eigenschaften des Agenten vor Vertragsabschluss weder bezogen auf seine Person noch bezogen auf die von ihm angebotenen Produkte und Dienstleistungen genau in Erfahrung bringen kann. Diese Eigenschaften bleiben häufig verborgen und es besteht die Gefahr einer adversen Selektion.[701] Erst nach Vertragsabschluss tritt die Problematik der «verborgenen Handlungen» auf und umschreibt, dass der Prinzipal die Tätigkeiten des Agenten nicht lückenlos überwachen kann.[702] «Verborgene Informationen» bezeichnet das Problem, dass der Prinzipal die Tätigkeiten des Agenten zwar beobachten kann, ihm jedoch das spezifische Wissen zur Beurteilung von dessen Tätigkeiten fehlt. Je grösser die Spezialkenntnisse des Agenten sind, desto wahrscheinlicher ist aufgrund der vorherrschenden Informationsasymmetrie das Vorliegen von verborgenen Informationen. Der Agent wird dann als Nutzenmaximierer diejenige Handlung wählen, die für ihn selbst den grössten Nutzen bringt.[703]

462 Diese Informationsasymmetrie zwischen Prinzipal und Agent, die Zielkonflikte der Parteien und das eigennützige Verhalten des «homo oeconomicus» als Nutzenmaximierer bilden die Prämissen des PA-Ansatzes.[704]

---

[698] GÖBEL, S. 62.
[699] GÖBEL, S. 100.
[700] GÖBEL, S. 103.
[701] GÖBEL, S. 101.
[702] GÖBEL, S. 102.
[703] GÖBEL, S. 102.
[704] GÖBEL, S. 118.

### 1.2.2 Resultierende Vertragsprobleme

#### a) Adverse Selektion

Aufgrund der asymmetrischen Informationsverteilung wird der Nachfrager seine Zahlungsbereitschaft nur noch an der durchschnittlich zu erwartenden Qualität ausrichten. Ein Anbieter, der überdurchschnittliche Qualität anbietet, wird somit vergleichsweise weniger Gewinn erzielen, da er höhere Kosten decken muss. Die Anbieter werden somit zur Produktion von Gütern mit maximal durchschnittlicher Qualität gezwungen. Wird dem Nachfrager die Verminderung der durchschnittlichen Qualität jedoch bewusst, so passt er seine Zahlungsbereitschaft entsprechend an. Diese Negativspirale ruht erst, wenn die schlechtestmögliche Qualität an Gütern angeboten werden kann und der Preis sich auf niedrigstem Niveau einpendelt. Diese Negativspirale wird als adverse Selektion («adverse selection») bezeichnet.[705] Es liegt eine Qualitätsunsicherheit vor, da die Parteien vor Vertragsabschluss bestimmte Eigenschaften («hidden characteristics») oder Informationen («hidden information») nicht beobachten können.[706] 463

#### b) Moralisches Risiko

Als moralisches Risiko («moral hazard») bezeichnet man diejenigen Problemsituationen, die sich aus verborgenen Handlungen («hidden action») und verborgenen Informationen («hidden information») ergeben.[707] Der Agent verfügt nach Vertragsabschluss entweder über mehr Informationen als der Prinzipal oder es bietet sich für ihn die Möglichkeit für verstecktes Handeln. RICHTER/FURUBOTN sprechen hier von Opportunismus nach Vertragsabschluss («ex post opportunism»).[708] Dies führt zu einer Verhaltensunsicherheit der Akteure. 464

### 1.2.3 Klassifikation der Vertragsbeziehungen

Die drei ursächlichen Voraussetzungen für das Informationsdefizit (verborgene Handlungen, verborgene Informationen und verborgene Eigenschaften) können wie folgt dargestellt und den Parametern Ursprung des In- 465

---

705 FRITSCH, S. 250 f.
706 WINTER, S. 8.
707 GÖBEL, S. 103.
708 RICHTER/FURUBOTN, S. 592.

formationsdefizits, Zeitpunkt des Informationsdefizits und Vertragsproblem zugeordnet werden.[709] Als finanzmarktbasierter Anknüpfungspunkt wurde in einem ersten Schritt die Unsicherheit bei der Auswahl von Finanzdienstleister und Finanzprodukt aufgenommen, in einem zweiten Schritt ist m.E. dagegen die Instruktion und Überwachung des eingesetzten Finanzintermediärs und die Überwachung der Einhaltung von Anlagerichtlinien und Risikoprofil relevant. Der Auswahlprozess beinhaltet aufgrund der asymmetrischen Informationsverteilung das Risiko der adversen Selektion, bei Instruktion und Überwachung ist das moralische Risiko des beauftragten Finanzintermediärs vorherrschend. Diese Vertragsprobleme treten bei den kollektiven Kapitalanlagen verstärkt in Erscheinung, da der Anleger im Gegensatz zum klassischen Vermögensverwaltungsvertrag keine direkte Instruktions- und Überwachungsmöglichkeit hat.[710]

---

[709] JOST, S. 24.

[710] Der Anleger tritt mit dem Vertragsabschluss resp. mit der Zeichnung in den Fondsvertrag ein. Der Anleger hat einzig eine obligationenrechtliche Forderung gegen die Fondsleitung auf Beteiligung am Vermögen und Ertrag des Anlagefonds. Nach LANDERT, S. 26 verzichtet der Anleger bei einer kollektiven Kapitalanlage auf seine direkten Instruktions- und Überwachungsmöglichkeiten. Das Mitspracherecht bezogen auf die Umsetzung der Anlagestrategie (im Vergleich zum klassischen Vermögensverwaltungsvertrag) erlischt. Die *jederzeitige Pflicht der Fondsleitung zur Rücknahme der Anteile* (Art. 78 Abs. 2 KAG) und die *Depotbankkontrolle* (Art. 72 ff. KAG) bezwecken nun einen weiteren Schutz des Anlegers. Einerseits kann der Anleger der Fondsleitung jederzeit die Anteile gegen bar zurückgeben. Anderseits sorgt die Depotbank nach Art. 73 Abs. 3 KAG dafür, dass die Fondsleitung oder die SICAV das Gesetz und das Fondsreglement beachten (insb. ob der NAV korrekt berechnet und die Anlagestrategie der kollektiven Kapitalanlagen korrekt umgesetzt wurde). Hierbei handelt es sich um eine vertragliche und nicht um eine aufsichtsrechtliche Pflicht der Depotbank (BSK-KAG-WINZELER, Art. 73 N 10). Die Depotbank hat zudem ein umfassendes Informationsrecht gegenüber der Fondsleitung und das Recht zur Intervention resp. Nicht-Ausführung (Veto) bei einem Verstoss (BSK-KAG-WINZELER, Art. 73 N 17/18).

| | Hidden Characteristics | Hidden Action | Hidden Information |
|---|---|---|---|
| finanzmarktbasierter Anknüpfungspunkt | Auswahl von Finanzdienstleister und Finanzprodukt | Instruktion und Überwachung des Finanzdienstleisters sowie Überwachung der Einhaltung von Risikoprofil und Anlagerichtlinie | |
| Ursprung des Informationsdefizites | exogen | endogen | exogen |
| Zeitpunkt des Informationsdefizites | ex ante | ex post | ex post |
| Vertragsproblem | adverse Selektion | moralisches Risiko | moralisches Risiko |

**Abb. 6: Darstellung der verschiedenen Vertragsbeziehungen mit asymmetrischer Informationsverteilung**; JOST, S. 25 mit eigenen Ergänzungen.

### 1.2.4 Reduktion der Informationsasymmetrie

#### a) Durchbrechung der adversen Selektion

Bevor wirtschaftspolitische Massnahmen zur Lösung der Informations- 466
asymmetrie beigezogen werden, steht stets die Prüfung von marktwirtschaftlich unschädlichen Lösungsmöglichkeiten im Vordergrund. Ziel ist es, dass der Nachfrager auch bei Vertrauensgütern – um ein solches handelt es sich bei Finanzprodukten – für Produkte mit relativ hoher Qualität einen angemessenen Preis bezahlt. Die Negativspirale der adversen Selektion soll gebrochen werden.[711]

„Informationsasymmetrie lässt sich vielfach dadurch abbauen, indem 467
die relativ schlecht informierte Marktseite, der Prinzipal, versucht, zusätzliche Informationen zu gewinnen («Screening») und/oder die relativ gut informierte Marktseite, der Agent, möglichst glaubwürdige Informationen über die von ihr gebotene gute Qualität zu verbreiten («Signaling»)."[712] Kurz zusammengefasst

[711] FRITSCH, S. 262.
[712] FRITSCH, S. 262.

soll der Uninformierte somit seinen Informationsstand verbessern und der besser Informierte mehr Informationen bereitstellen.[713]

468 Weiter kann die Informationsasymmetrie dadurch reduziert werden, indem man versucht, „das Informationsgefälle durch Kontrolle zu senken, und die Ziele können durch die geschickte Gestaltung von materiellen Anreizsystemen[714] harmonisiert werden.“[715] Komplementär zu diesen beiden Lösungsansätzen und zur Linderung des opportunistischen Verhaltens der Parteien kann der Aufbau einer Vertrauensbeziehung zwischen Prinzipal und Agent stehen.[716] Der Prinzipal schöpft umso mehr Vertrauen, als sich der Agent um die Senkung der Informationsasymmetrie bemüht und seine Vertrauenswürdigkeit vor und nach Vertragsschluss unter Beweis stellt.[717]

469 Durch den Einbezug von gemischten Normen versucht man u.a. im Finanzmarktrecht Regelungen zu schaffen die sowohl dem privaten wie auch dem öffentlichen Interesse dienen.[718] Die Diskussion der hier relevanten Doppelnormen Art. 11 BEHG[719] sowie Art. 20 KAG[720] erfolgte bereits im dritten Kapitel.

### b) Wirtschaftspolizeiliche Massnahmen

#### aa) Verfassungsrechtliche Grundlagen

470 Die Kompetenz zur Regelung der privatwirtschaftlichen Erwerbstätigkeit findet sich im Sinne einer Globalkompetenz in Art. 95 Abs. 1 BV, welche somit auch den Banken- und Versicherungsbereich einschliesst.[721] Diese Kompetenz wird in Art. 98 BV in zweierlei Hinsicht erweitert. Die Kompetenz wird einerseits zu einer Verpflichtung ausgestaltet, der Bund muss somit entsprechende Vorschriften erlassen. Andererseits sollen nach h.L. neben den

---

713 FRITSCH, S. 263.

714 Z.B. kann hier anstelle der Entschädigung von Vertriebsvergütungen in Form von geldwerten Leistungen die Diskussion von Honorarberatung stehen.

715 GÖBEL, S. 118.

716 GÖBEL, S. 119, siehe dazu auch FN 886, da gerade der Wechsel vom Vertriebsentschädigungsmodell zum Honorarberatermodell der Vertrauensbeziehung zwischen Prinzipal und Agent im Finanzbereich förderlich wäre.

717 GÖBEL, S. 120 f.

718 Siehe dazu Rz. 173 ff.

719 Siehe dazu Rz. 215 ff.

720 Siehe dazu Rz. 230 ff.

721 JACOBS, St. Galler Kommentar zu Art. 95 Rz. 2.

klassischen Polizeigütern auch ein Funktions- und Systemschutz im Banken und Versicherungsbereich gewährleistet werden.[722] Erlaubt sind nur grundsatzkonforme Massnahmen, die somit der Gefahrenabwehr oder dem Funktionieren der Märkte dienen müssen.[723] Materielle Leitprinzipien des Aufsichtsrechts sind der Individualschutz (Gläubiger, Einleger- und Anlegerschutz), der Systemschutz und auch der Vertrauensschutz in das Banksystem als Ganzes.[724]

Folgende Instrumente i.S.v. wirtschaftspolizeilichen Massnahmen sol- 471
len dahingehend geprüft werden, ob sie einen Anreiz zur Eigenvorsorge schaffen und zu einem risikobewussten Verhalten führen und so die Informationsasymmetrie zu reduzieren vermögen: (a) die Einführung von Informationspflichten und die öffentliche Bereitstellung von Information, (b) der Erlass von Mindeststandards und subjektiven Marktzugangsbeschränkungen, sowie (c) die Bereitstellung eines umfassenden rechtlichen Rahmens.[725]

#### bb) Informationspflichten und öffentliche Informationsbereitstellung

Der Staat kann die Anbieter dazu verpflichten, über wichtige Pro- 472
dukteigenschaften oder über Vertragsänderung relevanter Sachverhalte jeweils proaktiv informieren zu müssen. Dies kann bspw. durch Publikationspflichten oder weitere konkrete Informationspflichten geschehen. Durch eine vom Gesetzgeber verordnete Transparenz wird die Informationsasymmetrie jedoch nur unvollständig bereinigt. Die Informationen müssen nicht nur vorliegen, sondern für den Empfänger auch verständlich sein. Dies ist insbesondere dann problematisch, wenn die Adressaten nicht über eine entsprechende Vorbildung verfügen. Mangels Initiative oder Eignung der Informationsbereitstellung durch die Anbieter (Agenten) kann auch der Staat diese Aufgabe übernehmen.[726]

#### cc) Erlass von Mindeststandards und subjektiven Marktzugangsbeschränkungen

Durch Mindeststandards und subjektive Marktzugangsbeschränkungen 473
wird bezweckt, „[nur] Güter mit einer bestimmten Mindestqualität bzw. nur

[722] JACOBS, St. Galler Kommentar zu Art. 98 Rz. 2.
[723] JACOBS, St. Galler Kommentar zu Art. 98 Rz. 4.
[724] NOBEL, § 1 Rz. 55-56 ff. m.w.H., vgl. auch BGE 111 Ib 126 E. 2a.
[725] FRITSCH, S. 277.
[726] FRITSCH, S. 278.

Anbieter mit dem Nachweis einer gewissen Mindestqualifikation (subjektive Marktzugangsbeschränkungen) auf dem Markt [zuzulassen].“[727] Im Finanzbereich erfolgt dies z.B. durch die mittels der prudentiellen Aufsicht gewährleisteten Institutskontrolle der Vertriebsträger[728] von kollektiven Kapitalanlagen oder auch durch die Norm zur Schutz vor Täuschung und Verwechslung im Hinblick auf den regulatorischen Status in Art. 12 Abs. 2 KAG, welcher gar als Übertretungstatbestand[729] ausgestaltet ist.[730]

dd) Bereitstellung eines umfassenden rechtlichen Rahmens

474 Vertragsverhältnisse sind meist unvollständig und regeln nicht sämtliche Eventualitäten. Ex ante lohnt sich für die beteiligten Parteien der Aufwand für die umfassende individuelle rechtliche Regelung pro Einzelabschluss meist nicht.[731] Gestützt auf Art. 7 Abs. 1 lit. b FINMAG hat die FINMA bspw. die Verhaltensregeln verschiedener Branchenorganisationen von Vermögensverwaltern nach Art. 6 Abs. 2 lit. b KKV als Mindeststandard anerkannt. So konnte eine vertragliche Mindestqualität beim Vertrieb von kollektiven Kapitalanlagen an qualifizierte Anleger im Rahmen des Vermögensverwaltungsmandates gewährleistet werden.[732]

## 2. Behavioral Finance

### 2.1 Einführung

475 Die neoklassische Theorie berücksichtigt mit dem Modell des «homo oeconomicus»[733] das Anlegerverhalten aufgrund der Abstraktion des menschlichen Verhaltens fast vollständig. „Beobachtet man aber die realen Vorgänge an den Finanzmärkten, so erfüllt kaum ein Marktteilnehmer dessen Anforderungen an eine strenge Rationalität: Anleger haben Informationsdefizite, ma-

[727] FRITSCH, S. 279.
[728] Art. 19 KAG.
[729] Art. 149 Abs. 1 lit. a KAG.
[730] BSK KAG-DE ZORDI, Art. 12 N 29.
[731] FRITSCH, S. 281 f.
[732] Siehe FINMA-RS 2009/1, Eckwerte,
[733] Siehe dazu die Definition des «homo oeconomicus» in FN 675.

chen Fehler in der Erwartungsbildung und lassen sich in ihren Entscheidungen bisweilen auch von irrationalen Motiven leiten."[734]

Der «homo oeconomicus» ist somit nur ein Idealbild und kein wirklich- 476
keitsgetreues Abbild realen menschlichen Handelns. Nach der neoklassischen Lehre heben sich die psychologischen Faktoren der Anleger auf und sind für die Marktbetrachtung irrelevant. Im Sinne einer «adverse selection» werden irrationale Anleger durch die erlittenen Vermögensverluste langfristig aus dem Markt ausgeschieden. Die professionellen Anleger handeln – der neoklassischen Auffassung folgend – konsequenterweise annähernd rational und können mittels Arbitrage allfällige Fehler in der Preisfestlegung kompensieren. Durch verhaltenswissenschaftlich orientierte Beobachtungen konnten jedoch systemisch wirkende Verzerrungen im Anlegerverhalten festgestellt werden.[735] Private Anleger treffen ihre Anlageentscheidungen zunehmend selbst und delegieren diese nicht mehr an einen Vermögensverwalter. Irrational handelnde Anleger scheiden zwar aus dem Markt aus, durch das steigende durchschnittliche Privatvermögen erschliessen sich jedoch stetig neue Anlegerschichten. Behavioral Finance dient zur Analyse dieser systemisch wirkenden Verzerrungen des irrationalen Anlegerverhaltens. Auf der NIÖ[736] aufbauend werden die neoklassischen finanztheoretischen Ansätze um verhaltenswissenschaftliche, psychologische und soziologische Aspekte erweitert. Behavioral Finance sucht nun nach den Gründen der eingeschränkten Rationalität und den daraus folgenden Konsequenzen für das Verhalten.[737]

Der Anleger wird im Gegensatz zur NIÖ nicht mehr als «Black Box» 477
verstanden. Durch die Analyse des Entscheidungsverhaltens sowie die Definition von fundamentalen, menschlichen Verhaltensaxiomen wird diese «Black Box» geöffnet und das Anlegerverhalten selbst analysiert. Die Erwartungsbildung und Entscheidungsfindung der Anleger wird begutachtet. Es wird impliziert, dass sich die Anleger nur beschränkt rational verhalten und auch suboptimale Entscheidungen treffen. Grund für dieses Verhalten sind einerseits die im unvollkommenen Markt vorherrschende eingeschränkte Informationsbasis der Akteure und anderseits auch die mangels Spezialwissen verminderte kognitive Leistungsfähigkeit des durchschnittlichen Anlegers.[738] Durch die Be-

---

734 ELLENRIEDER, S. 93.

735 ELLENRIEDER, S. 93-94 m.w.H.

736 In der NIÖ wird das begrenzt rationale Verhalten der Akteure als Prämisse angenommen.

737 WENDT, S. 36.

738 MEREY, S. 26 f.

trachtung der Motivationen und Erwartungen der Anleger kann Behavioral Finance zur Erklärung des Verhaltens beitragen.[739]

### 2.2 Determinanten im Entscheidungsprozess der Anleger

478 Der «homo oeconomicus» kennt alle verfügbaren Handlungsalternativen und ist sich der dazugehörigen Ergebnisfunktionen bewusst. Die Verarbeitung der zur Verfügung stehenden Informationen erfolgt aufgrund der hohen kognitiven Fähigkeiten ohne jeglichen Zeitverlust. Die relevanten Informationen werden dem «homo oeconomicus» umfassend und kostenlos zur Verfügung gestellt.[740]

479 Die mit dem «homo oeconomicus» implizierte strenge Rationalität des Anlegers stösst in realiter schnell an ihre Grenzen. Dem Anleger fehlt es an Zeit und den Fähigkeiten, sämtliche Handlungsalternativen und die dazugehörigen Ergebnisfunktionen zu analysieren. Der Anleger muss mit unvollständigen Informationen, einer hohen Komplexität und Zeitdruck umgehen können.[741] „Ein eingeschränkt rationaler Anleger ist somit ein rationaler Entscheider mit menschlichen Schwächen, vergleichbar [mit] einer Maschine mit Kapazitätsgrenzen. [...] Gleichzeitig nimmt ein eingeschränkt rationaler Anleger Abschied vom Ziel der Nutzenmaximierung als oberster Handlungsmaxime. Da er aufgrund seiner beschränkten kognitiven Fähigkeiten und der Zeitproblematik in einem komplexen Entscheidungsprozess erst gar nicht alle Alternativen kennt, ist es eher unwahrscheinlich, dass er auch diejenige Situation mit dem höchsten Nutzen erfasst hat.“[742]

480 Die Determinanten im Verhalten wurden im Rahmen einer experimentellen Analyse der Informations- und Entscheidungsprozesse individueller Anleger untersucht. Verschiedene Einflussfaktoren haben Auswirkungen auf den Entscheidungsprozess der Anleger. Zur Klassifizierung können diese Determinanten in solche personaler und wie auch situativer Art unterschieden werden.[743]

---

739 MEREY, S. 28.
740 ELLENRIEDER, S. 146 m.w.H.
741 ELLENRIEDER, S. 148.
742 ELLENRIEDER, S. 148.
743 SCHMIDT, S. 94 f.

## 2.3 Personale Determinanten

### 2.3.1 Allgemeines

Die personalen Determinanten stehen im Zusammenhang mit der Person des Entscheiders resp. des Anlegers selbst. Bei einer Anlageentscheidung am Aktienmarkt oder generell am Finanzmarkt handelt es sich in der Regel um ein komplexes[744] Problem. Die verschiedenen Phasen des Informationsbeschaffungs- und des Informationsverarbeitungsprozesses bedingen einen hohen kognitiven Aufwand. Weiter tragen die Motivation und die Emotionen des Anlegers zum Entscheidungsprozess bei.[745] „Der Wissensstand eines Entscheiders [Anlegers] ist im gesamten Informationsprozess von grosser Bedeutung, da sowohl vorhandene Informationen als auch Erfahrungen diesen begleiten."[746] Weiter weist SCHMIDT auf den Zusammenhang zwischen Wissenstand und subjektiver Kompetenz hin: „Ein Individuum, das einen hohen Wissensstand bezüglich einer Problemstellung hat, wird sich [...] auch subjektiv kompetent fühlen und dementsprechend im Rahmen einer [selbständigen] Entscheidung verhalten."[747] 481

Der Wissensstand kombiniert mit der subjektiven Kompetenz führt zur individuellen Kontrollüberzeugung[748]. Anleger mit einer internen Kontrollüberzeugung verhalten sich somit zielgerichteter bei der Informationsaufnahme und der Informationsverarbeitung. Externe Einflüsse lenken die Anleger im Entscheidungsprozess nur in geringem Ausmass ab. Diese Anleger haben daraus folgend eine geringere Delegationsbereitschaft an Dritte als Anleger mit externer Kontrollüberzeugung.[749] 482

---

744 Der Definition von BINSWANGER, S. 168 folgend, kann der Anlageentscheid als ein komplexes und nicht nur als ein kompliziertes Problem bezeichnet werden: „Die Komplexität eines Systems entspricht im Zusammenhang mit der Informationstheorie der potentiellen Information [...], welche in diesem System enthalten ist. Je mehr potentielle Information in einem System enthalten ist, umso komplexer ist dieses System." Siehe dazu auch die Ausführungen zur Informationsflut, Rz. 502 ff.

745 SCHMIDT, S. 95.

746 SCHMIDT, S. 101.

747 SCHMIDT, S. 101.

748 Die Kontrollüberzeugung kann unterteilt werden in eine interne Kontrollüberzeugung, die das Ausmass beschreibt, „in dem [eine Person] das Geschehen auf Schicksals- oder Zufallsumstände zurückführt, auf die sie keinen Einfluss hat" (MIELKE, S. 185) und in eine externe Kontrollüberzeugung, die das Ausmass beschreibt, in dem eine Person „[die] Ereignisse als Konsequenzen ihres eigenen Verhaltens erlebt." (MIELKE, S. 185).

749 SCHMIDT, S. 103.

483 Die personalen Determinanten des Anlegers im Entscheidungsprozess soll anhand zweier Untersuchungen aufgezeigt werden. Einerseits wird das Fondswissen der Bevölkerung (somit der Privatanleger/Kleinanleger) erörtert und anderseits wird das spezifische Informationsbedürfnis der verschiedenen Kundensegmente aufgezeigt.

### 2.3.2 Studie zum Fondswissen der Bevölkerung

484 Eine von AXA INVESTMENT MANAGERS in Auftrag gegebene «Studie Fondswissen» untersucht auf jährlicher Basis „im Rahmen einer Mehrländerstudie, den Wissensstand und die Einstellung [der Bevölkerung] zum Thema Investmentfonds.“[750] Eine Erkenntnis der Studie ist, dass das Fondswissen der Bevölkerung im Jahresvergleich 2007-2011 noch nie so gering war wie zuletzt im Jahr 2011.

485 So bezeichnen sich 70 % der befragten Schweizer Bevölkerung als «Unwissende» oder als «Anfänger» in Fondsfragen. Dies im Vergleich zum massiv tieferen Wert von 47 % der «Unwissenden» oder «Anfänger» im Jahr 2007. Der Anteil an «Fortgeschrittenen» und «Profis» reduzierte sich im 5-Jahresvergleich markant.[751]

---

[750] Siehe AXA INVESTMENT MANAGERS, S. 2; ebda: Befragt wurde die deutschsprachige Wohnbevölkerung ab 18 Jahren in Haushalten mit Festnetz-Telefonanschluss mit einer Stichprobe von 1.000 Interviews im Zeitraum vom 06.12.2010 bis 22.12.2010.

[751] AXA INVESTMENT MANAGERS, S. 7.

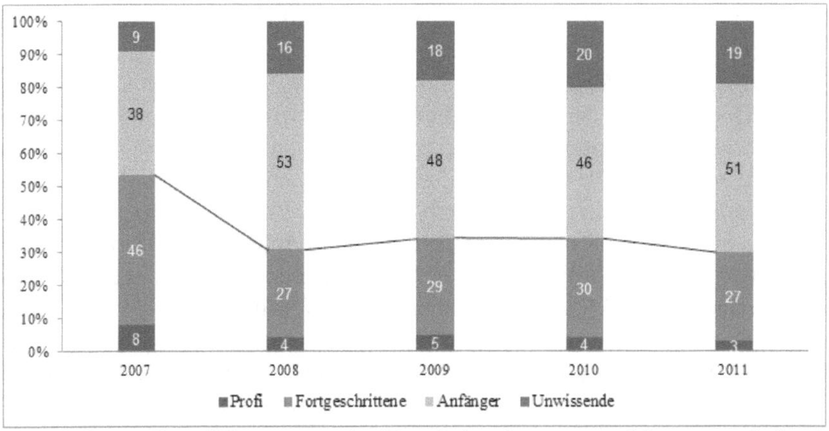


**Abb. 7: Darstellung Wissenstypen im Trend**; AXA INVESTMENT MANAGERS, S. 7; mit eigenen Ergänzungen.

Zudem sind Besserverdiener und Fondsbesitzer laut der Studie überdurchschnittlich häufig der Meinung, für Geldanlagen in Fonds seien keine vertieften wirtschaftlichen Kenntnisse erforderlich.[752] Es darf somit in Frage gestellt werden, ob die vermögende Privatperson tatsächlich qualifizierte Berater in Fondsfragen hinzuzieht, wie dies das geltende Gesetz und Verordnung indirekt annehmen möchte.[753] 486

## 2.3.3 Untersuchung zum Informationsbedürfnis der Anleger

### a) Einführung und Begrifflichkeiten

Das unterschiedliche Informationsbedürfnis der Anleger soll als weitere personale Determinante im Fondsgeschäft geprüft werden. Die Ausführungen zur Kundeneinstufung haben gezeigt, dass im KAG von unterschiedlichen Kundensegmenten[754] ausgegangen wird. 487

Die nachfolgend besprochene Untersuchung von SCHUMACHER BENNO stammt aus dem Jahre 2004 im zeitlichen Geltungsbereich des AFG 1994. Die vermögende Privatperson als nicht-professioneller qualifizierter Anleger war 488

752 AXA INVESTMENT MANAGERS, S. 18.

753 Art. 10 Abs. 3 lit. e KAG i.V.m. Art. 6 Abs. 1 KKV; Botschaft KAG, S. 6441; BSK KAG-WYSS, Art. 10 N 54.

754 Vgl. Rz. 221 ff.

damals noch nicht Bestandteil der gesetzlichen Regelung. Das AFG 1994 kennt jedoch den institutionellen Anleger mit professioneller Tresorerie i.S.v. Art. 3 Abs. 3 AFG 1994 i.V.m. Art. 2 Abs. 2 aAFV.[755]

489 Der Verfasser der Studie nimmt bei der Untersuchung eine Differenzierung nach Durchschnittsanleger und professionellen Anleger vor. Der Privatkunde von Banken mit einem Mindestmass an Sachkenntnis wird als Durchschnittsanleger definiert.[756] Wogegen unter den Begriff der professionellen Anleger einerseits sachverständige institutionelle Anleger mit guten Kenntnissen sowie andererseits Banken, Versicherungen und Vermögensverwalter als sachverständige Markt- und Informationsvermittler subsumiert werden.[757]

490 Die beiden Kundensegmente Durchschnittsanleger und professioneller Anleger benötigen zwar nicht den gleichen Anlegerschutz, sie sind jedoch auf korrekte und qualitativ hochstehende Informationen angewiesen, um ihre Anlageentscheidung treffen zu können. Die Kundensegmente haben somit ein unterschiedliches Bedürfnis hinsichtlich der benötigten Schlüsselinformationen. Die Schlüsselinformationen sind für die Kaufentscheidung des Anlegers besonders wichtig.[758]

### b) Informationsbedürfnis des Durchschnittsanlegers

491 Der Durchschnittsanleger bevorzugt gemäss einer Untersuchung[759] die Angabe des Risikoprofils des Anlagefonds, der Kommissionen[760] und Kosten[761] sowie der Rendite als Schlüsselinformationen. Ergänzt werden diese Schlüsselinformationen durch die Angabe von Anlageziel und Anlagepolitik. Diese Angaben stehen für den professionellen Anleger nicht primär im Vordergrund.[762] Der Durchschnittsanleger sucht somit eher qualitative und leicht

---

[755] Dazu gehören gem. der Klammerbemerkung in Art. 2 Abs. 2 aAFV z.B. Banken und Effektenhändler einschliesslich deren Kunden mit schriftlichem Vermögensverwaltungsvertrag, Versicherungen und Pensionskassen.

[756] SCHUMACHER BENNO, Anlagefonds, S. 27 FN 51 ff.; der Durchschnittsanleger fand auch an zwei Stellen Eingang im KAG (Art. 5 Abs. 2 lit. b sowie Art. 76 Abs. 3 KAG), ob diese Definition nach SCHUMACHER BENNO jedoch auch auf den Durchschnittsanleger nach KAG Anwendung findet, kann offen bleiben.

[757] SCHUMACHER BENNO, Anlagefonds, S. 27 FN 52 ff.

[758] SCHUMACHER BENNO, Anlagefonds, S. 27.

[759] SCHUMACHER BENNO, Anlagefonds.

[760] Verwaltungskommissionen.

[761] Einmalige Kosten wie der Ausgabeaufschlag oder Rücknahmekommission.

[762] SCHUMACHER BENNO, Anlagefonds S. 28.

verständliche Schlüsselinformationen und vergleicht die Wertentwicklung des Anlagefonds mit der Verzinsung des Sparkontos oder der Rendite von anderen Anlagefonds.[763]

| Informationsaspekte für den Durchschnittsanleger (im Vergleich zum professionellen Anleger) | Durchschnitts-anleger Rang | Professioneller Anleger Rang |
|---|---|---|
| Risikoprofil des Anlagefonds | 1 | 11 |
| Kommissionen und Kosten zu Lasten der Anleger | 2 | 7 |
| Rendite bzw. bisherige Performance des Anlagefonds | 3 | 14 |
| Kurze Definition Anlageziel und Anlagepolitik des Anlagefonds | 4 | 5 |
| Angaben über die Sicherheit des Fondsanbieters bzw. der Finanzgruppe | 5 | 9 |

**Abb. 8: Informationsaspekte für den Durchschnittsanleger**; vereinfachte Darstellung nach SCHUMACHER BENNO, S. 28.

## c) Informationsbedürfnis des professionellen Anlegers

Ganz anders ist dagegen das Informationsbedürfnis des professionellen Anlegers. Dieser steht den Kosten zulasten des Fondsvermögens im Vergleich kritischer gegenüber. Weiter entfällt bei den professionellen Anlegern grundsätzlich der direkt belastete Ausgabeaufschlag oder Rücknahmeabschlag. Den professionellen Anlegern werden deshalb zur effizienteren Abwicklung spezielle Anteilsklassen offeriert (sog. institutionelle Anteile). Die laufenden Kosten werden vom professionellen Anleger aufmerksamer analysiert und mit dem Marktdurchschnitt verglichen.[764] 492

Die TER («Total Expense Ratio») stellt die Gesamtheit derjenigen Kommissionen und Kosten dar, die dem Vermögen des Fonds als Betriebskosten belastet werden.[765] „Die TER erfasst nicht nur die Verwaltungskommission[766] (Management Fee) und die Depotbankvergütung[767], sondern auch alle 493

[763] SCHUMACHER BENNO, Anlagefonds S. 30 m.w.H.
[764] SCHUMACHER BENNO, Anlagefonds S. 30.
[765] SFA-Richtlinie-TER/PTR Rz. 4.
[766] Kommission der Fondsleitung und der Vermögensverwaltung.
[767] Kommission der Depotbank.

anderen laufenden Kosten[768] mit Ausnahme der Transaktionskosten (Brokerage) und setzt diese ins Verhältnis zum Fondsvermögen."[769] Die TER dient somit dem direkten (kostenbasierten) Vergleich von verschiedenen Anlagefonds.

494 Als Benchmark oder Referenzwert wird die Entwicklung der Performance einer Vergleichsgrösse bezeichnet.[770] Der Anleger kann so die Performance der relevanten Anlage mit der Entwicklung eines Branchenindexes vergleichen.

495 Neben der TER und dem Benchmark können PTR, Alpha, Beta und der Sharpe Ratio zu den wichtigsten statistischen Kennziffern gezählt werden. Die PTR («Portfolio Turnover Rate») gilt als Indikator für die Relevanz der Nebenkosten, die dem Fonds beim Kauf und Verkauf von Anlagen entstehen.[771] Das Alpha bezeichnet die Mehrrendite (positives Alpha) oder der Minderrendite (negatives Alpha) der kollektiven Kapitalanlage gegenüber dem Referenzwert. Das Alpha wird meist in Basispunkten (0.01 Prozentpunkte) angegeben.[772] Das Beta dagegen bezeichnet die Sensitivität der kollektiven Kapitalanlagen gegenüber dem Gesamtmarkt. Ein Beta höher als der Wert 1 bedeutet, dass die Anlage stärker als der Gesamtmarkt schwankt.[773] Als Sharpe Ratio bezeichnet man die risikoadjustierte Rendite. Diese fasst die Performance und die Volatilität (Risiko) einer kollektiven Kapitalanlage in einer Zahl zusammen. Ein hoher Sharpe Ratio besagt, dass mit der kollektiven Kapitalanlage mit geringen Risiko ein gute Performance erreicht werden kann.[774]

[768] Zu den übrigen Verwaltungs- und Vertriebskosten können bspw. die Kosten der Kurspublikation, die Kosten für die Aufsichtsbehörde und die Revisionsstelle, die zu entrichtenden Steuern und Abgaben oder die Entrichtung geldwerter Leistungen (Retrozessionen) an Vertriebspartner gezählt werden.

[769] BSK KAG-HUBER, Art. 89 N 37.

[770] FuW-Guide (11. Aufl.), S. 29, Stichwort: Benchmark.

[771] SFA-Richtlinie-TER/PTR Rz. 50.

[772] FuW-Guide (11. Aufl.), S. 224, Stichwort: Alpha.

[773] FuW-Guide (11. Aufl.), S. 225, Definition: Beta.

[774] FuW-Guide (11. Aufl.), S. 241, Stichwort: Sharpe Ratio.

| Informationsaspekte für den professionellen Anleger (im Vergleich zum Durchschnittsanleger) | Professioneller Anleger Rang | Durchschnitts-anleger Rang |
|---|---|---|
| Total Expense Ratio (TER) | 1 | 13 |
| Benchmark | 2 | 19 |
| Statistische Kennziffern (PTR, Alpha, Beta, Sharpe Ratio) | 3 | 26 |
| Pauschale Verwaltungskommission. Falls dem Fonds daneben keine weiteren Kosten belastet werden, entspricht die pauschale Verwaltungskommission der TER. | 4 | 8 |
| Kurze Definition Anlageziel und Anlagepolitik des Anlagefonds | 5 | 4 |

**Abb. 9: Informationsaspekte für den professionellen Anleger**; vereinfachte Darstellung nach SCHUMACHER BENNO, S. 31.

## d) Fazit der Studie zum Informationsbedürfnis der Anleger

Der Durchschnittsanleger stützt sich somit bei seinem Anlageentscheid 496
mehr intuitiv auf die durch den Berater vermittelten Informationen sowie der kurzen Definition von Anlageziel und Anlagepolitik des Anlagefonds. Der professionelle Anleger dagegen gewichtet das eigene analytische Auswahlverfahren höher und stützt sich bei der Rendite- und Risikoanalyse auf die Ergebnisse mathematischer und statistischer Modelle.[775]

Der bei den vermögenden Privatpersonen vermutete Beizug von quali- 497
fizierten Beratern lässt den Schluss zu, dass diese Gruppe von Privatpersonen primär der Zielgruppe Durchschnittsanleger zugeordnet werden muss.[776] Denn auch wenn sich die vermögende Privatperson durch qualifizierte Berater beraten lassen würde, fällt diese nicht unter die Definition der institutionellen Anleger mit professioneller Tresorerie nach Art. 2 Abs. 2 aAFV. Zudem wird der eigentliche Anlageentscheid schlussendlich durch die vermögende Privatperson und nicht durch den (Anlage-)Berater vorgenommen.[777] Die vermögenden Privatpersonen haben somit – selbst wenn sie als nicht-professionelle qualifizierte Anleger gelten – ein anderes Informationsbedürfnis als die professionellen qualifizierten Anleger.

---

[775] SCHUMACHER BENNO, Anlagefonds S. 31.

[776] Botschaft KAG, S. 6441; BSK KAG-WYSS, Art. 10 N 54.

[777] Vgl. Rz. 257-259.

## 2.4 Situative Determinanten

### 2.4.1 Allgemeines

498 Die situativen Determinanten können in die Merkmale einer Entscheidung an sich und in die Präsentation einer Entscheidung aufgeteilt werden.[778]

499 Bei den Merkmalen der Entscheidung ist „[als] übergeordnetes Merkmal die Komplexität der zu lösenden Aufgabe zu nennen, da mehrere Einzelfaktoren die Komplexität begründen. Zu diesen [...] zählen beispielsweise die Anzahl der Attribute und der Alternativen einer Entscheidung und der Zeitdruck, unter dem eine Entscheidung getroffen werden muss."[779] Das hohe Informationsvolumen unter gleichzeitiger beschränkter Informationsaufnahmekapazität führt zu einer „selektive[n] und damit gleichzeitig reduzierten Aufnahme von Informationen."[780]

500 „Die selektive Wahrnehmung entsteht durch das Bedürfnis nach Bestätigung. Hat ein Anleger eine Aktienkaufentscheidung getroffen, so ist er bestrebt, die Entscheidung gegen spätere Widersprüche abzusichern. Informationen, die nicht den Hypothesen des Anlegers entsprechen, lösen einen inneren Konflikt zwischen diesen entgegengesetzten Kognitionen aus. So entsteht kognitive Dissonanz. [...] Der Anleger [möchte] kognitive Dissonanz [jedoch] möglichst vermeiden [...]. Informationen, die nicht seinen Erwartungen entsprechen, misst er keine Bedeutung zu oder ignoriert sie. Dementsprechend werden erwartungskonforme Informationen bezüglich ihrer Bedeutung übergewichtet."[781] Als weiteres Merkmal der Entscheidung gilt der Entscheidungsprozess auf der Zeitachse resp. der Zeitdruck, unter dem jeweils eine Entscheidung getroffen werden muss.[782]

501 „Die Präsentation einer Entscheidungsaufgabe kann als separate Determinante des Entscheidungsprozesses aufgefasst werden, indem man alle diejenigen Einflussfaktoren berücksichtigt, die entweder als äusserer Rahmen der Entscheidungssituation oder als Darstellung der Entscheidungsaufgabe an sich das Verhalten des Entscheiders beeinflussen."[783]

---

778 SCHMIDT, S. 95.
779 SCHMIDT, S. 104.
780 SCHMIDT, S. 105.
781 VOIGT, S. 22–23 m.w.H.
782 SCHMIDT, S. 106; siehe auch die Ausführungen zum Behavioral Finance, Rz. 475 ff.
783 SCHMIDT, S. 107.

### 2.4.2 Asymmetrische Aufteilung des Fondsmarktes

Der Fondsmarkt ist sehr asymmetrisch aufgeteilt. Einer professionellen Verkäuferschaft steht eine uninformierte bis überforderte Käuferschaft («information overload») gegenüber. Nach dem Ansatz der adversen Selektion ist in solchen Märkten davon auszugehen, dass die Käuferschaft immer mehr für immer schlechtere Dienstleistungen bezahlt. Studien im Bereich des Behavioral Finance haben nun gezeigt, dass sich die Anleger in finanziellen Belangen höchst irrational verhalten.[784] Die Anbieter von Finanzprodukten können so die direkt oder indirekt gebührenfinanzierte Beratung einsetzen, um ihre Finanzprodukte unter Realisierung von hohen Margen zu vertreiben. Der Ausspruch «Mutual funds are sold, not bought» fasst diese Erkenntnisse kurz und prägnant zusammen.[785] 502

Schon 1914 hat BRANDEIS Schriften zum provisionsbasierten Vertriebsmodell und der benötigten Transparenz geldwerter Leistungen verfasst. Zugleich umschrieb er das moralische Risiko aufgrund der vorherrschenden Informationsasymmetrie wie folgt: 503

„Such disclosures of bankers' commissions or profits is demanded also for another reason: It will aid the investor in judging of the safety of the investment. [...] The investor is interested chiefly in buying a good article. The small investor relies almost exclusively upon the banker for his knowledge and judgment as to the quality of the security; and it is this which makes his relation to the banker one of confidence. [...] But the banker ought not to be paid more for getting investors to assume a larger risk. In practice the banker gets the higher commission for underwriting the weaker security [...] And the weaker the security, the greater is the banker's incentive to induce his customers to relieve him. "[786] 504

---

784 ELLENRIEDER, S. 93.

785 AMBACHTSHEER, S. 226 ff. m.w.H., Anlagefonds werden verkauft, nicht gekauft; Ü.d.V.

786 BRANDEIS, S. 102-103; Eine Offenlegung der Gebühren und geldwerten Leistungen beim Vertrieb von Finanzprodukten durch die Bankiers ist auch aus einem anderen Grund notwendig: Dem Investor wird so ermöglicht, die Risiken der Anlage korrekt einschätzen zu können. [...] Der Anleger ist daran interessiert, ein gutes Finanzprodukt erwerben zu können. Der Kleinanleger ist hinsichtlich der Qualität einer Finanzanlage vom Wissen und der Beratung des Bankiers abhängig, weshalb die Beziehung zum Bankier zu einem Vertrauensverhältnis wird. [...] Der Bankier sollte jedoch nicht dann mehr Geld (an Vertriebsprovision etc., A.d.V.) erhalten, je mehr der Anleger höhere Risiken eingeht. In Praxis erhält der Bankier eine höhere Vertriebsentschädigung, wenn er eine im Vergleich schlechtere Finanzanlage vertreibt. [...] Je höher die Vertriebsentschädi-

505 Der bekannte österreichisch-schweizerische Bankier und Nationalökonom SOMARY schrieb schon 1930 in seinem Buch «Bankpolitik», dass vor allem in den USA der Verkauf von Wertpapieren fast ausschliesslich durch die «distributors» vorgenommen wird. Darunter verstand man Reiseagenten der Privatbankiers und Broker, welche die Effekten dem Anleger vor Ort mit oder ohne Kreditgewährung zum Kauf anboten.[787] Die asymmetrische Aufteilung des Fonds-Markts ist somit kein Phänomen der Neuzeit. „Die Ziele einer Bank oder eines ähnlichen Institutes, welche [...] zwischen Kapitalnehmer und Kapitalgeber geschaltet sind, liegen im Bemühen, die divergierenden Interessen dieser beiden Pole unter einen Hut zu bringen und damit selbst ein Geschäft zu machen.“[788]

506 Interessant ist in diesem Zusammenhang eine Dissertation aus dem Jahr 1943 zum Delikt der Spekulationsverleitung. KRADOLFER schrieb zur Notwendigkeit des Schutzartikels für den Anleger, „dass [dieser Artikel in der damals vorliegenden] Fassung durchaus geeignet [sei], dem verwerflichen Gebaren von Leuten, die unwirtschaftliche Eigenschaften von andern ausnützen, um daraus einen Vermögensvorteil zu erzielen, Einhalt zu tun.“[789] Hauptzweck des Schutzartikels sei es, „den Schutz zu gewähren, den Unerfahrene oder Leichtsinnige dringend notwendig brauchen und solche Leute, die darauf ausgehen, diese unwirtschaftlichen Eigenschaften eines andern auszunützen, von einer Verleitung zur Spekulation [...] fernzuhalten.“[790] Das wissenschaftliche Instrumentarium, um diese Ausführungen zu stützen, wurde durch die Verhaltensökonomik resp. Behavioral Finance Jahre später nun dargelegt. Das Delikt der Spekulationsverleitung wurde im Rahmen der Revision der Vermögensdelikte im Jahr 1994[791] jedoch aufgehoben.

507 Die von KRADOLFER angesprochene erzieherische Wirkung wird heute m.E. durch Gewährleistung eines differenzierten Anlegerschutzes erreicht und durch umfangreiche Schutzvorschriften gesichert. Die vorliegende wissenschaftliche Betrachtung dient dem Nachweis, ob die Einordnung der vermö-

---

gung des Bankiers, desto grösser ist somit auch sein Anreiz, genau dieses (schlechte) Finanzprodukt auch zu vertreiben; Ü.d.V.

787 SOMARY, S. 278.

788 TAISCH, S. 72 f.

789 KRADOLFER, S. 70.

790 KRADOLFER, S. 71, der Art. 158 StGB aF hatte nach KRADOLFER gewissermassen eine erzieherische Wirkung, um den Unerfahrenen oder Leichtsinnigen vor einer Verleitung zur Spekulation zu schützen.

791 AS 1994 2290.

genden Privatperson dem Grundgedanken des Anlegerschutzes sowie den europarechtlichen Vorgaben im Rahmen des autonomen Nachvollzuges genügen kann. Es darf bezweifelt werden, ob im direkten Nachgang zu Vorfällen wie Madoff oder Lehman eine ersatzlose Streichung von Art. 158 StGB aF ebenso leichtfertig vorgenommen worden wäre.

### 2.4.3 Geldwerte Leistungen im Anlagefondsgeschäft

#### a) Einführung und Begrifflichkeiten

Ein weiteres Argument, um die situativen Determinanten im Fondsgeschäft zu verdeutlichen, sind die geldwerten Leistungen[792]. Ausschlaggebend für die anhaltende Diskussion war der Entscheid des Bundesgerichts vom März 2006 mit der zentralen Formulierung, dass geldwerte Leistungen im Rahmen des Auftragsverhältnisses an den Auftraggeber herauszugeben sind.[793] 508

In Art. 20 KAG[794] wird die Frage der geldwerten Leistungen im Rahmen der Verhaltenspflichten für die Bewilligungsträger[795] geregelt, jedoch kann die konkrete Offenlegung und Herausgabe der geldwerten Leistungen einzig gestützt auf das Auftragsrecht (Art. 400 OR) erlangt werden.[796] Die Bewilligungsträger haben unabhängig zu handeln und ausschliesslich die Interessen der Anleger zu wahren.[797] Auch haben die Bewilligungsträger alle Vorkehrungen zu treffen, die notwendig sind, um eine seriöse Akquisition und objektive Beratung der Kunden zu gewährleisten.[798] Gemäss der SFA-RL-Vertrieb informiert resp. berät der Vertriebsträger die Anleger „objektiv über den Anlagecharakter, die Chancen und Risiken der angebotenen kollektiven Kapitalanlagen. Diese Pflicht ist je nach Erfahrung und fachlichen Kenntnissen der Anleger sowie nach der Komplexität der kollektiven Kapitalanlage zu erfüllen.“[799] 509

Die im Fondsgeschäft vorliegende Informationsasymmetrie kann zu einem Marktversagen in Form der Realisierung des moralischen Risikos führen, 510

---

[792] Unter den geldwerten Leistungen versteht man Retrozessionen, Bestandespflegekommissionen und/oder Finder's Fee.
[793] BGE 132 III 460 E. 4.1 ff.
[794] Analog Art. 11 BEHG für die Effektenhändler.
[795] Art. 13 KAG.
[796] NOBEL, § 12 Rz. 85 ff.
[797] Art. 20 Abs. 1 lit. a KAG.
[798] Art. 24 Abs. 1 KAG.
[799] Vertriebs-RL-SFA, Rz. 9 Anhang der Richtlinie.

da „die als Beratung und Vermögensverwaltung angepriesene Dienstleistung vieler Banken [sich nicht] als Hommage [...] an den Kunden, sondern an die hauseigenen Fonds und Zertifikate [entpuppt]. Absatzvorgaben an die Kundenberater lauten entsprechend und richten sich weiter auf Fremdprodukte mit hohen Vertriebsprovisionen. Daher werden die Kundengelder wenn immer möglich entweder in hauseigene Produkte oder in solche von Dritten mit hohen Provisionen investiert.“[800]

511 Die mit dem Vertrieb beauftragten Bewilligungsträger optimieren durch die Realisierung der geldwerten Leistungen den Ertrag, wenn vor allem hauseigene Produkte an die Kundschaft vertrieben werden. Die Kundenberater sind demzufolge unter Druck, die hausinternen Verkaufsvorgaben erfüllen zu müssen. Die Kunden vertrauen dagegen auf die «neutrale» Beratung durch den Verkäufer und sind der Meinung, dass die Beratung des (Kunden-)Beraters auch ausschliesslich in ihrem (Kunden-)Interesse sei.[801] Das provisionsbasierte Beratungsmodel beinhaltet somit inhärent das moralische Risiko für das Eigenwohl und nicht für das Wohl des Kunden zu handeln. Das Honorarberatermodel[802] würde hier Abhilfe schaffen. „Unabhängigkeit, Transparenz und das Kundeninteresse stünden [wieder] im Vordergrund – in einem Geschäft notabene, bei dem die Interessenwahrung für den Kunden als *die* Dienstleitung verkauft wird.“[803] Die Verhaltensregeln für die Bewilligungsträger und ihre Beauftragten zur Wahrung der Interessen der Kunden wird Gesetzesstufe festgehalten.[804]

---

800 ROTH MONIKA, Retrozessionen S. 539.

801 ROTH MONIKA, Retrozessionen S. 544.

802 LÖBER, S. 93 legt dar, dass mit dem Honorarberatermodell versucht werde, „die Anlageberatung in ein ähnliches Preismodell zu überführen, wie es der Kunde bei Dienstleistern wie Anwälten oder Steuerberatern als gegeben hinnimmt, weil hier auch die Beratungszeit in Rechnung gestellt wird. Dass die Anlageberatung nicht umsonst erfolgen kann, sondern die Zeit, die der Berater in das Kundengespräch sowie dessen Vor- und Nachbereitung investiert, in irgendeiner Art und Weise abgegolten werden muss, [soll] dem Kunden auf diesem Wege näher gebracht werden.“

803 ROTH MONIKA, Retrozessionen S. 549.

804 Art. 20-24 KAG; insb. Art. 20 Abs. 1 lit. a-c KAG zur Treue-, Sorgfalts- und Informationspflicht.

### b) Bundesgerichtliche Rechtsprechung zu den geldwerten Leistungen insb. bei professionellen qualifizierten Anlegern

In einem 2011 ergangen Bundesgerichtsentscheid äusserte sich das Bundesgericht erneut zur Herausgabepflicht von Retrozessionen und zwar diese Mal bei einem qualifizierten Anleger als Auftraggeber.[805] Der Sachverhalt kann wie folgt kurz zusammengefasst werden: Eine Pensionskasse klagte gegen den beauftragten Vermögensverwalter auf Herausgabe der Retrozessionen. Diese wurde dem Vermögensverwalter durch die Depotbank gestützt auf die durch diese vereinnahmten Transaktions- und Depotgebühren geleistet. Vertraglich vereinbart wurde eine vierteljährlich zu leistende allgemeine Administrativkommission von 0,5 % p.a. des Depotwertes. Der entsprechende Vermögensverwaltungsvertrag enthielt die Bestimmung, dass allfällige Retrozessionen vollumfänglich dem Vermögensverwalter zustehen sollen. Das Kantonsgericht Zug hiess die Klage mit Ausnahme der Rechtsbegehren betreffend Rechenschaftsablegung und Befreiung vom Bankgeheimnis gut. Das Obergericht dagegen hiess die dagegen erhobene Berufung gut, hob das Urteil des Kantonsgerichts auf und wies die Klage ab. Das Bundesgericht hiess die dagegen erhobene Beschwerde in Zivilsachen gut und wies die Sache zur erneuten Beurteilung an die Vorinstanz zurück.[806] 512

Das Bundesgericht bekräftigt in den Erwägungen[807] den ergangenen Entscheid BGE 132 III 460. Das Bundesgericht hielt in diesem Entscheid aus dem Jahr 2006 fest, dass auf den Vermögensverwaltungsvertrag die auftragsrechtlichen Regeln Anwendung finden. Der Beauftragte ist somit nach Art. 400 Abs. 1 OR verpflichtet, auf Verlangen jederzeit Rechenschaft ablegen zu müssen und alles, was ihm infolge des Auftrages aus irgendeinem Grund zugekommen ist, an den Auftraggeber herauszugeben hat. „Die Ablieferungspflicht betrifft nicht nur diejenigen Vermögenswerte, die der Beauftragte direkt vom Auftraggeber zur Erfüllung des Auftrags erhalt, sondern auch indirekte Vorteile, die dem Beauftragten infolge der Auftragsausführung von Dritten zukommen. Der Beauftragte soll durch den Auftrag - abgesehen von einem allfälligen Honorar - weder gewinnen noch verlieren; er muss daher alle Vermögenswerte herausgeben, welche in einem inneren Zusammenhang zur Auftragsausführung stehen; behalten darf er nur, was er lediglich bei Gelegenheit der Auftragsausführung, ohne inneren Zusammenhang mit dem ihm erteilten 513

[805] BGE 137 III 393.
[806] BGE 137 III 393 Sachverhalt.
[807] BGE 137 III 393 E. 2.2.

Auftrag, von Dritten erhält“[808] Die Gültigkeit einer Vereinbarung, wonach der Auftraggeber auf die Ablieferung bestimmter, auf künftig anfallender Werte verzichtet, ist nach BGE 132 III 460 E. 2 zu bejahen. Der Auftraggeber muss jedoch vollständig und wahrheitsgetreu darüber informiert werden und zudem muss sein Verzichtswille aus der Vereinbarung klar herausgehen. Schon in BGE 132 460 E. 2 hält das Bundesgericht fest, dass eine solche Vereinbarung zu Interessenkonflikten führen könne, da der Vermögensverwalter durch (zu) häufige Transaktionen ein nennenswertes Zusatzeinkommen generieren kann. Das Bundesgericht zieht somit auch das moralische Risiko, dass der Vermögensverwalter aufgrund die direkt an ihn fliessenden geldwerten Leistungen durch Churning[809] erhöhen könnte, in die Erwägungen mit ein.

514 In der vorinstanzlichen Beurteilung der in BGE 137 III 393 nun beurteilten Sachlage wurde behauptet, dass bei branchenkundigen Parteien geringere Anforderungen an die Information über die zu verzichtenden Retrozessionen gestellt werden können. Dies, da beide Parteien als Branchenkenner zu gelten haben. Die Pensionskasse sei eine institutionelle Anlegerin mit entsprechend hohem Fachwissen.[810] Aufgrund dieses Vorwissens (gar der Einstufung als qualifizierter Anleger nach Art. 10 Abs. 3 lit. c KAG) wollte man nun voraussetzen, dass die Pensionskasse Berechnungsgrundlage und auch Grössenordnung der geldwerten Leistungen zu kennen habe.

515 Das Bundesgericht hat nun in BGE 137 III 393 klargestellt, dass alleine aufgrund des hohen Fachwissens bzw. der bereits vorhandenen Geschäftserfahrung noch nicht darauf geschlossen werden dürfe, dass der Kunde auf eine konkrete Information hinsichtlich der Berechnungsgrundlage und der Grössenordnung der ausgerichteten Rückvergütungen verzichte. Zudem wird festgehalten, dass selbst bei qualifizierten Anlegern wie bei einer Pensionskasse das rein hypothetische Wissen über die vereinnahmten geldwerten Leistungen nicht für einen rechtswirksamen Verzicht[811] ausreiche.[812]

---

808 BGE 132 III 460 S. E 4.1 ff.

809 Unter Churning (Spesenschinderei) versteht man nach FINMA-RS 2009/1, Eckwerte, Rz. 14 „das Umschichten von Depots der Kunden ohne einen im Kundeninteresse liegenden wirtschaftlichen Grund.“

810 BGE 137 III 393 E. 2.6.

811 Auftragsrechtlicher Herausgabeanspruch nach Art. 400 Abs. 1 OR.

812 BGE 137 III 393 E 2.6.

### c) Fazit und Umsetzung auf die vermögende Privatperson als nicht-professioneller qualifizierter Anleger

Alleine aufgrund der Einstufung als qualifizierter Anleger darf somit nicht von einer so hohen Sachkunde und Erfahrung ausgegangen werden, die bei einem allfälligen Verzicht auf geldwerten Leistungen eine detaillierte Aufklärung über deren Zusammensetzung und Höhe hinfällig machen würde. Was gemäss bundesgerichtlicher Rechtsprechung für Pensionskassen als professionelle qualifizierte Anleger Geltung hat, sollte somit erst recht auch für vermögende Privatpersonen als nicht-professionelle qualifizierte Anleger Anwendung finden. 516

# § 16 Daten zur Kapitalmarktbeanspruchung

## 1. Kapitalmarktbeanspruchung in der Schweiz

517 Die Kapitalmarktbeanspruchung in der Schweiz wird anhand von zwei Darstellungen verdeutlicht. Die Darstellung der Gesamtvolumina aller in der Schweiz zum Vertrieb zugelassenen OGAW- und Non-OGAW-Produkte (Abb. 10) zeigt auf, dass das Gesamtvolumen der OGAW-Produkte mit Vertriebszulassung um ein vielfaches höher ist, als das Gesamtvolumen der Non-OGAW-Produkte.

518 Diese Darstellung beinhaltet die Volumen sowohl der inländischen als auch der ausländischen Fondsprodukte, welche in der Schweiz zum Vertrieb zugelassen sind. Gemessen am Volumen sämtlicher in der Schweiz zum Vertrieb zugelassenen Fondsprodukte mit knapp 261 Mrd. EUR beträgt der Anteil der Non-OGAW knapp 20,7 % (54 Mrd. Euro).[813]

519 Einleitend ist festzuhalten, dass nicht sämtliche Non-OGAW-Produkte in der Schweiz mit den nur qualifizierten Anlegern vorbehaltenen Fonds nach Art. 10 Abs. 5 KAG gleichzustellen sind. Als OGAW gilt nach schweizerischem Recht einzig der Effektenfonds nach Art. 53 ff. KAG.

520 Der europäischen Definition in der AIFM-RL folgend sind sämtliche Non-OGAW als AIF zu werten. Bei den AIF erfolgt auf europäischer Ebene eine Einschränkung des Anlegerkreises auf die professionellen Anleger. Die Statistik von efama zeichnet, entgegen der statistischen Auswertung der SNB, keine detaillierte Auswertung von nur qualifizierten Anlegern vorbehaltenen Anlagefonds aus. Es kann jedoch davon ausgegangen werden, dass sich in der Schweiz gerade die Non-OGAW-Produkte für die Beschränkung des Anlegerkreises auf qualifizierte Anleger nach Art. 10 Abs. 5 KAG eignen.

---

[813] Efama Fact Book 2011 (S. 290-295).

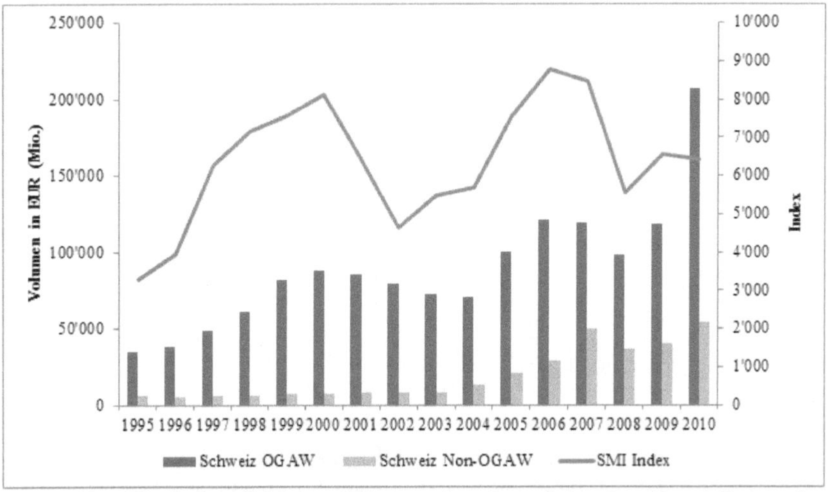


**Abb. 10: Kapitalmarktbeanspruchung in der Schweiz; Darstellung der Gesamtvolumina der in der Schweiz zum Vertrieb zugelassenen OGAW- und Non-OGAW-Produkte**; Datenquelle: efama Fact Book 2006 (S. 271-276) und 2011 (S. 290-295) im Vergleich mit dem SMI.

Die genaue Differenzierung nach der Anzahl der inländischen[814] und ausländischen[815] kollektiven Kapitalanlagen mit Vertriebszulassung in der Schweiz zeigt in Abb. 11 auf. Es wird ersichtlich, dass das Wachstum der Anzahl an OGAW mit Vertriebszulassung Schweiz importierter Natur[816] ist. Das Verhältnis von inländischen[817] zu ausländischen kollektiven Kapitalanlagen[818] beträgt 1:4. 521

[814] Primärachse.

[815] Sekundärachse.

[816] Grossmehrheitlich aus Luxemburg.

[817] Der inländische Fondsmarkt wird per Ende 2010 durch 209 inländische OGAW und 1'231 Non-OGAW gebildet (efama Fact Book 2006, S. 235).

[818] Per Ende 2010 besassen in der Schweiz 5'802 ausländische Fonds die Vertriebszulassung (efama Fact Book 2006, S. 247).

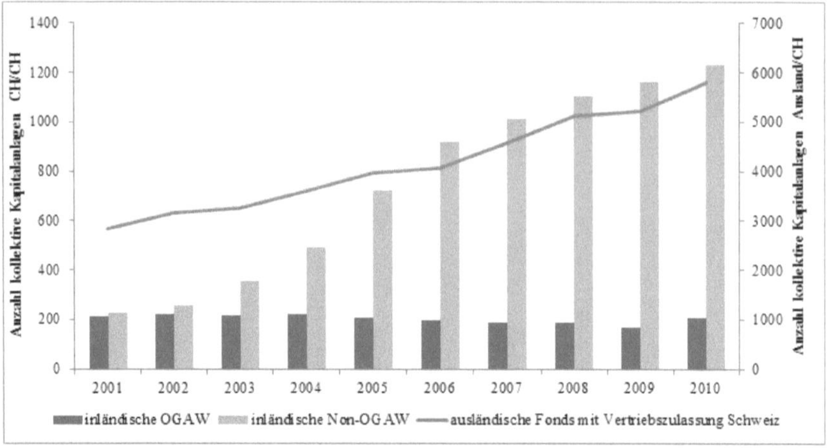


**Abb. 11: Darstellung der Anzahl der inländischen kollektiven Kapitalanlagen im Vergleich mit den ausländischen kollektiven Kapitalanlagen mit Vertriebszulassung Schweiz**; Datenquelle: efama Fact Book 2006 (S. 235) und 2011 (S. 247).

522 Konzentriert man die Betrachtung ausschliesslich auf den Markt der inländischen kollektiven Kapitalanlagen der Primärachse, so wird deutlich, dass die Anzahl der inländischen Non-OGAW-Produkte diejenige der inländischen OGAW-Produkte bei Weitem übersteigt. Das Verhältnis inländischer OGAW zu inländischen Non-OGAW liegt im Jahr 2010 bei nahezu 1:6. D. h. es werden auf dem schweizerischen Fondsmarkt massiv mehr OGAW-Fonds ausländischer Herkunft als OGAW aus inländischer Produktion[819] vertrieben, aber die inländischen Non-OGAW bilden den Hauptanteil an der einheimischen Fondsproduktion.

523 Die zum Vertrieb in der Schweiz zugelassenen inländischen OGAW werden so in doppelter Hinsicht marginalisiert. Einerseits durch den Import von ausländischen OGAW und andererseits durch den sehr starken inländischen Markt an Non-OGAW-Produkten. Die Schweiz hat somit auch hier eine negative Dienstleistungsbilanz. D.h. es werden mehr OGAW im Rahmen der Vertriebszulassung[820] in die Schweiz importiert als in der Schweiz überhaupt hergestellt werden.

---

[819] Als OGAW inländischer Produktion werden nur solche betrachtet, die auch als (inländische) kollektive Kapitalanlagen nach KAG zugelassen sind.

[820] Art. 119 ff. KAG.

Betrachtet man für den Zeitraum 2008-2011 die Anzahl der kollektiven Kapitalanlagen, aufgeteilt in solche für Publikumsanleger und solchen für qualifizierte Anleger, so erkennt man ein überproportionales Wachstum der nur qualifizierten Anlegern vorbehaltenden Fonds. 524

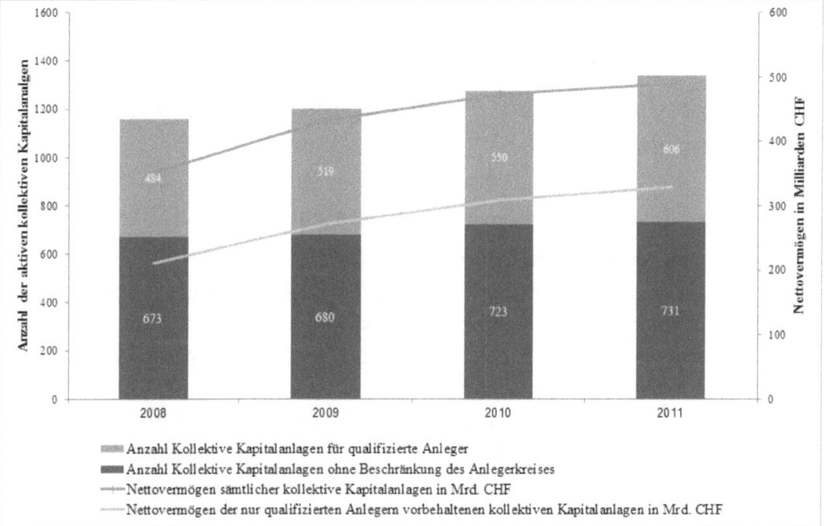


**Abb. 12: Entwicklung der Fonds für qualifizierte Anleger in der Schweiz**; Datenquelle: SNB-Statistisches Monatsheft 03/2011 (S. 56) und 03/2012 (S. 56).

Im Zeitraum 2008-2011 ist die Anzahl der Fonds ohne Beschränkung des Anlegerkreises lediglich um 8,6 %, die Anzahl der nur qualifizierten Anlegern vorbehaltenen Fonds jedoch um 25,2 % angestiegen.[821] 525

Betrachtet man zudem das Fondsvolumen im Zeitraum 2008-2011, so kann man festhalten, dass circa 2/3 des Nettovermögens von den nur qualifizierten Anlegern vorbehaltenen Fonds generiert wird. Per Ende 4. Quartal 2011 hatten die Fonds für qualifizierte Anleger ein Nettovermögen von 328 Mrd. CHF und somit einen beträchtlicher Anteil am inländischen schweizerischen Gesamtmarkt (489 Mrd. CHF).[822] 526

[821] SNB-Statistisches Monatsheft 3/2011, S. 56 und 3/2012, S. 56.

[822] SNB-Statistisches Monatsheft 3/2012, S. 56.

527 Somit liegt es auf der Hand, dass die interessierten Kreise auf den Gesetzgebungsprozess dahingehend Einfluss genommen haben, dass der Kreis der professionellen und nicht-professionellen qualifizierten Anleger erweitert werden konnte. Neben der Qualifikation über ein Vermögensverwaltungsmandat weitet vor allem die Deklaration der vermögenden Privatperson als nicht-professioneller qualifizierter Anleger die Nachfragemenge signifikant aus.

## 2. Kapitalmarktbeanspruchung im europäischen Vergleich

### 2.1 Kapitalmarktbeanspruchung in Deutschland

528 Die Darstellung Abb. 13 zeigt für Deutschland deutlich, dass bei der Betrachtung der Volumina aller zum Vertrieb zugelassenen in- und ausländischen Fonds der Non-OGAW-Bereich stark prosperierte. Die Volumina der in Deutschland zum Vertrieb zugelassenen OGAW-Produkte pendeln jedoch um den bereits im Jahr 2000 erreichten Stand.

529 Die Kapitalmarktbeanspruchung durch alle in Deutschland zum Vertrieb zugelassenen Fondsprodukte ist im Gegensatz zu Kapitalmarktbeanspruchung der Schweiz stark durch den Non-OGAW-Markt geprägt. D.h. bei der Betrachtung der Volumina sämtlicher in Deutschland zum Vertrieb zugelassenen Fondsprodukte (in- und ausländischer Herkunft) haben die inländischen deutschen Non-OGAW-Produkte einen Anteil von knapp 77,8 %.[823]

530 Die Korrelation zum Index des Hauptbörsenplatzes in Deutschland wurde mittels Darstellung des DAX vorgenommen.

[823] Efama Fact Book 2011, S. 290-295.

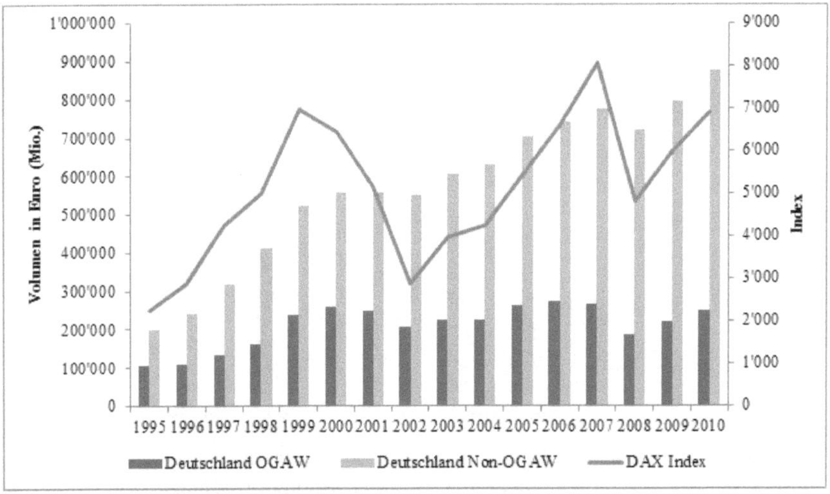


**Abb. 13: Kapitalmarktbeanspruchung in Deutschland**; Darstellung der Gesamtvolumina der in Deutschland zum Vertrieb zugelassenen OGAW und Non-OGAW-Produkte; Datenquelle: efama Fact Book 2006 (S. 271-276) und 2011 (S. 290-295) im Vergleich mit dem DAX.

Der Vergleich der Anzahl inländischer OGAW[824]- und Non-OGAW[825]- 531
Produkte in Deutschland mit den im Inland zum Vertrieb zugelassenen ausländischen Fonds[826] zeigt in Abb. 14, dass Ende 2010 knapp 50 % mehr ausländische Fonds wie inländische deutsche Fonds auf dem deutschen Finanzmarkt angeboten wurden.

Das Verhältnis der Anzahl der inländischen deutschen OGAW- zu der 532
Anzahl inländischer deutscher Non-OGAW-Produkte kann per Ende 2010 mit knapp 1:2 (1995: 1:4) angegeben werden.

Das heisst auf dem inländischen deutschen Markt werden fast doppelt 533
so viele inländische deutsche Non-OGAW-Produkte wie inländische deutsche OGAW-Produkte vertrieben.

---

[824] Anzahl der in Deutschland zu Vertrieb zugelassenen deutschen OGAW: 2'048 (efama Fact Book 2011, S. 131).

[825] Anzahl der zum Vertrieb in Deutschland zugelassenen deutsch Non-OGAW: 3'875 (efama Fact Book 2011, S. 131).

[826] Anzahl der in Deutschland zum Vertrieb zugelassenen ausländischen Fonds: 8'618 (efama Fact Book 2011, S. 131).

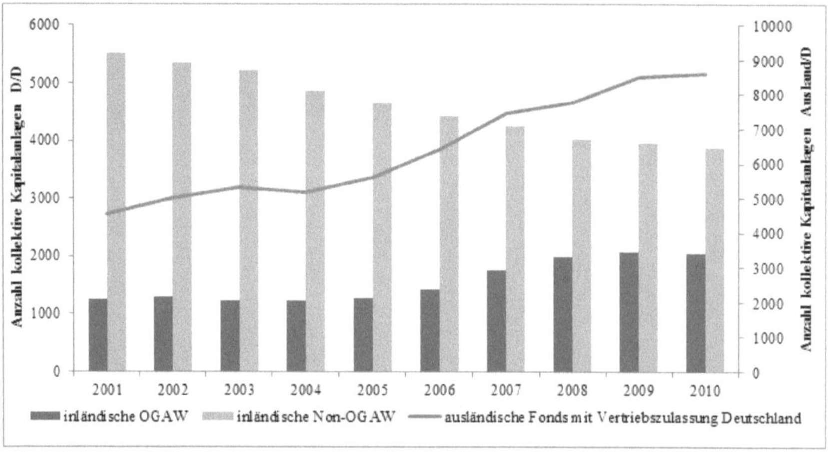


**Abb. 14: Darstellung der Anzahl der inländischen Fonds im Vergleich mit den ausländischen Fonds mit Vertriebszulassung Deutschland**; Datenquelle: efama Fact Book 2006 (S. 146) und 2011 (S. 131).

534 Der inländische Fondsmarkt ist in Deutschland somit in einem ausgewogeneren Verhältnis von inländischen deutschen OGAW- zu inländischen deutschen Non-OGAW-Produkten als dies in der Schweiz mit den inländischen schweizerischen kollektiven Kapitalanlagen der Fall ist.[827] Dies, da die Importe von Fondsprodukten mittels Vertriebszulassung den deutschen Fondsmarkt nicht im selben Ausmass strukturell verändern, wie das in der Schweiz der Fall ist.

## 2.2 Kapitalmarktbeanspruchung Österreich

535 Die Korrelation des Fondsmarktes zum Börsenmarkt wird in Abb. 15 für Österreich deutlich.

536 Die Finanzkrise hat sich im Jahr 2007 nicht nur auf den Börsenindex, sondern auch signifikant auf das Volumen am Fondsmarkt ausgewirkt. Die Entwicklung des Börsenplatzes wird durch die Darstellung des ATX als Hauptbörsenindex verdeutlicht. Die Volumina der OGAW-Produkte im Vergleich zu den Non-OGAW-Produkten gleichen sich immer mehr an. Dies ist

[827] In der Schweiz beträgt das Verhältnis der inländischen OGAW-Produkte zu den inländischen Non-OGAW-Produkten 1:6, siehe Rz. 521.

einerseits durch die Verluste bei den OGAW-Produkten und andererseits durch die Lancierung von neuen Non-OGAW-Produkten zu erklären.

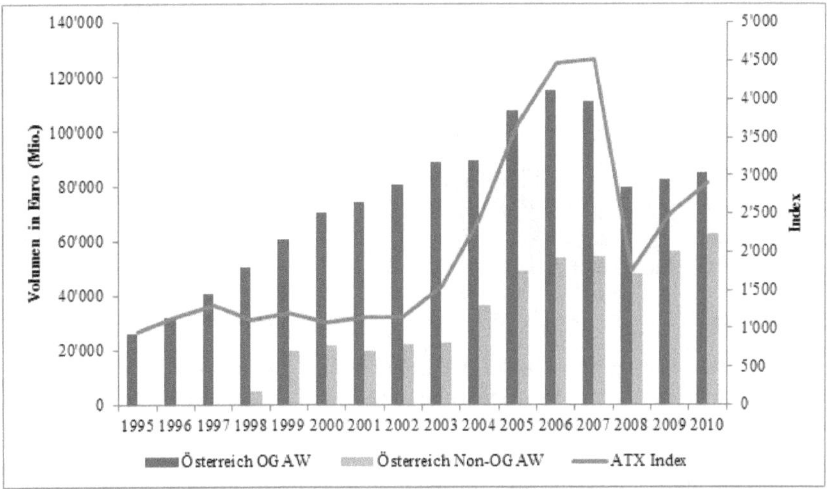


**Abb. 15: Kapitalmarktbeanspruchung in Österreich**; Darstellung der Gesamtvolumina der in Österreich zum Vertrieb zugelassenen OGAW und Non-OGAW-Produkte; Datenquelle: efama Fact Book 2006 (S. 271-276) und 2011 (S. 290-295) im Vergleich mit dem ATX.

Der Vergleich der inländischen Fonds mit denjenigen aus dem Ausland 537
in Abb. 16 zeigt jedoch auch für Österreich analog zur Schweiz, dass die Anzahl von 5'371 ausländischen Fonds mit Vertriebszulassung die einheimische Produktion[828] klar überwiegen. Der österreichische Fondsmarkt ist somit auch importabhängig, jedoch nicht im selben Ausmass wie die Schweiz.

[828] Per Ende 2010 waren in Österreich total 2'199 Fondsprodukte aus österreichischer Produktion zugelassen, wovon 1'411 inländische OGAW-Produkte und 788 inländische Non-OGAW-Produkte sind, efama Fact Book 2011, S. 131.

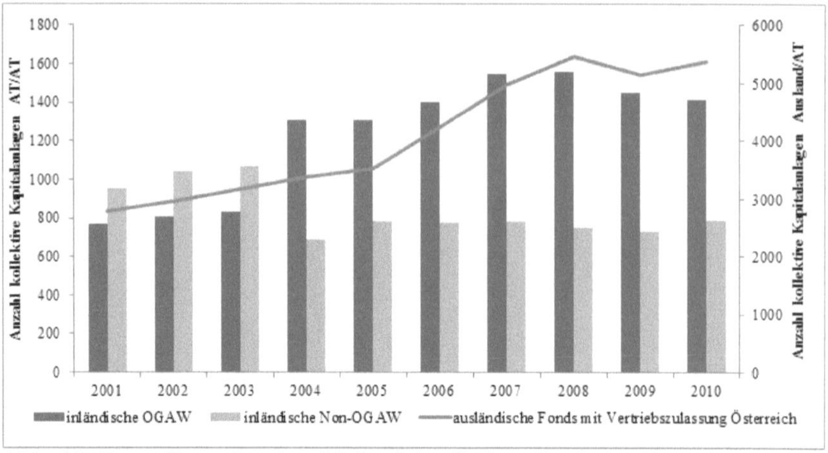


**Abb. 16: Darstellung der Anzahl der inländischen Fonds im Vergleich mit den ausländischen Fonds mit Vertriebszulassung Österreich**; Datenquelle: efama Fact Book 2006 (S. 146) und 2011 (S. 131).

538 Das Verhältnis der Anzahl der inländischen österreichischen OGAW-Produkte zu der Anzahl inländischer österreichischen Non-OGAW-Produkte kann per Ende 2010 mit knapp 2:1 angegeben werden. Das heisst auf dem inländischen österreichischen Markt werden fast doppelt so viele inländische österreichische OGAW-Produkte wie inländische österreichische Non-OGAW-Produkte vertrieben.

539 Österreich hat somit im Gegensatz zur Schweiz einen starken inländischen Markt an OGAW-Produkten und ist nicht im selben Mass auf Import von OGAW-Produkten angewiesen, wie die Schweiz es ist.

## 2.3 Kapitalmarktbeanspruchung in Liechtenstein

540 Die Kapitalmarktbeanspruchung der in Liechtenstein zum Vertrieb zugelassenen Fonds zeigt in Abb. 17 einen massiven Überhang der OGAW-Produkte. Das Verhältnis der Volumina von OGAW-Produkten zu Non-OGAW-Produkten beträgt nahezu 1:10.

541 Gemessen am Fondsvolumen weist Liechtenstein somit einen sehr starken Markt an OGAW-Produkten auf.

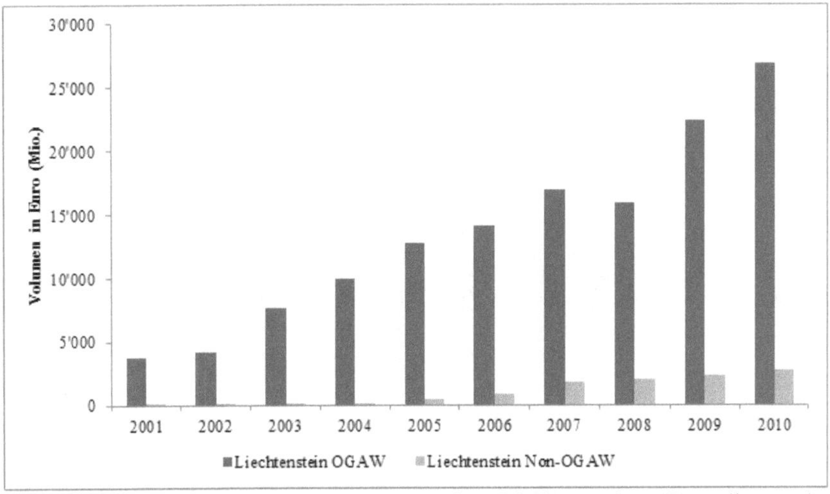


**Abb. 17: Kapitalmarktbeanspruchung in Liechtenstein**; Darstellung der Gesamtvolumina der in Liechtenstein zum Vertrieb zugelassenen OGAW und Non-OGAW-Produkte; Datenquelle: efama Fact Book 2006 (S. 271-276) und 2011 (S. 290-295).

Das Verhältnis der Anzahl der inländischen liechtensteinischen 542
OGAW-Produkte zu der Anzahl inländischer liechtensteinischen Non-OGAW-Produkten kann per Ende 2010 analog der Situation in Österreich mit knapp 2:1 angegeben werden. Das heisst auf dem inländischen liechtensteinischen Markt werden fast doppelt so viele inländische liechtensteinische OGAW-Produkte wie inländische liechtensteinische Non-OGAW-Produkte vertrieben.

Auch Liechtenstein hat somit im Gegensatz zur Schweiz einen starken 543
inländischen Markt an OGAW-Produkten. Dagegen importiert Liechtenstein im Unterschied zu Österreich und in Gemeinsamkeit mit der Schweiz relativ hohe Volumina in OGAW-Produkten gemessen an der liechtensteinischen Kapitalmarktbeanspruchung.

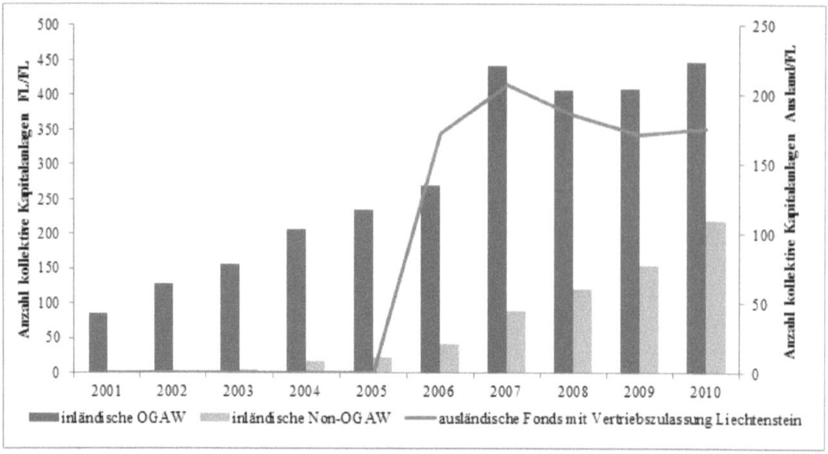


**Abb. 18: Darstellung der Anzahl der inländischen Investmentunternehmen im Vergleich mit den ausländischen Fonds mit Vertriebszulassung Liechtenstein**; Datenquelle: efama Fact Book 2006 (S. 180) und 2011 (S. 178).

## 2.4 Kapitalmarktbeanspruchung in Luxemburg

544 Mit Luxemburg wird nun ein Exportland für Fonds betrachtet.

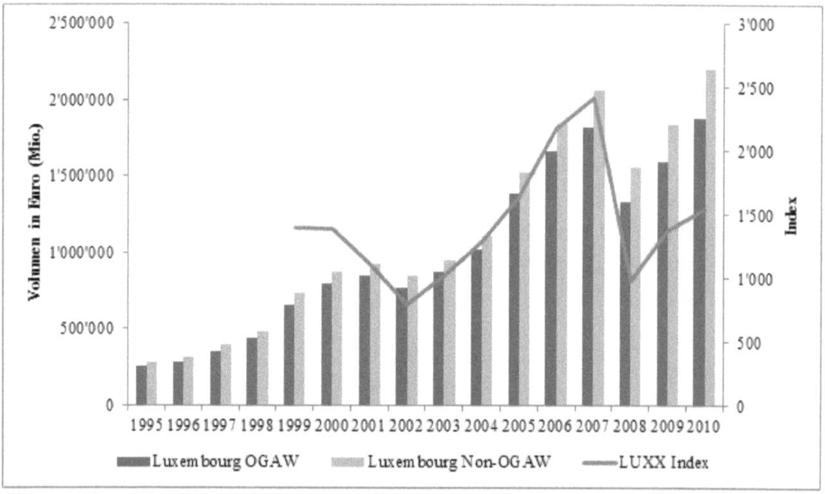


**Abb. 19: Kapitalmarktbeanspruchung in Luxemburg**; Darstellung der Gesamtvolumina der in Luxemburg zum Vertrieb zugelassenen OGAW und Non-OGAW-Produkte; Datenquelle: efama Fact Book 2006 (S. 271-276) und 2011 (S. 290-295) im Vergleich mit dem LUXX.

Anhand der Kapitelmarktbeanspruchung in Luxemburg in Abb. 19 wird ersichtlich, dass hier sowohl im OGAW- als auch im Non-OGAW-Bereich ein stetes und gleichförmiges Wachstum des Fondsvolumens vorherrscht. 545

Die Volumina im Non-OGAW-Bereich konnten den OGAW-Bereich seit Beginn der Messreihe im Jahr 1995 stets überragen. 546

Die Betrachtung der Anzahl inländischer luxemburgischen Fonds im Vergleich zu den ausländischen Fonds mit Vertriebszulassung Luxemburg zeigt in Abb. 20, dass der Fondsproduzent Luxemburg einen sehr starken Heimmarkt hat. Insbesondere im OGAW-Bereich ist eine beträchtliche Zahl an inländischen luxemburgischen Produkten zugelassen. Der inländische luxemburgische Non-OGAW-Bereich ist in einer starken Wachstumsphase, hat sich doch die Zahl der zugelassenen Non-OGAW-Produkte von 2001 bis Ende 2010 nahezu vervierfacht. 547

Das Verhältnis der Anzahl der inländischen luxemburgischen OGAW-Produkte zu der Anzahl inländischer luxemburgischen Non-OGAW-Produkten kann per Ende 2010 knapp 5:2 angegeben werden. 548

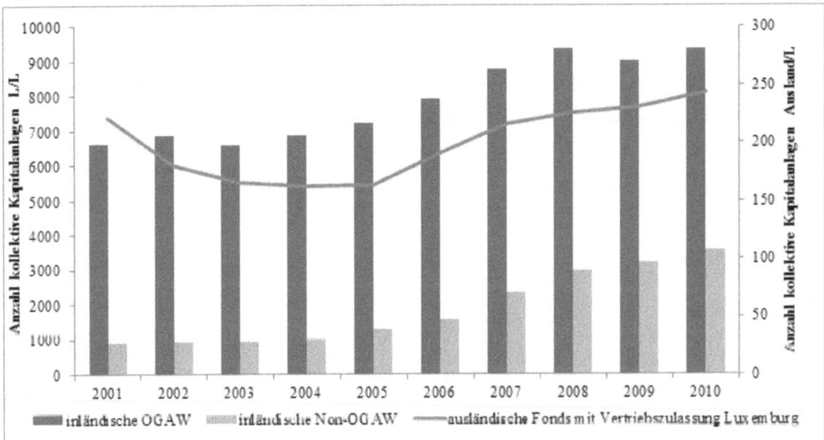


**Abb. 20: Darstellung der Anzahl der inländischen Fonds im Vergleich mit den ausländischen Fonds mit Vertriebszulassung Luxemburg**; Datenquelle: efama Fact Book 2006 (S. 180) und 2011 (S. 178).

# § 17 Daten zur vermögenden Privatpersonen

## 1. Vermögende Privatpersonen in der Schweiz

549 Seit dem Jahr 2001 weist die Schweizerische Nationalbank (SNB) das Vermögen der privaten Haushalte in der Schweiz in einer separaten Statistik aus. Im Jahr 2010 betrug das Reinvermögen der privaten Haushalte 2'691 Mrd. CHF. Gegenüber dem Vorjahr bedeutete dies eine Steigerung um 2.8 % resp. 74 Mrd. CHF. Erklärt wird diese Steigerung durch eine anhaltend hohe Spartätigkeit der privaten Haushalte sowie durch den konstanten Anstieg der Immobilienpreise.

550 Die Reinvermögen der privaten Haushalte setzen sich zusammen aus den finanziellen Forderungen und dem Immobilienvermögen abzüglich der finanziellen Verpflichtung.[829] Aus der Finanzierungsrechnung als Teil des Systems volkswirtschaftlicher Gesamtrechnungen der Schweiz stammen die Daten zu den finanziellen Forderungen und den Verpflichtungen der privaten Haushalte.[830] Die Daten zur Entwicklung des Immobilienvermögens basieren dagegen auf einer Schätzung, welche die SNB gestützt auf die Bewertung der durch das Bundesamt für Statistik erfassten Wohnimmobilien vornimmt.[831]

---

[829] SNB-Vermögensbilanz Private 2010, S. 1.
[830] SNB-Vermögensbilanz Private 2010, S. 11.
[831] SNB-Vermögensbilanz Private 2010, S. 12.

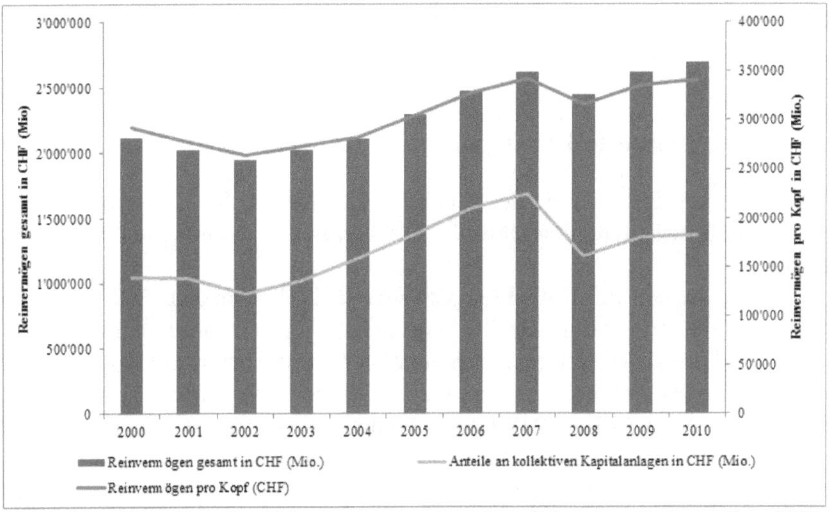


**Abb. 21: Vermögende Privatpersonen in der Schweiz**; Datenquelle: SNB-Vermögensbilanz Private 2010, S. 8.

Das gesamte Reinvermögen ist von 2000 bis 2010 von 2'113 Mrd. CHF auf 2'691 Mrd. CHF angestiegen. Als Bestandteil davon sind im selben Zeitraum die Anteile an kollektiven Kapitalanlagen von 139 Mrd. CHF auf die Summe von 182 Mrd. CHF angewachsen.[832] Das Reinvermögen ist somit um 27 %, die Anteile von kollektiven Kapitalanlagen jedoch um vier Prozentpunkte mehr, somit um 31 % angestiegen. Verglichen mit der Entwicklung des gesamten Reinvermögens handelt es sich bei den kollektiven Kapitalanlagen um einen Wachstumsmarkt. 551

Das durchschnittliche Vermögen pro Kopf ist von 293‘097 CHF im Jahr 2000 um 16,43 % auf 341‘262 CHF im Jahr 2010 angestiegen.[833] 552

Abschliessend lässt sich festhalten, dass der Wohlstand der Privatpersonen im Durchschnitt im gesamten Betrachtungszeitraum stetig gewachsen ist. Als Erklärungsmöglichkeit für das überproportionale Wachstum der kollektiven Kapitalanlagen kann der provisionsbasierte Fondsvertrieb herangezogen werden. Durch die steigenden monetären Möglichkeiten der Nachfragesei- 553

[832] SNB-Vermögensbilanz Private 2010, S. 8.
[833] SNB-Vermögensbilanz Private 2010, S. 8.

te, steigt auch die Attraktivität für eine gezielte Penetration durch die provisionsbasierte Anbieterseite.

## 2. Vermögende Privatpersonen im weltweiten Vergleich

554 Im Juni 2011 wurde der World Wealth Report 2011[834] veröffentlicht, welch die Entwicklung von HNWI[835] und Ultra-HNWIs betrachtet und analysiert.

555 Die Anzahl der HNWI hat sich von 10,1 Mio. im Jahr 2007 auf 10,9 Mio. im Jahr 2010 mithin um 7,9 % gesteigert. Im Vierjahresvergleich blieb die Anzahl der als HNWI geltenden vermögenden Privatpersonen in Europa in etwa gleich, nämlich bei 3,1 Mio.. Der asiatische Raum dagegen kann mit 18 % Zuwachs auf 3,3 Mio. HNWI ein überdurchschnittliches Wachstum aufweisen. Der nordamerikanische Raum konnte im selben Betrachtungszeitraum den Stand von 2007 nur leicht auf 3,4 Mio. HNWI im Jahr 2010 verbessern. Aus europäischer Sicht betrachtet kann man somit nicht von einem Zuwachs an vermögenden Privatpersonen (HNWI) ausgehen.[836]

556 Die Schweiz dagegen konnte die Anzahl der vermögenden Privatpersonen von 222 000 Personen im Jahr 2009 um 9,5 % auf 243 000 Personen im Jahr 2010 steigern und liegt so im internationalen Vergleich auf dem guten achten Platz.[837] Im weltweiten Vergleich ist die Schweiz somit gut positioniert und als Zielmarkt gerade für den Fondsbereich attraktiv, da sich in diesem Marktsegment seit jeher die Verkäuferseite sehr aktiv einzubringen pflegt.

---

834 Herausgegeben von CAPGEMINI/MERRILL LYNCH GWM.

835 Nach CAPGEMINI/MERRILL LYNCH GWM, S. 4 gilt als HNWI, wer investierbare Mittel von mindestens 1 Mio. USD hat, als Ultra-HNWI gilt dagegen diejenige Person, die investierbare Mittel von über 300 Mio. USD aufweist. Investierbare Mittel («investable assets») werden von den Verfassern der erwähnten Studie definiert als Vermögen abzüglich selbstbewohntes Wohneigentum, Kunstsammlungen, Konsum- und Gebrauchsgüter.

836 CAPGEMINI/MERRILL LYNCH GWM, S. 5.

837 CAPGEMINI/MERRILL LYNCH GWM, S. 7, die Schweiz liegt dabei hinter den USA, Japan, Deutschland, China, Grossbritannien, Frankreich und Kanada.

# § 18 Würdigung der Deklaration der vermögenden Privatperson als qualifizierter Anleger aus ökonomischer Sicht

## 1. Analyse der ökonomischen Konkretisierung

Die NIÖ zeigt mit der Diskussion des Prinzipal-Agent-Ansatzes, dass der Agent im Sinne des Anbieters von Finanzprodukten einen Informationsvorsprung gegenüber dem Anleger als Prinzipal hat. Als Nutzenmaximierer verwertet der Agent diesen Informationsvorsprung zu seinem Vorteil. Die detaillierte Betrachtung der Informationsasymmetrie zeigte weiter auf, wie sich die verborgenen Informationen auf die Preisbildung auswirken und als Vertragsprobleme einerseits eine Verringerung der Beratungs- und Produktqualität im Finanzbereich (adverse Selektion) und sowie anderseits eine Übervorteilung des Anlegers als schwächere Partei (moralisches Risiko) bewirken können. 557

Eine Reduktion der Informationsasymmetrie durch mehr Transparenz führt weiter zur Überforderung der Anleger. Der Behavioral-Finance-Ansatz erweitert anschliessend den neoklassischen Ansatz um verhaltenswissenschaftliche, psychologische und soziologische Aspekte und teilt die Determinanten im Entscheidungsprozess der Anleger in solche personaler und situativer Art auf. Die Analyse dieser Determinanten hat eine klare Abgrenzung von den nicht-professionellen qualifizierten Anlegern zu den professionellen qualifizierten Anlegern ermöglicht. 558

Im Rahmen der Prüfung der personalen Determinanten wurde eine Studie zum Fondswissen der Bevölkerung sowie eine Untersuchung zum Informationsbedürfnis der Anleger diskutiert. Es zeigte sich, dass gerade die Besserverdiener und auch die Fondsbesitzer die Notwendigkeit von Fachwissen im Fondsbereich nicht erkennen. Auch wurde erkannt, dass sich ein immer grösserer Anteil der Bevölkerung selbst als «Unwissende» oder als «Anfänger» in Fondsfragen bezeichnet. 559

Im Rahmen der Prüfung der situativen Determinante wurde einerseits die asymmetrische Aufteilung des Fondsmarktes diskutiert. Andererseits wurde anhand der Diskussion der geldwerten Leistungen aufgezeigt, dass selbst bei professionellen qualifizierten Anlegern nicht von einer so hohen Sachkunde und Erfahrung ausgegangen werden darf, welche bei einem allfälligen Verzicht auf geldwerten Leistungen eine detaillierte Aufklärung über deren Zusammensetzung und Höhe hinfällig machen würde. 560

561 Insbesondere im Fondsbereich ist der Vertrieb stark provisionsbasiert, was im Rahmen der Informationsasymmetrie ebenfalls zur Realisierung des moralischen Risiko in Form von verborgenen Informationen und verborgenen Handlungen führen kann, was dazu führt, dass der Vertreiber nicht primär die Interessen der Anleger verfolgt.

562 Der Schutzzweck des Gesetzes wird durch eine zu extensive Definition der Person des qualifizierten Anlegers verletzt. Es konnte nicht nachgewiesen werden, dass vermögende Privatpersonen einzig aufgrund der monetären Möglichkeiten professionelle Berater zur Allokation des Vermögens zuziehen.

## 2. Analyse der Kapitalmarktbeanspruchung

563 Die Betrachtung der Kapitalmarktbeanspruchung der Schweiz im Vergleich derjenigen zu Deutschland, Österreich, Liechtenstein und Luxemburg hat den «Sonderfall Schweiz» auch im Fondsgeschäft bestätigt. Das volumenmässige Wachstum der OGAW-Produkte in der Schweiz ist zum grössten Teil dem Import aus Luxemburg zu verdanken. Die Schweiz hat jedoch einen prosperierenden inländischen Markt bei den Non-OGAW-Produkten, welcher die inländische Produktion an OGAW-Produkten bei Weitem übersteigt.

564 Die nur qualifizierten Anlegern vorbehaltenen Fonds können die letzten Jahre ein überdurchschnittliches Wachstum des Fondsvolumens und auch der Anzahl im Vergleich zu den Fonds für Publikumsanleger verzeichnen. Wird doch circa 2/3 des Nettovermögens des inländischen schweizerischen Fondsmarktes von den nur qualifizierten Anlegern vorbehaltenen Fonds generiert.

565 Somit liegt es auf der Hand, dass die interessierten Kreise auf den Gesetzgebungsprozess dahingehend Einfluss genommen haben, dass der Kreis der professionellen und nicht-professionellen qualifizierten Anleger erweitert werden konnte. Neben der Qualifikation über ein Vermögensverwaltungsmandat weitet vor allem die Deklaration der vermögenden Privatperson als nicht-professioneller qualifizierter Anleger die Nachfragemenge aus.

## 3. Analyse der Daten zur vermögenden Privatperson

566 Die Schweiz kann seit jeher ein überdurchschnittliches Wachstum an vermögenden Privatpersonen verzeichnen. Im weltweiten Vergleich ist die Schweiz sehr gut positioniert. Gemessen an der Anzahl der HNWI nimmt die Schweiz im weltweiten Vergleich Rang 8 ein und kann 243 000 Personen mit einem frei investierbaren Mittel von über 1 Mio. USD verzeichnen. Definiert

werden die frei investierbaren Mittel als Vermögen abzüglich selbstbewohntes Wohneigentum, Kunstsammlungen, Konsum- und Gebrauchsgüter.

Nicht alle dieser HNWI gelten auch als vermögende Privatpersonen 567
nach Art. 6 Abs. 1 KKV. Dies da die Definition der erforderlichen Finanzanlagen von 2 Mio. CHF in der FINMA-RL 2008/8, Werbung enger gefasst ist. Werden in der Schweiz doch zu den Finanzanlagen namentlich Bankguthaben, Treuhandvermögen, Effekten, Derivate, Edelmettal und Lebensversicherungen mit Rückkaufswert gezählt. Die direkten Anlagen in Immobilien (nicht nur das selbstbewohnte Wohneigentum) und die Ansprüche aus Sozialversicherungen sind jedoch explizit ausgeklammert.

## 4. Schlussfolgerung

Die Anwendung der ÖAR startete mit der NIÖ als Weiterentwicklung 568
der neoklassischen Theorie. Insbesondere die Ausführungen zum Prinzipal-Agent-Ansatz und die detaillierte Betrachtung der Informationsasymmetrie haben erstaunliche Parallelen zu den Ausführungen der Transparenz beim teleologischen Auslegungselement gezeigt.

Die Theorie des Behavioral Finance ermöglichte anhand der Berück- 569
sichtigung der personalen und situativen Determinanten eine mehrstufige Abgrenzung vom Privatanleger zum professionellen qualifizierten Anleger. Eine Begründung für die rein monetäre Festlegung und implizierten Korrelation derjenigen mit den kognitiven Fähigkeiten konnte nicht nachgewiesen werden.

Die Daten zur Kapitalmarktbeanspruchung zeigten die grosse Wichtig- 570
keit der nur qualifizierten Anlegern vorbehaltenen Fonds für den einheimischen schweizerischen Produktionsstandort. Dies, da die Schweiz eine hohe Zahl an OGAW-Produkten importiert und in diesem Bereich keine komparativen Vorteile aufweisen kann.

Die Daten zur vermögenden Privatperson haben deutlich gemacht, dass 571
die Zahl der vermögenden Privatpersonen in der Schweiz auch in Krisenzeiten stetig angestiegen ist. Die Notwendigkeit einer Erschliessung dieser Nachfragemenge durch die Deklaration der vermögenden Privatperson als nichtprofessioneller qualifizierter Anleger ist somit naheliegend.

# Sechstes Kapitel
# Rechtsvergleichende Betrachtung der vermögenden Privatperson als qualifizierter Anleger

## § 19 Gegenstand und Methodik der Rechtsvergleichung

### 1. Gegenstand

#### 1.1 Funktionen der Rechtsvergleichung

Die Rechtsvergleichung kann man in eine deskriptive und in eine angewandte Erscheinungsform aufteilen. Die deskriptive Rechtsvergleichung steht in einem ersten Schritt im Mittelpunkt der Betrachtung und beginnt mit dem Studium der ausländischen Rechtsordnung. Die angewandte Rechtsvergleichung setzt nun die gewonnen Erkenntnisse in die Praxis um. Dies kann im Rahmen der Rechtsanwendung und der Rechtsetzung geschehen.[838] 572

Im Bereich der Rechtsanwendung dient die Rechtsvergleichung der Interpretation von Normen. Nach KUNZ muss im betreffenden Rechtserlass ein Anknüpfungspunkt zur Rechtsvergleichung vorliegen, „indem entweder ein Verweis oder eine (echte) Lücke die Rechtsvergleichung geradezu «einlädt».“[839] 573

Liegt im betreffenden Rechtserlass ein Verweis auf internationales Recht vor, „so müssen die entsprechenden ausländischen Regelungen bei der Auslegung des anwendbaren schweizerischen Erlasses herangezogen oder als Handlungsanweisung beachtet werden.“[840] Die Rechtsanwendung ist somit im Ergebnis vollzogene Rechtsetzung. Aus rechtsstaatlichen Gründen ist die Rechtsanwendung jedoch von der Rechtsetzung zu trennen, da der Umfang der Rechtschöpfung im Bereich der Rechtsetzung wesentlicher freier ist als bei der Rechtsanwendung.[841] 574

---

[838] KUNZ, recht 2/2006, S. 42.
[839] KUNZ, recht 2/2006, S. 42.
[840] KUNZ, recht 2/2006, S. 43.
[841] KUNZ, Minderheitenschutz, § 9 N 8/9.

575 Der Auffassung KRAMERS folgend wird statt von «echten» Lücken von «offenen» Lücken gesprochen. Die «unechten» Lücken werden als «Ausnahmelücken» bezeichnet.[842] „Offene Lücken liegen dann vor, wenn das – bis zur Grenze des möglichen Wortsinnes interpretierte – Gesetz planwidrig [...] eine positive Antwort auf eine Rechtsfrage schuldig bleibt, diese also «praeter verba legis» gesucht werden muss.“[843]

576 Der Richter muss bei der Lückenfüllung wie der Gesetzgeber nach Art. 1 Abs. 2 ZGB vorgehen und somit wie der Gesetzgeber die komparative Methode (Rechtsvergleichung) pflegen.[844] „Die richterliche Rechtsregel soll sich nach Möglichkeit in das vorgegebene System einpassen, dem Gedanken Rechnung tragend, dass gleichgelagerte Rechtsfragen ohne Not nicht unterschiedlich beantwortet werden sollten. [...] Namentlich im traditionell grenzüberschreitenden Rechtsverkehr lässt sich überdies eine sachgerechte Rechtsfindung und damit auch Lückenfüllung ohne rechtsvergleichende Grundlage nicht verwirklichen [...]. Dies gilt besonders, wo sich vordringlich wirtschaftspolitische Fragen stellen und darauf zu achten ist, dass durch einen isolationistischen Rechtszustand weder Privilegierungen noch Diskriminierungen auf dem internationalen Markt begründet werden[...].“[845] Ein Beizug der Rechtsvergleichung ist nach KUNZ insbesondere bei nachvollzogenem EU-Recht empfehlenswert.[846]

### 1.2 Formen der Rechtsvergleichung

577 Die Rechtsvergleichung kann in eine Mikro- und eine Makrovergleichung aufgeteilt werden. „Die Makrovergleichung befasst sich mit den allgemeinen Formen, Methoden, Denkweisen und Problemlösungsmechanismen einzelner Rechtsordnungen und vergleicht diese miteinander. Die Mikrovergleichung hingegen beschränkt sich auf den Vergleich einzelner Probleme und Rechtsinstitute verschiedener Rechtsordnungen.“[847]

---

[842] KRAMER, Methodenlehre, S. 185.
[843] KRAMER, Methodenlehre, S. 186.
[844] BEK Einleitungsband ZGB, MEIER-HAYOZ, Art. 1 N 368.
[845] BGE 126 III 129 E. 4 ff.
[846] KUNZ, recht 2/2006, S. 44.
[847] RUSCH, Rz. 13 m.w.H.

# 2. Methodik

## 2.1 Fragestellung

Jede Rechtsvergleichung beginnt sinnvollerweise mit der richtigen Fragestellung. Dies da ein Vergleich gleichnamiger Rechtsinstitute verschiedener Rechtsordnungen ein hohes Fehlerpotential birgt. Die Rechtsordnungen können auf unterschiedlichen Konzepten basieren oder der relevante Problemkreis wird grundsätzlich anders gelöst.[848] Die Funktionalität gilt als methodisches Grundprinzip der gesamten Rechtsvergleichung.[849] „Unvergleichbares kann man nicht sinnvoll vergleichen, und vergleichbar ist im Recht nur, was dieselbe Aufgabe, dieselbe Funktion erfüllt."[850] Gegenstand der Rechtsvergleichung bildet unter Berücksichtigung des Funktionalitätsprinzips somit ein Sachverhalt oder ein abstrakt beschriebenes Problem, losgelöst von den Begrifflichkeiten der eigenen Rechtsordnung.[851] Die tatsächliche und rechtliche Antwort auf die Fragestellung muss in der zu vergleichenden Rechtsordnung gesucht werden.[852] Es empfiehlt sich vorgängig eine These aufzustellen, die man durch Beizug der ausländischen Rechtsordnung unterstützen oder schwächen kann.[853] Die Fragestellung dieser Abhandlung wurde bei der Klärung des Untersuchungsgegenstandes[854] formuliert. 578

## 2.2 Auswahl der Rechtsordnungen

Der Rechtsvergleichende muss unter der Fülle von Rechtsordnungen die relevanten Rechtssysteme auswählen. Ein Kriterium zur Auswahl der Rechtsordnungen bildet das Sachproblem selbst. Man wählt aus einem Rechtskreis jeweils das repräsentativste Rechtssystem oder richtet sich nach der wissenschaftlichen Ergiebigkeit der jeweiligen Rechtsordnungen.[855] ZWEIGERT/KÖTZ dagegen empfiehlt dem Rechtsvergleichenden eine Beschränkung auf die Mutterordnungen. Die imitierenden Rechtssysteme (sog. Tochterord- 579

[848] RUSCH, Rz. 15.
[849] ZWEIGERT/KÖTZ, S. 33.
[850] ZWEIGERT/KÖTZ, S. 33.
[851] RUSCH, Rz. 15.
[852] RUSCH, Rz. 19.
[853] RUSCH, Rz. 20.
[854] Vgl. §. 1 ff.
[855] EBERT, S. 143.

nungen) könne man getrost beiseitelassen.[856] A.M. ist RUSCH der auch die internationale Bedeutung einer Rechtsordnung berücksichtigen will, sei dies gesamthaft oder lediglich bezogen auf gewisse Rechtsgebiete. Es muss somit nicht zwingend eine Beschränkung auf die Mutterrechtsordnungen erfolgen. Man spricht hier von dominanten Rechtsordnungen, welche wertvolle und nützliche Erkenntnisse liefern können.[857] Die Wahl der betreffenden Rechtsordnungen[858] wird in der Betrachtung des qualifizierten Anlegers im Europarecht[859] begründet.

### 2.3 Kritik

580 Rechtsvergleichung darf sich nicht auf das kommentarlose Gegenüberstellen der verschiedenen Lösungen beschränken. In einer vergleichenden Analyse[860] sollen die Unterschiede der verschiedenen Lösungen herausgearbeitet werden. Die Lösungen der untersuchten Rechtsordnungen sind einzig unter dem Aspekt der Funktionalität resp. Beantwortung des jeweiligen abstrakten Rechtsproblems zu sehen.[861] Die Gründe für die Unterschiede und Gemeinsamkeiten der verschiedenen betrachteten Rechtsordnungen müssen zudem nicht immer im rechtlichen Bereich liegen.[862] Durch die Bewertung des Rechtsvergleiches kann man die Lösung im Ausland als mit der nationalen Regelung «gleich», «ähnlich« oder «anders» einstufen.[863] Analyse und Schlussfolgerungen der vorgenommen Rechtsvergleichung erfolgen am Schluss des sechsten Kapitels[864] als Würdigung.

---

[856] ZWEIGERT/KÖTZ, S. 40.
[857] RUSCH, Rz. 22.
[858] Das Europarecht als Grundlage (Mutterrechtsordnung) sowie die Umsetzung in den für die konkrete Frage dominanten Rechtsordnungen von Deutschland, Österreich, Liechtenstein und Luxemburg.
[859] Vgl. § 21 ff.
[860] Vgl. § 28 ff.
[861] ZWEIGERT/KÖTZ, S. 42.
[862] RUSCH, Rz. 29.
[863] KUNZ, recht 2/2006, S. 49.
[864] Vgl. § 26 ff.

## 3. Rechtsvergleichende Betrachtung der vermögenden Privatperson als qualifizierter Anleger

Zur Betrachtung der vermögenden Privatperson als qualifizierter Anleger im Recht der kollektiven Kapitalanlagen erfolgt eine Beschränkung auf die Ebene der Mikrovergleichung. 581

In den §§ 20-21 werden im Rahmen der rechtsvergleichenden Betrachtung die entsprechenden Vorgaben der internationalen Regulierung und die Normen des Europarechts betrachtet. 582

Anschliessend wird die schweizerische Regelung zur Deklaration der vermögenden Privatperson als qualifizierter Anleger in den §§ 22-25 mit den relevanten Normen von Deutschland, Österreich, Liechtenstein um Luxemburg verglichen. 583

# § 20 Internationale Regulierung des qualifizierten Anlegers durch IOSCO

## 1. Allgemeines

584 Die IOSCO[865] wurde als Internationale Organisation der Wertpapieraufsichtsbehörden im Jahre 1974 gegründet. Ziel von IOSCO ist die Förderung weltweiter Börsenzulassungs- und Wertpapierstandards.[866] Die rund 200 Mitglieder von IOSCO teilen sich in drei Mitgliedschaftskategorien mit unterschiedlichen Rechten und Pflichten auf. Die Aufsichtsbehörden sind als ordentliche und assoziierte Mitglieder aufgenommen, die Börsenorganisationen vor allem als affiliierte Mitglieder.[867] Die IOSCO wurde nicht auf Grundlage eines völkerrechtlichen Gründungsdokumentes geschaffen, sondern hat sich aus informellen Gesprächszirkeln entwickelt. IOSCO ist als privatrechtliche «nonprofit organization» nach kanadischem Recht anerkannt.[868]

585 Die Institutionalisierung der internationalen Kooperation zur Harmonisierung der Aufsicht im Finanzbereich wird nicht erst seit Ausbruch der jüngsten Finanzkrisen angestrebt. Neben der IOSCO sind auf sektoraler Ebene auch der Basler Ausschuss zur Bankenaufsicht (Basler Ausschuss) und auch die internationale Vereinigung der Versicherungsaufsichtsbehörden (IAIS[869]) zu nennen. Weder IOSCO, noch der Basler Ausschuss oder die IAIS haben jedoch eine legislative Kraft und können auch keine völkerrechtlich bindenden Verträge schliessen. Die Empfehlungen dieser Institutionen beeinflussen jedoch sowohl das EU-Sekundärrecht wie auch die nationalen Gesetzgebungen.[870] Das Technical Committee von IOSCO legt die Standards für die Beaufsichtigung von Wertpapierdienstleistern im Konsens fest. Diese werden in Form von memoranda of understanding von den Mitgliedsbehörden vereinbart.

---

865 International Organization of Securities Commissions.

866 Vgl. dazu <http://www.iosco.org/about/index.cfm?section=background> (besucht am 30. Juni 2012 und <http://www.finma.ch/d/finma/internationales/gremien/iosco/Seiten/default.aspx> (besucht am 30. Juni 2012).

867 Vgl. dazu <http://www.iosco.org/about/index.cfm?section=membership> (besucht am 30. Juni 2012).

868 MÖLLERS CHRISTOPH, Standardsetzung, S. 360.

869 International Association of Insurance Supervisors.

870 DAUSES, Rz. 113 m.w.H.

IOSCO setzt so Standards für den Vollzug der Wertpapieraufsicht, die nach MÖLLERS CHRISTOPH als nationaler Leitfaden für die Regulierung dienen.[871]

Für KUNZ ist deshalb auch IOSCO eine Art von Selbstregulierungsorganisation im Kapitalmarktrecht auf internationaler Ebene, analog der Selbstregulierungsbemühungen im nationalen Anlagefonds- oder Vermögensverwaltungsrechts.[872] Durch den Einbezug der nationalen Aufsichtsbehörden als öffentliche-rechtliche Vertragsparteien kann jedoch nur eingeschränkt von Selbstregulierung auf dem Gebiet des Privatrechts gesprochen werden.[873] 586

## 2. Objectives and Principles of Securities Regulation

Mit den «Objectives and Principles of Securities Regulation» hat die IOSCO erstmals 1998 die Grundlagen für die Marktaufsicht und die Marktregulierung geschaffen.[874] 587

Die im Jahr 2006 durch IOSCO vorgenommene Untersuchung über die Grundsätze der Unternehmensführung (Corporate Governance) im Fondsbereich prägte die Überarbeitung der IOSCO-Principles und soll hier kurz diskutiert werden. 588

Die Grundsätze der Unternehmensführung im Fondsbereich wurde in der Untersuchung definiert als "a framework for the organization and operation of CIS that seeks to ensure that CIS are organized and operated efficiently and exclusively in the interests of CIS Investors, and not in the interests of CIS insiders."[875] 589

Die Wahrung dieser Grundsätze ist gerade bei kollektiven Kapitalanlagen, welche das System der Fremdverwaltung per Definition kennen, elementar. Die Fondsleitung verwaltet das Vermögen der Anleger in eigenem Namen, aber für Rechnung der Anleger und hat ausschliesslich die Anlegerinteressen zu wahren. Die Anlageentscheide sind jedoch innerhalb der von Gesetz und Fondsvertrag bzw. Fondsreglement gesetzten Schranken vorzunehmen. Die 590

871 MÖLLERS CHRISTOPH, Standardsetzung, S. 360.

872 KUNZ, Governance, S. 477.

873 BUCK-HEEB/DIECKMANN, S. 145., gl.A. auch FINDEISEN, S. 112.

874 Vgl. dazu <http://www.iosco.org/about/index.cfm?section=background> (besucht am 30. Juni 2012, siehe auch ZOBL/KRAMER, S. 30 N 77.

875 IOSCO-Governance, S. 3; die Festlegung von Rahmenbedingungen für eine Betriebsstruktur einer kollektiven Kapitalanlage um sicherzustellen, dass diese effizient und einzig im Interesse des Investors geführt werden und nicht im Interesse der involvierten Funktionsträgern; Ü.d.V.

Anleger können auf die Verwaltung des Fondsvermögens keinen Einfluss nehmen. Auch können die Anleger, im Gegensatz zum Aktionär bei einer Aktiengesellschaft, weder die Fondsleitung ernennen, abberufen oder Weisungen erteilen. Die Anleger haben einzig den Anspruch, dass die Fondsleitung die Bestimmungen des Fondsvertrages bzw. Fondsreglements und des Gesetzes einhält.[876]

591 Mit der Festlegung von Grundsätzen der Unternehmensführung bezweckt IOSCO somit den Schutz der Anleger. Anleger sollen jedoch nicht vor jeglichen Verlusten aufgrund von Marktschwankungen geschützt werden. Die Anleger soll jedoch verstehen, welche Risiken sie bezogen auf eine spezifische kollektive Kapitalanlage eingehen.[877]

592 Die 38 Leitsätze der im Jahr 2010 überarbeiteten IOSCO-Principles (Stand: Juni 2010) basieren auf folgenden drei Grundsätzen:[878]

- protecting investors[879];
- ensuring that markets are fair, efficient and transparent[880];
- reducing systemic risk[881].

593 Relevant für die Betrachtung der vermögenden Privatperson als qualifizierter Anleger von kollektiven Kapitalanlagen ist vor allem Leitsatz Nr. 26 als Bestandteil der «Principles for Collective Investment Schemes».[882] Die Untersuchung zur Unternehmensführung im Fondsbereich fand so direkt Eingang in die Neufassung der IOSCO-Principles:

- **G-26:** Regulation should require disclosure, as set forth under the principles for issuers, which is necessary to evaluate the suitability of a collective investment scheme for a particular investor and the value of the investor's interest in the scheme.[883]

---

876 BSK KAG-RAYROUX/DU PASQUIER, Art. 7 N 16.
877 IOSCO-Governance, S. 1.
878 IOSCO-Principles, S. 3.
879 Anlegerschutz; Ü.d.V.
880 Gewährleistung fairer, effizienter und transparenter Wertpapiermärkte; Ü.d.V.
881 Reduktion der Systemrisiken, Ü.d.V.
882 IOSCO-Principles, S. 10.
883 IOSCO-Principles, S. 10 G-26: Die Regulierung bezweckt eine Verpflichtung des Emittenten zur Offenlegung der wichtigsten Bedingungen der Finanzanlage, die es dem ein-

Die Offenlegung der wichtigsten Bedingungen einer kollektiven Kapitalanlage an den Investor dient einerseits dem Anlegerschutz und fördert anderseits die Forderung nach fairen, effizienten und transpareten Märkten. 594

## 3. Principles on Point of Sale Disclosure

Das Technical Committee der IOSCO befasst sich mit den Problemen der entwickelten Märkte. Die Herausforderungen des internationalen Fondsgeschäftes bilden Thema einer der fünf Arbeitsgruppen.[884] Das Technical Committee publizierte im Februar 2011 nun folgende «Principles on Point of Sale Disclosure[885]». 595

Von den sechs Leitsätzen, welche die Schlüsselinformationen umschreiben, die der Finanzintermediär zwingend an den Kunden weiterzugeben hat, werden für die Betrachtung der vermögenden Privatperson als Zielanleger nur qualifizierten Anlegern vorbehaltenen Finanzanlagen deren drei herangezogen: 596

- „**Principle 1:** Key information should include disclosures that inform the investor of the fundamental benefits, risks, terms and costs of the product and the remuneration and conflicts associated with the intermediary through which the product is sold.“[886]
- „**Principle 3:** Key information should be delivered or made available in a manner that is appropriate for the target investor.“[887]

---

zelnen Investor ermöglichen sollen, seine Eignung zu prüfen und die Angemessenheit mit seinen monetären Möglichkeiten sowie dem Risikoprofil abzuschätzen; Ü.d.V.

884 NOBEL, § 3 Rz. 348 ff.

885 IOSCO-FR01/11, S. 1ff.

886 IOSCO-FR01/11, S. 28; Leitsatz Nr. 1: Die Schlüsselfinformationen sollen den potentiellen Investor sowohl über die grundlegenden Vorteile, Risiken, Bedingungen sowie Kosten der Finanzanlage aufklären, als auch über Vergütung an und mögliche Interessenkonflikte des für den Vertrieb/Verkauf zwischengeschalteten Finanzintermediärs; Ü.d.V.

887 IOSCO-FR01/11, S. 30; Leitsatz Nr. 3: Schlüsselinformationen der Finanzanlage sollen dem potentiellen Investor in einer für ihn angemessenen Art und Weise zur Verfügung gestellt werden; Ü.d.V.

- „**Principle 5:** Key information disclosures should be clear, accurate and not misleading to the target investor. Disclosures should be updated on a regular basis.“[888]

597 IOSCO beschränkt sich in diesem Report darauf, die Finanzintermediäre dazu anzuhalten, das Informationsbedürfnis des Zielpublikums (potentielle Investoren) beim Vertrieb von Finanzprodukte angemessen zu berücksichtigten. Es besteht das Risiko, dass der Finanzintermediär dem Vorsichtsprinzip folgend zu viele Informationen bereitstellt. Eine adäquate Kundenklassifizierung kann helfen, die Informationsstrategien konkret auf die Bedürfnisse des Zielpublikums auszurichten, um so der Informationsüberflutung des Kunden entgegentreten zu können.

## 4. Suitability Requirements with respect to the Distribution of Complex Financial Products

598 Im Februar 2012 hat das Technical Committee der IOSCO das Konsultationsverfahren zur Frage der Eignungskriterien beim Verkauf von komplexen Finanzprodukten an Retail- und Nicht-Retailkunden eröffnet.[889] Von den acht verschiedenen Themenbereichen sind vor allem deren sechs für die Betrachtung der vermögenden Privatperson als qualifizierter Anleger massgebend.

- „**Principle 1:** Intermediaries should be required to adopt and apply appropriate policies and procedures to distinguish between retail and non-retail customers when distributing complex financial products. The classification of customers should be based on a reasonable assessment of the customer concerned, taking into account the complexity and riskiness of different products and services. The regulator should consider

[888] IOSCO-FR01/11, S. 31; Leitsatz Nr. 5: Die bereitgestellten Schlüsselinformationen sollen für den potentiellen Investor klar, korrekt und nicht irreführend sein. Die Finanzintermediäre sind zur einer regelmässigen Aktualisierung der Schlüsselfinformationen angehalten; Ü.d.V.

[889] IOSCO-CR03/12, S. 1ff., die Seiten 14-24 des IOSCO-CR03/12 (Proposed Recommendations) finden sich im Anhang § 33.

providing guidance to intermediaries in relation to customer classification."[890]

- „**Principle 2:** Irrespective of the classification of a customer as retail or non-retail, intermediaries should be required to act honestly, fairly and professionally and take reasonable steps to manage conflicts of interest that arise in the distribution of complex financial products, including through disclosure, where appropriate."[891]
- „**Principle 3:** Investors should receive or have access to material information to evaluate the nature, costs and specific risks of the complex financial product. Any information communicated by intermediaries to their customers regarding a complex financial product should be communicated in a fair, comprehensible and balanced manner."[892]
- „**Principle 5:** Whenever an intermediary recommends to a customer that it purchase a particular complex financial product, including where the intermediary advises or otherwise exercises investment management discretion, the intermediary should be required to take reasonable steps to ensure that recommendations, advice or decisions to trade on behalf of such customer are based upon a reasonable assessment that the

---

890 IOSCO-CR03/12, S. 15; Leitsatz Nr. 1: Finanzintermediäre werden beim Vertrieb von komplexen Finanzprodukten zur Ein- und Umsetzung angemessener Weisungen und Abläufe zur Unterscheidung zwischen Retail- und Non-Retailkunden (qualifizierte Anleger) angehalten. Anhand dieser Kundenklassifizierung soll der Kunde nach nachvollziehbaren Kriterien eingestuft und der Komplexität und Risikobehaftetheit der Finanzprodukte und Finanzdienstleistungen auf diese Weise Rechnung getragen werden. Die Aufsichtsbehörde unterstützt die Finanzintermediäre bei der Erstellung einer geeigneten und angemessenen Kundenklassifikation; Ü.d.V.

891 IOSCO-CR03/12, S. 16; Leitsatz Nr. 2: Unabhängig von der jeweiligen Kundenklassifikation (Retail- oder Non-Retailkunden) sind die Finanzintermediäre dazu angehalten, ehrlich, fair und professionell zu agieren und alle möglichen Schritte zu unternehmen, um Interessenkonflikte beim Vertrieb von komplexen Finanzprodukten vermeiden zu können. Im Zweifelsfall sind die Interessenkonflikte gegenüber dem Kunden offenzulegen; Ü.d.V.

892 IOSCO-CR03/12 S. 17.; Leitsatz Nr. 3: Die potentiellen Investoren sollen die massgebenden Informationen oder den Zugang zu diesen erhalten, welche es ihnen ermöglichen soll, die Art, die Kosten und die spezifischen Risiken eines komplexen Finanzproduktes zu evaluieren. Die Finanzintermediäre sollen jegliche Kundeninformationen bezüglich eines komplexen Finanzprodukts auf faire, verständliche und ausgewogene Art und Weise kommunizieren, Ü.d.V.

structure and risk-reward profile of the financial product is consistent with such customer's experience, knowledge, investment objectives, risk appetite and capacity for loss."[893]

- „**Principle 6:** An intermediary should have sufficient information in order to have a reasonable basis for any recommendation, advice or exercise of investment discretion made to a customer in connection with the distribution of a complex financial product."[894]
- „**Principle 8:** Intermediaries should be required to develop and apply proper policies that seek to eliminate any incentives for staff to recommend unsuitable complex financial products."[895]

599 Interessant ist nun, dass sich im Gegensatz zum Bericht zu den Principles on Point of Sale Disclosure von 2011 das Schwergewicht von der reinen Informationsvermittlung zu einer Kundenklassifizierung verschoben hat.

600 Die Information an die Retail- und Non-Retailkunden hat basierend auf diese Kundenklassifizierung auf eine angemessene und geeignete Art und Weise zu erfolgen. Die Kunden sind ehrlich, fair und professionell zu informieren und IOSCO regt die Offenlegung sowie Vermeidung von Interessenkonflikten an.

[893] IOSCO-CR03/12 S. 20.; Leitsatz Nr. 5: Empfiehlt ein Finanzintermediär einem Kunden, ein spezifisches komplexes Finanzprodukt zu erwerben – einschliesslich Vermittlungen oder anderweitige Ausführung von Anlageentscheidungen –, soll dieser auf angemessene Weise sicherstellen, dass die Empfehlungen, Beratungen oder Entscheidungen auf einer vernünftigen Beurteilung basieren. Die Struktur und das Chancen-/Risikoprofil des Finanzprodukts sollen konsistent sein mit der Erfahrung des Kunden, seinem Wissen, den Anlagezielen, dem Risikoappetit sowie Bereitschaft und Möglichkeit, mit Verlusten umzugehen, Ü.d.V.

[894] IOSCO-CR03/12 S. 22.; Leitsatz Nr. 6: Ein Finanzintermediär soll selbst ausreichend informiert sein, um eine vernünftige und nachvollziehbare Basis für Empfehlungen jeglicher Art, Beratungen oder die Ausübung von Anlageentscheiden zu haben, die er gegenüber einem Kunden in Zusammenhang mit dem Vertrieb eines komplexen Finanzproduktes macht, Ü.d.V.

[895] IOSCO-CR03/12 S. 24.; Leitsatz Nr. 8: Finanzintermediäre sollen verpflichtet werden, Weisungen auszuarbeiten und anzuwenden, welche für Mitarbeiter jegliche Anreize eliminieren sollen, für den Kunden ungeeignete komplexe Finanzprodukte zu empfehlen. Ü.d.V.

## 5. Zusammenfassende Bemerkungen

Auch IOSCO geht somit nicht mehr davon aus, dass eine reine Informationsvermittlung die Informationsasymmetrie schon aufheben kann. 601

Wurden in den «IOSCO-Objectives and Principles of Securities Regulation»[896] im Jahre 1998 noch die Prüfung der Eignung und Angemessenheit einer Finanzanlage dem potentiellen Investoren selbst überlassen, kannten die «IOSCO Principles of Point of Sale Disclosure»[897] von 2011 unter anderem schon die Verpflichtung sicherzustellen, dass dem Kunden die Schlüsselinformationen in einer für ihn angemessen Art und Weise zur Verfügung gestellt werden. 602

Die in Konsultation stehenden «Suitability Requirements with respect to the Distribution of Financial Products»[898] von 2012 halten den Finanzintermediär nun unter anderem zu einer Kundenklassifizierung und zur Offenlegung und Vermeidung von Interessenkonflikten an. 603

Die Ausführungen zur ÖAR haben gezeigt, dass gerade aufgrund der Informationsasymmetrie im Fondsgeschäft der Aufruf zur ehrlichen, fairen und professionellen Information die Risiken der adversen Selektion sowie das moralische Risiko nicht einschränken können. Es braucht deshalb verbindliche wirtschaftspolizeiliche Massnahmen[899] auf Stufe Landesrecht, um ein Kräftegleichgewicht zwischen Anleger und Produzenten von Finanzprodukten herstellen zu können. 604

[896] IOSCO-Principles.
[897] IOSCO-FR01/11.
[898] IOSCO-CR03/12.
[899] Vgl. R. 481 ff.

# § 21 Der qualifizierte Anleger im Europarecht

## 1. Grundlagen für den differenzierten Anlegerschutz im EU-Recht

605 Der Anlegerschutz war namentlich im EG-Vertrag (EGV) nicht explizit geregelt, sondern wurde unter Art. 153 Abs. 1 EGV subsumiert.

606 ***Artikel 153 Abs. 1 EGV***
*Zur Förderung der Interessen der Verbraucher und zur Gewährleistung eines hohen Verbraucherschutzniveaus leistet die Gemeinschaft einen Beitrag zum Schutz der Gesundheit, der Sicherheit und der wirtschaftlichen Interessen der Verbraucher sowie zur Förderung ihres Rechtes auf Information, Erziehung und Bildung von Vereinigungen zur Wahrung ihrer Interessen.*

607 Auch im Vertrag über die Arbeitsweise der Europäischen Union (AEUV) wird der Anlegerschutz nicht erwähnt, sondern wiederum dem Verbraucherschutz nach Art. 169 AEUV hinzugerechnet. Der Verbraucherschutz steht jedoch unter dem Vorbehalt von Art. 169 Abs. 2 und 3 AEUV. So darf der Verbraucherschutz[900] nur insoweit gefördert werden, als dieser im Einklang mit Massnahmen zur Verwirklichung des Binnenmarktes[901] steht.

608 ***Artikel 169 Abs. 1-3 AEUV***
*(1) Zur Förderung der Interessen der Verbraucher und zur Gewährleistung eines hohen Verbraucherschutzniveaus leistet die Union einen Beitrag zum Schutz der Gesundheit, der Sicherheit und der wirtschaftlichen Interessen der Verbraucher sowie zur Förderung ihres Rechtes auf Information, Erziehung und Bildung von Vereinigungen zur Wahrung ihrer Interessen.*
*(2) Die Union leistet einen Beitrag zur Erreichung der in Absatz 1 genannten Ziele durch*

---

900 Art. 169 Abs. 1 AEUV.
901 Ergänzend müssen die Massnahmen zudem der Unterstützung, Ergänzung und Überwachung der Politik der jeweiligen Mitgliedstaaten dienlich sein.

*a) Maßnahmen, die sie im Rahmen der Verwirklichung des Binnenmarkts nach Artikel 114 erlässt;*
*b) Maßnahmen zur Unterstützung, Ergänzung und Überwachung der Politik der Mitgliedstaaten.*
*(3) Das Europäische Parlament und der Rat beschließen gemäß dem ordentlichen Gesetzgebungsverfahren und nach Anhörung des Wirtschafts- und Sozialausschusses die Maßnahmen nach Absatz 2 Buchstabe b.*

Der Anlegerschutz ist somit keine selbständige Gemeinschaftsaufgabe. 609 Nur wenn der Binnenmarkt damit aktiv gefördert wird, sind Erlasse zum Schutz des Anlegers gestattet.[902]

Der differenzierte Anlegerschutz im EU-Recht ist deshalb stets zusam- 610 men mit der Förderung des Binnenmarktes zu sehen. Geschützt werden soll nur, wer geschützt werden muss.

Die Differenzierung des Anlegerschutzes auf europäischer Ebene wurde 611 im Bereich der Sekundärmärkte erstmals durch Einführung der Richtlinie 2004/39/EG (MiFID) vorgenommen. Die Professionalität der Anleger soll im Rahmen der Wohlverhaltensregeln dafür ausschlaggebend sein, welche Dienstleistungen für diesen erbracht werden dürfen. Die Erfahrungen und Interessen der Anleger begrenzen somit den Umfang der geschuldeten Risikoaufklärung.[903] Grundgedanke des differenzierten Anlegerschutzes ist nach ELSTER: „Erfahrene, risikobereite Anleger bedürfen eines geringeren Masses an Schutz, ein Zuviel läuft ihren Interessen häufig gerade zuwider, da es sie an der Verwirklichung ihrer eigenen Anlageziele hindert."[904]

Der Anlegerschutz resp. die Einstufung des qualifizierten Anlegers 612 kommt im EU-Recht weiter in den Richtlinien 2010/73/EU (Prospekt-RL III), Richtlinie 2009/65/EG (OGAW IV-RL) sowie der Richtlinie 2011/61/EU (AIFM-RL) zum Ausdruck.

---

902 BALCI, S. 10.
903 ELSTER, S. 326 f.
904 ELSTER, S. 326.

## 2. Rechtsgrundlagen für den differenzierten Anlegerschutz im EU-Recht

### 2.1 Richtlinie 2004/39/EG (MiFID-RL)

613 Hauptzweck der Richtlinie 2004/39/EG über Märkte für Finanzinstrumente (Finanzmarktrichtlinie oder MiFID-RL) ist die Harmonisierung der Finanzmärkte im europäischen Binnenmarkt, heisst es doch: „[Den Anlegern] wird ein immer komplexeres und umfangreicheres Spektrum an Dienstleistungen und Finanzinstrumenten angeboten. Angesichts dieser Entwicklungen sollte der Rechtsrahmen der Gemeinschaft das volle Angebot der anlegerorientierten Tätigkeiten abdecken. Folglich ist es erforderlich, eine Harmonisierung in dem Umfang vorzunehmen, der notwendig ist, um Anlegern ein hohes Schutzniveau zu bieten und Wertpapierfirmen das Erbringen von Dienstleistungen in der gesamten Gemeinschaft im Rahmen des Binnenmarkts auf der Grundlage der Herkunftslandaufsicht zu gestatten."[905]

614 Der differenzierte Anlegerschutz ist ebenfalls Ziel der Finanzmarktrichtlinie: „Die Vorkehrungen zum Schutz der Anleger sollten den Eigenheiten jeder Anlegerkategorie (Kleinanleger, professionelle Kunden, Gegenparteien) angepasst sein."[906]

615 Die Kundeneinstufung nach MiFID erfolgt immer unter der Berücksichtigung der Professionalität sowie der Kenntnisse und Erfahrungen im Wertpapierbereich. Die MiFID-RL kennt zudem ein Opt-in[907] und auch ein Opt-out-Modell[908], die es dem Anleger ermöglichen, das ihm zugewiesene Anlegerschutzniveau unter gewissen Voraussetzungen anpassen zu können.

---

[905] MiFID-RL E 2.

[906] MiFID-RL E 31.

[907] Geeignete Gegenparteien und auch professionelle Kunden können auf Antrag hin ein höheres Anlegerschutz-Schutzniveau erhalten. Die geeignete Gegenpartei wird zum professionellen Kunden [Art. 24 Abs. 2 (2) MiFID-RL] und der professionelle Kunde so zum Kleinanleger [MiFID-RL Anhang II, I Ziff. 4 (2)]. Auch das direkte Optieren einer geeigneten Gegenpartei zum Kleinanleger [Art. 24 Abs. 2 (2) MiFID-RL] soll nach der MiFID-RL möglich sein. Beim Opt-in-Modell wählt der Anleger somit ein höheres Anlegerschutz-Niveau, als ihm dies grundsätzlich zustehen würde, vgl. SCHUMACHER MICHEL, Risikoaufklärung, S. 11 m.w.H.

[908] Ein Kleinanleger kann auf Antrag hin unter den in der MiFID-Richtlinie vorgegebenen Voraussetzung zum professionellen Kunden (MiFID-RL Anhang II, II Ziffer 1) und ein professioneller Kunde zur geeigneten Gegenpartei (Art. 24 Abs. 3 MiFID-RL) optieren. Da diese dann auf Antrag auf einen Teil des Anlegerschutzes verzichten, spricht man auch vom Opt-out-Modell, vgl. SCHUMACHER MICHEL, Risikoaufklärung, S. 12 m.w.H.

Grundsätzlich sind jedoch alle Kunden, die weder die Einstufungskriterien als professionelle Kunden oder als geeignete Gegenpartei erfüllen, als Kleinanleger einzustufen. Das Vermögen des Kunden spielt – im Gegensatz zur Regelung in Art. 6 Abs. 1 KKV – keine Rolle.[909]

Die Kundenklassifizierung nach MiFID-RL kann somit inkl. der Optie- 616
rungsmöglichkeiten wie folgt graphisch dargestellt werden:[910]

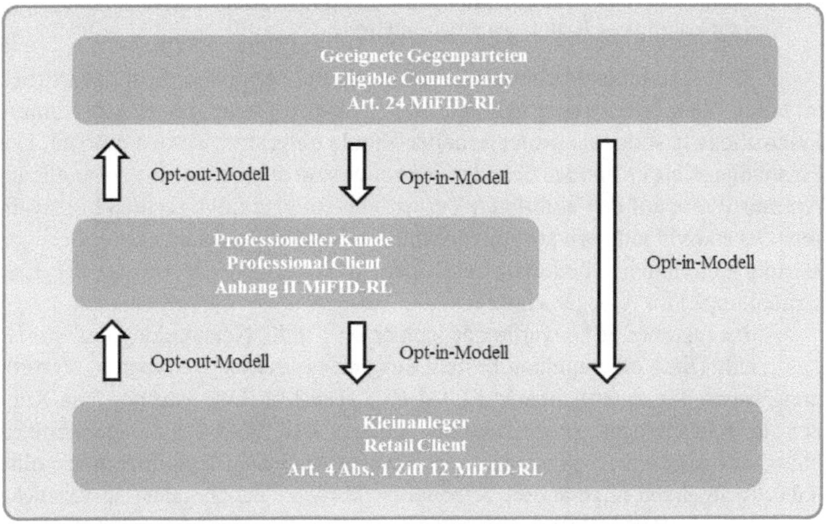


**Abb. 22: Kundenklassifizierung nach MiFID;** MiFID Background Note.

Damit ein individueller privater Anleger als professioneller Kunde ein- 617
gestuft werden kann, müssen mindestens zwei der folgenden Einstufungskriterien (kognitiver oder monetärer Art) erfüllt sein.

***Anhang II MiFID***[911] 618

*Der Kunde hat an dem relevanten Markt während der vier vorhergehenden Quartale durchschnittlich pro Quartal 10 Geschäfte von erheblichem Umfang getätigt.*
[als kognitives Kriterium ersten Grades]

---

909 Rost, S. 98.
910 MiFID Background Note 7.3.
911 MiFID-RL Anhang II, II Ziffer 1 (5).

*Das Finanzinstrument-Portfolio des Kunden, das definitionsgemäss Bardepots und Finanzinstrumente umfasst, übersteigt 500 000 EUR.*
[als monetäres Kriterium]

*Der Kunde ist oder war mindestens ein Jahr lang in einer beruflichen Position im Finanzsektor tätig, die Kenntnisse über die geplanten Geschäfte oder Dienstleistungen voraussetzt.*
[als kognitives Kriterium zweiten Grades]

619 Der individuelle private Anleger muss der Wertpapierfirma schriftlich mitteilen, dass er entweder generell oder einzig in Bezug auf eine bestimmte Finanzdienstleistung als professioneller Kunde eingestuft werden möchte. Der Finanzdienstleister hat den Kunden anschliessend schriftlich in verständlicher Art und Weise auf den allfälligen Verlust von Anlegerschutzrechten hinzuweisen. Der individuelle private Anleger muss schriftlich in einem vom jeweiligen Vertrag getrennten Dokument bestätigen, dass er sich der Folgen der Einschränkungen im Anlegerschutz bewusst ist.[912]

620 Im Oktober 2011 wurde der Vorschlag für die Neuregelung der MiFID publiziert. Diese Neuregelung besteht aus einer (direkt anwendbaren) Verordnung sowie der eigentlichen MiFID II-RL. „Die MiFID-Einstufung von Kunden in Kleinanleger, professionelle Anleger und geeignete Gegenparteien bietet ein angemessenes, zufriedenstellendes Maß an Flexibilität und sollte daher weitgehend unverändert beibehalten werden. Jedoch haben ausführliche Beispiele im Bereich von Geschäften mit komplexen Instrumenten durch kommunale Behörden und Gebietskörperschaften gezeigt, dass deren Klassifizierung im MiFID-Rahmen unzureichend ist. Zweitens haben zwar viele ausführliche Anforderungen der Wohlverhaltensregeln für die Beziehungen zwischen geeigneten Gegenparteien bei deren vielfachen täglichen Geschäften keine Bedeutung, doch sollten der übergeordnete Grundsatz, ehrlich, redlich und professionell zu handeln, und die Verpflichtung, fair und klar zu sein und den Anleger nicht in die Irre zu führen, unabhängig von der Kategorie des Kunden gelten. Schließlich wird vorgeschlagen, dass geeignete Gegenparteien bessere Informationen und Dokumentationen für die geleisteten Dienstleistungen erhalten.“[913] Die europäische Kommission greift somit die Gedanken von

[912] MiFID-RL Anhang II.
[913] Vorschlag MiFID-RL II, S. 10.

IOSCO auf und bezweckt, nicht nur den Kleinanleger, sondern auch die professionellen Anlegern und geeigneten Gegenparteien besser zu schützen.

## 2.2 Richtlinie 2010/73/EU (Prospekt-RL III)

621 Hauptzweck der Richtlinien 80/390/EWG (Prospekt-RL I) und 2003/71/EG (Prospekt-RL II) war sicherzustellen, dass der Emittent dem Anlegerpublikum einen gültigen Prospekt zur Verfügung stellt. Dieser soll dem Anleger vor der Platzierung der Wertpapiere vorliegen und alle Informationen enthalten, die der Anleger für eine fundierte Entscheidung benötigt.[914] Mit der Richtlinie 2010/73/EU (Prospekt-RL III) wurde nun bezweckt, die bestehende Prospekt-RL II dahingehend abzuändern, „um ihre Anwendung zu vereinfachen und zu verbessern, ihre Wirksamkeit zu steigern, die internationale Wettbewerbsfähigkeit der Union zu erhöhen und dadurch zum Abbau von Verwaltungsaufwand beizutragen."[915]

622 Die Kommission hält in ihrem Vorschlag für eine Änderung der Prospekt-RL II fest, dass die Definition des qualifizierten Anlegers[916] nicht mit der Definition des professionellen Kunden der bestehenden MiFID-RL[917] übereinstimme. Wertpapierfirmen können so bei Privatplatzierungen nicht auf ihre eigene Einstufung der professionellen Kunden nach MiFID zurückgreifen. Diese erneute Überprüfung vom Kundenstatus nach MiFID-RL und nach Prospekt-RL II bringt für die Wertpapierfirmen Doppelarbeit und Mehrkosten mit sich.[918]

623 Diese unterschiedliche Definition lässt sich mit der Notwendigkeit eines differenzierten richtlinienunabhängigen Anlegerschutzes nicht rechtfertigen. Die Prospekt-RL II soll nun dahingehend abgeändert, dass die gem. der bestehenden MiFID-RL als professionelle Kunden eingestuften Kunden für die Zwecke der Privatplatzierung als qualifizierte Anleger anzusehen sind.[919]

624 In der Prospekt-RL III wurde nun hinsichtlich der Kundeneinstufung von natürlichen Privatpersonen als qualifizierte Anleger auf die bestehende

---

[914] Prospekt-RL III E 10.

[915] Prospekt-RL III E 4.

[916] Art. 2 Abs. 1 lit. e Ziff. i, ii und iii Prospekt-RL II.

[917] Anhang II Abschnitt II MiFID-RL.

[918] Die Wertpapierfirmen müssen prüfen, ob ihre Anleger i.S.v. natürlichen Personen gemäss Art. 2 Abs. 1 lit. e Ziff. iv Prospekt-RL II nun auch als professionelle Kunden im Sinne von Anhang II Abschnitt II MiFID-RL eingestuft werden können.

[919] Vorschlag Änderung RL 2003/71/EG und 2004/109/EG Seite 6, Ziffer 5.3.2.

MiFID-RL[920] verwiesen. In der bestehenden MiFID-RL werden die Kriterien für die Kundeneinstufung abschliessend für den ganzen Finanzmarktbereich behandelt.

625 Der in Kraft stehende MiFID-Anforderungskatalog zur Einstufung des individuellen privaten Anlegers als professioneller Kunde entspricht nun den Anforderungskriterien nach Prospekt-RL III zur Einstufung von natürlichen Personen als qualifizierte Anleger. Das nun ebenfalls im Rahmen der Prospekt-RL III anzuwendende Verfahren nach MiFID[921] ist als klare Stärkung des Anlegerschutzes zu werten, da die Hürden zur Einstufung als professioneller Kunde resp. qualifizierter Anleger nun höher sind.

626 Jedoch wird der administrative Aufwand für die Wertpapierfirmen zunehmen, da nach der bestehenden MiFID-RL ein komplexeres Einstufungsverfahren als noch unter Prospekt-RL II gilt.

627 Die Mitgliedstaaten haben die Prospekt-RL III gemäss Art. 3 Abs. 1 der Richtlinie bis zum 1. Juli 2012 in nationales Recht umzusetzen.

### 2.3 Richtlinie 2009/65/EG (OGAW IV-RL)

628 Hauptzweck der Richtlinie OGAW IV, die als Nachfolger der OGAW I-RL mit den beiden Änderungsrichtlinien OGAW III[922] gilt, ist die Vereinfachung der Zulassung von bestimmten kollektiven Kapitalanlagen in den Mitgliedstaaten (EU-Pass) und die Förderung des Anlegerschutzes. Die Umsetzung in den Mitgliedstaaten soll dazu dienen, eine „Angleichung der Wettbewerbsbedingungen zwischen diesen Organismen[923] auf Gemeinschaftsebene zu erreichen und gleichzeitig einen wirksameren und einheitlicheren Schutz der Anteilsinhaber sicherzustellen.“[924] Die Stärkung des Anlegerschutzes ist auch Bestandteil der OGAW IV-RL, wurde unter anderem doch ein einheitliches Key Investor Information Dokument (KIID)[925] eingeführt. Darin sind Informationen über das Produkt selbst, eine kurze Beschreibung der Anlageziele und der Anlagestrategie, die bisherige Wertentwicklung, die Kosten und Gebühren

---

920 Vgl. dazu Anhang II Abschnitt II Ziff. 1 MiFID-RL, der Art. 2 Abs. 2 Prospekt-RL II wurde im Rahmen der Neufassung der Prospekt-RL III ersatzlos gestrichen.
921 Anhang II Abschnitt II Ziff. 2 MiFID-RL.
922 Fondsdienstleistungs-RL und Produkt-RL, werden gesamthaft als OGAW III bezeichnet, da die Bemühungen um OGAW II im Jahr 2001 eingestellt wurden.
923 I.S.v. kollektiven Kapitalanlagen.
924 OGAW IV-RL E 3.
925 OGAW IV-RL, Art. 78 ff.

sowie das Risiko-/Renditeprofil der enthalten. Das KID ersetzt den einfachen Prospekt, welcher bis anhin Teil der Kundeninformation bildete.

### 2.4 Richtlinie 2011/61/EU (AIFM-RL)

Die AIFM-RL regelt die Verwaltung und den Vertrieb alternativer Investmentfonds[926] von denjenigen Finanzprodukten, welche nicht unter die OGAW IV-Richtlinie fallen. In der AIFM-RL wird der professionelle Anleger im Sinne der bestehenden MiFID-RL definiert, an welche sich der Vertrieb von AIF im grenzüberschreitenden Bereich einzig richten darf.[927] Der Kleinanleger dagegen wird e contrario als nicht-professioneller Anleger eingestuft.[928] 629

Bezogen auf den Anlegerschutz wird in AIFM-RL Art. 11 Abs. 1 lit. d/f und Abs. 2 festgehalten, dass der AIFM alle angemessenen Maßnahmen zur Vermeidung von Interessenkonflikten treffen muss. Sind Interessenkonflikte nicht vermeidbar, wird der AIFM zur Offenlegung verpflichtet. Der AIFM wird zudem dazu angehalten, sämtliche Anleger des AIF fair zu behandeln und keinem Anleger zu bevorzugen. 630

## 3. Das Lamfalussy-Verfahren

### 3.1 Einleitung und Abgrenzung

Der Ausschuss der Weisen unter Leitung von Alexandre Lamfalussy hat 2001 den Schlussbericht über die Regulierung der europäischen Wertpapiermärkte veröffentlicht. Dieser Bericht wurde im Auftrag der Wirtschafts- und Finanzminister der Europäischen Union (ECOFIN) erstellt und soll Wege und Verfahren zu einem integrierten Kapitalmarkt und zu einer Beschleunigung der EU-Gesetzgebung aufzeigen.[929] Die «Kapitalmarktregulierung» umfasst jedoch einzig den Wertpapiersektor. Anknüpfungspunkt ist der relevante Markt und nicht das beaufsichtigte Institut. Der Oberbegriff «Finanzmarktre- 631

[926] Der Geltungsbereich der Richtlinie umfasst dabei sowohl EU-AIFM, die EU-AIF oder Nicht-EU-AIF verwalten und/oder vertreiben als auch Nicht-EU-AIFM, die einen oder mehreren EU-AIF verwalten sowie Nicht-EU-AIFM, die EU-AIF oder Nicht-EU-AIF in der EU vertreiben möchten, vgl. Art. 2 Abs. 1 AIFM-RL.

[927] AIFM-RL Art. 4 Abs. 1 lit. ag.

[928] AIFMR-RL Art. 5 Abs. 1 lit. aj.

[929] LAMFALUSSY-Bericht, S. 4.

gulierung» dagegen umfasst neben dem Wertpapierhandel auch das Banken- und Versicherungswesen.[930]

632 Im Jahr 2002 wurde das LAMFALUSSY-Verfahren für den Bereich Kapitalmarktregulierung eingeführt und 2005 auf den gesamten EU-Finanzsektor (d.h. auch auf Banken, Versicherungen und die betriebliche Altersvorsorge) ausgeweitet.[931]

633 Das LAMFALUSSY-Verfahren regelt in einem vierstufigen Rechtsetzungsprozess die finanzmarktrechtliche Rechtsetzung in der EU.[932] „Beweggrund für die Einführung des LAMFALUSSY-Verfahrens war der Wunsch der Kommission nach einer effizienten Verwirklichung des Financial Services Action Plans («FSAP»).“[933]

### 3.2 Das Vier-Stufen-Konzept des Lamfalussy-Verfahrens

634 Die Stufe 1 des LAMFALUSSY-Verfahrens umfasst die Rahmenrichtlinie. „Die Grundprinzipien für eine Rahmenregelung werden nach dem ordentlichen Rechtsetzungsverfahren der EU festgelegt [...].“[934] Auf Vorschlag der Kommission erlassen das Europäische Parlament und der Rat die entsprechende Regelung.[935] In diesen Richtlinien und Verordnungen sollen nur die grundsätzlichen Regelungen, d.h. die politischen Kernprinzipien, vorgegeben werden.[936] „Grundsätze der Stufe 1 [legen somit] Art und Umfang der auf Stufe 2 zu erlassenden technischen Durchführungsbestimmungen [fest und geben an], innerhalb welcher Grenzen [diese] geändert und aktualisiert werden können, ohne dass eine Änderung der Rahmenregelung erforderlich ist.“[937]

635 Die in den ersten beiden Stufen erlassenen Richtlinien müssen von den Mitgliedstaaten in nationales Recht umgesetzt werden.[938] Die Verordnungen dagegen haben bereits in jedem Mitgliedstaat unmittelbare Geltung.[939] Adressat einer Verordnung ist direkt der Unionsbürger. Diese begründet so unmittel-

---

[930] WALLA, Rz. 20–21.
[931] <http://eur-lex.europa.eu/LexUriServ/LexUriServ.do?uri=OJ:C:2004:025E:0382:0383:DE:PDF> (besucht 30. Juni 2012); RUFFING, S. 24.
[932] WALLA, Rz. 23.
[933] WALLA, Rz. 26.
[934] LAMFALUSSY-Bericht, S. 26.
[935] Art. 294 ff. AEUV, vgl. WALLA, Rz. 31.
[936] LAMFALUSSY-Bericht, S. 29.
[937] LAMFALUSSY-Bericht, S. 30.
[938] WALLA, Rz. 55.
[939] Art. 288 Abs. 2 AEUV.

bare Rechte oder Pflichten.[940] „Nationales Recht ist unanwendbar, soweit es nicht mit der Verordnung vereinbar ist."[941]

Auf Stufe 3 erlässt die ESMA[942] gestützt auf Art. 16 ESMA-VO die Empfehlungen und Leitlinien.[943] 636

Die Kontrolle der Umsetzung dieser Rechtsakte resp. die Überprüfung der einheitlichen Anwendung des Gemeinschaftsrechts wird auf Stufe 4 wiederum von der ESMA gestützt auf Art. 17 ESMA-VO vorgenommen.[944] 637

## 4. Umsetzung der europäischen Rechtsgrundlagen für den differenzierten Anlegerschutz

Die Rechtsetzung von Richtlinien ist als zweistufiges Verfahren ausgestaltet. In einer ersten Stufe erlässt die EU die Richtlinie, die dann in einer zweiten Stufe von den Mitgliedstaaten umgesetzt werden muss. Adressat der Richtlinie ist somit der einzelne Mitgliedstaat.[945] „Der normative Gehalt der Richtlinie erschöpft sich in einer Pflicht der Mitgliedstaaten, die Richtlinie in einer bestimmten Zeit mit einer bestimmten inhaltlichen Vorgabe (Ziel) umzusetzen (sog. Umsetzungspflicht)."[946] Den Mitgliedstaaten ist es jedoch freigestellt, mit welchen legislatorischen Mitteln sie die Richtlinie in Landesrecht umsetzen, solange die praktische Wirksamkeit (effet utile) der Richtlinie nicht beeinträchtigt wird.[947] 638

Der qualifizierte Anleger im Europarecht wird auf Stufe der Richtlinien geregelt. Die Umsetzung im jeweiligen Landesrecht ist somit unabdingbar. Der Europäische Gerichtshof (EuGH) geht von einer begrenzten Verpflichtung der nationalen Gerichte zur richtlinienkonformen Auslegung des nationalen Rechts aus. Die Auslegung des nationalen Rechts muss sich soweit als möglich an Wortlaut und Zweck der zugrunde liegenden Richtlinie orientieren.[948] „Eine 639

---

940 ARNDT/FISCHER/FETZER, Rz. 168.
941 ARNDT/FISCHER/FETZER, Rz. 169.
942 Im Jahr 2012 wurde die Europäische Wertpapier- und Marktaufsichtsbehörde (ESMA) an der IOSCO-Vollversammlung in Beijing (CN) als assoziiertes Mitglied aufgenommen.
943 WALLA, Rz. 47.
944 WALLA, Rz. 47.
945 ARNDT/FISCHER/FETZER, Rz. 171.
946 ARNDT/FISCHER/FETZER, Rz. 171.
947 ARNDT/FISCHER/FETZER, Rz. 175.
948 ARNDT/FISCHER/FETZER, Rz. 181, vgl. dazu auch FN 76.

Schranke der Pflicht zur richtlinienkonformen Interpretation des nationalen Rechts bildet der Anwendungsbereich der Richtlinie. Dieser ist durch Auslegung zu ermitteln. Dann ist zu beurteilen, ob der Regelungsbereich der zu konkretisierenden innerstaatlichen Norm mit dem der Richtlinie zumindest teilweise deckungsgleich ist."[949]

640 Bei Nichtumsetzung von Richtlinien in Landesrecht innert der vorgeschriebenen Umsetzungsfrist hat der einzelne Bürger einen Sekundäranspruch gegen den Staat (Staatshaftung).[950]

641 Die Umsetzung des aus den europäischen Richtlinien fliessenden differenzierten Anlegerschutzes soll nun anhand der rechtsvergleichenden Betrachtung der Länder Deutschland, Österreich, Liechtenstein und Luxemburg geprüft werden.

---

[949] MÜLLER/CHRISTENSEN, Band II § 206.
[950] ARNDT/FISCHER/FETZER, Rz. 202.

# § 22 Der qualifizierte Anleger in Deutschland

## 1. Rechtsgrundlagen und Umsetzung

### 1.1 Finanzmarktrichtlinie-Umsetzungsgesetz (FRUG)

Das Finanzmarktrichtlinie-Umsetzungsgesetz (FRUG) dient der Umsetzung der Prospektrichtlinie in das deutsche Recht. Das FRUG hatte umfangreiche Änderungen im Wertpapierhandelsgesetz (WpHG) sowie im Erlass der Wertpapierdienstleistungs-Verhaltens- und Organisationsverordnung (WpDVerOV) zur Folge. 642

### 1.2 Anpassung Investmentgesetz (InvG)

Das Investmentgesetz (InvG) kennt den Spezialfonds als besondere Form des Sondervermögens. Der Anlegerkreis wird auf nicht-natürliche Personen beschränkt. 643

> ***§ 2 Abs. 3 InvG*** 644
> *Spezial-Sondervermögen sind Sondervermögen, deren Anteile aufgrund schriftlicher Vereinbarungen mit der Kapitalanlagegesellschaft ausschliesslich von Anlegern, die nicht natürliche Personen sind, gehalten werden. Alle übrigen Sondervermögen sind Publikums-Sondervermögen.*

Privatpersonen sind ausdrücklich nicht als Investoren vorgesehen, so schreibt BECKMANN: „Bei den Anteilinhabern eines Spezialfonds muss es sich um nicht-natürliche Personen handeln. Anleger sind institutionelle Anleger, wie z.B. Versicherungsunternehmen, Pensionskassen, Sozialversicherungsträger, kirchliche Verbände, Stiftungen, Kreditinstitute und Grossunternehmen mit einem Volumen von i.d.R. ab 10 Mio. Euro, die mit Spezialfonds individuelle Anlageziele verfolgen (z.B. Verwaltung von Pensionsrückstellungen).“[951] 645

Das Investmentgesetz kennt somit einen differenzierten Anlegerschutz und teilt den Anlegerkreis in die natürlichen und die nicht-natürlichen Anleger. 646

---

[951] BECKMANN/SCHOLTZ, S. 410 § 2 N 27.

Nur nicht-natürliche Personen können Anleger von Spezialfonds sein. Diese Anleger stehen den Fondsleitungen und Depotbanken als gleichwertige Vertragspartner gegenüber. Im Gegensatz zu den Anteilinhabern von Publikumsfonds ist das Schutzbedürfnis der nicht-natürlichen Anleger tiefer. Beim Spezialfonds erfolgt – im Gegensatz zum Publikumsfonds – eine individuelle Vereinbarung des Vertragswerkes, da es sich um einen massgeschneiderten Fonds für Grossanleger handelt. Die Beschränkung des Anlegerkreises auf nicht-natürliche Personen entspricht dem Regelungszweck des Spezialfonds.[952] Das Investmentgesetz keine spezifische Norm für die Deklaration von vermögenden Privatpersonen als nicht-professionelle qualifizierte Anleger.

### 1.3 Anpassung Wertpapierhandelsgesetz (WpHG)

647 Das Wertpapierhandelsgesetz reguliert den Wertpapierhandel und nimmt in § 31a WpHG[953] eine detaillierte Kundeneinstufung vor.

648 Vor der Einstufung einer vermögenden Privatperson als professioneller Kunde nach den Voraussetzungen von § 31a Abs. 7 WpHG hat das Wertpapierdienstleistungsunternehmen abzuklären und zu bewerten, ob der Kunde aufgrund seiner Erfahrungen, Kenntnisse und seines Sachverstandes in der Lage ist, generell oder für eine bestimmte Art von Geschäften, eine Anlageentscheidung zu treffen und die damit verbundenen Risiken angemessen beurteilen zu können.

649 Privatkunden i.S. des WpHG sind Kunden, die im Umkehrschluss keine professionellen Kunden sind.[954] Der Privatkunde kann sich jedoch unter bestimmten Voraussetzungen als professioneller Kunde einstufen lassen.

650 Von den drei im Gesetz vorgegebenen Einstufungskriterien eines Privatkunden zum professionellen Kunden müssen mindestens deren zwei erfüllt sein.

651 ***§ 31a Abs. 7 WpHG***

*Ein Privatkunde kann auf Antrag oder durch Festlegung des Wertpapierdienstleistungsunternehmens als professioneller Kunde eingestuft werden. [...] Eine Änderung der Einstufung*

[952] BECKMANN/SCHOLTZ, S. 410 § 2 N 28, so sollen bspw. Spezialfonds nicht als Millionärsfonds für wohlhabende Privatanleger dienen.

[953] Dieser wurde im Rahmen der Umsetzung der MiFID-RL in das Gesetz aufgenommen.

[954] § 31a Abs. 3 WpHG.

*kommt nur in Betracht, wenn der Privatkunde mindestens zwei der drei folgenden Kriterien erfüllt:*
*1. der Kunde hat an dem Markt, an dem die Finanzinstrumente gehandelt werden, für die er als professioneller Kunde eingestuft werden soll, während des letzten Jahres durchschnittlich zehn Geschäfte von erheblichem Umfang im Quartal getätigt;*
*2. der Kunde verfügt über Bankguthaben und Finanzinstrumente im Wert von mehr als 500.000 Euro;*
*3. der Kunde hat mindestens für ein Jahr einen Beruf am Kapitalmarkt ausgeübt, der Kenntnisse über die in Betracht kommenden Geschäfte, Wertpapierdienstleistungen und Wertpapiernebendienstleistungen voraussetzt.*

Das WpHG unterscheidet in tlw. Umsetzung der MiFID-RL allgemein 652 zwischen professionellen Kunden[955], Privatkunden[956] und der geeigneten Gegenpartei.[957] Im Gegensatz zur MiFID-RL spricht das WpHG vom Privatkunden, wogegen in der Richtlinie noch vom Kleinanleger die Rede ist. Privatkunden können auf Antrag oder durch Festlegung als professioneller Kunde eingestuft werden, eine Einstufung von Privatkunden als geeignete Gegenpartei ist jedoch nicht möglich.[958] Durch die Heraufstufung von der Privatkunden-Kategorie in die Kategorie der professionellen Kunden wird der Schutzstandard des Kunden reduziert. Man spricht hier von Opting-out.

Für den heraufgestuften Privatkunden gelten nun die Wohlverhaltensre- 653 geln, wie sie bei professionellen Kunden zur Anwendung gelangen.[959] „[Die Heraufstufung] soll die Geschäftsbeziehung dort verschlanken, wo die Einhaltung strenger Schutzstandards im Hinblick auf die Professionalität der Beteiligten nicht zwingend erforderlich erscheint.“[960]

---

955 § 31a Abs. 2 WpHG, vgl. dazu KOCH, § 31 a WPHG Rz. 2.
956 § 31a Abs. 3 WpHG, vgl. dazu KOCH, § 31 a WPHG Rz. 2.
957 § 31a Abs. 4 WpHG, vgl. dazu KOCH, § 31 a WPHG Rz. 2.
958 KOCH, § 31 a WPHG Rz. 23.
959 KOCH, § 31 a WPHG Rz. 40.
960 KOCH, § 31 a WPHG Rz. 40.

### 1.4 Wertpapierdienstleistungs-Verhaltens- und Organisationsverordnung (WpDVerOV)

654 Nach § 2 Abs. 1 WpDVerOV müssen Wertpapierdienstleistungsunternehmen die notwendigen organisatorischen Vorkehrungen treffen, insbesondere Grundsätze aufstellen, Verfahren einrichten und Massnahmen ergreifen, um Kunden nach § 31a WpHG einstufen und die erfolgte Einstufung professioneller Kunden aus begründetem Anlass auch überprüfen zu können (differenzierter Anlegerschutz). Der Antrag auf Heraufstufung des Kunden muss in Textform erfolgen und den Antrag zur generellen oder selektiven Heraufstufung enthalten. Der Antrag ist für den Adressaten nicht verbindlich. Die Entscheidung, ob der Privatkunde als professioneller Kunde gelten soll oder nicht, liegt somit beim Finanzdienstleistungsunternehmen selbst.[961]

### 1.5 Verkaufsprospektgesetz (VerkProsG) und Wertpapierprospektgesetz (WpPG)

655 Das Verkaufsprospektgesetz (VerkProsG) galt vor dem Erlass des Wertpapierprospektgesetzes (WpPG) für sämtliche Prospekte in Deutschland. Es gilt weiterhin für bestimmte Produkte, so insbesondere für geschlossene Fonds. Beim öffentlichen Vertrieb von geschlossenen Fonds ist grundsätzlich ein Verkaufsprospekt zu erstellen. Die Ausnahmetatbestände nach § 8f Abs. 2 VerkProsG sollen eine Überregulierung vermeiden, da sich die dort angesprochenen Anleger die Informationen selbst beschaffen können und nicht schutzwürdig sind. Ein Kriterium ist bspw., dass die kleinste Stückelung jedes angebotenen Anteils min. 200 000 EUR betragen muss.[962]

## 2. Vergleich mit dem Kollektivanlagengesetz

656 Dass der Kunde über ein Bankguthaben und Finanzinstrumente in einer gesetzlich festgelegten Höhe verfügen muss, ist somit unter § 31a Abs. 7 WpHG im Gegensatz zur Regelung von Art. 6 Abs. 1 KKV nur ein hinreichendes und nicht das ausreichende Deklarationskriterium. Hierin unterscheidet sich die deutsche Regelung von der Deklaration der vermögenden Privatperson als qualifizierter Anleger gemäss schweizerischem Recht, die nur ein monetäres Kriterium zur Einstufung kennt.

[961] KOCH, § 31 a WPHG Rz. 42.
[962] § 8f Abs. 2 Nr. 3 Var. 3 VerkProsG.

Die drei Kriterien des WpHG bilden allesamt personale Determinanten ab. Sie lassen sich in zwei kognitive Kriterien und in ein monetäres Kriterium unterscheiden. 657

Als kognitives Kriterium ersten Grades gelten die Erfahrungen des Anlegers, die umschrieben werden als das Tätigen von durchschnittlich zehn Geschäften von erheblichem Umfang während eines Quartals auf dem relevanten Finanzmarkt.[963] Der Gesetzgeber unterscheidet nicht danach, ob diese Geschäfte für eigene oder für fremde Rechnung getätigt worden sind.[964] 658

Das Kriterium nach § 31 a Abs. 7 S. 3 Nr. 3 WpHG, das an die konkrete Berufserfahrung knüpft, wird als kognitives Kriterium zweiten Grades bezeichnet, da hier nicht nur der zu erbringende Nachweis der getätigten Abschlüsse, sondern konkret der Nachweis der Berufserfahrung darzubringen ist. Hier wird verlangt, „dass der Kunde mindestens ein Jahr einen Beruf am Kapitalmarkt ausgeübt hat, der Kenntnisse über die in Betracht kommenden Geschäfte, Wertpapierdienstleistungen und Wertpapiernebendienstleistungen voraussetzt."[965] Kann das kognitive Kriterium ersten Grades noch im Rahmen von getätigten Geschäften für fremde Rechnung erfüllt werden, sind beim kognitiven Kriterium zweiten Grades die personalspezifischen Erfahrungen massgebend. 659

Das Kriterium nach § 31 a Abs. 7 S. 3 Nr. 2 WpHG ist zu guter Letzt ein rein monetäres Kriterium und verlangt vom Privatkunden den Nachweis, dass dieser über Bankguthaben und Finanzinstrumente von mehr als 500 000 EUR verfügt. Diese Summe soll dem Privatkunden eine finanzielle Flexibilität unterstellen und als Indiz für eine monetäre Belastbarkeit gelten.[966] 660

---

963 § 31 a Abs. 7 S. 3 Nr. 1 WpHG.
964 KOCH, § 31 a WPHG Rz. 47 m.w.H.
965 KOCH, § 31 a WPHG Rz. 49.
966 KOCH, § 31 a WPHG Rz. 48.

# § 23 Der qualifizierte Anleger in Österreich

## 1. Rechtsgrundlage und Umsetzung

### 1.1 Umsetzung der Prospektrichtlinie

661 Österreich hat im Gegensatz zu Deutschland nicht den Weg der Umsetzung der betreffenden Richtlinien über ein eigentliches Umsetzungsgesetz gewählt, sondern im Rahmen einer Gesetzes-Novelle im Jahr 1995 umfangreiche Anpassungen am bestehenden Gesetzeswerk vorgenommen.

### 1.2 Kapitalmarktgesetz (KMG)

662 Das Kapitalmarktgesetz (KMG) wurde im Rahmen der Umsetzung der Prospektrichtlinie umfassend angepasst. Österreich kennt wie Deutschland den Antrag auf Einstufung von Privatpersonen als qualifizierte Anleger.

663 Die vermögende Privatperson als qualifizierter Anleger ist in § 1 Abs. 1 Ziff. 5a lit. d i.V.m. Abs. 2 KMG geregelt. Die Kriterien zur Einstufung sind in § 1 Abs. 2 KMG geregelt.

664 ***§ 1 KMG***

*(1) Im Sinne dieses Bundesgesetzes sind*

*[...]*

*5a. qualifizierte Anleger:*

*[...]*

*d) bestimmte natürliche Personen: natürliche Personen, die im Inland ihren Wohnsitz (§ 66 Abs. 1 JN) haben, zwei der in Abs. 2 genannten Kriterien erfüllen und unter Nachweis dieser Voraussetzungen bei der FMA beantragen, als qualifizierte Anleger zugelassen zu werden; die Zulassung durch die FMA erfolgt durch Bescheid auf Eintragung in das Register (Abs. 3) und besteht für die Dauer der Eintragung; bei Gegenseitigkeit sind in das entsprechende Register anderer EWR-Vertragsstaaten eingetragene natürliche Personen auch als „bestimmte natürliche Personen" im Sinne dieser Litera anzusehen;*

665 Die drei Kriterien sind nahezu deckungsgleich mit der MiFID-Umsetzung in Deutschland gem. § 31 a Abs. 7 WpHG. Die Unterschiede sind zwar marginal, zeigen aber dennoch Auswirkungen.

Im Vergleich zu Deutschland enger gefasst ist in Österreich das monetäre Kriterium. Anstelle von Bankguthaben und Finanzinstrumenten in der Regelung nach deutschem WpHG spricht der Gesetzgeber in § 1 Abs. 2 Ziff. 2 KMG vom Wert des Wertpapierportfolios. Umfasst sind somit explizit nur die eigentlichen Depotwerte und nicht auch die Bankguthaben. 666

Im Vergleich zu Deutschland dagegen weiter gefasst sind die kognitiven Kriterien ersten und zweiten Grades. Die Definition der Berufserfahrung in § 1 Abs. 2 Ziff. 3 KMG als kognitives Kriterium ersten Grades setzt lediglich voraus, dass der Antragssteller eine mindestens einjährige berufliche Position im Finanzsektor nachweisen kann, wogegen die Regelung im deutschen WpHG explizit Erfahrungen im Bereich der in Betracht kommenden Finanzgeschäfte verlangt. Auch das kognitive Kriterium zweiten Grades ist weiter gefasst, ist doch der Betrachtungszeitraum für die getätigten Geschäfte zwar gleich, in Österreich aber ist die Definition der Geschäfte grosszügiger formuliert. Es werden nicht explizit Geschäfte an dem relevanten Markt, an dem die von der Heraufstufung betroffenen Finanzinstrumente gehandelt werden, verlangt, sondern einzig Geschäfte an Wertpapiermärkten. 667

***§ 1 KMG*** 668

*(2) Für die Zwecke von Abs. 1 Z 5a lit. d gelten die folgenden Kriterien:*

*1. Der Anleger hat an Wertpapiermärkten Geschäfte in großem Umfang getätigt und in den letzten vier Quartalen durchschnittlich mindestens zehn Transaktionen pro Quartal abgeschlossen;*

*2. der Wert des Wertpapierportfolios des Anlegers übersteigt 0,5 Millionen Euro;*

*3. der Anleger ist oder war mindestens ein Jahr lang im Finanzsektor in einer beruflichen Position tätig, die Kenntnisse auf dem Gebiet der Wertpapieranlage voraussetzt.*

## 1.3 Eintragung ins Register der qualifizierten Anleger

Zur Abgrenzung der institutionellen Anleger von der vermögenden Privatperson als qualifizierter Anleger schreibt RUSS: „Natürliche Personen aber, die bloss produktunspezifische Vermutungstatbestände, wie die Grösse ihrer Anlageportfolios, ihren üblichen Investitionsumfang oder ihre generelle wert- 669 papierbezogene Berufserfahrung nachweisen können, können nur über den Weg der verwaltungsbehördlichen Registrierung als qualifizierter Anleger anerkannt werden.“[967] Die Registereintragung gemäss § 1 Abs. 3 KMG bewirkt – unter dem Vorbehalt der Reziprozität –, dass die natürliche Privatperson auch in anderen EWR-Vertragsstaaten als «individuell» qualifizierter Anleger gilt.[968] Von den in § 1 Abs. 2 KMG genannten Voraussetzungen hat die natürlich Privatperson zwei zu erfüllen, um im Register als qualifizierter Anleger eingetragen zu werden.

670 Das Register wird von der Österreichischen Finanzmarktaufsicht (FMA) geführt. Die FMA kann gemäss § 1 Abs. 3 Satz 4 KMG jederzeit von den registrierten Anlegern einen Nachweis über das Vorliegen der Registrierungsvoraussetzungen verlangen. Kann der Nachweis von der natürlichen Privatperson nicht erbracht werden, so wird diese von Amtes wegen aus dem Register gestrichen. „Die Eigenschaft als «individueller» qualifizierter Anleger wird erst durch die bescheidmässige Eintragung in das Register begründet (konstitutive Wirkung).“[969]

671 Die Registereintragung nach § 1 Abs. 3 KMG hat für die natürliche Privatperson folgende Rechtswirkung: Der Anleger wird nicht mehr durch § 7 KMG geschützt, d.h. er hat keinen Anspruch darauf, vor Kapitalanlage einen Prospekt zur Vorbereitung des Kaufentscheides zu erhalten. Somit ist die natürliche Privatperson in der Lage, auch an Emissionen teilzunehmen, die sich ausschliesslich an qualifizierte Anleger[970] richten. Da diese Investitionen nicht mehr als Verbrauchergeschäfte i.S.v. § 5 KMG gelten, kann die natürliche Privatperson im Sinne des differenzierten Anlegerschutzes auch nicht mehr vom Rücktrittsrecht Gebrauch machen.[971] Die österreichische Finanzmarktaufsicht gibt auf ihrer Website das Formular zur Eintragung in das Register für qualifizierte Anleger vor.[972]

672 Ein Register für qualifizierte Anleger kennt neben Österreich unter anderem auch Grossbritannien[973] mit dem «Qualified Investor Register, QIR».

---

[967] ZIB/RUSS/LORENZ, RUSS, § 1 Abs. 2 Z 1 Rz. 19.

[968] ZIB/RUSS/LORENZ, LORENZ, § 1 Abs. 1 Z 1 Rz 80.

[969] ZIB/RUSS/LORENZ, LORENZ, § 1 Abs. 1 Z 1 Rz. 150.

[970] § 3 Abs. 1 Ziff. 11 KMG.

[971] ZIB/RUSS/LORENZ, LORENZ, § 1 Abs. 1 Z 1 Rz. 150-154.

[972] <http://www.fma.gv.at/de/unternehmen/emittenten/prospektbilligung/qualifizierte-anleger.html> (besucht am 1. März 2011).

[973] <http://www.fsa.gov.uk/doing/ukla/qir> (besucht am 4. März 2012).

## 2. Vergleich mit dem Kollektivanlagengesetz

Dass der Kunde über ein Bankguthaben und Finanzinstrumente in einer gesetzlich festgelegten Höhe verfügen muss (monetäres Kriterium), ist somit auch unter § 1 KMG im Gegensatz zur Regelung von Art. 6 Abs. 1 KKV nur ein hinreichendes und nicht das ausreichende Kriterium zur Deklaration einer vermögenden Privatperson als nicht-professioneller qualifizierter Anleger. 673

Auch die drei Kriterien in Österreich bilden personale Determinanten ab. Das monetäre Kriterium ist im Vergleich zu Deutschland enger gefasst, da ausschliesslich das Depotguthaben in die Berechnung einfliessen kann. Die kognitiven Kriterien sind in Österreich jedoch weiter gefasst. Somit ist es dem interessierten Privatanleger leichter möglich, die Einstufung als qualifizierter Anleger zu erlangen. 674

Als Stärkung des Kundenschutzes zu werten ist dagegen der obligatorische Eintrag in das Register für qualifizierte Anleger, das von der FMA geführt wird. Der Eintrag in die Liste hat konstitutive Wirkung und die FMA kann jederzeit das Vorhandensein der Kriterien und somit die Berechtigung zum Registereintrag prüfen. Gemäss Website der FMA ist geplant, die Liste der qualifizierten Anleger der Öffentlichkeit zugänglich zu machen, ohne dass für die Einsichtnahme ein Interessennachweis erforderlich wäre.[974] 675

[974] <http://www.fma.gv.at/de/unternehmen/emittenten/prospektbilligung/qualifizierte-anleger.html> (besucht am 25. Februar 2012).

# § 24 Der qualifizierte Anleger in Liechtenstein

## 1. Rechtsgrundlagen und Umsetzung

### 1.1 Umsetzung der Richtlinien im EWR

676 Das Abkommen über den europäischen Wirtschaftsraum (Abkommen EWR) ist am 1. Mai 1995 in Kraft getreten und durch die Publikation am 28. April 1995 im liechtensteinischen Landesgesetzblatt Bestandteil der Rechtsordnung geworden. Als genehmigter Staatsvertrag hat das EWR-Abkommen Gesetzesrang erlangt. Obwohl Liechtenstein keine spezielle Vorrangbestimmung geschaffen hat, geht das EWR-Abkommen den innerstaatlich früheren Gesetzen wie auch früheren und späteren Verordnungen vor.[975] „Die notwendigen Anpassungen und Umsetzungen lassen sich wie folgt zusammenfassen: Anpassungen sind dort vorzunehmen, wo direkt anwendbares EWR-Recht (Hauptabkommen, EWR-Verordnungen) liechtensteinisches Recht derogiert und daher eine formelle Revision der im Widerspruch zum EWR-Recht stehenden nationalen Normen notwendig ist. [...] Hingegen bedürfen die nicht unmittelbar anwendbaren Bestimmungen des EWR-Abkommens der Umsetzung in nationales Recht (vor allem die EWR-Richtlinien).“[976] Die MiFID-RL und Prospekt-RL II mussten somit durch den liechtensteinischen Landtag in nationales Recht umgesetzt werden.

### 1.2 Gesetz über die Banken und Wertpapierfirmen (FL-BankG)

677 Im Bankengesetz (FL-BankG) wird der Kunde in Umsetzung der MiFID-RL wie folgt klassifiziert:

---

[975] HAMMERMANN, S. 68.
[976] HAMMERMANN, S. 69.

***Art. 3a Abs. 1 FL-BankG*** 678
*[...]*
*27. Kunde: jede natürliche oder juristische Person, jede Gesellschaft, Treuhänderschaft, sonstige Gemeinschaft oder Vermögenseinheit, für die eine Bank oder Wertpapierfirma Dienstleistungen nach diesem Gesetz erbringt;*
*28. professioneller Kunde: ein Kunde, der über ausreichende Erfahrungen, Kenntnisse und Sachverstand verfügt, um seine Anlageentscheidungen selbst treffen und die damit verbundenen Risiken angemessen beurteilen zu können. Um als professioneller Kunde angesehen zu werden, muss ein Kunde die Kriterien gemäss Anhang 1 Ziff. 2 erfüllen;*
*29. nichtprofessioneller Kunde: ein Kunde gemäss Anhang 1 Ziff. 3.*

Der gestützt auf Art. 3 a Abs. 1 Ziff. 28/29 FL-BankG erlassene Anhang 1 definiert die professionellen und nichtprofessionellen Kunden wie folgt: 679

***Anhang 1 FL-BankG*** 680

***2. Professionelle Kunden***
*1) Als professionelle Kunden sind per se und in Bezug auf alle Wertpapierdienstleistungen, Nebendienstleistungen und Finanzinstrumente anzusehen:*
*a) Rechtspersönlichkeiten, die zugelassen sein oder unter Aufsicht stehen müssen, um auf den Finanzmärkten tätig werden zu können, namentlich:[...]*
*b) grosse Unternehmen, die auf Unternehmensebene zwei der nachfolgenden Anforderungen erfüllen: [...]*
*c) [...]*
*d) [...]*
*2) Personen, die nach Massgabe der zu diesem Gesetz erlassenen Durchführungsvorschriften eine Einstufung und Behandlung als professioneller Kunde beantragt haben, sind lediglich in Bezug auf die beantragten Wertpapierdienstleistungen, Nebendienstleistungen und Finanzinstrumente als professionelle Kunden anzusehen.*

***3. Nichtprofessionelle Kunden***
*Als nichtprofessionelle Kunden gelten alle Kunden, die weder geeignete Gegenpartei noch professioneller Kunde sind.*

681 Die vermögende Privatperson kann somit eine Person sein, die nach Massgabe der Durchführungsvorschriften zum FL-BankG eine Einstufung und Behandlung als professioneller Kunde beantragt hat.[977] Diese qualifizierten Anleger sind jedoch lediglich in Bezug auf die beantragten Wertpapierdienstleistungen, Nebendienstleistungen und Finanzinstrumente als professionelle Kunden anzusehen. Als nicht-professionelle Kunden gelten all diejenigen Kunden, die weder geeignete Gegenpartei noch professioneller Kunde sind.[978]

### 1.3 Wertpapierprospektgesetz (WPPG)

682 Am 23. Mai 2007 hat Liechtenstein das Wertpapierprospektgesetz (WPPG) erlassen. Der qualifizierte Anleger wird wie folgt definiert.

683 ***Art. 3 Abs. 1 lit. g WPPG***
*"qualifizierte Anleger":*
*[...]*
*4. natürliche Personen sowie kleine und mittlere Unternehmen (KMU) mit Wohnsitz bzw. Sitz in Liechtenstein, sofern sie in die nach Art. 36 geführte Liste eingetragen sind, und natürliche Personen und KMU mit Wohnsitz bzw. Sitz in einem anderen Mitgliedstaat, sofern sie in diesem Mitgliedstaat in eine als gleichwertig anerkannte Liste eingetragen sind;*

684 In Art. 36 WPPG wird die Liste der qualifizierten Anleger, in welche auch natürlichen Personen Eintragung verlangen können, definiert und deren Eintragungskriterien festgelegt.

685 ***Art. 36 WPPG***
*Liste der qualifizierten Anleger*
*1) Natürliche Personen sowie KMU können sich in eine von der FMA geführte Liste für qualifizierte Anleger eintragen lassen.*

---

[977] Anhang 1 FL-BankG Ziff. 2, Unterziff. 2.
[978] Anhang 1 FL-BankG Ziff. 3.

*2) Eine natürliche Person wird auf Antrag für die Dauer eines Jahres in die Liste eingetragen, wenn sie zum Zeitpunkt der Antragstellung mindestens zwei der folgenden Voraussetzungen erfüllt:*
*a) die Person hat in grossem Umfang Geschäfte an Wertpapiermärkten durchgeführt und während der vier vorhergehenden Quartale durchschnittlich pro Quartal mindestens zehn Transaktionen getätigt;*
*b) der Wert ihres Wertpapierportfolios übersteigt 500 000 Euro oder den entsprechenden Gegenwert in anderer Währung; oder*
*c) die Person ist oder war mindestens ein Jahr lang in einer beruflichen Position im Finanzsektor tätig, die Kenntnisse auf dem Gebiet der Wertpapieranlage voraussetzt.*

Das WPPG regelt ausschliesslich „die Erstellung, Billigung und Verbreitung des bei öffentlichen Angeboten von Wertpapieren oder bei deren Zulassung zum Handel zu veröffentlichenden Prospekts und bezweckt den Schutz der Anleger sowie die Sicherung des Vertrauens in den liechtensteinischen Finanzplatz“[979] und dient der konkreten Umsetzung der Prospekt-RL II.[980] Die gesetzliche Grundlage zur Erstellung einer Liste der qualifizierten Anleger kann somit nicht ohne weiteres auf weitere Finanzmarktspezialgesetze in Liechtenstein ausgeweitet werden. 686

### 1.4 Gesetz über Investmentunternehmen (IUG)

Die kollektiven Kapitalanlagen nach schweizerischem Recht werden im liechtensteinischen Gesetz (IUG) als Investmentunternehmen bezeichnet. 687

***Art. 2 IUG*** 688
*Begriffsbestimmungen*
*1) Im Sinne dieses Gesetzes bedeuten:*
*a) Investmentunternehmen (Fonds): ein Vermögen, das aufgrund öffentlicher Werbung beim Publikum zum Zweck gemeinschaftlicher Kapitalanlage beschafft und für gemeinsame Rechnung der Anleger, sofern nicht ausdrücklich etwas anderes*

---

979 Art. 1 Abs. 1 WPPG.
980 Art. 1 Abs. 2 WPPG.

*bestimmt ist, nach dem Grundsatz der Risikostreuung von einer Verwaltungsgesellschaft verwaltet wird […]*

689 Die Investmentunternehmen können als Anlagefonds oder Anlagegesellschaft ausgestaltet sein. Gemäss Art. 4 IUG ist der Anlagefonds in der Rechtsform der Kollektivtreuhänderschaft ausgestaltet und die Anlagegesellschaft in der Form der Aktiengesellschaft nach PGR oder in der Form der Europäischen Gesellschaft (SE). Nach Art. 5 Abs. 1 IUG ist für jedes Investmentunternehmen ein vollständiger Prospekt zu erstellen. Dieser soll es dem Anleger ermöglichen, die vorgesehenen Anlagen detailliert zu beurteilen und die damit verbundenen Risiken abschätzen zu können.

690 Nach Art. 23 IUG wird die Regierung ermächtigt, auf Verordnungsstufe Investmentunternehmen, die ausschliesslich für einen oder mehrere qualifizierte Anleger vorgesehen sind, ganz oder teilweise von den Vorschriften des IUG zu befreien, sofern der Gesetzeszweck dadurch nicht gefährdet wird.

691 ***Art. 23 IUG Qualifizierte Anleger***
*1) Die Regierung kann Investmentunternehmen, die ausschliesslich für einen oder mehrere qualifizierte Anleger vorgesehen sind, ganz oder teilweise von den Vorschriften dieses Gesetzes befreien, soweit der Gesetzeszweck dadurch nicht gefährdet wird.*
*2) Die Regierung definiert den Begriff des qualifizierten Anlegers mit Verordnung.*

692 Gestützt auf diese Ermächtigung hat die Regierung in der Verordnung über Investmentunternehmen (IUV) eine detaillierte Regelung des qualifizierten Anlegers vorgenommen.

693 ***Art. 29 IUV Qualifizierte Anleger***
*1) Als qualifiziert gelten folgende Anleger, sofern sie mindestens 250 000 Schweizer Franken oder den Gegenwert in einer anderen Währung in das Investmentunternehmen für qualifizierte Anleger investieren:*
*[…]*
*c) Personen, Gesellschaften, Treuhänderschaften, sonstige Gemeinschaften und Vermögenseinheiten, welche nicht kommerziell tätig sind und die im Zeitpunkt der Zeichnung direkt oder indirekt über Finanzanlagen im Wert von 1 Million*

*Schweizer Franken oder den Gegenwert in einer anderen Währung verfügen;*
*[...]*
*2) Als qualifiziert gelten auch Anleger, die einen schriftlichen Vermögensverwaltungsvertrag abgeschlossen haben mit Personen mit Sitz im In- oder Ausland, welche:*
*a) hinsichtlich ihrer Vermögensverwaltungstätigkeit einer entsprechenden Aufsicht unterliegen oder nachweislich einer durch die nationale Aufsichtsbehörde anerkannten Branchenorganisation angehören;*
*[...]*
*3) Der Erwerb eines Anteils an einem Investmentunternehmen für qualifizierte Anleger setzt die Unterzeichnung eines Zeichnungsscheines durch den qualifizierten Anleger oder die Person, mit der der qualifizierte Anleger einen schriftlichen Vermögensverwaltungsvertrag nach Abs. 2 abgeschlossen hat, voraus. Der Unterzeichner des Zeichnungsscheines bestätigt, dass zum Zeitpunkt der Unterzeichnung die Anforderungen nach Abs. 1 oder 2 erfüllt sind.*
*4) Diejenige Stelle, die Zeichnungen entgegennimmt (Zeichnungsstelle), akzeptiert nur Zeichnungen, die hinsichtlich der Erklärung betreffend die Stellung als qualifizierter Anleger plausibel erscheinen.*

Das IUG bleibt noch solange in Kraft, bis der liechtensteinische Ge- 694
setzgeber die AIFM-RL in Landesrecht umgesetzt hat. Die OGAW-relevanten Gesetzesbestandteile sind bereits in das neue Gesetz zur Umsetzung der OGAW IV-Richtlinie eingeflossen. Das entsprechende Gesetz UCITSG und die Verordnung UCITSV sind am 1. August 2011 in Kraft getreten. Das neu zu erstellende Umsetzungsgesetz zur AIFM-Richtlinie (AIFMG) wird erwartungsgemäss im Frühling 2013 in Kraft treten.

## 2. Vergleich mit dem Kollektivanlagengesetz

695 Liechtenstein setzt gleich wie die Schweiz auf das rein monetäre Kriterium. Zur Förderung des Anlegerschutzes wurde die Einstufung aufgrund der finanziellen Möglichkeiten jedoch in zwei Stufen vorgenommen. In Art. 29 IUV kommt ein spezifisches und ein generelles monetäres Kriterium zur Anwendung. Das spezifische monetäre Kriterium betrifft die minimale Anlagesumme in Investmentunternehmen für qualifizierte Anleger. Diese Minimalsumme ist mit 250 000 CHF relativ hoch angesetzt, beträgt diese pro Anlage doch über 10 % der in der Schweiz erforderlichen Gesamtsumme nach Art. 6 Abs. 1 KKV. Zusätzlich verlangt Liechtenstein ein generelles monetäres Kriterium, das in Art. 29 Abs. 1 lit. c IUV besagt, dass die Privatperson im Zeitpunkt der Zeichnung direkt oder indirekt über Finanzanlagen von 1 Mio. CHF verfügen muss.

696 Liechtenstein kennt somit ein duales System der Klassifizierung der vermögenden Privatperson als qualifizierter Anleger. Nach WPPG besteht die Möglichkeit der Führung einer Liste der qualifizierten Anleger. Diese spezialgesetzliche Grundlage kann jedoch nicht ohne weiteres generalisiert werden. Nach IUV kann sich der Anleger einmalig mittels Zeichnungsschein anhand rein monetärer Kriterien als qualifizierter Anleger klassifizieren. Zudem kennt Liechtenstein analog der Schweiz eine Einstufung als qualifizierter Anleger gestützt auf das Vorliegen eines schriftlichen Vermögensverwaltungsvertrages.[981]

697 Die Regelung im WPPG erinnert an die Umsetzung der Richtlinien in Österreich, wogegen die Selbstklassifizierung per Zeichnungsschein im IUG der Lösung in Art. 6 Abs. 1 KKV ähnelt.

[981] Art. 29 Abs. 2 lit. a IUV, Art. 6 Abs. 2 KKV.

# § 25 Der qualifizierte Anleger in Luxemburg

## 1. Rechtsgrundlagen und Umsetzung

Die Umsetzung der MiFID-RL ins luxemburgische Recht erfolgte mit dem Gesetz vom 17. Dezember 2010 über die Organismen für gemeinsame Anlagen (OPCVM). Einige Fondskategorien fallen jedoch nicht in den Anwendungsbereich und sind u.a. im Gesetz über die Spezialfonds (SIF) geregelt. In Art. 2 Abs. 1 SIF wurde der sachkundige Anleger (investisseur averti), analog dem qualifizierten Anleger, eingeführt. 698

***Art. 2 SIF***[982] 699

*(1) Est investisseur averti au sens de la présente loi l'investisseur institutionnel, l'investisseur professionnel ainsi que tout autre investisseur qui répond aux conditions suivantes:*
*a) il a déclaré par écrit son adhésion au statut d'investisseur averti et*
*b) (i) il investit un minimum de 125.000 euros dans le fonds d'investissement spécialisé, ou*
*(ii) il bénéficie d'une appréciation, de la part d'un établissement de crédit [...], d'une entreprise d'investissement [...] ou d'une société de gestion [...] certifiant son expertise, son expérience et sa connaissance pour apprécier de manière adéquate le placement effectué dans le fonds d'investissement spécialisé.*

---

982 Nicht amtliche Übersetzung des französischen Originaltextes der Anwaltskanzlei Loyens & Loeff Luxemburg: Art. 2 (1) Ein sachkundiger Anleger im Sinne dieses Gesetzes ist ein institutioneller Anleger, ein professioneller Anleger sowie jeder andere Anleger, der die folgenden Voraussetzungen erfüllt: a) er hat schriftlich sein Einverständnis zur Einstufung als sachkundiger Anleger erklärt, und b) (i) er investiert mindestens 125 000 EUR in den spezialisierten Investmentfonds, oder (ii) er verfügt über eine Beurteilung eines Kreditinstitutes im Sinne der Richtlinie 2004/39/EG [MiFID-RL, A.d.V.] oder eine Verwaltungsgesellschaft im Sinne der Richtlinie 2001/107/EG [Fondsdienstleistungs-RL; Teil OGAW III-RL, A.d.V.], die ihm bestätigt, dass er den Sachverstand, die Erfahrung und Kenntnisse besitzt, die erforderlich sind, um eine Investition in den spezialisierten Investmentfonds angemessen beurteilen zu können. (2) Die Voraussetzungen dieses Artikels finden keine Anwednung auf Verwaltungsratsmitglieder und andere Personen, die an der Verwaltung des spezialisierten Investmentfonds beteiligt sind.

700 Vermögende Privatpersonen können somit in einen Spezialfonds investieren, wenn sie schriftlich ihre Sachkunde (kognitives Kriterium ersten Grades) bestätigen und zudem alternativ eine Minimalinvestition von 125 000 EUR (monetäres Kriterium) tätigen oder eine von einem Finanzintermediär ausgestellte.

Bestätigung (kognitives Kriterium ersten Grades von dritter Hand) vorzeigen können, welche das Vorliegen von Expertise, Erfahrung und Kenntnisse bestätigt.

701 Sollte die Investition nicht die minimale Summe erreichen, muss der Anleger somit zwei Erklärungen vorlegen: Eine Selbstdeklaration betreffend die Sachkunde (kognitives Kriterium ersten Grades) und eine Bestätigung eines Finanzintermediärs (kognitives Kriterium ersten Grades von dritter Hand).

702 Auch Luxemburg verfolgt somit einen differenzierten Anlegerschutz. Bei den Investitionen nach Investmentgesetz gelten die Anlegerschutzbedingungen in Umsetzung der europäischen Richtlinien, wobei bei den Investitionen in ein Anlageprodukt nach SIF ein reduzierter Anlegerschutz zur Anwendung gelangt.

## 2. Vergleich mit dem Kollektivanlagengesetz

703 Luxemburg kennt ein Vorgehen zur Einstufung von vermögenden Privatpersonen als qualifizierte Anleger, das sich prima vista stark von den weiteren betrachteten Ländern und auch der Schweiz unterscheidet.

704 Das monetäre Kriterium[983] ist mit 125 000 EUR relativ tief angesetzt. Zudem ist die Möglichkeit, dass sich eine Privatperson einzig anhand zweier kognitiver Kriterien ersten Grades die Einstufung als qualifizierter Anleger und somit auch die Rückstufung des Anlegerschutzes erlangen kann, zwar sehr marktfreundlich, aber auch anfällig für Marktmissbrauch resp. Übervorteilung des Anlegers. Trotz dieser flexiblen Regelung ist der Markt an inländischen Non-OGAW-Produkten in Luxemburg im Vergleich zu den OGAW-Produkten gering.

[983] Art. 2 Abs. 1 lit. b SIF.

# § 26 Würdigung der rechtsvergleichenden Betrachtung

Die rechtsvergleichende Betrachtung der möglichen Einstufung von vermögenden Privatpersonen als qualifizierte Anleger zeigt auf, dass die Vorgaben von Anhang II MiFID in den betrachteten Ländern sehr unterschiedlich umgesetzt wurden.[984] Deutschland und Österreich verfolgen eine genaue Umsetzung der in Anhang II MiFID vorgegebenen Kriterien. Das monetäre Kriterium ist in Österreich im Vergleich zu Deutschland jedoch enger, die kognitiven Kriterien sind dagegen weiter gefasst.[985] Liechtenstein kennt nur die rein monetären Kriterien[986] und in Luxemburg reichen je nach Konstellation gar zwei kognitive Kriterien ersten Grades aus.[987] 705

Der Rechtsvergleich der Umsetzung in Art. 6 Abs. 1 KKV[988] mit der Implementierung der MiFID-RL in Deutschland, Österreich, Liechtenstein und Luxemburg zeigt, dass die Schweiz bei der Einstufung der vermögenden Privatperson als qualifizierter Anleger mitnichten autonom europäisches Rechts nachvollzogen hat. Der Gesetzgeber hat einzig das monetäre Kriterium der MiFID-RL Anhang II als Argument zur Einstufung einfliessen lassen. Höhere Anforderungen an die monetären Möglichkeiten – die MiFID-RL spricht von 500 000 EUR wogegen in Art. 6 Abs. 1 KKV von Finanzanlagen in der Höhe von mindestens 2 Mio. CHF die Rede ist – können jedoch das Fehlen von kognitiven Kriterien nicht aufwiegen. Die Regelung in Art. 6 Abs. 1 KKV ist in rechtsvergleichender Sicht unbefriedigend und nicht europarechtskompatibel. 706

---

984 Vgl. Rz. 614 ff. und 739 ff.

985 Vgl. Rz. 657 ff. und 675 ff.

986 Vgl. Rz. 697 ff.

987 Vgl. Rz. 705 ff.

988 Mit dem ausschliesslich monetären Kriterium des direkten oder indirekten Haltens von Finanzanlagen von mindestens 2 Mio. CHF.

# Siebentes Kapitel
# Schlussfolgerung zur Betrachtung der vermögenden Privatperson als qualifizierter Anleger

## § 27 Ausgangslage und Fragestellung

Die Regelung in Art. 10 Abs. 3 lit. e KAG i.V.m. Art. 6 Abs. 1 KKV, 707
die festhält wann eine vermögende Privatperson als qualifizierter Anleger gelten soll, hat den zentralen Betrachtungspunkt dieser Arbeit gebildet.

***Art. 6 Abs. 1 KKV*** 708
*Als vermögende Privatperson gilt, wer gegenüber einem beaufsichtigten Finanzintermediär gemäss Artikel 10 Absatz 3 Buchstaben a und b des Gesetzes oder gegenüber einem unabhängigen Vermögensverwalter oder einer unabhängigen Vermögensverwalterin gemäss Absatz 2 schriftlich bestätigt, im Zeitpunkt des Erwerbs direkt oder indirekt über Finanzanlagen von mindestens 2 Millionen Franken zu verfügen.*

Geprüft wurde weiter, ob es sich bei dieser Regelung um eine gesetzli- 709
che Fiktion oder um eine gesetzliche Vermutung handelt. Eine Fiktion darf nur angenommen werden, wenn das Gesetz eine Widerlegung ausschliesst. Ansonsten liegt einzig eine Vermutung vor.[989] Es konnte nicht belegt werden, dass der Gesetzgeber in Art. 6 Abs. 1 KKV eine Fiktion vorgesehen hat und dadurch eine Widerlegung ausschliessen wollte.[990]

Auch die gesetzliche Vermutung wurde anschliessend einer Prüfung 710
unterzogen. Bei Vorliegen der Vermutungsbasis nach Art. 6 Abs. 1 KKV kann die Vermutungsfolge, resp. das reduzierte Schutzbedürfnis der als qualifizierter Anleger geltenden vermögenden Privatperson, angenommen werden. Dies jedoch nur solange nicht das Gegenteil bewiesen werden kann.[991] Die Ausführungen im dritten Kapitel zur Methodenlehre, im vierten Kapitel zur Gesetzesfolgenanalyse und der Rechtsvergleichung im fünften Kapitel haben nun mit

---

989 BEK Einleitungsband ZGB, KUMMER, Art. 8 Rz. 344.
990 Vgl. Rz. 418 ff., 437 ff., 448 ff., 557 ff. und 706 ff.
991 BEK Einleitungsband ZGB, KUMMER, Art. 8 Rz. 319.

mehreren Argumentationsketten aufgezeigt, dass diese Vermutungsfolge nicht vorliegt und somit die Vermutungsbasis keine selbständige Berechtigung hat.

711 Trotz autonomen Nachvollzug von europarechtlichen Vorgaben im KAG, muss Art. 10 Abs. 3 lit. 4 KAG i.V.m. Art. 6 Abs. 1 KKV als nicht europarechtskompatibel betrachtet werden. Die Ausweitung der möglichen Produktepalette kann die massgebenden Einschränkungen des Anlegerschutzes für die vermögende Privatperson nicht rechtfertigen. Somit fällt auch die gesetzliche Voraussetzung zum Erwerb eines Fonds für qualifizierte Anleger weg, da der Schutzzweck des Gesetzes durch die Vermutungsfolge und die damit einhergehende Einschränkung des Anlegerschutzes verletzt wird.

712 In der Folge geht es darum, einen sachgerechten und europarechtskompatiblen Anforderungskatalog zur Deklaration der vermögenden Privatperson als qualifizierter Anleger zu erarbeiten.

# § 28 Darstellung des Anforderungskataloges gemäss den europäischen Vorgaben

## 1. Einführung

Durch die Zusammenstellung der monetären und kognitiven Kriterien zur Einstufung der vermögenden Privatperson als qualifizierter Anleger können die in der Rechtsvergleichung diskutierten Lösungen miteinander verglichen werden. Auch kann so die Grundlage für einen Vorschlag de lege ferenda gelegt werden. 713

## 2. Monetäre Kriterien

Unter den generellen monetären Kriterien versteht man das Finanzinstrument-Portfolio des Anlegers, das entweder ausschliesslich aus den Depotwerten oder unter Hinzurechnung der liquiden Mittel definiert werden kann. Die monetären Kriterien im Speziellen betreffen den erforderlichen Investitionsbetrag in das nur qualifizierten Anlegern vorbehaltene Finanzprodukt. 714

## 3. Kognitive Kriterien ersten und zweiten Grades

Die kognitiven Kriterien werden in solche ersten und zweiten Grades unterteilt. Kognitive Kriterien ersten Grades betreffen die transaktionsbezogene Qualifikation, die der entsprechende Adressat entweder gestützt auf Eigengeschäfte oder Geschäfte zu Lasten von Vermögen Dritter resp. anvertrauten Vermögenswerten getätigt hat. Es handelt sich somit um eine on-the-job zu erwerbende Qualifikation. Kognitive Kriterien zweiten Grades sind dem Adressaten inhärente Kriterien, die üblicherweise im Rahmen einer beruflichen Beschäftigung oder einer spezifischen Aus- und Weiterbildung erworben werden können. 715

## 4. Einstufung der betrachteten Jurisdiktion

716 Tabellarisch zusammengefasst lassen sich die generellen monetären Kriterien (Vermögen), die monetären Kriterien im Speziellen (Investition) sowie die kognitiven Kriterien ersten und zweiten Grades wie folgt aufteilen.

717 Ebenfalls wurden in die Tabelle die Angaben zum Schriftlichkeitserfordernis, der Registerführung sowie der modus operandi betreffend Erfüllungsvoraussetzungen der Kriterien integriert.

| | Monetäres Kriterium (Vermögen) | Monetäres Kriterium (Investition) | Kognitives Kriterium 1. Grades | Kognitives Kriterium 2. Grades | Schriftlichkeit | Register | Erfüllung der Kriterien |
|---|---|---|---|---|---|---|---|
| CH | > 2'000'000 CHF direkte oder indirekte Finanzanlagen | - | - | - | Ja | Nein | 1/1 |
| EU | > 500'000 EUR Bardepots und Finanzinstrumente | - | In den letzten 4Q Ø > 10 Geschäfte in erheblichem Umfang | Mindestens 1 Jahr in beruflicher Position im Finanzsektor | Ja | Nein | 2/3 |
| D | > 500'000 EUR Bankguthaben und Finanzinstrumente | - | In den letzten 4Q Ø > 10 Geschäfte in erheblichem Umfang im relevanten Markt | Mindestens 1 Jahr in relevanter beruflicher Position am Kapitalmarkt | Ja | Nein | 2/3 |
| AT | > 500'000 EUR Wertpapierportfolio | - | In den letzten 4Q min. 10 Transaktionen in grossem Umfang an Wertpapiermarkt | Mindestens 1 Jahr im Finanzsektor mit Kenntnissen im Bereich der Wertpapieranlage | Ja | Ja | 2/3 |
| FL | > 1'000'000 CHF direkte oder indirekte Finanzanlagen | Investition von min. 250'000 CHF | - | - | Ja | Nein | 2/2 |
| L | - | Investition von min. 125'000 EUR | Nachweis genügender Erfahrung und Kenntnisse | - | Ja | Nein | 1/2 |

**Abb. 23: Tabelle mit den Kriterien betreffend Deklaration der vermögenden Privatperson als qualifizierter Anleger**; eigene Darstellung.

Die Einstufung der betrachteten Rechtsgebiete lässt sich auch anhand einer weiteren Grafik darstellen. 718

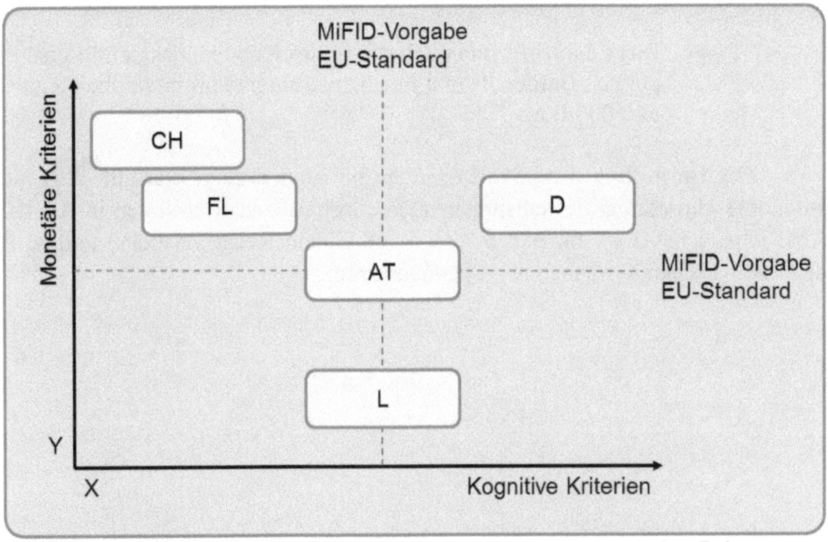


**Abb. 24: Graphische Darstellung der Deklaration der vermögenden Privatperson als qualifizierter Anleger in den betrachteten Rechtsgebieten**; eigene Darstellung.

Auf der X-Achse werden die kognitiven Kriterien abgebildet und als fixe Leitmarkierung die Kombination der Kriterien nach Anhang II der MiFID-RL eingefügt: 719

- Der Kunde hat an dem relevanten Markt während der vier vorhergehenden Quartale durchschnittlich pro Quartal 10 Geschäfte von erheblichem Umfang getätigt[992] sowie
- der Kunde ist oder war mindestens ein Jahr lang in einer beruflichen Position im Finanzsektor tätig, die Kenntnisse über die geplanten Geschäfte oder Dienstleistungen voraussetzt.[993]

[992] MiFID-RL Anhang II.
[993] MiFID-RL Anhang II.

720 Auf der Y-Achse werden die monetären Kriterien abgebildet und die fixe Leitmarkierung gibt auch hier den EU-Standard an. Gemäss Anhang II der MiFID-RL lauten die Mindeststandards wie folgt:

- Das Finanzinstrument-Portfolio des Kunden, das definitionsgemäss Bardepots und Finanzinstrumente umfasst, übersteigt 500 000 Euro.[994]

721 Die Einstufung der betrachteten Jurisdiktionen zeigt klar auf, dass die autonome Umsetzung der entsprechenden europäischen Richtlinien in Art. 10 Abs. 3 lit. 4 KAG i.V.m. Art. 6 Abs. 1 KKV dem Rechtsvergleich und auch den europäischen Vorgaben nicht genügen kann.

[994] MiFID-RL Anhang II.

# § 29 Vorschläge de lege ferenda zur Deklaration der vermögenden Privatperson als qualifizierter Anleger

## 1. Einführung

Um dem Gedanken des Anlegerschutzes sowie der Förderung der Transparenz und der Funktionsfähigkeit des Marktes gerecht zu werden, muss die gesetzliche Vermutung der Deklaration von vermögenden Privatpersonen durch rein monetäre Kriterien umgestossen werden. 722

Warum soll der mündige Anleger vor einer zu leichtfertigen Deklaration als qualifizierter Anleger geschützt werden? Die Begründung liegt in der sich für den qualifizierten Anleger ergebenden Reduktion des Anlegerschutzes nach Art. 10 Abs. 5 KAG. Wie die vorherigen Kapitel aufgezeigt haben, muss der Anleger einerseits vor Informationsüberflutung als auch vor der Übernahme nicht gerechtfertigter Risiken geschützt werden, denn „wie die Motte, die sich die Flügel versengt hat, so wird auch die grosse Mehrzahl der Menschen niemals durch die Folgen der spekulativen Ausschreitungen davor bewahrt werden können, immer wieder in dieselben Torheiten zu verfallen; denn jeder Einzelne wird eben immer wieder zuversichtlich hoffen, dass es «dieses Mal» doch ganz gewiss glücken muss."[995] 723

Die Vorschläge de lege ferenda sind zweigeteilt. Einerseits sollen die monetären Kriterien (Vermögen und Investition) betrachtet werden. Andererseits müssen – will man im Rahmen des autonomen Nachvollzuges den relevanten EU-Richtlinien genügen – auch die kognitiven Kriterien berücksichtigt werden. Auf Ebene Privatanleger wird zudem ein Register für qualifizierte Anleger[996] mit konstitutiver Eintragungswirkung vorgeschlagen. 724

---

[995] EHRENBERG, S. 217.
[996] Vgl. SPECK, S. 202.

## 2. Register für qualifizierte Anleger

725 Das Schriftlichkeitserfordernis kann es mit sich bringen, dass seitens FINMA aus Gründen des Anlegerschutzes und seitens des Marktes aus Gründen der Praktikabilität ein entsprechendes Einstufungsformular sowie die Führung eines neu zu erstellenden Registers für qualifizierte Anleger angestrebt werden. Die Eintragung der vermögenden Privatperson als qualifizierter Anleger in das Register setzt jedoch eine eingehende Prüfung voraus. Der Eintrag hat für den nicht-professionellen Anleger konstitutive Wirkung. Die professionellen qualifizierten Anleger können sich auf freiwilliger Basis in das Register eintragen lassen (deklaratorische Wirkung).

726 Eine entsprechende gesetzliche Regelung könnte in Verbindung mit Art. 10 Abs. 3 lit. e KAG wie folgt[997] lauten:

727 ***Art. 6 KKV***

*(1) Als vermögende Privatperson gilt, wer gegenüber den Emittenten von Finanzprodukten im Sinne von Art. 10 Abs. 3 Buchstabe a und b sowie den Bewilligungsträgern nach Art. 13 Abs. 2 des Gesetzes unter Verwendung des offiziellen Formulars schriftlich bestätigt, dass er <u>entweder</u> im relevanten Finanzmarkt während der vier vorhergehenden Quartale durchschnittlich pro Quartal 10 Transaktion auf eigene oder fremde Rechnung getätigt hat <u>oder</u> mindestens 12 Monate in einer beruflichen Funktion im Finanzsektor tätig war, welche Kenntnisse über die relevanten Geschäfte oder Dienstleistungen voraussetzt, <u>und</u> im Zeitpunkt des Erwerbs direkt oder indirekt über Finanzanlagen von mindestens 1 Million Franken verfügt.*

*(2) Die FINMA führt ein Register der qualifizierten Anleger. Dieses Register wird den Emittenten und Bewilligungsträgern nach Absatz 1 unter Nachweis ihrer Berechtigung ohne Kostenfolge zur Verfügung gestellt. Die eingetragenen vermögenden Privatpersonen haben den Emittenten und Bewilligungsträgern jederzeit den Nachweis über die Einhaltung der Eintragungsvoraussetzungen beibringen zu können.*

---

[997] Hervorhebungen dienen einzig dem besseren Verständnis.

Der hier vorgeschlagene Art. 6 KKV enthält somit gemäss der MiFID-RL ein kognitives Kriterium ersten Grades, ein kognitives Kriterium zweiten Grades sowie ein monetäres Kriterium. 728

Der Entwurf eines entsprechenden Formulars QA[998] für die vermögenden Privatpersonen als qualifizierte Anleger findet sich im Anhang dieser Arbeit. 729

Das Register für qualifizierte Anleger entbindet die Emittenten von Finanzprodukten[999] sowie die Bewilligungsträger[1000] von der aufwändigen Einzelfallprüfung der Einhaltungsvoraussetzungen am PoS. Der Schriftlichkeit ist Genüge getan und sämtliche Emittenten und Bewilligungsträger von nur qualifizierten Anlegern vorbehaltenen Produkten können vor den Vertriebsaktivitäten konkret und personenbezogen Einsicht in das Register nehmen.[1001] 730

## 3. Fazit

EHRENBERG schrieb schon 1883, dass die Risiken der Fondsspekulation als ultimo ratio nur mit internationalen Vereinbarungen einzudämmen sind: „Als letztes Mittel gegen die spekulativen Ausschreitungen wären internationale Vereinbarungen ins Auge zu fassen, die indes erst dann mit einer Aussicht auf Erfolg angebahnt werden könnten, wenn die Anschauungen über die bezüglichen Aufgaben des Staats in den einzelnen Ländern nicht allzu sehr voneinander abweichen werden. Bis dahin sind solche Vereinbarungen [...] ins Reich der Utopien zu verweisen."[1002] 731

Eine europarechtskompatible Umsetzung der MiFID-RL betreffend Einstufung der vermögenden Privatperson als qualifizierter Anleger ist für die Schweiz ein wichtiger Schritt in Richtung Partizipation an dieser europäischen Vereinbarung, die über 125 Jahre nach den Gedanken von EHRENBERG von der Utopie nun zur Wirklichkeit werden soll. 732

---

[998] QA steht für qualifizierte Anleger.

[999] Art. 10 Abs. 3 lit. a-b KAG.

[1000] Art. 13 Abs. 2 KAG.

[1001] Alternativ dazu und den Bedürfnissen der qualifizierten Anleger im Allgemeinen und der vermögenden Privatperson im Speziellen folgend, wäre auch eine der direkten Aufsicht der FINMA unterstellte Börse vorstellbar, an welcher als Eintrittshürde die Eigenschaft als professioneller qualifizierter oder nicht-professioneller qualifizierter Anleger vorausgesetzt wird und einzig diesen vorbehaltenen Finanzprodukten gehandelt werden dürfen.

[1002] EHRENBERG, S. 232.

# Achtes Kapitel
# Zusammenfassungen (D/E)

## § 30 Zusammenfassung

Die vorliegende Dissertation untersucht, ob der Gesetzgeber die Möglichkeit der Deklaration der vermögenden Privatperson als qualifizierter Anleger im Sinne von Art. 10 Abs. 3 lit. e KAG i.V.m. Art. 6 Abs. 1 KKV als gesetzliche Vermutung oder als Fiktion ausgestaltet hat. Die vermögende Privatperson definiert sich gemäss geltendem Recht nach rein monetären Kriterien als qualifizierter Anleger. 733

Die von der h.L. angenommene Fiktion des Beizugs von qualifizierten Beratern durch die vermögenden Privatpersonen konnte im Rahmen der rechtstheoretischen Betrachtung nicht gestützt werden. Weiter wird in dieser Arbeit auch der Nachweis erbracht, dass keine entsprechende gesetzliche Vermutung vorliegen kann. Die Nichtanwendbarkeit der Vermutungsfolge führt dazu, dass auch die Vermutungsbasis für nicht anwendbar erklärt werden muss. 734

Geprüft wird zudem, ob die im Rahmen des autonomen Nachvollzuges erlassene Regelung den europarechtlichen Vorgaben entspricht. Zu guter Letzt ist Gegenstand der Arbeit, ob mit der gesetzlichen Regelung dem Zweckartikel nach Art. 1 KAG und somit dem Schutz der Anleger sowie der Gewährleistung von Transparenz und Funktionsfähigkeit des Marktes Genüge getan wird. 735

Als wissenschaftlicher Ansatz wird in dieser Arbeit von der angewandten Rechtstheorie nach MASTRONARDI ausgegangen. Ergänzt wird diese durch die Rechtsvergleichung und der Implementation der europarechtlichen Durchdringung im Rahmen des autonomen Nachvollzuges. Insbesondere die systematischen und teleologischen Auslegungselemente der Methodenlehre und die Ökonomische Analyse des Rechts geben interessante Hinweise auf den Geist, der dem Gesetz zugrunde liegt. 736

Das systematische Auslegungselement zeigt im Rahmen der inter- und intragesetzlichen Betrachtung deutlich auf, dass die geplante Teilrevision des Kollektivanlagengesetzes, die auch Teile der Einstufung als qualifizierter Anleger betrifft, deutlich von den Vorfällen von Madoff und Lehman geprägt sind, die bis hin zum FINMA-Positionspapier Vertriebsregeln ihre Auswirkungen zeigten. 737

Den Ausführungen zum historischen Auslegungselement kann unter anderem entnommen werden, dass einerseits die Gesetzgebung unter hohem Zeitdruck erfolgte und anderseits weder die tautologische, noch die finanz- 738 markttheoretische oder die aufsichtsrechtliche Begründung des EFD zur Formulierung von Art. 6 Abs. 1 KKV genügen können.

739 Klar wird in dieser Dissertation aufgezeigt, dass die im Rahmen des autonomen Nachvollzuges erlassenen Rechtssätze nicht nur in der Rechtsetzung Europakompatibilität anstreben, sondern auch bei der Auslegung und Anwendung europakonform behandelt werden müssen.

740 Unter dem mikroökonomischen Ansatz wird mit der ÖAR einleitend die NIÖ betrachtet. Hier sind insbesondere die Informationsasymmetrie und die daraus resultierenden Vertragsprobleme interessant. Im Rahmen der Ausführungen zu Behavioral Finance kann mittels Unterlagen, die bis ins Jahr 1883 zurückreichen, aufgezeigt werden, inwiefern der unerfahrene und teils auch leichtsinnige Anleger vor der besser informierten und strukturierten Anbieterseite von Finanzprodukten geschützt werden muss. Dies kann durch einen Gesetzesartikel geschehen, der das Delikt der Verleitung zur Spekulation sanktioniert. Art. 158 StGB (aF), der dieses Anliegen umsetzte, wurde jedoch im Jahr 1994 aufgehoben. Dasselbe Ergebnis kann auch durch eine konstant zunehmende Regulierung der Finanzmärkte auf jeder Stufe des direkten oder indirekten Kundenkontaktes (Point of Sale) erreicht werden, wie dies im FINMA-Positionspapier Vertriebsregeln erfolgte. Die Diskussion der personalen Determinante im Entscheidungsprozess der Anleger zeigt anhand einer aktuellen Studie, dass das Fondswissen der Bevölkerung im Vergleich der Jahre 2007-2011 noch nie so tief war wie 2011. Ebenfalls dienen die personalen Determinanten der Darstellung der divergierenden Anforderungen von Durchschnittsanleger und professionellen Anlegern an die Schlüsselinformationen der konkreten Finanzanlagen. Die situativen Determinanten zeigen auf, dass der Fondsmarkt arbeitsteilig organisiert ist, was zwangsläufige zur einer asymmetrisch Aufteilung der Information führt. Illustriert wird dieses Phänomen u.a. anhand der Darstellung der geldwerten Leistungen im Anlagefondsgeschäft.

741 Weiter illustrieren die Daten zur Kapitalmarktbeanspruchung und die Entwicklung der vermögenden Privatperson in der Schweiz und im weltweiten Vergleich einerseits das Volumen der in Frage kommenden Finanzprodukte und anderseits die zahlen- und volumenmässige Entwicklung der Nachfrageseite unter Berücksichtigung der unterschiedlichen Definitionen der vermögenden Privatperson. Aktuelle Zahlen belegen, dass 2/3 aller in der Schweiz gehandelten Anlagefonds den qualifizierten Anlegern vorbehalten sind.

742 Der Rechtsvergleich der konkreten Umsetzung in Art. 6 Abs. 1 KKV mit der Implementierung der relevanten EU-Richtlinien in Deutschland, Österreich, Liechtenstein und Luxemburg zeigt, dass die Schweiz die europarechtlichen Vorgaben nur teilweise implementiert hat. Die relevanten MiFID-RL

wurden im Rahmen des autonomen Nachvollzuges sogar nur ungenügend umgesetzt.

Die rechtsvergleichende Betrachtung zeigt Lösungsmöglichkeiten auf, 743
die mit den europarechtlichen Vorgaben im Einklang stehen. Anhand der generellen Betrachtung der relevanten Richtlinien und der konkreten Umsetzung in den betrachteten Ländern werden Lösungsmöglichkeiten dargelegt und diskutiert. Ein Lösungsansatz muss neben den monetären Kriterien auch die kognitiven Kriterien der Einstufung beinhalten. Nur so können neben den europarechtlichen Vorgaben auch die Erkenntnisse der Neuen Institutionenökonomie berücksichtigt und ein differenzierter Anlegerschutz gewährleistet werden.

Eine Deklaration der vermögenden Privatperson, so wie sie das KAG in 744
Art. 10 Abs. 3 lit. e KAG i.V.m. Art. 6 Abs. 1 KKV nach rein monetären Kriterien vorsieht, hält somit der rechtstheoretischen und der rechtsvergleichenden Betrachtung nicht stand.

Abschliessend wird die Schlussfolgerung gezogen und der Anforde- 745
rungskatalog anhand der monetären sowie kognitiven Kriterien ersten und zweiten Grades aufgezeigt. Als Vorschlag de lege ferenda erfolgt eine europakompatible Formulierung von Art. 6 Abs. 1 KKV. Als Umsetzungshilfe in der Praxis wird zudem unter Berücksichtigung der schweizerischen Eigenheiten eine europakompatible Umsetzung eines Formulars zur Deklaration von vermögenden Privatpersonen als qualifizierte Anleger vorgeschlagen

# § 31 Executive Summary

This dissertation investigates whether the legislator has structured the possibility of declaring wealthy private individuals to be qualified investors in terms of Art. 10 (3) (e) CISA in connection with Art. 6 (1) CISO as a legal presumption or as a fiction. Under applicable law, wealthy individuals are defined to be qualified investors according to purely monetary criteria. 746

The investigation in terms of legal theory was unable to support the fiction (which is assumed by prevalent doctrine to apply) that wealthy individuals employ qualified advisers. It is also shown in this work that there can be no legal presumption to such effect, either. Since the consequence of the presumption is inapplicable, the basis of the presumption must be declared inapplicable, too. 747

It is also examined whether the rules issued in the course of the autonomous adaptation of European law into Swiss law are in accordance with the requirements set by European law. Finally, this work investigates whether the legal rules satisfy the legal objectives stated in Art. 1 CISA, i.e. to protect investors and to ensure the transparency and functioning of the market. 748

The scientific approach used in this work follows MASTRONARDI'S Angewandte Rechtstheorie. Applied legal theory is supplemented by comparative law and the implementation of the permeation of European law through autonomous adaptation. It is in particular the systematic and teleological elements of interpretation used in legal methodology and the economic analysis of law that yield interesting indications as to the spirit forming the basis of the law. 749

In an inter- and intra-legal examination, systematic interpretation clearly shows that the planned part reform of the Collective Investment Schemes Act, which also concerns parts of the categorization as a qualified investor, has been clearly influenced by the Madoff and Lehman cases, the influence of which goes as far as the FINMA position paper on distribution rules. 750

Among other things, the comments based on historical interpretation show that on the one hand, legislation happened under substantial time pressure, and on the other hand, the grounds offered by the FDF for the wording of Art. 6 (1) CISO are insufficient in terms of tautology, financial market theory, and supervisory law. 751

It is clearly shown in this dissertation that the legal rules issued in the framework of autonomous adaptation must not only strive for compatibility with European law in legislature but must also be handled conformally with European law in interpretation and application. 752

753 The microeconomic approach of the economic analysis of law looks at new institutional economics (NIE) by way of introduction. What is of particular interest here is information asymmetry and the resulting contractual problems. Using documents going back until the year 1883, it is shown in the comments regarding behavioral finance how inexperienced and sometimes imprudent investors must be protected against the better-informed and -structured suppliers of financial products. This may happen through a legal provision punishing incitement to speculation as an offence. However, Art. 158 SCC (old wording), which implemented this requirement, was cancelled in 1994. The same result can be achieved by a constantly increasing regulation of the financial markets at every step of direct or indirect customer contact (point of sale), such as it happened in the FINMA position paper on distribution rules. Using a recent study, the discussion of personal determinants in an investor's decision process shows that in a comparison of the years 2007-2011, the general public's knowledge about funds has never been as low as it is in 2011. Also, personal determinants serve to display the diverging requirements of an average investors and a professional investors concerning the key information of specific financial investments. Situation-based determinants show that the fund market is based on the division of labour resulting in an asymmetrical distribution of information. This phenomenon is shown by means of the display of monetary services in investment fund business.

754 Furthermore, the data on capital market borrowing and the development of the wealthy private individual in Switzerland as compared to the situation worldwide demonstrates on the one hand the volume of the eligible financial products and on the other hand the development of the demand side in terms of figures and volume, taking into account different definitions of what is a wealthy individual. Current figures prove that 2/3 of all investment funds traded in Switzerland are reserved for qualified investors.

755 The comparative law analysis of concrete implementation in Art. 6 (1) CISO as compared with the implementation of the relevant EU directives in Germany, Austria, Liechtenstein, and Luxembourg shows that Switzerland has implemented the requirements of European law only in part. The implementation of the relevant MiFID in the course of autonomous adaptation even qualifies as inadequate.

756 The comparative law analysis shows possibilities for solutions that are in accordance with the requirements of European law. Using a general consideration of the relevant directives and their concrete implementation in the countries observed, options for a solution are shown and discussed. Any approach for a solution must include not only monetary but also cognitive criteria of categorization. It is only in this way that the findings of the NIE can be

taken into account while adhering to the requirements of European law and ensuring the differentiated protection of investors.

757 Thus, a definition of what is a wealthy individual on the basis of purely monetary criteria – as is provided in the Collective Investment Schemes Act in Art. 10 (3) (e) CISA in connection with Art. 6 (1) CISO – cannot withstand considerations in terms of legal theory and comparative law.

758 Finally, a conclusion is drawn, and a catalogue of requirements on the basis of monetary as well as cognitive criteria in the first and second degree is shown. A new wording of Art. 6 Abs. 1 CISO (Art. 6 of the German CISO) that is in accordance with European law proposed de lege ferenda. As a practical implementation tool, a form for the declaration of wealthy individuals as qualified investors is proposed that meets the requirements of European law but takes into account Swiss peculiarities.

# ANHANG

## § 32 Formular QA

### Formular QA

Deklaration von vermögenden Privatpersonen als qualifizierte Anleger (Art. 10 Abs. 3 lit. e KAG i.V.m. Art. 6 Abs. 1 KKV)

| | |
|---|---|
| Name und Adresse | |
| E-Mail | |
| Passnummer/Nationaliät/Ausstellungsdatum:<br>(Beilage 1) | |
| *Relation/IBAN:* | |
| *Depotführende Bank / Adresse:*<br>*(nachfolgend „Verwahrstelle" genannt)* | |

| | | |
|---|---|---|
| **Erklärung** | Hiermit erklärt der Kunde, dass er | |
| | ☐ | entweder im relevanten Finanzmarkt während der vier vorhergehenden Quartale durchschnittlich zehn Transaktionen auf eigene oder fremde Rechnung getätigt zu haben (Beilage 2) |
| | ☐ | oder min. zwölf Monate Berufserfahrung in leitender Funktion im Finanzsektor nachweisen zu können, welche Kenntnisse über die relevanten Geschäfte oder Dienstleistungen voraussetzt (Beilage 3) |
| | ☐ | und im Zeitpunkt des Erwerbs direkt oder indirekt über Finanzanlagen von min. 1 Mio. CHF zu verfügen (Beilage 4) |

| | | | |
|---|---|---|---|
| **Beilagen** | Der Kunde stellt unaufgefordert folgende Beilagen als Nachweis zur Verfügung: | | |
| | ☐ | Beilage 1 | Kopie Pass oder Identitätskarte (zwingend) |
| | ☐ | Beilage 2 | Kopie Transaktionsbelege der kontoführenden Bank/Effektenhändler resp. Bestätigung der Drittpartei über die betreffenden Transaktionen (alternativ) |
| | ☐ | Beilage 3 | Bestätigung des Arbeitgebers/Nachweis Zentraler Firmenindex (alternativ) |
| | ☐ | Beilage 4 | Kopie der Konto- und Depotunterlagen (Vermögensausweis), (zwingend) |

Der Kunde nimmt den Antrag auf Deklaration als qualifizierter Anleger weiter im Wissen folgender Auswirkungen vor:

Im Rahmen dieser Deklaration ist eine Bearbeitung personenbezogener Daten erforderlich. Der Kunde nimmt zur Kenntnis und akzeptiert, dass im Zusammenhang mit der Abwicklung und der Weiterleitung dieser Daten an die FINMA zwecks Bereitstellung eines Registers für qualifizierte Anleger, die personenbezogenen Daten auch Dritten zur Verfügung gestellt werden können. Davon ausgenommen sind die Angaben betreffend Relation, Verwahrstelle und der erwähnten Beilagen. Der Kunde ist explizit mit der Kontaktaufnahme unter Verwendung der bekanntgegebenen E-Mail-Adresse einverstanden.

Der Kunde nimmt zur Kenntnis, dass die Qualifikation erst durch Eintrag im Register Dritten gegenüber Wirkung erlangt. Der Registereintrag wird dem Kunden per E-Mail angezeigt. Der Kunde nimmt weiter zur Kenntnis, dass kein Anspruch auf Eintrag im Register für qualifizierte Anleger besteht und die FINMA volles Ermessen bei der Prüfung der Kriterien hat.

Der Kunde ist sich der Einschränkungen im Anlegerschutz bei kollektiven Kapitalanlagen, die sich ausschliesslich an qualifizierte Anleger richten, i.S.v. Art. 10 Abs. 5 KAG bewusst. Aus diesem Grund wird der Kunde professionelle Berater (auch Dritte) zur Aufklärung und Information über die mit den Transaktionen einhergehenden Risiken heranziehen.

Der Kunde verpflichtet sich, Änderungen der obigen Angaben dem Adressaten von sich aus mitzuteilen. Das vorsätzlich falsche Ausfüllen dieses Formulars ist strafbar (Art. 251 des Schweizerischen Strafgesetzbuches, Urkundenfälschung; Strafandrohung: Zuchthaus bis zu fünf Jahren oder Gefängnis).

| | |
|---|---|
| **Ort/Datum** | |
| **Unterschrift** | |

# § 33 Auszug IOSCO-CR03/12

## Suitability Requirements with respect to the Distribution of Complex Financial Products

### Consultation Report

OICU-IOSCO

TECHNICAL COMMITTEE
OF THE
INTERNATIONAL ORGANIZATION OF SECURITIES COMMISSIONS

**CR03/12** **FEBRUARY 2012**

This paper is for public consultation purposes only. It has not been approved for any other purpose by the IOSCO Technical Committee or any of its members.

## Chapter 4 – Proposed Recommendations

Over 20 years ago, the IOSCO Presidents' Committee approved a Report on International Conduct of Business Principles[14] and called upon all of its members, in a related resolution, to recognize these principles as expressing basic standards of business conduct for financial firms. These principles addressed intermediary obligations of honesty and fairness, due diligence, the provision of information by and for customers and the management of conflicts of interest. According to principle 4: "*A firm should seek from its customers information about their financial situation, investment experience and investment objectives relevant to the services to be provided*". The comment specifies that: "*This principle is a necessary element in enabling the firm to fulfill any suitability requirements*".[15]

A similar standard is folded into Principle 31 of the *IOSCO Objectives and Principles of Securities Regulation*[16] and relevant Methodology, according to which: "A market intermediary should obtain and retain from its clients any information about their circumstances and investment objectives relevant to the services to be provided"; and "*Where the activities of an intermediary extend to giving specific advice, the advice should be given upon an understanding of the needs and circumstances of the customer.*". These principles and their implementation have particular relevance with regard to the distribution of complex financial products, which may have features and pose investment risks that are difficult for many investors, even non-retail investors, to appreciate fully.

IOSCO has therefore decided to consult the public on the following draft principles that it is considering adopting in order to promote robust investor protection in connection with the distribution of complex financial products. In particular, the purpose of this section is to provide guidance on how general suitability requirements highlighted in the high-level principles below could be implemented with regard to the distribution of complex financial products[17].

In developing these draft principles, IOSCO took into account feedback from a number of industry associations representing market intermediaries and product providers as well as other organizations. TCSC3 is grateful to the organizations who shared their views.

With regard to the applicability of these principles, this Report does not seek to provide a definitive or complete list of complex financial products, but sets forth, in the glossary in Chapter 2, a set of criteria that help to identify such products. In order to enhance investor protection and ensure a level playing field among different distribution models, these

14 See *International Conduct of Business Principles*, Report of the Technical Committee of IOSCO, 9 July 1990, available at http://www.iosco.org/library/pubdocs/pdf/IOSCOPD8.pdf.

15 See *A Resolution on International Conduct of Business Principles*, Presidents' Committee of IOSCO, November 1990, available at http://www.iosco.org/library/resolutions/pdf/IOSCORES4.pdf.

16 *IOSCO Objectives and Principles of Securities Regulation*, IOSCO Report, 10 June 2010, available at http://www.iosco.org/library/pubdocs/pdf/IOSCOPD323.pdf..

17 As mentioned in para. 3 above, in most of the surveyed jurisdictions, suitability requirements apply to all investment products. However, consistent with the project specification for this project, the following recommendations are only focused on the distribution of complex financial products because of the enhanced risks to customers that they may pose.

principles should apply also to the direct sales by firms, including product providers, of complex financial products that they produce[18].

TCSC3 takes note of the expected report by the Task Force on OTC Derivatives on the regulation of Derivatives Markets Intermediaries. Please see that report, once published, for additional guidance on conduct of business obligations that apply to transactions in OTC derivatives between non-retail parties[19].

Finally, beyond the case of direct sales, it is recognized that product providers have an important role to play in ensuring that investment products are appropriately designed for the target market and that relevant information is made available and clearly disclosed to the relevant distributors. To that end, therefore, this issue will be referred to the Technical Committee of IOSCO for further consideration.

**1. Classification of customers**

***Principle 1: Intermediaries should be required to adopt and apply appropriate policies and procedures to distinguish between retail and non-retail customers when distributing complex financial products. The classification of customers should be based on a reasonable assessment of the customer concerned, taking into account the complexity and riskiness of different products and services. The regulator should consider providing guidance to intermediaries in relation to customer classification.***

The regulatory system should establish a process to distinguish between retail and non-retail customers, in light of the complexity and riskiness of the different products and services that an intermediary should take into consideration when assessing suitability.

Possible criteria for the qualification of a customer as a retail or non-retail investor include objective indicators based on:

- the nature of the customer (e.g., regulated vs. unregulated entity; person acting in a business capacity vs. consumer);
- financial status;
- financial experience (e.g., frequency and size of previous investments, relevant professional experience in the financial sector; relevant experience with asset class or product in question); and
- ability to assess independently, or through a disinterested advisor, the value and risks of the transactions

In some jurisdictions, certain suitability obligations may be differentiated or waived (in whole or in part) depending on the customer classification. In other jurisdictions, such waivers are not available or permissible. Caution should be exercised so as not to develop an overly broad presumption or definition of non-retail investor that could inappropriately limit

18 See definition of *intermediaries* above.

19 It should be noted that some jurisdictions do not apply certain conduct of business (including suitability) requirements to certain intermediaries/counterparties entering into a swap transaction with each other, due to the presumed sophistication of the parties. In such jurisdictions, one or more of the following principles may not be applicable to such transactions.

15

the reach of suitability protections. Experience shows that presumptions may be inaccurate since they do not take into account the differences between entities, products and services. For example, during the recent financial crisis in some jurisdictions, some non-retail customers such as local authorities and municipalities appeared not to have had the ability to understand the risks they were exposed to, especially in the case of complex financial products. Accordingly, jurisdictions should consider whether additional protections are needed, particularly where public entities are involved.

Intermediaries should not automatically rely on the customer's demand for non-retail customer status or, where relevant, on the triggering of a given threshold or size. Intermediaries should be required to make their own assessments on the level of expertise and knowledge of the customer, giving reasonable assurance, in light of the nature of the transactions or services provided that the customer is capable of exercising his own independent judgment on the investment decisions and understanding the risks involved.

In those jurisdictions where the classification of customers is not determined by statute or regulation, the customer should be informed by the intermediary at the outset about what classification the intermediary has made and about the implications of such classification on the duties of the intermediary toward such customer.

A jurisdiction may allow customers who qualify as non-retail customers to demand to be treated as a retail customer. Moreover, intermediaries may be allowed to qualify and treat all customers as retail customers and afford them the corresponding higher level of protection[20]. Should the intermediary, however, become aware that the customer no longer fulfils the criteria that made him eligible for classification as a non-retail customer, the intermediary should be required to take appropriate action with respect to any subsequent transactions. The intermediary should update the information about their customers on a periodic basis to keep it current.

## 2. General duties irrespective of customer classification

***Principle 2: Irrespective of the classification of a customer as retail or non-retail, intermediaries should be required to act honestly, fairly and professionally and take reasonable steps to manage conflicts of interest that arise in the distribution of complex financial products, including through disclosure, where appropriate.***

According to Principle 31 of the IOSCO Objectives and Principles of Securities Regulation[21] and relevant Methodology: "*A market intermediary should act with due care and diligence in the best interests of its clients and protect their assets and in a way that helps preserve the integrity of the market*". Moreover, "*the regulatory framework should require [...] addressing any conflict of interest arising between its interests and those of its clients. Where the potential for conflicts arise, a market intermediary should ensure fair treatment of all its clients by taking reasonable steps to manage the conflict through organizational measures to prevent damage to its clients' interest, such as internal rules, including rules of confidentiality, proper disclosure, or declining to act where conflict cannot be resolved.*"

20 Indeed, for some intermediaries, treating all customers as retail clients may be more cost-effective than establishing separate categories of customers (e.g. professional clients). This practice should be considered legitimate, since it affords a higher level of investor protection.

21 Supra fn 16.

16

The overarching high-level principle to act honestly, fairly and professionally and the general duty of good conduct should apply irrespective of the customer classification, including in those jurisdictions where intermediaries are authorized to provide services to investors whose level of expertise may permit a *waiver*, in whole or in part, of the protections offered by suitability rules.

Moreover, irrespective of any customer classification, intermediaries should be required to take reasonable steps to manage conflicts of interests and, where appropriate, clearly disclose the nature and/or source of conflict to the customer concerned before the provision of the service or the performance of the relevant transaction, so as to allow the customer to make an informed decision.

Subject to local regulatory requirements, when conflicts of interest are inherent to the transaction, such as a principal-to-principal counterparty relationship [22], the conflicts could be mitigated through additional disclosures, such as identifying how the intermediary's interests may be adverse to its counterparty's interest. Intermediaries should also have policies and procedures to assess whether the customer has sufficient knowledge to evaluate the transaction and to evaluate any conflicts of interest that are inherent to the transaction.

### 3. Disclosure requirements

***Principle 3[23]: Investors should receive or have access to material information to evaluate the nature, costs and specific risks of the complex financial product. Any information communicated by intermediaries to their customers regarding a complex financial product should be communicated in a fair, comprehensible and balanced manner.***

According to Principle 31 of the IOSCO Objectives and Principles of Securities Regulation[24] and the relevant Methodology: "*A market intermediary should disclose or make available adequate information to its clients in a comprehensible and timely way so that the client can make an informed investment decision. It may be necessary for regulation to require a particular form of disclosure where products carry risk that may not be readily apparent to the retail client. Recruitment and training should seek to ensure that staff who provide investment advice understand the characteristics of the products they advise upon*".

Complex financial products may have features and pose investment risks that are difficult for many customers, even non-retail customers, to appreciate fully. For example, in some instances, these products link high return rates to certain favourable, but unlikely scenarios,

22 While most securities regulators do not define a principal-to-principal transaction *per se*, such a transaction might be described as one where the trader executes the trade for its own account rather than the account of a client. As such, such a principal-to-principal transaction is distinguished from a traditional intermediary relationship where a broker acts as agent on behalf of another party, and where such agent does not share in the economic risk of the transaction or participate in any benefit arising from the transaction, and receives a fee for the service.

23 Although the focus of this, as well as other principles, is on intermediaries, nothing in this section is meant to prevent regulators from imposing obligations on issuers with regard to disclosure, including, e.g., requiring issuers to provide offering materials for registered securities detailing product information.

24 Supra fn 16.

which may be displayed as a client-attraction factor. When the probability of the promoted scenario is low, the expected return of the products may actually be lower than the expected return of traditional retail savings products.

Therefore, whenever intermediaries disclose or make available to their customers information regarding a complex financial product, whether as a matter of firm policy or regulatory mandate, special care should be given to assist customers in making an informed investment decision, particularly in evaluating the specific risk-return profile of the complex financial product. This means, for instance, that information on complex financial instruments communicated to customers should present a fair, comprehensible and balanced picture regarding both the risks and potential benefits they pose, especially when the product's performance is sensitive to extreme scenarios. In particular, performance scenarios should be based on reasonable and conservative assumptions, and should be presented in a way that does not overstate the potential benefits and understate the risks of the complex financial product.

Complex financial products should not be presented as if they were non-complex plain-vanilla securities; rather customers should have access to a description of the different components of the product and how these components interact and affect the risks.

Stricter disclosure requirements should apply whenever the intermediary advises or otherwise recommends the purchase of a complex financial product to retail customers. For example, the regulatory system should require that intermediaries recommending the purchase of a complex product deliver information to the customer on the nature, specific risks and other material aspects of the complex financial product. Moreover, as acknowledged under Principle 1 above, based on the classification of customers in some jurisdictions, there are investors who may not fall within the scope of a retail customer, but may not have the level of skill or knowledge in order to be able to gather and assess the information needed on the purchase of a complex product. This could be the case where customer meet certain income thresholds, but yet would not have the level of sophistication of an institutional investor. In these instances as well, regulators should consider applying stricter standards of disclosure.

As stated in Principle 31 of the IOSCO Objectives and Principles of Securities Regulation[25] and the relevant Methodology, an intermediary should: "*Addressing [address] any conflict of interest arising between itself and those of its clients. Where the potential for conflicts arise, a market intermediary should ensure fair treatment of all its clients by taking reasonable steps to manage the conflict through organizational measures to prevent damage to its clients' interest, such as internal rules, including rules of confidentiality, proper disclosure, or declining to act where conflict cannot be resolved*". For example, proper disclosure should include any compensation and/or fee that the intermediary may earn as the result of the distribution of a particular complex financial product, and other non-monetary benefit that might accrue to the intermediary as a result of the distribution.

Customers should have reasonable access to information that fosters their ability to track costs and charges relating to the purchase of a complex financial product including, ideally, if practical and feasible, on an unbundled basis. In addition, when a liquid secondary market for a complex financial product does not exist, the customer should have access to enough

[25] Supra fn 16.

18

information to know that the product is illiquid, including the means and range of timing for disinvestment[26].

Moreover, where practical and feasible, intermediaries should seek to provide customers with comparative information concerning appropriate alternative investment products.

When recommending a long-term investment in a complex financial product, intermediaries should alert the customer concerned that the investment recommended may not remain suitable over time.

Finally, as recommended under Principle 31 of the IOSCO Objectives and Principles of Securities Regulation[27] and the relevant Methodology, regulators should consider requiring a particular form of disclosure where products carry risks that may not be readily apparent to customers, particularly retail customers. In particular, regulators may require the employment of simplified and user-friendly format summarizing the key features of the complex financial product.

**4. Protection of customers for non-advisory services**

***Principle 4: Even when an intermediary sells to a customer a complex financial product on an unsolicited basis (no management, advice or recommendation), the regulatory system should provide for adequate means to protect customers from associated risks.***

Typically, the greater reliance placed by the customer on the intermediary justifies the application of stricter suitability requirements where intermediaries recommend the purchase of a complex financial product, including where the intermediary provides individual portfolio management or investment advice. Nonetheless, all regulatory systems should provide for adequate minimum protections even where a customer purchases a complex financial product on an unsolicited basis.

In Europe under the Markets in Financial Instruments Directive (MiFID), such protections are risk-based and vary depending on the level of sophistication of the customer and the complexity of, and the risks associated with, the financial products or their investment strategy and structure[28]. In Asia, some jurisdictions, such as Japan, Hong Kong and Singapore, require intermediaries to assess customers' knowledge and experience about derivative products before providing services to them. Other jurisdictions may seek to protect customers under such circumstances through anti-fraud rules, conduct of business rules, prospectus disclosures and other disclosures mandated as part of an offering of a complex financial product (e.g., private placement) documents. Examples include.

26 For instance, the customer should be informed if the intermediary or another entity belonging to the same group is the only source of liquidity for the instrument.

27 Supra fn 16.

28 In particular, MiFID allows investment firms to provide non-advisory services in the market without undergoing an assessment of the knowledge and experience of the customer only when certain conditions are met. Namely, these "execution-only" services are only available when the service involves so-called non-complex financial instruments and is provided at the initiative of the customer or potential customer. The customer should in any case be informed that it does have the benefit of the relevant protection. .

- assessing the level of knowledge and experience of the customer in the investment field relevant to the specific type of product or service and warn the customer that the transaction is unsuitable or that it would be prudent to take investment advice; and

- explaining in depth to the customer the nature of and specific risks associated with the transaction.

Additional possible means for client protection include:

- imposing specific requirements with respect to transactions in certain complex financial products (e.g., index warrants, currency index warrants and options), including requiring written approval to open an account to trade such products;

- requiring the intermediary to assess suitability of a service that may give access to trading complex financial products (e.g. retail trading platforms on contracts for difference, margin trading), when recommending that a customer use that service; and

- prohibiting or restricting automatically the distribution of certain categories of more risky or complex products to certain categories of customers, such as retail customers.

The regulatory system should provide for appropriate safeguards if a certain type of complex financial product may not *per se* be suitable for particular customers. At a minimum, the regulatory system should require the intermediary to collect relevant information from the customer in order to be able make a reasonable determination as to whether certain categories of transactions should be restricted or additional warnings/disclosure given for certain categories of customers, whether or not a recommendation is made.

**5. Suitability protections for advisory services**

***Principle 5: Whenever an intermediary recommends to a customer that it purchase a particular complex financial product, including where the intermediary advises or otherwise exercises investment management discretion, the intermediary should be required to take reasonable steps to ensure that recommendations, advice or decisions to trade on behalf of such customer are based upon a reasonable assessment that the structure and risk-reward profile of the financial product is consistent with such customer's experience, knowledge, investment objectives, risk appetite and capacity for loss.***

In light of the greater reliance of customers on the recommendations and advice provided, or on the exercise of investment discretion by the intermediary, the provision of such advisory or discretionary services calls for stricter protections.

The regulatory system should require intermediaries to comply with suitability obligations, calibrated to the complexity and riskiness of the product and service and the level of sophistication of the customer. For example, suitability obligations may differ depending on whether the service being offered to the customer is advisory or discretionary investment

20

management. Moreover, if an intermediary's behavior amounts to making a recommendation to a customer, it cannot avoid its suitability obligation by claiming that it has not made any recommendation to such customer.

Before distributing financial products, especially complex financial products, to a customer, intermediaries should gather and retain information from such customer relevant to the specific type of product or investment service. Intermediaries should have a robust process to assess the profile of a customer on the basis of its:

- investment objectives, including the length of time for which they wish to hold the investment;
- risk tolerance and relevant risk preferences, taking into account the purpose of the investment and the need for portfolio diversification;
- financial situation (e.g., assets and income) and general capacity to withstand losses; and
- investment experience and knowledge, including the nature, volume and frequency of previous transactions and level of familiarity with certain products and services. The customer's profession, former professional experience, and level of financial education may also be relevant.

Moreover, before distributing complex financial products to a customer, intermediaries should themselves develop a thorough understanding of the features of the relevant financial product and its complexity and associated risks, taking into account, when providing individual portfolio management, the composition of the customer's portfolio.

In particular, in the case of complex financial products, the intermediaries should perform their own analysis that considers:

- how the complex financial products are structured and priced;
- the nature of a product's underlying components, if any;
- the relevant level of risk (with, if appropriate, a separate assessment of counterparty, liquidity and market risks);
- the experience and reputation of the issuers and product providers;
- any fees, charges or any other costs associated with the product;
- the level of liquidity;
- the lock-in periods and relevant termination conditions; and
- the nature of any guarantees.

Special care should be given to the different components of a complex financial product in order to foster customer understanding of the risks associated with them.

Suitability obligations should apply to both the intermediary and the employees working within the firm.

In addition, when a liquid secondary market for the product does not exist, intermediaries should draw the attention of the customer to this fact and, where applicable, assess the fair value through methodologies, modelling and standards generally recognized and accepted in the market and consistent with those used by the intermediaries to value their own proprietary portfolios.

21

After assessing the characteristics of the customer and the product, intermediaries should determine whether the nature and risks of the product are in fact suitable to the profile of that particular customer, including whether the duration and liquidity of the proposed investment match the needs of the customer, taking into consideration his/her investment time horizon. In the case of a customer seeking products specifically for hedging purposes, intermediaries should check for consistency between the hedging needs of the customer and any products recommended.

Intermediaries must keep written evidence of the information required by the regulator to be gathered from customers as part of the suitability determination. In addition, regulators should consider requiring intermediaries to retain sufficient documentation to evidence any inquiries and analysis they made when carrying out the product and customer due diligence.

Regulators should consider providing guidance to facilitate the discharge of the suitability responsibilities in the distribution of complex financial products.

***Principle 6: An intermediary should have sufficient information in order to have a reasonable basis for any recommendation, advice or exercise of investment discretion made to a customer in connection with the distribution of a complex financial product.***

Before the intermediary recommends or advises a customer that it should invest in a particular financial product or purchases the product in the provision of discretionary management services to such customer, the regulatory system should require the intermediary to obtain the information necessary to make a reasonably based recommendation concerning the financial product. The goal is to reduce inducements to purchase a financial product where the customer neither understands the product, nor is capable of assuming the financial risks.

Examples of possible approaches to implement this principle include, at a minimum, that where a customer fails to provide all information requested by the intermediary, the intermediary should be required to consider whether it has sufficient information to make a reasonably based recommendation. If not, in some jurisdictions, such as in the United States and in the European Union securities sector, the intermediary would be prohibited from making the recommendation. In other jurisdictions, the intermediary would be permitted to recommend the investment, but would be required to make clear that the recommendation is based upon limited information.

In either case, the intermediary should be required to act in the best interests of the customer[29]. This means, at the minimum: (1) making reasonable efforts to obtain from the customer the information needed for a proper suitability determination; and (2) not encouraging the customer to engage in an unsuitable transaction.

[29] The words "in the best interest of the customer" should not be interpreted to suggest the application of a fiduciary standard in all instances. In some common law jurisdictions, certain intermediaries may be subject to the duty to act fairly, honestly and in good faith, while not being technically subject to a fiduciary standard of care.

22

Another possible means to mitigate the risk of mis-selling is to prohibit or restrict automatically the recommendation of certain categories of more risky or complex financial products to certain categories of customers, such as retail customers.

## 6. Compliance function and internal suitability policies and procedures

***Principle 7: Intermediaries should establish a compliance function and develop appropriate internal policies and procedures that support compliance with suitability obligations, including when developing or selecting new complex financial products for customers.***

In the relevant Methodology, Principle 31 of the IOSCO Objectives and Principles of Securities Regulation[30] states that "*Market intermediaries should be required to establish an internal function that delivers compliance with standards for internal organization and operational conduct, with the aim of protecting the interests of clients and their assets and ensuring proper management of risk, through which management of the intermediary accepts primary responsibility for these matters*". IOSCO has also advocated the establishment by intermediaries of a compliance function proportionate to the scale and type of their business. In particular, in a 2006 report,[31] IOSCO stated that the compliance function should be able to operate on its own initiative, without improper influence from other parts of the business, and should have access to senior management and/or, as appropriate, to the regulator.

Intermediaries should therefore be required to develop and maintain internal processes and procedures with a view to ensuring compliance with the suitability obligations, the management of conflicts of interests, the proper conduct of business and the fair treatment of all customers, including in the distribution of complex financial products. Effective internal reporting and communication of information at all relevant levels of the intermediary should be established.

More specifically, intermediaries should put in place and enforce written strategies, processes and controls that seek to ensure that any financial products they intend to distribute, especially complex financial products, are suitable for the type of customers they intend to solicit.
In particular, when developing or selecting new complex financial products for distribution, intermediaries should establish appropriate internal processes for identifying, reviewing and approving (or rejecting) the products in view to promote their compatibility with the characteristics and needs of the prospective customers they intend to target.

This includes policies and procedures that support the design of products appropriate for particular investors. For instance, products should not be designed so as to hamper intentionally the ability of targeted investors to understand the investment performance.

The compliance function should verify that the above internal processes and procedures are properly functioning.

---

30 Supra fn 16.

31 See *Compliance Function at Market Intermediaries*, Final Report, Report of the Technical Committee of IOSCO, March 2006, available at http://www.iosco.org/library/pubdocs/pdf/IOSCOPD214.pdf.

23

## 7. Incentives

***Principle 8: Intermediaries should be required to develop and apply proper policies that seek to eliminate any incentives for staff to recommend unsuitable complex financial products.***

The distribution of complex financial products by an intermediary can be more lucrative than selling *plain vanilla* securities, thus creating selling pressures and incentives to encourage unsuitable transactions. Moreover, charges associated with the purchase of complex products may often be less apparent to the investors and harder to understand.

Intermediary and staff compensation policies should be designed so that they do not encourage (and in fact discourage) the recommending of complex financial products unsuitable for the targeted customer. Senior management should be responsible for regularly reviewing incentive schemes and distribution practices by sales staff.

Regulators should consider taking steps to require disclosure of remuneration structures and policies (e.g. commissions received by the distributors from the product issuers) as a means to reduce the risks of financial incentives that could lead to unsuitable advice or recommendations.

## 8. Enforcement

***Principle 9: Regulators and self-regulatory organizations should supervise and examine intermediaries on a regular and ongoing basis to help ensure firm compliance with suitability and other customer protection requirements relating to the distribution of complex financial products. Enforcement actions should be taken by the competent authority, as appropriate. Regulators should consider the value of making enforcement actions public in order to protect investors and enhance market integrity.***

The regulatory system should provide strong and effective incentives for intermediaries to comply properly with their suitability obligations and other protection requirements, especially when they sell complex financial products to retail customers.

Regulators should intensify their efforts in supervising intermediaries to seek to ensure that such intermediaries duly comply with their obligations. To this end, on-site and off-site visits, as well as thematic reviews should be conducted to monitor that intermediaries have put in place the necessary internal processes and procedures to ensure compliance with the suitability obligations and other protection requirements. To make the most effective use of regulators' resources, intermediaries may be selected for review using risk-based methodology.

In the course of their supervisory and enforcement activity, regulators should also pay attention to the manner in which intermediaries address customer complaints and resolve any disputes with their customers. [32]

[32] This report does not address the liability of intermediaries to their customers in cases where violations of suitability obligations or other customer protection requirements cause damages. The conditions for such civil liability may vary depending on the applicable jurisdiction. However, a regulatory system

24

# ERGÄNZENDER ANHANG

# Die vermögende Privatperson als qualifizierter Anleger im teilrevidierten Kollektivanlagengesetz



Für den Abdruck der Dissertation in der vorliegenden Schriftenreihe wurde der nachfolgende ergänzende Anhang mit den Änderungen der massgebenden Vorschriften zur Einstufung der vermögenden Privatperson als qualifizierter Anleger gemäss dem per 1. Juli 2013 teilrevidierten Kollektivanlagengesetz erstellt. Dieser ergänzende Anhang bildet jedoch ausdrücklich nicht Bestandteil der im Jahr 2012 durch die Rechtswissenschaftliche Fakultät der Privaten Universität im Fürstentum Liechtenstein (UFL) genehmigten Dissertation mit dem Titel «Die Deklaration der vermögenden Privatperson als qualifizierter Anleger im Recht der kollektiven Kapitalanlagen in rechtsvergleichender Sicht».

# 1. Übersicht über die Änderungen des teilrevidierten KAG

## 1.1 Regelung nach KAG aF und KKV aF

1 Im Kollektivanlagengesetz vom 23. Juni 2006[1] lautete der relevante Artikel zur Kundensegmentation wie folgt[2]:

2 ***Art. 10 Abs. 1-4 KAG aF Anlegerinnen und Anleger***

*[1]Anlegerinnen und Anleger sind natürliche und juristische Personen sowie Kollektiv- und Kommanditgesellschaften, die Anteile an kollektiven Kapitalanlagen halten.*

*[2]Kollektive Kapitalanlagen stehen sämtlichen Anlegerinnen und Anlegern offen, es sei denn, dieses Gesetz, das Fondsreglement oder die Statuten schränken den Anlegerkreis auf qualifizierte Anlegerinnen und Anleger ein.*

*[3]Als qualifizierte Anlegerinnen und Anleger im Sinne dieses Gesetzes gelten namentlich:*

*a. beaufsichtigte Finanzintermediäre wie Banken, Effektenhändler und Fondsleitungen;*

*b. beaufsichtigte Versicherungseinrichtungen;*

*c. öffentlich-rechtliche Körperschaften und Vorsorgeeinrichtungen mit professioneller Tresorerie;*

*d. Unternehmen mit professioneller Tresorerie;*

*e. vermögende Privatpersonen;*

*f. Anlegerinnen und Anleger, die mit einem Finanzintermediär gemäss Buchstabe a einen schriftlichen Vermögensverwaltungsvertrag abgeschlossen haben.*

*[4]Der Bundesrat kann weitere Anlegerkategorien als qualifiziert bezeichnen.*

[1] Bundesgesetz über die kollektiven Kapitalanlagen (Kollektivanlagengesetz, KAG) vom 23. Juni 2006 (Stand am 1. September 2011) (BBl. 2005 6507).

[2] Hervorhebungen durch den Verfasser.

Zur Präzisierung des Art. 10 Abs. 3 Bst. e KAG aF wurde durch den Bundesrat am 22. November 2006 Art. 6 Abs. 1 KKV aF[3] erlassen: 3

> ***Art. 6 Abs. 1 KKV aF Qualifizierte Anlegerinnen und Anleger*** 4
> *Als vermögende Privatperson gilt, wer gegenüber einem beaufsichtigten Finanzintermediär gemäss Artikel 10 Absatz 3 Buchstaben a und b des Gesetzes oder gegenüber einem unabhängigen Vermögensverwalter oder einer unabhängigen Vermögensverwalterin gemäss Absatz 2 schriftlich bestätigt, im Zeitpunkt des Erwerbs direkt oder indirekt über Finanzanlagen von mindestens 2 Millionen Franken zu verfügen.*

## 1.2 Vorschlag des Bundesrates in der Botschaft

Im März 2012 hat der Bundesrat im Rahmen der Botschaft zur geplanten Änderung des Kollektivanlagengesetzes[4] folgende Neufassung des relevanten Absatzes vorgeschlagen: 5

> ***Art. 10 Abs. $3^{bis}$ E-KAG*** 6
> *Vermögende Privatpersonen können schriftlich erklären, dass sie als qualifizierte Anlegerinnen und Anleger gelten wollen. Der Bundesrat kann die Eignung dieser Personen als qualifizierte Anlegerinnen und Anleger zusätzlich von Bedingungen, namentlich von fachlichen Qualifikationen, abhängig machen.*

## 1.3 Erläuterungen des Bundesrates in der Botschaft

In den Erläuterungen der Botschaft zur Änderung des KAG hält der Bundesrat zum Art. 10 Abs. $3^{bis}$ E-KAG wörtlich fest: „[…] bisher [galten] als qualifizierte Anlegerinnen und Anleger auch vermögende Privatpersonen (Bst. e) […]. Dies entspricht indes einerseits nicht dem Ziel eines verstärkten Anlegerschutzes und andererseits nicht dem internationalen Standard. So vermag z.B. das ausschliessliche Abstellen auf das Vermögen einer Privatperson zur Qualifikation als qualifizierte Anlegerin nicht zu überzeugen. Auch vermögen- 7

---

3 Verordnung über die kollektiven Kapitalanlagen (Kollektivanlagenverordnung, KKV) vom 22. November 2006 (Stand am 1. Januar 2013) (AS 2006 5787).

4 Botschaft des Bundesrates zur Änderung des Kollektivanlagengesetzes (KAG) vom 2. März 2012 (BBl. 2012 3639 ff.), (nachfolgend BO Änderung KAG), S. 3695.

de Personen verzichten häufig darauf, qualifizierte Berater heranzuziehen, obwohl sie keine besonderen Kenntnisse im Hinblick auf eine bestimmte Geschäftsart besitzen. […] Neu wird für vermögende Privatpersonen ein «opting-in» eingeführt. In einer schriftlichen Erklärung können sie ausdrücklich auf den für Publikumsanlegerinnen und -anleger vorgesehenen erhöhten Schutz verzichten (Abs. $3^{bis}$). Die Definition der «vermögenden Privatperson» wird unter Berücksichtigung des unterschiedlichen Schutzbedürfnisses einzelner Personenkategorien in [der] Ausführungsverordnung des Bundesrates zu regeln sein. Ferner wird dem Bundesrat die Kompetenz eingeräumt, die Eignung einer Person als qualifizierte Anlegerin im Sinne von Absatz $3^{bis}$ von weiteren Bedingungen, namentlich von fachlichen Qualifikationen, abhängig zu machen."[5]

## 1.4 Wortprotokolle der eidgenössischen Räte

### 1.4.1 Auszug Wortprotokolle des Ständerates

8 Der Ständerat behandelte am 13. Juni 2012 als Erstrat die geplante Abänderung des Kollektivanlagengesetzes. Eröffnet wurde die Sitzung mit dem Votum von SR Konrad Graber (CVP, LU).[6]

9 Im sechsten Votum hielt SR Pirmin Bischof (CVP, SO) fest: „Richtig ist […] beim Anlegerschutz, dass wir zwischen der Normalanlegerin und dem Normalanleger in der Schweiz, wenn es diese denn gibt, und dem sogenannten qualifizierten Anleger unterscheiden. Es ist ja schon so: Wenn eine grosse Pensionskasse Geld anlegt, dann ist sie nicht gleich zu behandeln wie die Kleinanlegerin, die über kein entsprechendes Fachwissen und keine entsprechenden Stäbe verfügt. Das Gesetz versucht auch hier, diese Unterscheidung zu machen: den Schutz der kleinen Anlegerinnen vollumfänglich zu gewährleisten und bei den sogenannten qualifizierten Anlegerinnen eher auf die freie Entscheidungsfähigkeit und die Beratung durch diese Institutionen abzustellen."[7]

10 Die «opting-in» Klausel für vermögende Privatpersonen veranlasste den Ständerat – im Gegensatz zu der automatischen Einstufung von Vermögensverwaltungskunden als qualifizierte Anleger – nicht zu Diskussionen. In der

[5] BO Änderung KAG, S. 3664.
[6] Amtl. Bull. SR 2012, S. 542.
[7] Amtl. Bull. SR 2012, S. 545.

Abstimmung über Art. 10 E-KAG fanden die Anträge der Kommission[8] als Mehrheitsantrag mit 19 Stimmen die Zustimmung des Ständerates.[9]

### 1.4.2 Auszug Wortprotokolle des Nationalrates

Der Nationalrat eröffnete die Diskussion um die Änderung des Kol- 11
lektivanlagengesetzes als Zweitrat am 12. September 2012.[10]

NR Hans Kaufmann (SVP, ZH) äusserte im Rat seinen Unmut darüber, 12
dass der Qualifikationsnachweis der vermögenden Privatperson eine Bevormundung der Konsumenten darstelle: „Wenn vermögende Privatpersonen erklären müssen, dass sie qualifiziert sind, oder sogar noch eine Ausbildung nachweisen müssen, dann ist das eine Bevormundung der Konsumenten und kein Konsumentenschutz. Der Konsumentenschutz wird durch die neuen Vorschriften, insbesondere auch durch die Dokumentationspflicht, nicht verbessert. Es entstehen den Fonds und den Vertreibern lediglich neue Regulierungs- und Administrativkosten. Diese werden letztlich auf die Konsumenten überwälzt. […] Das ist doch eine ungute Regelung.“[11] NR Hansjörg Hassler (BDP, GR) dagegen unterstützte die Nachweispflicht der vermögenden Privatperson, wenn diese als qualifizierter Anleger gelten will.[12] Bei der Behandlung zu Art. 10 E-KAG beantragte die Kommissionsmehrheit[13] die Zustimmung zum Beschluss des Ständerates.

Hatte die «opting-in» Klausel für die vermögende Privatperson im 13
Ständerat noch ohne grosse Diskussion Zustimmung gefunden, behandelte der Nationalrat dieses Thema nun mit Vehemenz. Ein Minderheitsantrag aus dem linken politischen Spektrum beantragte die Streichung von Art. 10 Abs. 3$^{ter}$ E-KAG.[14]

NR Susanne Leutenegger Oberholzer (SP, BL) eröffnete die Diskussion 14
als Sprecherin der Minderheitsmeinung der WAK-N mit dem Hinweis darauf, dass bis anhin Privatpersonen mit einem Vermögen über 2 Mio. CHF unabhängig von den Kenntnissen als qualifizierte Anleger eingestuft worden seien. Es sei deshalb richtig, dass der Bundesrat die Bestimmung [mit der automati-

8 Kommission für Wirtschaft und Abgaben des Ständerates (WAK-S).
9 Amtl. Bull. SR 2012, S. 554.
10 Amtl. Bull. NR 2012, S. 1314 ff.
11 Amtl. Bull. NR 2012, S. 1316.
12 Amtl. Bull. NR 2012, S. 1317.
13 Kommission für Wirtschaft und Abgaben des Nationalrates (WAK-N).
14 Amtl. Bull. NR 2012, S. 1326.

schen Einstufung gestützt auf rein monetäre Kriterien] streichen wolle. NR Leutenegger Oberholzer bemängelt jedoch, dass es nach dem Gesetzesentwurf weiterhin möglich sein solle, dass sich eine vermögende Privatperson als qualifizierter Anleger erklärt, auch wenn diese überhaupt nichts vom Gesetz [und den darin geregelten Anlagen] verstehe.

15 Aus diesem Grund verlangte die Kommissionsminderheit der WAK-N eine zweifache Hürde: „Damit eine vermögende Privatperson als qualifizierter Anleger bezeichnet [werden kann], braucht es ein Doppeltes: Vermögende Privatpersonen, die [a)] einen schriftlichen Vermögensverwaltungsvertrag abgeschlossen haben, müssen [zusätzlich b)] aktiv erklären, dass sie als qualifizierte Anlegerinnen und Anleger gelten wollen.“[15] Eine Deklaration der vermögenden Privatperson nach rein monetären Möglichkeiten sollte somit nach Vorschlag der Minderheitsmeinung in der WAK-N nicht mehr möglich sein, da das Bestehen eines Vermögensverwaltungsvertrages als zusätzliches Kriterium zwingend vorgeschrieben worden wäre.

16 Dieser Antrag der WAK-N-Minderheitsmeinung fand auch Zustimmung von BR Eveline Widmer-Schlumpf: „Laut Art. 10 Absätze $3^{bis}$ und $3^{ter}$ mit der Formulierung gemäss Minderheitsantrag müssen sowohl vermögende Privatpersonen als auch Vermögensverwaltungskunden mit Vermögensverwaltungsvertrag eine Erklärung abgeben, wonach sie als qualifizierte Anleger gelten wollen. Es gibt hier keinen Automatismus. Beiden Kategorien [steht] aber ein «opting-in» zur Verfügung. Damit kann – und das wollen wir ja, zumindest ist das die Auffassung dieses Gesetzes – der Anlegerschutz von Privatpersonen auch optimiert werden. Auch die Richtlinie des Europäischen Parlamentes und des Rates über Märkte für Finanzinstrumente, die MiFID-Regelung, kennt den Automatismus der Qualifizierung nur für institutionelle Anleger, sonst nicht, und fordert auch für diese Anlegerkategorie die Möglichkeit eines «opting-out».“[16]

17 Im Wissen um den Widerspruch zur europäischen Regelung gem. der MiFID-RL und entgegen der Empfehlung des BR dem Minderheitsantrag der WAK-N zu folgen, schloss sich das Parlament mit 115 Stimmen dem Mehrheitsantrag der WAK-N an und folgte somit dem Ständerat.[17]

---

[15] Amtl. Bull. NR 2012, S. 1327.

[16] Amtl. Bull. NR 2012, S. 1328.

[17] Amtl. Bull. NR 2012, S. 1330; das Abstimmungsprotokoll mit der namentlichen Nennung der Ja-Stimmen, Nein-Stimmen und Enthaltungen findet sich unter <http://www.parlament.ch/poly/Abstimmung/49/out/vote_49_7850.pdf> (besucht am 16. August 2013).

## 1.5 Regelung nach teilrevidiertem KAG

Das teilrevidierte KAG[18] trat am 1. Januar 2007 in Kraft. Die Formulierung des Art. 10 Abs. $3^{bis}$ KAG entspricht dabei unverändert derjenigen der Botschaft. Mit der Schlussabstimmung in den Räten vom 28. September 2012[19] wurde durch die Bundesversammlung folgende Neufassung beschlossen[20]: 18

***Art. 10 KAG Anlegerinnen und Anleger*** 19

*[1]Anlegerinnen und Anleger sind natürliche und juristische Personen sowie Kollektiv- und Kommanditgesellschaften, die Anteile an kollektiven Kapitalanlagen halten.*

*[2]Kollektive Kapitalanlagen stehen sämtlichen Anlegerinnen und Anlegern offen, es sei denn, dieses Gesetz, das Fondsreglement oder die Statuten schränken den Anlegerkreis auf qualifizierte Anlegerinnen und Anleger ein.*

*[3]Als qualifizierte Anlegerinnen und Anleger im Sinne dieses Gesetzes gelten:*

*a. beaufsichtigte Finanzintermediäre wie Banken, Effektenhändler, Fondsleitungen und Vermögensverwalter kollektiver Kapitalanlagen sowie Zentralbanken;*
*b. beaufsichtigte Versicherungseinrichtungen;*
*c. öffentlich-rechtliche Körperschaften und Vorsorgeeinrichtungen mit professioneller Tresorerie;*
*d. Unternehmen mit professioneller Tresorerie;*
*e. und f. (aufgehoben)*

*[3bis]Vermögende Privatpersonen können schriftlich erklären, dass sie als qualifizierte Anlegerinnen und Anleger gelten wollen. Der Bundesrat kann die Eignung dieser Personen als qualifizierte Anlegerinnen und Anleger zusätzlich von Bedingungen, namentlich von fachlichen Qualifikationen, abhängig machen.*

*[3ter]Anlegerinnen und Anleger, die einen schriftlichen Vermögensverwaltungsvertrag gemäss Artikel 3 Absatz 2 Buchstaben b und c abgeschlossen haben, gelten als qualifizierte*

---

18 Bundesgesetz über die kollektiven Kapitalanlagen (Kollektivanlagengesetz, KAG) vom 23. Juni 2006 (Stand am 1. Juni 2013) (SR 951.31).

19 AS 2012 8215.

20 Hervorhebungen durch den Verfasser.

*Anlegerinnen und Anleger, sofern sie nicht schriftlich erklärt haben, dass sie nicht als solche gelten wollen.*
[4]*Der Bundesrat kann weitere Anlegerkategorien als qualifiziert bezeichnen.*
[5]*[...]*

## 1.6 Hinweis auf Verordnungstext

20 Die direkte Bezugnahme in Art. 10 Abs. $3^{bis}$ KAG veranlasste den Bundesrat in Abänderung der Verordnung über die kollektiven Kapitalanlagen[21] folgende Präzisierung von Art. 6 KKV und die Neufassung von Art. 6a KKV vorzunehmen[22]:

21 ***Art. 6 KKV Qualifizierte Anlegerinnen und Anleger***
[1]*Als vermögende Privatperson im Sinne von Artikel 10 Absatz* $3^{bis}$ *des Gesetzes gilt jede natürliche Person, die im Zeitpunkt des Erwerbs kollektiver Kapitalanlagen eine der folgenden Voraussetzungen erfüllt:*

*a. Die Anlegerin oder der Anleger weist nach, dass sie oder er:*
*1. aufgrund der persönlichen Ausbildung und der beruflichen Erfahrung oder aufgrund einer vergleichbaren Erfahrung im Finanzsektor über die Kenntnisse verfügt, die notwendig sind, um die Risiken der Anlagen zu verstehen; und*
*2. über ein Vermögen von mindestens 500 000 Franken verfügt.*
*b. Die Anlegerin oder der Anleger bestätigt schriftlich, dass sie oder er über ein Vermögen von mindestens 5 Millionen Schweizer*[23] *Franken verfügt.*

[2]*Dem Vermögen im Sinne von Absatz 1 zuzurechnen sind Finanzanlagen, die direkt oder indirekt im Eigentum der Anlegerin oder des Anlegers stehen, namentlich:*
*a. Bankguthaben auf Sicht oder auf Zeit;*
*b. Treuhandvermögen;*

---

21 Verordnung über die kollektiven Kapitalanlagen (Kollektivanlagenverordnung, KKV) vom 22. November 2006 (Stand am 1. März 2013) (SR 951.311).
22 Hervorhebungen durch den Verfasser.
23 Einzig in Art. 6 Abs. 1 lit. b KKV schreibt der VO-Geber von «Schweizer Franken», ansonsten begnügt man sich mit der abgekürzten Schreibweise «Franken».

*c. Effekten einschliesslich kollektive Kapitalanlagen und strukturierte Produkte;*
*d. Derivate;*
*e. Edelmetalle;*
*f. Lebensversicherungen mit Rückkaufswert.*

*[3]Nicht als Finanzanlagen im Sinne von Absatz 2 gelten namentlich direkte Anlagen in Immobilien und Ansprüche aus Sozialversicherungen sowie Guthaben der beruflichen Vorsorge.*

*[4]Das Vermögen im Sinne von Absatz 1 Buchstabe b kann immobile Vermögenswerte von höchstens 2 Millionen Franken umfassen. Die immobilen Vermögenswerte sind zu ihrem Nettowert anzurechnen. Der Nettowert errechnet sich gestützt auf den Verkehrswert unter Abzug aller auf der Immobilie lastenden Schulden.*

*[5] Die Anlegerin oder der Anleger muss die Vermögenswerte gemäss Absatz 1 im Zeitpunkt des Erwerbs nachweisen.*

***Art. 6a KKV Schriftliche Erklärung*** 22

*[1] Vermögende Privatpersonen, die als qualifizierte Anlegerinnen und Anleger gemäss Artikel 10 Absatz 3^bis^ des Gesetzes gelten wollen, müssen dies schriftlich bestätigen.*

*[2] Der Finanzintermediär und der unabhängige Vermögensverwalter:*
*a. informieren die Anlegerinnen und Anleger im Sinne von Artikel 10 Absatz 3^ter^ des Gesetzes, dass sie als qualifizierte Anlegerin oder Anleger gelten;*
*b. klären sie über die damit einhergehenden Risiken auf; und*
*c. weisen sie auf die Möglichkeit hin, schriftlich erklären zu können, nicht als qualifizierte Anlegerin oder Anleger gelten zu wollen.*

## 2. Fazit

### 2.1 Kundensegmentierung gemäss dem teilrevidierten KAG

#### 2.1.1 Katalog der Einstufungskriterien

23 Nach Art. 10 Abs. $3^{bis}$ KAG i.V.m. Art. 6 und 6a Abs. 1 KKV kann sich eine vermögende Privatperson auf zwei Arten als nicht beaufsichtigter qualifizierter Anleger einstufen lassen.

#### a) Nachweis monetäres und kognitives Kriterium

24 Die Voraussetzung von Art. 6 Abs. 1 lit. a KKV sieht zwei Kriterien vor: Einerseits muss der Anleger als kognitives Kriterium nachweisen, dass er aufgrund seiner persönlichen Ausbildung und seiner beruflichen Erfahrung oder aufgrund einer vergleichbaren Erfahrung im Finanzsektor über die Kenntnisse verfügt, die notwendig sind, um die Risiken der Anlagen zu verstehen; und zudem muss der Anleger als monetäres Kriterium schriftlich bestätigen, dass er über ein Vermögen von mindestens 500 000 CHF verfügt. Der Bestand der Vermögenswerte muss nach Art. 6 Abs. 5 KKV im Zeitpunkt des Erwerbs gegeben sein.

25 Gemäss der Definition handelt es sich somit um ein monetäres Kriterium (Vermögen)[24] und ein kognitives Kriterium[25] ersten Grades (persönliche Ausbildung oder berufliche Erfahrung). Ein kognitives Kriterium zweiten Grades kann darunter jedoch m.E. nur dann verstanden werden, sofern man unter dem Erwerb von vergleichbaren Erfahrungen im Finanzsektor auch die Ausübung von Geschäften in erheblichem Umfang im relevanten Markt subsumiert.

26 Diese Kriterien erinnern prima vista an die Regelung in der MiFID-RL Anhang II. Bei genauerer Betrachtung wird jedoch ersichtlich, dass Art. 6 Abs. 1 lit. a KKV den europäischen Vorgaben – trotz Beteuerungen in Botschaft und Parlament – nicht genügen. Die MiFID-RL verlangt kumulativ die Einhaltung von kognitiven Kriterien ersten und zweiten Grades sowie als monetäres Kriterium ein Finanzinstrumente-Portfolio des Kunden, welches definitions-

---

[24] Siehe LÖTSCHER MARCEL, Die Deklaration der vermögenden Privatperson als qualifizierter Anleger im Recht der kollektiven Kapitalanlagen in rechtsvergleichender Sicht, Diss., Triesen 2012, Rz. 717 (nachfolgend Dissertation).

[25] Zu den kognitiven Kriterien ersten und zweiten Grades siehe Dissertation Rz. 715 ff.

gemäss Bardepots und Finanzinstrumente im Umfang von mindestens 500 000 EUR umfasst.

27 Das kognitive Element in der Regelung nach Art. 6 Abs. 1 lit. a KKV ist somit unvollständig und das monetäre Kriterium nicht den europarechtlichen Vorgaben entsprechend.

#### b) Nachweis eines rein monetären Kriteriums

28 Wenn der Anleger bestätigen kann, dass er im Zeitpunkt des Erwerbs (Art. 6 Abs. 5 KKV) über ein Vermögen von mindestens 5 Mio. CHF verfügt, dann reicht dieses monetäre Kriterium nach Art. 6 Abs. 1 lit. b KKV aus und der Nachweis eines kognitiven Kriteriums entfällt. Inwiefern die Anforderungen an die Bestätigung tiefer anzusetzen sind als diejenigen an den Nachweis ist unklar.

29 Gemäss der Definition handelt es sich hierbei einzig um ein monetäres Kriterium[26] (Vermögen). Mangels der Notwendigkeit, weder ein kognitives Kriterium ersten noch zweiten Grades nachweisen zu müssen, ist diese Deklarationsmöglichkeit einzig als wertbereinigte Altlast aus Art. 6 Abs. 1 KKV aF zu verstehen, lag doch in der aF die monetäre Einstufungshürde noch bei 2 Mio. CHF.

### 2.1.2 Schriftliche Erklärung

30 Der schriftlichen Erklärung, um den erforderlichen Nachweis[27] oder die erforderliche Bestätigung[28] abgeben zu können, ist mit Art. 6a KKV ein eigenständiger Verordnungsartikel gewidmet.

31 Einzig Absatz 1 von Art. 6a KKV bezieht sich jedoch auf Art. 10 Abs. $3^{bis}$ des Gesetzes. Art. 6a Abs. 2 KKV verweist ausschliesslich auf Art. 10 Abs. $3^{ter}$ KAG und findet somit keine Anwendung. Die schriftliche Erklärung[29] muss m.E. den schriftlichen Nachweis oder die Bestätigung (Beweislast) der in Art. 6 Abs. 1 KKV vorgeschrieben Anforderungen umfassen.

32 Es ist weiter unklar, gegenüber welchem Adressaten die vermögende Privatperson die Erklärung mit dem Nachweis oder der Bestätigung abzugeben hat. Auch die konkrete Ausgestaltung der Mindestanforderungen an die per-

---

26 Siehe dazu Dissertation Rz. 714.

27 Art. 6 Abs. 1 lit. a KKV.

28 Art. 6 Abs. 1 lit. b KKV.

29 Allenfalls direkt im Zeichnungsschein zu integrieren.

sönliche Ausbildung oder berufliche Erfahrung fehlen. Ebenso wäre aus Fragen der Beratungshaftung hilfreich, wenn der Anleger analog Art. 6a Abs. 2 lit. b KKV bestätigten müsste, dass er sich der mit der Anlage einhergehenden Risiken bewusst ist. Zudem ist nicht sachgerecht, dass der Anleger diese Erklärung einzelfallspezifisch gegenüber einem einzigen Finanzintermediär zu erbringen hat. Es ist nicht praktikabel, wenn eine vermögende Privatperson bei jeder nur qualifizierten Anlegern vorbehaltenen Anlage jeweils separat eine (empfangsbedürftige) schriftliche Erklärung abzugeben hat.

### 2.1.3 Grafische Darstellung

33 Das Grundkonzept der Kundensegmentierung im bisherigen KAG wurde bereits in der Dissertation diskutiert.[30] Nachfolgende Grafik soll die Kundensegmentierung gemäss dem teilrevidierten KAG mit Schwerpunkt auf der Deklaration der vermögenden Privatperson als qualifizierter Anleger kurz darstellen:

[30] Siehe dazu Dissertation Rz. 220 ff. und insb. Abb. 3: Kundenklassifikation.

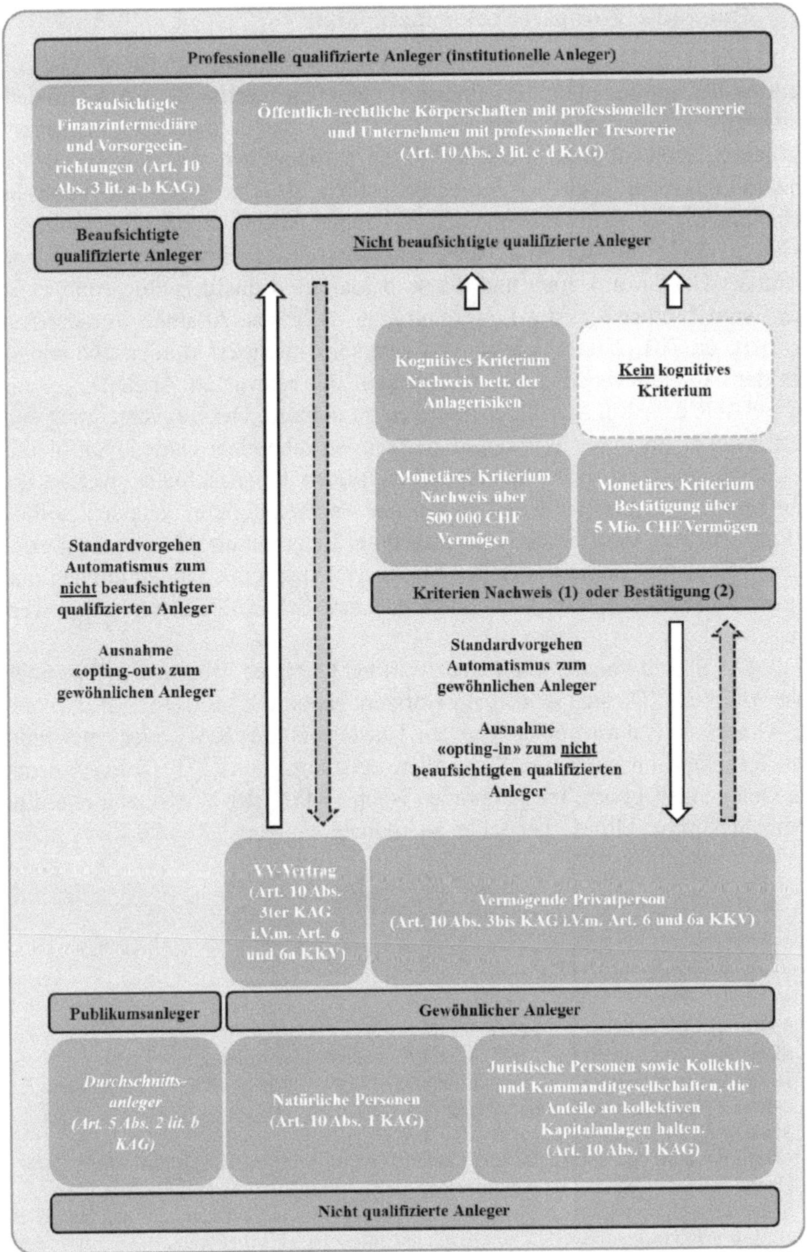


**Abb. 1: Kundensegmentierung gemäss dem teilrevidierten KAG;** eigene Darstellung.

## 2.2 Quo vadis, Europarechtskompatibilität?

34 Eine MiFID-RL-konforme Umsetzung der Anforderungen an die Deklaration der vermögenden Privatperson[31] als nicht beaufsichtigter qualifizierter Anleger würde den Anlegern und auch den Finanzintermediären Gelegenheit geben, auch im grenzüberschreitenden europäischen Wettbewerb um Finanzprodukte oder auch bei der europaweiten Strukturierung des Vertriebs nach einheitlichen Kriterien vorgehen zu können. Weiter empfiehlt es sich, die Erklärung nicht auf Einzelfallbasis, sondern mittels eines vereinheitlichten Formulars QA[32] vornehmen und die so deklarierten qualifizierten Anleger in einem spezifischen Register QA[33] eintragen zu lassen. Analoge Vorschriften nach Art. 6a Ziff. 2 KKV könnten so einerseits integriert werden und anderseits den Anleger verpflichten, Änderungen der relevanten Angaben jeweils von sich aus dem Registerführer mitteilen zu müssen. Der Registereintrag soll nur mit deklaratorischer Wirkung und unter Vergabe einer eindeutigen Identifikationsnummer erfolgen. Sämtliche bewilligten Finanzanbieter, welche die nicht beaufsichtigten qualifizierten Anleger als Zielpublikum erfassen, sollten im Rahmen ihrer Vertriebsaktivitäten zu guter Letzt mittels Abfrage im spezialisierten Register Klarheit über den Status des Anlegers erlangen können und von der einzelfallbasierten Einholung der schriftlichen Erklärung befreit werden.

35 Der Schritt von der Utopie zur Wirklichkeit nach EHRENBERG[34] ist noch nicht vollbracht. Da sich jedoch am Horizont schon die MiFID-RL II abzeichnet, wird es im Rahmen einer erneuten Teilrevision des KAG oder einer zentralen Regelung im geplanten Finanzdienstleistungsgesetz[35] (FIDLEG) wiederum Gelegenheit geben, im autonomen Nach-, Mit- oder Vorvollzug eine Europarechtskompatibilität[36] herstellen zu können.

---

[31] Siehe dazu Dissertation Rz. 716 ff.

[32] Siehe dazu Dissertation Rz. 729, QA steht für qualifizierte Anleger.

[33] Die Führung eines Registers für qualifizierte Anleger wurde im Rahmen der Dissertation unter Rz. 725 ff. erstmals vorgeschlagen.

[34] Siehe dazu Dissertation Rz. 731 ff.

[35] <http://www.sif.admin.ch/dokumentation/00509/00510/00622/00624/00817/index.html?lang=de> (besucht am 17. August 2013).

[36] Siehe dazu Dissertation Rz. 38 ff. zur europarechtlichen Durchdringung und Rz. 82 ff. zur Europarechtskompatibilität mit Kritik am autonomen Nachvollzug.

# Curriculum Vitae

Dr. iur. Marcel Lötscher studierte an den Universitäten St. Gallen und Bern Rechtswissenschaften. Als Erstausbildung hat er zudem die kaufm. Banklehre bei einer schweizerischen Grossbank abgeschlossen Er erwarb das Luzerner Anwaltspatent und bildete sich zum Swiss Fund Officer FA/IAF und zum International Fund Officer FA weiter. Berufsbegleitend verfasste er eine Dissertation im Bereich der kollektiven Kapitalanlagen, welche er mit dem Erwerb des Doktorats abschloss.

Marcel Lötscher war in verschiedenen Führungsfunktionen im Finanzbereich tätig. Unter anderem war er Mitglied der Gruppenleitung einer schweizerischen Finanzgruppe. Im Jahr 2012 wurde er zum Leiter des Bereichs Wertpapiere und zum Mitglied der Geschäftsleitung der Finanzmarktaufsicht (FMA) Liechtenstein berufen. Der Bereich Wertpapiere beaufsichtigt Vermögensverwaltungsgesellschaften, Fonds und deren Verwaltungsgesellschaften. Marcel Lötscher ist Mitglied von verschiedenen Expertengruppen im Bereich des Finanzmarktrechts und Regulierung und hält regelmässig Vorträge zu diesem Thema.

FSC
www.fsc.org
MIX
Papier | Fördert gute Waldnutzung
FSC® C083411

Kolibri 360 GmbH
Ferdinand-Jühlke-Straße 7
99095 Erfurt, Deutschland
produktsicherheit@kolibri360.de